本书为教育部人文社会科学研究规划基金一般项目
《我国民办高校治理及机制创新研究》(15YJA880084)研究成果

本书为教育部人文社科规划基金项目
《我国民办高校治理及机制创新研究》(15YJA880084)研究成果

我国民办高校治理及机制创新研究

徐绪卿 ◎ 著

RESEARCH ON GOVERNANCE AND
MECHANISM INNOVATION OF
PRIVATE UNIVERSITIES IN CHINA

中国社会科学出版社

图书在版编目(CIP)数据

我国民办高校治理及机制创新研究 / 徐绪卿著. —北京：中国社会科学出版社，2017.6

ISBN 978 – 7 – 5203 – 0547 – 1

Ⅰ. ①我… Ⅱ. ①徐… Ⅲ. ①民办高校 – 学校管理 – 研究 – 中国 Ⅳ. ①G648.7

中国版本图书馆 CIP 数据核字（2017）第 126501 号

出 版 人	赵剑英
责任编辑	任　明
特约编辑	乔继堂
责任校对	张依婧
责任印制	李寡寡

出　　版	中国社会科学出版社
社　　址	北京鼓楼西大街甲 158 号
邮　　编	100720
网　　址	http：//www.csspw.cn
发 行 部	010 – 84083685
门 市 部	010 – 84029450
经　　销	新华书店及其他书店

印刷装订	北京市兴怀印刷厂
版　　次	2017 年 6 月第 1 版
印　　次	2017 年 6 月第 1 次印刷

开　　本	710×1000　1/16
印　　张	28
插　　页	2
字　　数	465 千字
定　　价	95.00 元

凡购买中国社会科学出版社图书，如有质量问题请与本社营销中心联系调换
电话：010 – 84083683
版权所有　侵权必究

序　言

党的十八届三中全会通过的《中共中央关于全面深化改革若干重大问题的决定》中强调指出：全面深化改革的总目标是"完善和发展中国特色社会主义制度，推进国家治理体系和治理能力现代化"。"治理体系"和"治理能力现代化"建设在国家各项事业管理中将得到凸显和加强，并预示着政府管理模式和方法的转型和变化。在民办高等教育领域贯彻全面深化改革促进国家治理体系和治理能力现代化的要求，就应该加快更新治理理念，转变管理方式，深化管理改革，发挥各界积极性，共同推进民办高等教育事业的发展升级。治理理论最早应用于经济领域，并在政治领域和社会生活各个领域逐步得到应用，现在越来越广泛地被用于公共管理领域。在"大学治理"研究领域，迄今为止关于民办高校治理的专著不多，而在仅有的少量专著中，徐绪卿教授的新作《我国民办高校治理及机制创新研究》的论述较为全面。全书共计40余万字，回顾了私立大学治理的演变进程，梳理了我国民办高校的治理现状，厘清了民办高校治理的内涵；根据相关法律政策，在分析高等教育特别是民办高等教育发展趋势的基础上，提出了我国民办高校治理的基本目标和模式；并从理论与实践结合的视角，提出了治理机制创新的一系列思想和观点，形成了我国民办高校治理领域的又一重要研究成果。

本书在以下几个方面提出了鲜明的观点：

第一，大学治理是一个过程，民办高校的治理已经到了水到渠成、创新探索的阶段。作者梳理了我国民办高校发展的历史沿革，综述了国（境）外私立大学治理的经验与启示，结合我国民办高校改革发展的现状和趋势，论证了民办高校治理创新的重要性、必要性和紧迫性。

第二，世界各国的教育制度不同，教育管理体制各异，在治理问题上既有普遍性，也有特殊性。作者研究归纳了我国民办高校治理的特征：（1）政府治理仍然是主导，要加强党组织在治理中的地位和作用。上级政府机关和党组织对民办高校治理仍然负有较大的责任；（2）董事会代表投资人和利益相关者，是民办高校的最高权力机构，代表产权所有者对所属高校拥有控制与决策权。（3）校长是学校内部事务执行核心，对董事会负责，执行董事会决议，负责学校内部运行，并直接对学校的培养质量和水平负责。（4）学校党组织是政治核心，全面介入学校内部治理，参与学校重大决策，对学校办学方向负有把控权和监督权，依法对董事会和校长履职行为进行监督。（5）教职工是学校发展的主要力量，应积极参与学校治理，最大限度地调动其主动性和创造性，为学校发展出计献策。（6）民办高校是利益相关者的集合体，要为学生和社会、家长、校友、企业等利益相关者提供参与治理的机会和空间。多方参与、共同治理、职责明确、相互协调，是我国民办高校治理的特色所在。

第三，民办高校治理是一个多方利益博弈的复杂进程，既要依法治理，也要实务指导。作者提出，各个民办高校的治理具有自身的动机、目标和要求，应从各自实际出发构建适合自身的治理模式。同时也指出，大学治理不同于经济治理和政府治理，它以培养受教育者为第一要义，教育教学权的把控始终必须置于首位；围绕立德树人的中心任务，各个治理主体的分工应有所侧重。不能将民办学校法人治理结构与企业法人治理结构混为一谈，全盘搬用企业治理模式，混淆学校与企业的区别；企业治理架构不能完全适应高等学校的管理规律和民办高校的实际情况，不能简单套用。这些观点都非常鲜明独到。

本书的创新之处在于：

第一，详细阐述了大学治理的演变过程，指出了民办高校治理改革的重要性、必要性和紧迫性；深入探讨了民办高校治理的理论基础和模式构架，提出了一系列鲜明的观点，丰富了我国民办高校的治理理论，可望为我国民办高校优化治理体系和改善治理能力提供理论依据与参考。

第二，密切结合我国民办高校治理实践和治理特色，提出了民办高校治理模式的构架；探究了民办高校治理机制的创新，构建了政府主导、董事会决策、校长执行、党委把关、教职工参与、社会广泛辅助的民办高校治理体系（模式），可望为当前民办高校创建现代大学制度提供有益指导。

本书作者徐绪卿博士，是一位多年从事治理实践的民办高校领导，也是较为知名的民办高等教育研究专家。在10多年的教育研究和管理工作中，勇于探索，大胆实践，在学校治理方面积累了丰富的经验，并善于运用高等教育发展理论深入思考办学中的问题，从理论与实践的结合上探寻中国特色民办高校发展的模式和路径，取得了显著成绩，值得关注和点赞。

我国民办高等教育发展迅速、规模庞大，已经成为高等教育体系的重要组成部分，但是目前从事这一领域研究的学者还不多。借此机会，呼吁有更多的学者能关注我国民办高校的改革和发展，积极参与民办高校的研究，共同为我国民办高等教育事业的发展做出贡献。

中国教育学会会长　钟秉林

2017年3月8日于北京

目　　录

第一章　概论 ……………………………………………………（1）
　第一节　研究的背景和意义 ……………………………………（1）
　第二节　主要概念界定 …………………………………………（13）
　　一　治理 ………………………………………………………（13）
　　二　大学治理 …………………………………………………（17）
　　三　民办高校 …………………………………………………（20）
　　四　民办高校法人治理结构 …………………………………（22）
　　五　机制和治理机制 …………………………………………（25）
　第三节　大学治理和民办高校治理研究现状分析 ……………（28）
　　一　国外大学治理研究现状 …………………………………（28）
　　二　国内对于大学治理的研究 ………………………………（30）
　　三　国内对于民办高校治理的研究 …………………………（33）
　　四　国内对于民办高校治理研究的分析 ……………………（40）
　第四节　研究的内容框架与方法 ………………………………（41）
　　一　研究内容和框架 …………………………………………（41）
　　二　主要的研究方法 …………………………………………（43）

第二章　大学的起源与大学管理的发展 ………………………（46）
　第一节　大学起源的简要回顾 …………………………………（46）
　　一　现代大学的起源 …………………………………………（46）
　　二　最早的大学是博洛尼亚大学 ……………………………（53）
　　三　巴黎大学与宗教 …………………………………………（56）
　第二节　中世纪大学的发展 ……………………………………（60）
　　一　与中世纪大学发展直接关联的几个事件 ………………（60）
　　二　中世纪大学的发展 ………………………………………（63）
　　三　中世纪大学的特征 ………………………………………（75）

第三节　中世纪大学的管理及演变 ……………………………… (77)
　　　一　中世纪大学管理起步："学生大学"和"先生大学" …… (77)
　　　二　中世纪大学的自治 ………………………………………… (85)
　　　三　中世纪大学管理的演变 …………………………………… (89)
第三章　大学管理的升级与民办高校治理的基础理论 ……………… (97)
　　第一节　从管理走向治理——大学管理的转型升级 …………… (97)
　　　一　从管理走向治理，是人类管理的重要发展趋势 ………… (97)
　　　二　大学治理——大学管理的转型升级 ……………………… (99)
　　第二节　民办高校治理的基础理论 ……………………………… (103)
　　　一　治理理论 …………………………………………………… (104)
　　　二　教育产权理论 ……………………………………………… (108)
　　　三　委托—代理理论 …………………………………………… (111)
　　　四　所有权与经营权分离理论（两权分离理论） …………… (113)
　　　五　法人治理和法人治理结构理论 …………………………… (115)
　　　六　利益相关者管理理论 ……………………………………… (122)
　　　七　高等教育服务和消费理论 ………………………………… (125)
　　　八　高等教育选择理论 ………………………………………… (128)
第四章　国（境）外私立大学治理 …………………………………… (134)
　　第一节　英国私立大学治理 ……………………………………… (134)
　　　一　英国私立大学发展史 ……………………………………… (134)
　　　二　英国私立大学的治理 ……………………………………… (140)
　　第二节　美国私立大学治理 ……………………………………… (148)
　　　一　美国私立大学发展简史 …………………………………… (148)
　　　二　美国私立大学的治理 ……………………………………… (152)
　　第三节　日本私立大学治理 ……………………………………… (163)
　　　一　日本私立大学发展简史 …………………………………… (163)
　　　二　日本私立大学治理 ………………………………………… (169)
　　第四节　韩国私立大学治理 ……………………………………… (175)
　　　一　韩国私立大学发展简史 …………………………………… (175)
　　　二　韩国私立大学治理 ………………………………………… (181)
　　第五节　台湾地区私立大学治理 ………………………………… (182)
　　　一　台湾地区私立大学发展简史 ……………………………… (182)

二　台湾地区私立大学治理 …………………………………… (186)
第五章　民办高校发展与治理的现状 ……………………………… (190)
　第一节　我国民办高校的发展回顾 ……………………………… (190)
　　一　中国私立高等教育办学历史回眸 …………………………… (190)
　　二　我国早期民办高校的恢复办学 ……………………………… (198)
　　三　我国民办高校发展的现状 …………………………………… (206)
　　四　我国民办高校发展的意义 …………………………………… (211)
　第二节　民办高校治理的法理演变 ……………………………… (214)
　第三节　民办高校治理的法律框架 ……………………………… (236)
第六章　民办高校的政府治理及机制创新 ………………………… (244)
　第一节　政府治理的法理依据 …………………………………… (244)
　　一　政府对于民办高校治理的法理演变 ………………………… (244)
　　二　政府对于民办高校治理的作用 ……………………………… (250)
　第二节　民办高校政府治理的主要内容 ………………………… (252)
　　一　民办高校发展国家制度的顶层设计 ………………………… (252)
　　二　做好民办高校发展的国家规划 ……………………………… (261)
　　三　加快完善民办高校发展的政策 ……………………………… (264)
　　四　引导和规范民办高校的办学行为 …………………………… (270)
　第三节　民办高校政府治理的机制创新 ………………………… (272)
　　一　深化认识，坚定发展民办高校的决心和导向 ……………… (273)
　　二　健全政府机构，明确治理职能 ……………………………… (274)
　　三　完善法律体系，加快民办高等教育立法 …………………… (276)
　　四　制定鼓励政策，不断拓宽筹资渠道 ………………………… (278)
　　五　采取有效措施，努力提升民办高校的教学质量 …………… (281)
　　六　突破常规，从政策层面解决民办高校师资建设困难 ……… (282)
　　七　分类评估，鼓励民办高校自主办学，办出特色 …………… (283)
　　八　引导民办高校遵循高等教育规律，规范办学 ……………… (285)
第七章　民办高校内部治理的形成和问题 ………………………… (287)
　第一节　民办高校内部治理体制的形成 ………………………… (287)
　　一　我国近代私立大学初创时的内部治理体制 ………………… (287)
　　二　民办高校内部治理的基本框架 ……………………………… (295)
　第二节　民办高校内部治理的主要问题 ………………………… (303)

  一 民办高校产权问题久悬未决 …………………………（304）
  二 民办高校董事会建设尚不完善 ……………………（310）
  三 民办高校校长队伍的建设尚待加强 ………………（320）
  四 民办高校的党组织作用尚待发挥 …………………（326）
  五 民办高校教职工参与治理作用弱化 ………………（329）
  六 民办高校内部治理的相关制度尚待完善 …………（331）

第八章 民办高校内部治理的机制创新 ……………………（333）

 第一节 完善和创新董事会工作机制，发挥决策核心作用 ……（333）
  一 必须正确认识董事会的作用和意义 ………………（333）
  二 必须确定合理的董事会人数 ………………………（335）
  三 必须确定合理的董事会人员结构 …………………（336）
  四 必须明确董事会的工作职责 ………………………（340）
  五 必须加强董事会的制度建设 ………………………（342）
  六 必须建立和健全董事会的监督制度 ………………（345）
 第二节 完善和创新校长工作机制，发挥执行核心作用 ……（346）
  一 确立校长的地位，高度重视校长团队建设 ………（347）
  二 明确校长任职条件，完善校长的准入制度 ………（349）
  三 不断完善选任制度，确保校长的优选提拔 ………（352）
  四 支持校长独立开展工作，提高民办高校执行力 …（354）
 第三节 完善和创新党委工作机制，发挥政治核心作用 ……（359）
  一 民办高校党组织参与治理的依据 …………………（360）
  二 民办高校党的政治核心作用发挥的内涵 …………（361）
  三 民办高校党组织参与治理和决策的机制创新 ……（364）
 第四节 完善和创新教代会工作机制，实施民主办学 ………（368）
  一 实施好教代会制度 …………………………………（369）
  二 建立和完善民办高校教师协会 ……………………（372）
 第五节 完善和创新规章制度，推进民办高校治理法制化 …（375）
  一 民办高校内部治理制度建设的必要性 ……………（376）
  二 民办高校制定内部治理制度的主要原则 …………（380）
  三 民办高校内部治理制度建设的主要环节 …………（382）
  四 大胆改革，创新民办高校内部治理制度 …………（383）

第九章 民办高校其他利益相关者治理问题 ………………(386)
  第一节 民办高等教育中介组织参与治理 ………………(386)
    一 民办高等教育中介的概念 ……………………………(386)
    二 民办高等教育的中介机构参与治理 …………………(390)
  第二节 民办高校其他利益相关者参与治理 ………………(391)
    一 民办高校是一个众多相关利益者的集合体 …………(391)
    二 民办高校其他利益相关者参与治理 …………………(392)
第十章 小结 ……………………………………………………(396)
附件：本书作者部分民办高等教育研究成果 ……………(401)
主要参考文献 …………………………………………………(413)
后记 ……………………………………………………………(438)

第一章 概论

我国已经进入"治理"时代。党的十八届三中全会通过的《中共中央关于全面深化改革若干重大问题的决定》中强调指出：全面深化改革的总目标是"完善和发展中国特色社会主义制度，推进国家治理体系和治理能力现代化"。在这里，将"推进国家治理体系"和"治理能力现代化"置于改革开放新的目标的高度，说明"治理体系"和"治理能力现代化"的建设在国家各项事业管理中将得到凸显和加强，并将预示着党和国家各项事业管理模式和方法的转型和变化。据此，对于治理的相关理论研究，也需要在各条战线、各个行业展开，以更好地落实"推进国家治理体系和治理能力现代化"的总目标。

第一节　研究的背景和意义

"治理"一词既是古老的词语，也有新的含义。在古代汉语中，治理既包含管理、统治，也有修整、处理的意思。在西方语境中，"治理"一词凸显出"因势利导、多元参与、多方共赢"的特有含义，同时也与我国古代"君者，舟也；庶人者，水也。水能载舟，亦能覆舟"这一管理思想不谋而合。在西方，政府与治理具有相同的词源，可以理解为"治理（国家）的系统"即为政府。20世纪90年代，随着社会的发展和民主管理的兴起，治理的概念和理论逐渐得到重视，引发专家学者的兴趣，"治理"的理论研究得到深化，治理的概念使用范围渐渐宽泛。治理理论的主要创始人之一詹姆斯·N.罗西瑙认为，治理是通行于规制空隙之间的那些制度安排，或许更重要的是当两个或更多规制出现重叠、冲突时，或者在相互竞争的利益之间需要调解时才发挥作用的原则、规范、规则和决策程序。① 格里·斯托克指出:"治理的本质在于,它所偏重的统治机制并不依靠政府的权威和制裁。'治理的概念是,它所要创造的结构和秩序不能从外部强加;它之发挥作用,是要依靠多种进行统治的以及互相发生影响的行为者的互动。'"② 理解"治理"这个概念有两个核心贯穿始终:第一,治理是多权力主体的,相对于统治概念的单一君权而言,治理体系下各方权力更为平等,既包括政府也包括社会组织和个人多方利益博弈、协调;第二,治理不是靠某个人、某个机构说了算,而是构建起一个符合各方利益、大部分人认同的正式或非正式的制度安排,并在制度安排下协调各方行为。

我国引进现代"治理"的概念时间不长。查阅中国知网,在"文献"条件下以"治理"为关键词进行搜索,所得论文数如表1-1所示,可以看出,随着国家近几年来对治理的推进力度增强,研究工作普遍展开,研究成果逐渐丰富。进一步分析还可以看出,1990年以后的论文中,将"治理"与"管理"相区别的论文越来越多。

表1-1　　　　1986—2014年以治理为关键词的论文发表数量　　　　单位:篇

年份	1986	1987	1988	1989	1990	1991	1992	1993	1994	1995
文数	1	1	2	4	9	13	25	27	65	63
年份	1996	1997	1998	1999	2000	2001	2002	2003	2004	2005
文数	80	138	152	238	293	393	462	606	679	837
年份	2006	2007	2008	2009	2010	2011	2012	2013	2014	合计
文数	981	1146	1379	1313	1409	1416	1477	1557	1724	17026

注:根据中国知网搜索。

在现代,治理越来越广泛地用于公共管理领域。除了一般意义上人们所说的治理污染、治理河道的具体事务外,在政治学领域,"治理"一词通常指国家治理,即政府如何运用权力(治权)来管理国家。在商业领域,又延伸到公司治理,指一套程序、惯例及制度,影响着如何带领、管理及控制公司。此外,近年来在社会学和国际关系领域出现了"全球治

---

① [美]詹姆斯·N. 罗西瑙:《没有政府的治理》,张胜军等译,江西人民出版社2001年版,第9页。

② [英]格里·斯托克:《作为理论的治理:五个论点》,《国际社会科学》1999年第2期。

理"一词。1992年成立的全球治理委员会对治理的概念进行了界定，认为"治理"是指多个个人和机构管理其共同事务的诸多方法的总和，是使相互冲突的人或不同利益得以调和，并采取联合行动的持续过程。这既包括迫使人们服从的正式制度和规则，也包括各种人们同意或符合其利益的非正式制度安排。

尽管我国古代就有"治理"的理论和思想，但是在现代公共管理中，长期以来，我们强调得比较多的是"管理"。而对于多年来国外兴起的"治理"，研究不深，理解不透，应用不广。党的十八届三中全会提出把"完善和发展中国特色社会主义制度，推进国家治理体系和治理能力现代化"作为全面深化改革的总目标，提升了党对国家管理理论的新认识和管理实践的新境界。体现出中央在理论上与现代政治理论和国际话语体系的接轨，与过去的国家管理形成鲜明对比，强调了政府之外社会、人民的主体地位，强调了制度建设与"顶层设计"的重要性，是治国理念的巨大飞跃。从"管理"到"治理"，一字之变，体现的是我国现代化建设进入一个新的时期，体现了国家管理进入一个新的阶段，就是要通过全面深化改革，使经济、政治、文化、社会、生态文明和党的建设等各方面制度和体制机制更加科学、更加完善，实现党和国家事务制度化、规范化、程序化，把各方面制度优势转化为管理经济社会事务的效能。

俞可平认为，强调"国家治理"而非"国家统治"，强调"社会治理"而非"社会管理"，不是简单的词语变化，而是思想观念的变化。从理论上说，治理的概念不同于统治的概念，从统治走向治理，是人类政治发展的普遍趋势。"多一些治理，少一些统治"是21世纪世界主要国家政治变革的重要特征。从政治学理论看，统治与治理主要有五个方面的区别：其一，权力主体不同，统治的主体是单一的，就是政府或其他国家公共权力；治理的主体则是多元的，除了政府外，还包括企业组织、社会组织和居民自治组织等，甚至包括利益相关的个体。其二，权力的性质不同，统治是强制性的；治理可以是强制的，但更多是协商的。其三，权力的来源不同，统治的来源就是强制性的国家法律，治理的来源除了法律外，还包括各种非国家强制的契约。其四，权力运行的向度不同，统治的权力运行是自上而下的，治理的权力运行可以是自上而下的，但更多是平行的。其五，两者作用所及的范围不同，统治所及的范围以政府权力所及领域为边界，而治理所及的范围则以公共领域为边界，后者比前者要宽广得多。在社会政治生活中，治理是一种偏重于工具性的政治行为。无论在哪一种社会政治体制下，无论哪个阶级行使统治，谁上台执政，都希望有更高的行政效率，更低的行政成本，更好的公共服务，更多的公民支持。换言之，都希望自己执政的国家有良好的治理。治理改革是政治改革的重要内容，治理体制也是政治体制的重要内容。但是归根结底，治理是实现一定社会政治目标的手段，相对于国家的统治体制而言，治理体制更多体现工具理性。①

"完善和发展中国特色社会主义制度，推进国家治理体系和治理能力现代化"这一全面深化改革总目标的确立，为我国新形势下的改革开放和各项事业的发展进一步指明了方向。"教育改革作为全面深化改革的重要领域，一切改革的举措和行动，都要自觉围绕这一总目标、落实这一总要求，完善科学规范的教育治理体系，形成高水平的教育治理能力。"②

高等教育作为上层建筑的重要组成部分，理应贯彻落实"推进国家治理体系和治理能力现代化"的精神，深化改革，实现从管理到治理的转变。根据十八届三中全会精神，随着教育系统中行为主体的多元化、利益主体的多元化和教育结构的复杂化，政府与民众、社会、企业、学校逐渐趋向于平等的、双向的、互动的、协同的关系。在"从管理向治理转变，推进国家治理体系和治理能力的现代化"的大背景下，教育领域综合改革也要努力以教育管理方式创新、教育治理方式创新引领教育发展方式创新。现实情况要求高等教育从管理向治理转变，推动中国特色现代高等教育治理体系和治理能力的现代化。强调由微观管理走向宏观管理、由直接管理走向间接管理、由办教育向管教育转变、由管理向服务转变。

长期以来，在高等教育领域，政府通过各级教育行政部门，实施从上而下、一元单向的管理。高等教育始终是在政府的直接掌控之下，高校成为从属于政府的直属机构。我们总是在强调如何"加强管理""规范管理"。在这种单向的、一元的、带有严格强制性的管理体制下，大学成为政府的附属单位，大学也称作"学府"，大学领导成为有较高行政级别的"官员"，形成庞大的"学官"阶层。政府按照下属单位的要求来领导和管理大学，按照管理"官员"的方式来管理大学的干部和员工。但是，

---

① 俞可平：《推进国家治理体系和治理能力现代化》，《前线》2014年第1期。
② 袁贵仁：《加快推进教育治理体系和治理能力现代化》，《人民论坛》2014年第13期。

事过境迁，今天我国的高等教育，无论是规模还是内涵，都在发生着深刻的变化，构成对传统高等教育管理模式的巨大挑战，推动着我国高等教育的管理改革向治理推进。

首先，高等教育规模实现了跨越式发展。世纪之交，我国高等教育改革与发展进入了不平凡的历史时期，规模实现了跨越式发展，改革取得了历史性突破。从国家实施积极发展高等教育政策和启动高校扩招以来，我国高等教育规模已经得到快速扩张。2002年高等教育毛入学率超过15%，正式跨入高等教育大众化阶段。从1998年到2015年，高等学校在校生从340.87万人增加到2625万人，宽口径的高等教育在学人数从800万人增加到3700万人，高等教育毛入学率从9.8%提高到40%[①]（见图1-1、

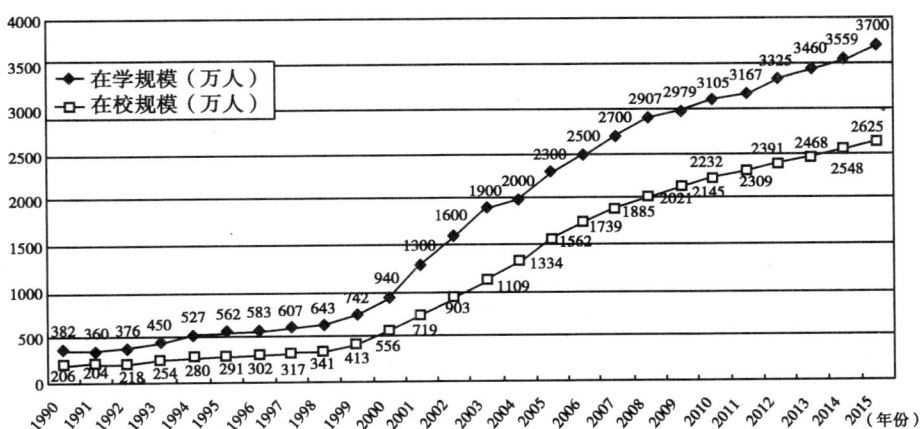

图1-1　1990年以来中国高等教育在学规模和普通高校在校生规模发展数据

资料来源：根据相关年份全国教育事业发展统计公报整理。

图1-2），成为世界上高等教育规模最大的国家。高等教育的快速发展，为我国改革开放和现代化建设提供了强有力的人力资源支撑，也大大缓解了高等教育的供求矛盾，满足了人民群众上大学、接受高等教育的机会需求，提高了人民群众的文化科学素质。与此同时，高等教育与社会结成最广泛的联系，大学已经成为社会高度关注、广泛参与的领域之一。伴随高等教育大众化的深入发展，我国民众接受高等教育的自主性和选择性快速

---

① 教育部网站：《首份中国高等教育质量报告出炉》，http://www.moe.edu.cn/jyb_xwfb/s5147/201604/t20160408_237162.html。

提升，形成求学目的多元、求学类型多样和消费诉求分化的新格局，对高等教育的"个性"需求日益增长，人民群众高度关注高等教育改革的走向和趋势，渴望参与高等教育的改革。

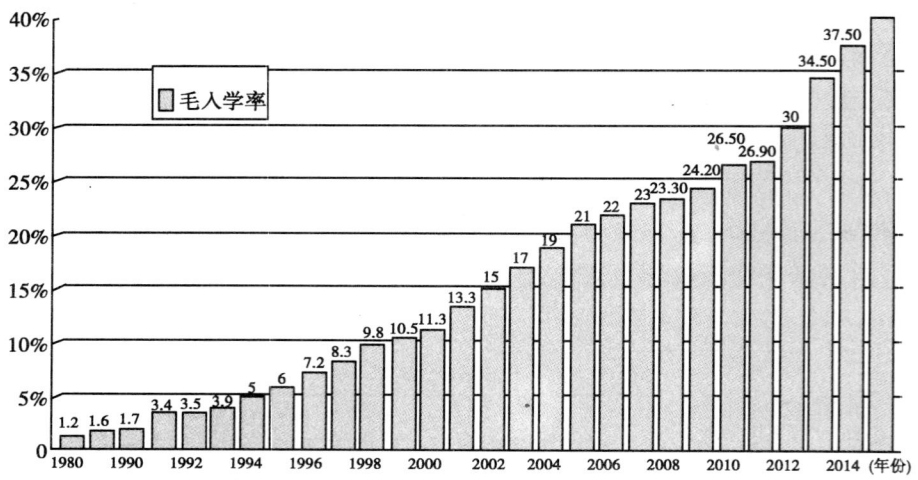

图1-2　1980年以来中国高等教育毛入学率数据

资料来源：根据相关年份全国教育事业发展统计公报整理。

其次，高等教育多样化不断深入。联合国教科文组织将高等教育的多样化界定为：高校的不同层次属于"纵向多样化"，高校的举办主体不同（国家、公立、私营机构、教会等）和办学形式不同（全日制、利用广播电视网络等的远程教育、夜大等）属于"横向多样化"①。在高等教育大众化、多样化的进程中，不同层次、不同形式、不同类型的高校呈现出不同的功能、不同的定位和不同的培养目标、不同的培养模式，满足社会多样化的人才需求。美国著名比较高等教育研究专家菲利普·G. 阿尔特巴赫（Philip G. Altbach）曾指出，"世界上大众化高等教育体系的一项核心特征是异质性（differentiation）。高等教育体系应该是一个服务于不同的顾客、拥有不同的目的、接获不同方式的补助、具有不同质量与成就水平

---

① 引自张建新《社会文化对大学文化的影响——源于美国社会宽容文化的美国高等教育多元化》，《国际高等教育研究》2006年第3期。

的各类高等教育机构的集合体"①。英国学者迈克尔·夏托克也指出，多样化最基本的表现形式应是创建和维持各类不同的高等教育，在每一类高等教育中，又要创建和维持各种不同子类的高等教育，使各高等学校都具有自己的特色。② 马丁·特罗认为，随着高等教育规模的扩大，高等教育必然发生质的变化。实现高等教育大众化的途径是高等教育的多样化。对应于规模的扩大，整个高等教育的制度和结构都是多层化、多样化的过程。高等教育大众化对多数人来说是扩大了入学机会，而对高等教育本身来说，则是用尽可能多的方法提供适合人们需求的高等教育内容，因此，从形式到内容，高等教育都要多样化。③

关于多样化发展的必要性，北京大学原副校长王义遒教授作了详细分析。他认为，大众化条件下高校将会有庞大的学生群体。"第一，他们中的大部分人不可能成为少数社会精英分子，只能投向白领劳动大军。而社会也是需要大量这样的人才的。因此原有的精英培养目标对大多数人不适用。换句话说，培养目标必须重新设定。第二，要满足这么多人接受高等教育的需要，只靠国家的教育经费投入是远远不够的。必须通过民办高校、合作办学、多渠道筹措经费等办法来扩充教育经费的来源，改变单纯依靠政府办学的状况。第三，这些人当然要掌握相当宽厚的科学技术基础，以便在科技飞速发展的环境中能适应职业和技术岗位的变迁，但是，他们更需要有能快速上手的职业技能训练，以在劳动力市场中展现竞争力。因此，对多数人来说，学院式的以学术为主的培养并不适销对路，所以培养模式也必须改变。第四，随着高校中部分专业职业训练成分的增强，需要从现实职业岗位上聘请相当一部分兼任教师来从事教学，从而改变师资队伍的结构，使教学更加贴近实际。第五，由于生源的扩大，一部分原来并没有强烈入学动机的学生会被'裹挟'着进了高校。对于他们，现存的教学与管理方式和方法也需要改变。第六，在十分强调学生主体地位的今天，我们必须充分重视人的个体差异，包括他们的性格、兴趣、资

---

① 李家福、刘生：《高等教育大众化阶段的大学差异化发展》，《中国高教研究》2008 年第 5 期。

② [英] 迈克尔·夏托克：《高等教育的结构和管理》，王义端译，华东师范大学出版社 1987 年版，第 32 页。

③ 刘智运：《多样化：21 世纪初叶中国高等教育的基本走向》，《高等教育研究》2003 年第 2 期。

质,这使高等教育要为他们提供足够多的选择余地,从而促进教育的多样性。"① 一个显性的事实是,目前我国已经拥有 3700 多万高等教育在学生,普通全日制大学生已经接近 2625 万人,这些人不可能也没有必要都培养成科学家、教授这样的学术性人才。只有在多样化人才培养上下功夫,发展多样化的高等教育,才能使高等教育改革和发展沿着健康趋势和正确道路前行。

由此可见,高等教育多样化,主要体现在大学培养目标和办学定位多样化、高校举办主体多样化、培养方式(模式)多样化。这些"多样化"势必压缩传统管理模式的空间,推进管理体制、机制和模式的转型,需要改革管理权限的分配和制度安排。值得注意的是,高等教育的投资方式和举办主体结构发生了根本的转变,由此引发传统管理权力分配制度的危机。当下我国已经初步形成多样化的高等教育投入方式和举办类型。中央政府和省地市政府举办、社会团体和社会个人举办、政府和机构联合举办等,社会力量广泛而深入地参与到高等教育发展。

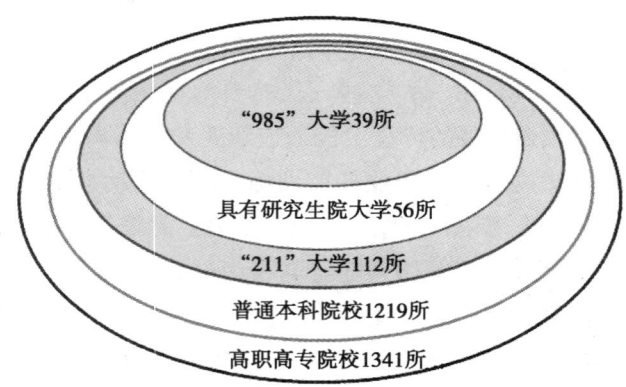

图 1-3　2015 年我国高等教育机构办学层次体系简图
资料来源:根据相关资料编绘。

大学多渠道筹集办学资金,实施大学生缴费上学,受教育者兼有高等教育投资者、消费者的身份,更加关注教育收益率,维权意识、民主诉求意识增强。不同的投资目的和价值,挑战我国传统的高等教育管理模式,

---

① 王义遒:《多样化——我国高等教育大众化的关键》,《北京大学教育评论》2003 年第 4 期。

需要重新分配治理权限和权力。政府机构的规制权、举办者的治理权、消费者的选择权、社会中介的参与权等,需要在公平和谐的基础上重新建构,从而从管理走向治理,从统治专向善治。

对于高等教育治理的急迫性,还有几点是需要认真思考的。一是高等教育国际化快速发展,迫切需要共同的治理法则。当下一些发达国家的高等教育,都实施了现代治理理念,形成了自身的高等教育治理体系和模式,为世界高等教育管理改革积累了成功经验。近年来,我国与世界各国高等教育之间的交流和合作快速发展。越来越多的国外高等教育机构进入我国,高等教育市场竞争从国内走向国际。全球化高等教育需要"与国际接轨"的共同治理法则。二是大学比以往任何时候都需要办学自主权。改革的深化和竞争的加剧,大学的生存和发展需要更多的"个性化"和"特色",准确定位市场,占据有利的竞争位置。而这一切都需要外部环境和政府管理的改善,需要在管理中有更多的话语权。"随着形势的发展变化,迫切需要我们加快实现由办教育向管教育转变,由微观管理走向宏观管理,由直接管理走向间接管理,由教育管理走向教育治理。"①

这里尤其需要突出分析一下我国民办高校的治理需求。

首先,社会对民办高校治理有急迫的需求。伴随着高等教育大众化的进程,我国民办高等教育迅速发展,办学规模快速扩大。从1978年开始逐渐恢复办学起步,到1993年国家教委《民办高等学校设置暂行规定》的出台,从1998年高校扩招迎来高等教育的全面快速发展,到2010年《国家教育中长期改革和发展规划纲要(2010—2020年)》的颁布,民办高校抓住机遇乘势而上,迅速扩大办学规模,注重办学资源积累,在较短的时间内快速提高了在国家高等教育体系中的比重和地位(历年民办高校在校生规模见图1-4)。从机构数量上看②,截至2015年年底,全国有经批准的民办高等教育机构1547所,其中具有独立颁发大专文凭资格的民办普通高校459所,民办性质的独立学院275所,两者之和734所,约占全国普通高校总数2560所的28.7%。另外还有以培训为主的民办高等教育机构813所。其次在校生大幅增加,2015年年底,全国民办普通高

---

① 袁贵仁:《加快推进教育治理体系和治理能力现代化》,《人民论坛》2014年第13期。
② 教育部:《2015年全国教育事业发展统计公报》,教育部网站:https://www.moe.edu.cn。

校在校生610.90万人,在校生已经占到全国普通高校在校生2625.30万人的23.3%。另外,还有民办的非学历高等教育机构813所,各类注册学生77.74万人①。可以看出,民办高校已经成为国家高等教育体系中新的增长点,成为国家高等教育的重要组成部分,在推进高等教育大众化、多样化和选择性方面,担当了重要角色,发挥了积极作用,做出了巨大贡献。

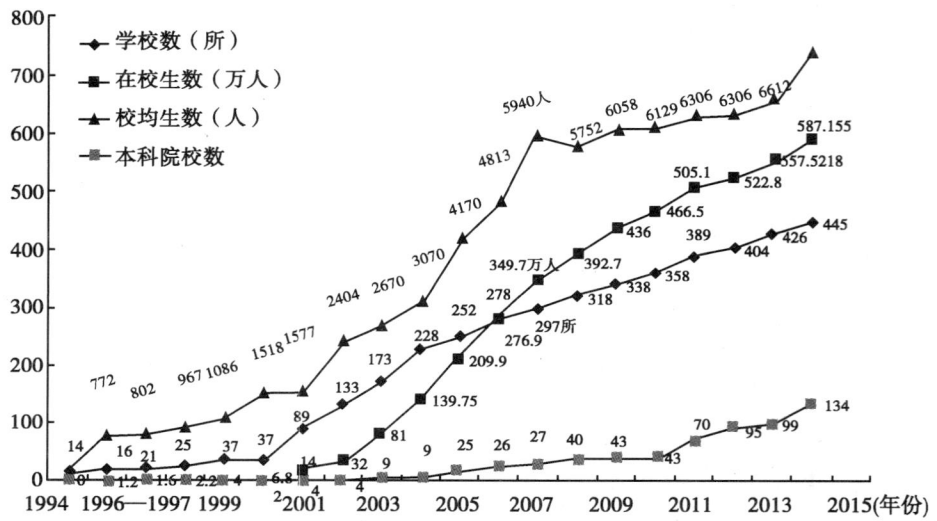

图1-4 1994年以来民办普通高校在校生数量变化图

资料来源:根据教育部相关年份全国教育事业发展统计公报整理。

"但是,我们也要清醒地认识到,民办高等教育的繁荣掩盖着深层危机。根本原因在于:第一,我国民办高教没有承续原有基础,基本上是重起炉灶,根基不牢,积累不够,没有足以与公办名校相比肩的民办名校,没有排头兵,难以产生品牌效应,使得社会对民办高等教育的认可和接受程度还比较低;第二,民办高教在总体上还没有完全发展成熟的时候,又面临着高等教育市场化、国际化浪潮的猛烈冲击。尤其是近些年我国高等教育体制的一系列重大改革,虽也为民办高校发展提供了

---

① 教育部:《2015年全国教育事业发展统计公报》,见教育部网站:http://www.moe.edu.cn。

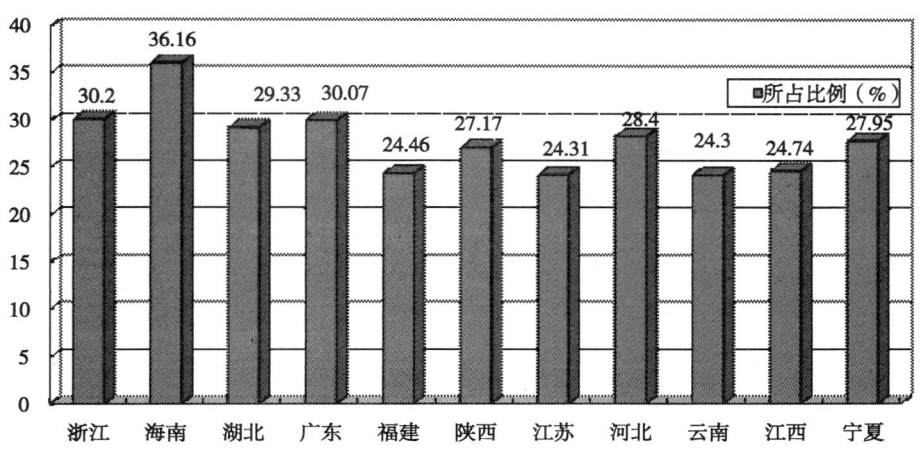

图1-5　2012年全国民办高校在校生占比最高的10个省市

资料来源：教育部发展规划司：中国教育事业发展统计简况整理。

机遇，但从根本上将民办高教置于激烈的竞争环境中，民办高教稚嫩的肩膀过早地承担了太重的负担。这种'先天不足'和'长不逢时'导致民办高教发展面临深层危机。"① 一方面，随着高等教育资源的快速增加，高等教育供不应求的矛盾得到迅速缓解，高等教育市场在不知不觉中开始逐渐从卖方（高校）转向买方（考生）。人民群众接受高等教育的愿望逐渐从被动接受向主动选择转变，从希望上大学向希望上好大学转变，优质高等教育资源供求矛盾突出，成为社会共同的渴求。"随着经济社会的发展和高等教育的发展，民众的高等教育需要发生了重要变化，正在从机会需求向质量需求转变，竞争高等教育机会转变为竞争优质高等教育资源。民众需求量大的是优质高等教育资源，这种质量需求可能会给民办高校粗放式发展模式带来挑战，可能会压缩民办高校的发展空间。"② 与此同时长期以来实施计划生育政策带来的少子化效应，带来了高等教育适龄人口的大幅萎缩，从2008年开始高考生源持续急剧减少，民办高校逐渐表现出社会需求的快速下滑，不少民办高校开始出现招生困难。迅即到来的变化和危机，给民办高校的可持续发展带来重大影响。当下每年高考招生都有大量民办高校招生不足的报道，新生

---

① 张应强：《体制创新与建设高水平民办大学》，《高等教育研究》2002年第4期。
② 张应强：《高等教育改革与我国民办高校的可持续发展》，《大学教育科学》2006年第6期。

报到率不足一半的民办高校不在少数,甚至有的民办高校走入绝境。有学者大胆断言,在不远的将来,"随着出生人口基数的下降,特别是随着18岁到22岁适龄大学生青年数量的减少,某些高校,特别是某些民办学校和独立学院离破产可能不遥远了"①。据报道,"2010年青岛飞洋职业技术学院在省内的文理科招生计划为2805人,第一志愿只有108人。并且民办高校的平均报到率只有百分之六七十,有的甚至不足百分之五十"②。招不到学生,就收不到保证学校运转的足够学费。没有资金的支撑,学校的各项发展就会受到约束,这势必导致来年招生更加困难。调研得到的数据表明实际问题比预想的还要严重得多。

从另一个层面来看,现阶段我国高等教育已经进入内涵发展阶段,内涵建设需要治理发挥作用。管理是提高高等教育质量和办学效益的必备条件,也是高校内涵建设的重要内容。由于独特的发展条件和环境,相对于传统的公办高等教育,我国民办高等教育的组织复杂化、结构多样化、水平差异化、权益多样化和诉求多元化等问题更加凸显,形成了我国民办高等教育实施治理的急迫需求。由于公共财政政策的滞后,我国民办高校主要由社会出资兴办。当下民办高等教育相关的管理法规严重短缺,已经颁发的法律法规也没有得到全面系统的贯彻落实。相关部门和管理人员,习惯于公办高校单一的、单向的、带有严格强制性的"管理"和"规范",忽视广大高等教育消费者的选择权,漠视广大投资者和举办者的办学自主权,无视民办高校艰难的生存环境。举办者、办学者和高等教育消费者等相关利益主体在民办高等教育管理中鲜有发言权。"生不逢时"和"营养不足",造成我国民办高校质量难以提升,特色难以凸显,核心竞争力难以增强。在满足不断增强的优质高等教育需求的新常态下,民办高校步履维艰。与此同时,我国民办高校办学历史较短,条件较差,起点较低、质量不高。由于投入能力不足,建设资金难以到位,民办高校大都将发展重点放在规模扩张方面,希望通过规模效益增加积累,加快条件建设,维持正常运转,而不同程度地忽视内部管理体制的建设,影响民办高校机制优势的发挥。在规模快速增加的同时,资源问题矛盾突出,牵制学校大量精

---

① 顾海良:《未来十年某些高校破产》,《中国青年报》2010年3月24日。
② 臧旭平:《民办高校面临生存大考出现较大缺额且报到率低》,《青岛早报》2010年8月31日。

力，内部治理却无暇顾及，并且产生了一些新的问题。

国家治理的目标决定了高等教育管理改革的方向，国家治理的需求也决定了高等教育治理的产生，国家治理的模式决定了国家高等教育管理的制度。在整个社会贯彻落实科学发展观，加快发展转型的背景下，高等教育必须与之相适应，全面提高人才培养的质量。在整个高等教育转变发展方式、加强内部管理、提高管理效益的背景下，民办高校也不能置身度外，不能沿着规模扩张、粗放发展的老路一意孤行，而应及时抓住机遇，果断转变方向，强筋壮骨，苦练内功，加强内部治理，发挥体制优势，以管理促进教育质量和办学效益的提高。在教育领域贯彻全面深化改革、促进国家治理体系和治理能力现代化的宏观形势下，民办高校发展就应该加快贯彻"治理"理念，转变管理方式，深化管理改革，发挥各界积极性，共同推进民办高等教育事业的发展升级。

第二节　主要概念界定

一　治理

"治理"并不是一个完全舶来的外国名词，相反，在中国有着深厚的话语根基。中文中的"治理"大致包含四层含义：一是统治和管理。《荀子·君道》："明分职，序事业，材技官能，莫不治理，则公道达而私门塞矣，公义明而私事息矣。"这里"治理"指的就是国家要分明职司，各司其职，管理社会事务，实现公道正义。二是指理政的成效。如"天下大乱达到天下大治""大乱大治""一乱一治"等。三是治理政务的道理。清代严有禧《漱华随笔·限田》："'由此思之，法非不善，而井田既湮，势固不能行也。'其言颇达治理。"四是处理公共问题。对某事某物的整修、整顿等。如治理黄河、治理官吏等。总体来看，"治理"作为中文的一个学术和政治热词，以往使用的主要内涵是指国家治理，属于政治学的范畴。

现代英文中的"治理"（Governance）概念源于古典拉丁文和古希腊语，原意是控制、引导和操纵之意。长期以来，它与统治（government）一词交叉使用，并且专用于与"国家公务"相关的宪法或法律的执行问题，或指管理利害关系不同的多种特定机构或行业。① 治理这个词从13世纪起就在法国阶段性的流行过。该词曾是表达政府开明与尊重市民社会结合的一个要素。在17世纪和18世纪，治理是关于王权和议会权力平衡的讨论所涉及的重要内容之一，而在那个时代，王权在实现过程中开始依靠一些新的原则，而从这些新原则中，诞生了民众权利和市民社会理念。②

20世纪90年代，由于政府体制与市场体制的局限性和在若干领域中的失效，西方兴起了一股"治理"热，学者赋予"治理"以新的含义，使之与"统治"的概念区分开来，凸显出"因势利导、多元参与、多方共赢"的特有内涵，并在此基础上形成了西方治理理论。政治学家和管理学家在社会资源配置中既看到了市场的失效，又看到了政府的失败，他们认识到仅仅依靠政府的计划和命令等手段，无法达到资源配置的最优化，而单纯的市场手段也不可能实现社会资源的最佳配置。所以提出治理概念，主张用治理替代统治，越来越多的人热衷于以治理机制对付市场和（或）政府协调的失败。政府"出现了重要的经济及社会新情况和与之相伴随的问题，这些问题再也不能简单地借助自上而下的国家计划或凭借市场中介的无为而治方式寻求解决了。这种长期性变化反映了社会复杂性的极度加剧，而社会复杂性又来自一个日益全球化的社会里种种机构序列功能的不断分化——这又反过来导致不同系统跨越社会、空间和时间的距离而更加相互依存"③。

治理理论的主要创始人之一詹姆斯·N. 罗西瑙认为：治理是通行于规制空隙之间的那些制度安排，或许更重要的是当两个或更多规制出现重叠、冲突时，或者在相互竞争的利益之间需要调解时才发挥作用的原则、规范、规则和决策程序。④ 英国学者格里·斯托克指出："治理的本质在

---

① ［英］鲍勃·杰普索：《治理的兴起及其失败的风险：以经济发展为例的论述》，漆芜译，《国际社会科学》1999年第2期。
② ［法］让－皮埃尔·戈丹：《何谓治理》，钟震宇译，社会科学文献出版社2010年版，第4页。
③ ［英］鲍勃·杰普索：《治理的兴起及其失败的风险：以经济发展为例的论述》，漆芜译，《国际社会科学》1999年第2期。
④ ［美］詹姆斯·N. 罗西瑙：《没有政府的治理》，张胜军、刘小林译，江西人民出版社2001年版，第9页。

于，它所偏重的统治机制并不依靠政府的权威和制裁。'治理的概念是，它所要创造的结构和秩序不能从外部强加；它之发挥作用，是要依靠多种进行统治的以及互相发生影响的行为者的互动。'"①

1992年成立的全球治理委员会对治理的定义具有代表性和权威性。该机构在1995年发表的《我们的全球伙伴关系》研究报告中对治理的概念进行了界定：治理是各种公共的或私人的个人和机构管理其共同事务的诸多方式的总和。② 治理是相互冲突的或不同的利益得以调和，并且采取联合行动的持续过程。这既包括有权迫使人们服从的正式制度和规则，也包括各种人们同意或以为符合其利益的非正式的制度安排。它有四个特征：治理不是一整套规则，也不是一种活动，而是一个过程；治理过程的基础不是控制，而是协调；治理既涉及公共部门，也包括私人部门；治理不是一种正式的制度，而是持续的互动。

英国学者格里·斯托克梳理了治理理论的五种主要观点③：

（1）治理指出自政府、但又不限于政府的一套社会公共机构和行为者。

（2）治理明确指出在为社会和经济问题寻求解答的过程中存在的界限和责任方面的模糊之点。

（3）治理明确肯定涉及集体行为的各个社会公共机构之间存在的权力依赖。

（4）治理指行为者网络的自主治理。

（5）治理认定，办好事情的能力并不在于政府的权力，不在于政府下命令或运用其权威。政府可以动用新的工具和技术来控制和引导；而政府的能力和责任均在于此。

索丰认为④：治理的特征，概括起来有五个方面：

1. 治理主体的多元化

治理的主体不是唯一的，即政府不再是唯一权力中心，治理的主体是一系列来自政府，但又不限于政府的社会公共机构和行为者，各种公共的

---

① [英]格里·斯托克：《作为理论的治理：五个论点》，华夏风译，《国际社会科学》1999年第2期。

② 见郁建兴、任泽涛《当代中国社会建设中的协同治理》，《学术月刊》2012年第8期。

③ [英]格里·斯托克：《作为理论的治理：五个论点》，华夏风译，《国际社会科学》1999年第2期。

④ 索丰：《韩国大学治理研究》，博士学位论文，东北师范大学，2011年，第37页。

和私人的机构只要其行使的权力得到公众的认可，就都可能成为在各个共同层面上的权力中心。

2. 主体间责任界限的模糊性

治理意味着在社会和经济问题寻求解决方案的过程中，存在着界限和责任方面的模糊性。它表明，在现代社会，国家正在把原先由它独自承担的责任转移给公民社会，即各种私人部门和公民自愿性团体，后者正在承担着原先由国家承担的责任。这样，国家与社会之间、公共部门和私人部门之间的界限和责任便日益变得模糊不清。

3. 主体间权力的互相依赖性和互动性

治理明确肯定了在涉及集体行为的各个社会公共机构之间存在着权力依赖。所谓权力依赖，是指致力于集体行动的组织必须依靠其他组织，为达到目的，各个组织必须交换资源、谈判共同的目标，交换的结果不仅取决于各参与者的资源，而且也取决于游戏规则以及进行交换的环境。

4. 自主自治的网络体系的建立

治理意味着参与者最终形成一个自主的网络。这一自主的网络在某个特定的领域中拥有发号施令的权威，它与政府在特定的领域中进行合作，分担政府的行政责任。

5. 政府作用范围及方式的重新界定

治理意味着办好事情的能力并不仅限于政府的权力，不限于政府的发号施令或运用权威。在公共事务的管理中，还存在着其他的管理方法和技术，政府有责任使用这些新的方法和技术来更好地对公共事务进行控制和引导。

学者俞可平认为[①]：治理是指在一个既定的范围内运用权威维持秩序，满足公众的需要。治理的目的是在各种不同的制度关系中运用权力去引导、控制和规范公民的各种活动，以最大限度地增进公共利益。从政治学的角度看，治理是指政治管理的过程，它包括政治权威的规范基础、处理政治事务的方式和对公共资源的管理。它特别地关注在一个限定的领域内维持社会秩序所需要的政治权威的作用和对行政权力的运用。

李国年、肖昊[②]认为，治理和统治的本质区别在于：首先，两者的主

---

① 俞可平：《治理与善治》，社会科学文献出版社2000年版，第5页。
② 李国年、肖昊：《治理理论视角下的独立学院管理机制创新》，《高教发展与评估》2013年第3期。

体不尽相同。统治的权威中心一定是政府机关,而治理的权威中心包括政府机关但又不限于政府机关,治理的主体是多元化和多样性的,它可以是公共机构,也可以是私人机构,还可以是公私合办的机构。其次,管理过程中权力运行的向度不同。政府统治的权力运行依循自上而下的方向,其运用政府的政治权威,通过发号施令、制定政策和行政手段,对社会公共事务进行单一向度的管理。而治理则是一个自上而下、自下而上的互动管理过程,它主要是通过谈判协商、对话合作、沟通交流、相互认同和确立目标等方式对公共事务实施管理。再次,管理的范围不同。政府统治所涉及的范围就是以领土为界的民族国家。治理的范畴既可以是特定领土界限内的民族国家,也可以是超越国家领土界限的国际领域。最后,权威的基础和性质不同。统治的权威主要源自政府的法规命令,治理的权威则主要源于公民的认同和共识。

由此可见,治理是一个内容丰富、包容性很强的概念。治理对传统的国家和政府权威提出挑战,它认为政府并不是国家唯一的权力中心,各种公共的和私人的机构只要其行使的权力得到了公众的认可,就都可能成为在各个不同层面上的权力中心。治理中的自主的网络在某个特定的领域中拥有发号施令的权威,它与政府在特定的领域中进行合作,分担政府的行政管理责任。在公共事务的管理中,还存在着其他的管理方法和技术,政府有责任使用这些新的方法和技术来更好地对公共事务进行控制和引导。"治理的思想有个优点,强调国家行为的变化。这些变化包括国家采取行动能力的相对下降,在公众中的合法性危机,私营部门和机构对各级国家行为的干预,以及市场模式的新的重要性。"① 由此可见,治理是人类追求政治文明进步和社会发展的新理念和新思路,"国家统治这个领域正在发生变化,标志着与过去的决裂"②,标志着人类对社会发展规律有了新的和更深刻的认识。

二 大学治理

20世纪90年代以来,知识经济的兴起和经济全球化浪潮的高涨,对

---

① [瑞士]弗朗索瓦-格扎维尔·梅里安:《治理问题与现代福利国家》,肖孝毛译,《国际社会科学杂志》1999年第1期。
② [英]格里·斯托克:《作为理论的治理:五个论点》,华夏风译,《国际社会科学杂志》1999年第1期。

大学的发展提出了新的要求和挑战。为解决大学发展所面临的新问题，世界各国纷纷开展高等教育体制改革，治理理论被引入到许多国家的高等教育领域。治理理论的核心是改变传统管理方式下唯一权威中心的观念及行政调节的强制性手段，通过一些正式或非正式的制度安排，使不同的利益相关主体联合行动，共同推进事物的发展。体现在高等教育领域，就是改变政府对大学的垄断控制，允许其他组织机构、团体乃至个人共同参与和协商大学事务。

值得指出的是，把治理研究引入教育领域，并提出大学治理的概念还是最近几十年甚至十几年的事情，但大学治理研究的对象和提出的问题却是大学研究的一个长久课题。以前的研究多冠之以大学管理（management）或大学制度（institution）研究，研究方法是大学史的梳理、管理学的传统组织理论和社会学方法。但研究对象是旧问题并不表示研究的无意义，因为针对旧问题的新概念的提出表明范式的转换，这不是概念游戏，而是新视角下对问题的重新审视。

大学治理就是为实现大学目标而设计的一套制度安排，它给出大学各利益相关者的关系框架，对大学的目标、原则、决策方式、权力的分配定下规则，主要内容是设计效率实现的机制，通过大学各利益相关方的追求自身目标的活动而实现整体的大学效率。[①]

大学治理是从公司治理和公共事务治理领域移植或延伸而来，它是大学各治理实体的权责划分及其在运作过程中相互关系的安排。"大学治理"一词，源于英文的"University governance"，在欧美高教学界是一个使用非常频繁的术语。虽然就现象而言，对大学的治理发端于西方教育发达国家，但据考证"University governance"作为一个固定词汇或术语，最早使用的却是日本早稻田大学前校长奥岛孝康，他在题为《私立大学的治理》（原载《大学时报》1998年1月）的论文中首次使用了"University governance"这个自造的"日式英语"，在《私立大学的治理》一文中，奥岛孝康在研究"Corporate governance"的过程中考虑到了"University governance"。这一概念在中国和韩国举办的世界大学校长论坛上提出后，

---

① 索丰：《韩国大学治理研究》，博士学位论文，东北师范大学，2011年。

引起了较大反响①，并在后续研究和实践中得到关注和推广。

可见，大学治理作为一个概念，是随着治理理论的兴起而引起人们关注的。同"治理"的概念一样，"大学治理"也被学者赋予不同的内涵。

卡耐基高等教育委员会将大学治理定义为"作决策的结构和过程，从而区别于行政和管理"②。美国著名学者罗伯特·伯恩鲍姆对此做了进一步阐释，认为治理是"平衡两种不同的但都具有合法性的组织控制力和影响力的结构和过程，一种是董事会和行政机构拥有的基于法定的权利，另一种是教师拥有的权利，它以专业权利为基础"③。此外，美国学者西蒙·马金森和马克·康斯丁认为："大学治理涉及大学内外关系，内部关系要素包括价值取向、使命和目标、决策和资源分配机制、等级权利形式等；而外部关系主体包括政府、市场和大学外的各种学术领域。"④

我国学界对大学治理的公开讨论始于张维迎所著《大学的逻辑》的问世。张维迎对大学治理的阐述同样是在与公司治理进行类比的基础上展开的。他指出：大学与企业不同，通常是一种非营利性机构。不过，大学的目标也需要通过整套的制度安排来实现，"这些制度安排就是治理结构，就是大学的治理（Universitygovernance）"。而中央党校博士研究生赵旭明认为，"通过大学合约，要素所有者所拥有的初始权利得以重新界定和组合，构造了大学的产权安排，或不同要素所有者在大学中的责、权、利关系，也即大学的治理结构"。⑤

根据以上论述和罗伯特·罗茨所对治理及其特征的总结，我们可以这样理解大学治理：其一，重新界定政府管理和干预高等教育事务的范围和形式，政府从大学事务中放权后撤，尽量缩减政府控制的程度，只有大学

---

① 郭丽、茹宁：《大学治理理论及我国大学的治理对策探析》，《南昌航空大学学报》（社会科学版）2007年第10期。

② Corson, J. J. Govemance of colleges and universities, New york: MCG ran hill, 1960.

③ Robert Bimbaum. The End of shared Governaxice: looking Aheador looking Back, New Direction for Higher Education, 2004（12）.

④ Denuis John Gayle, Bhoendradatt Tewarie, White, A. Quinton, Jr. Governamce in the Twenty-First-Century university: Approaches to Effective leadership and strategic Management. [EB/OL] //http://www.ericdigests.org/2004-4/governance.htm. washing forr: ERJC chearinghouse on higer Ediction, 2003

⑤ 赵旭明：《民办高校治理研究》，博士学位论文，中共中央党校，2006年。

自身以及社会力量不能完成的事务才应该由政府完成。其二，在大学事务中，应运用类似于私人部门的绩效考核式的管理手段，设计激励结构，利用准市场方式实现大学的有序、有效竞争和效率。其三，大学的目标是政府、公众、大学等各组织间互动、协调的结果，不仅仅是政府指令贯彻的结果，因此应该重视大学与政府、大学与其他组织的关系和关联。其四，大学内部也不是整齐划一的统一体，而是由举办者、教师、学生、行政人员、校长、校友等组成的相关者组织，自上而下的命令常常无效，需要相互协调才能发挥重要作用。大学事务也不一定非要通过责权明确的方式来实现，以治理的方式实现功能相互替代、责任相互承担是大学管理的更为有效的方式。其五，政府在教育行政中，以及大学在内部管理中，应该尊重法律，依法办事，尊重人权，拥有一个有效、开放并被监督审计的组织体系和廉洁、高效的管理队伍是大学治理的目标（善治）。

三　民办高校[①]

关于民办（高等）学校或民办（高等）教育的定义众说纷纭。我国著名高等教育研究前辈潘懋元先生认为，"民办学校，实质上相当于私立学校。它不同于公办学校的基本点有二：（1）它是由公民私人或私法人所设立的。（2）由设立者筹集学校资金，而不是依靠政府的拨款……后者才是私立学校的本质特征。"[②] 柯佑祥认为"民办高等教育是指建立在基础教育之上，由民间力量实施、培养专门人才的有目的的社会实践活动。民办高等学校则是办学经费主要来源于私人和民间法人，并由私人或民间法人管理和经营、实施高等教育的机构。包括各种独立的私立大学、私立专修学院、私立职业技术学院、私立函授学院、民办二级学院、中外合作办学创办的高等教育机构等。[③] 刘莉莉提出"民办高校区别于公办（普通）高校主要有以下三点：第一，由国家和地区行政机构以外的非政府组织举办或经营；第二，不接受政府统一的财政拨款，而是依靠自筹资

[①] 参见徐绪卿《我国民办高校内部管理体制改革和创新研究》，中国社会科学出版社2012年版，第18—20页。

[②] 潘懋元：《关于民办高等教育体制的探讨》，《上海高教研究》1988年第3期。

[③] 柯佑祥：《适度盈利与民办高等教育的发展》，南京师范大学出版社2003年版，第16页。

金维持学校的存在和发展；第三，学校实施自主投资、自负盈亏的运行机制"①。如此分类还有多种。

笔者认为，民办高校，有广义与狭义之分。广义的民办高校，指经费主要来自非政府财政的从事高中后教育的机构，包括民办全日制普通高校、公办高校附设的民办独立学院、高等教育自学考试助考机构、高等教育学历文凭教育机构、中外合作办学高等教育机构等。经费来源的非财政性和教育层次居高中后是广义民办高校的两个必备特征。狭义的民办高校，按照1993年8月17日国家教育委员会下发的《民办高等学校设置暂行规定》（教计〔1993〕129号），"系指除国家机关和国有企事业组织以外的各种社会组织以及公民个人，自筹资金，依照本规定设立的实施高等教育学历教育的教育机构"。这里的关键词是办学主体"除国家机关和国有企事业单位以外"、经费来源"自筹"和办学内容为"实施高等教育学历教育"。应该说，这一定义是明晰的。2002年12月28日九届全国人大常委会第31次会议通过的《民办教育促进法》，对民办学校作了新的规定："国家机构以外的社会组织或者个人，利用非国家财政性经费，面向社会举办学校及其他教育机构的活动，适用本法。"这两个定义是有区别的。首先，从办学主体而言，前者不包括政府机关和国有企事业单位，后者仅剔除国家机构（包括立法机关、行政机关、审判机关、检察机关和军事机关等），办学主体的范围有所扩大。其次，从办学经费来源看，前者必须是自筹经费，后者则明确"非国家财政性经费"，显然后者经费来源的"度"也要广得多，其中蕴含着对举办经费的鼓励和支持力度更大。

实践表明，从发展的趋势来看，简单地用"利用非国家财政性经费"的标准来界定民办高校的属性越来越显示出偏颇和缺陷。国际上许多国家为体现教育公平，落实公共财政政策，对私立大学都有经费补助，有的甚至补助额度不少。"公立大学要花私人的钱，私立大学也在花公家的钱。"② 利用自身的职能，发挥自身的优势，争取包括政府财政经费在内的各种经费支持，已经成为民办高校核心竞争力的重要内容。因此，正如美国高等教育研究专家所说，今天如果仅仅从经费来源来划分学校的性

---

① 刘莉莉：《中国民办高等教育发展的研究》，吉林人民出版社2002年版，第4页。
② 邬大光：《大学姓"公"还姓"私"》，《中国教育报》2010年7月12日。

质,恐怕是比较难的一件事情。① 随着政府财政经费的增加和公共财政对民办教育扶持政策的实施,民办(私立)高校也在为社会服务中取得政府的财政性经费支持,经费来源中财政性经费比重会逐渐提高。本人多次访问过的日本京都府福知山市的京都创成大学甚至由政府负责出资建设后,交给民间财团法人负责经营,列入私立大学序列。在世界上许多国家,即使一些营利性大学,也可以通过委托服务的形式取得政府财政性经费。因此,仅仅以经费来源作为界定民办高校的标准,或者说民办高校不能有政府财政性经费的观点,已经不足以反映民办高校的举办特征。

综合各方观点,依据相关规定,本研究将"民办高校"("民办高等学校"的简称)的概念界定为:国家机构以外的社会组织或个人,主要利用非国家财政性经费,面向社会举办,民间负责经营,并得到教育行政部门批准的具有独立颁发高等教育学历文凭资格的高中后学历的教育机构。借鉴国际私立大学划分界定的经验和发展趋势,本研究认为,我国民办高校的特征有三个,一是经费在民间筹集。民办高校办学经费来源多样化,但主要经费来源于社会,包括学生的学费,当然也不排除来自政府财政的资助。随着公共财政的好转和相关政策的落实,民办高校中财政性的经费将逐年增加。二是学校由民间经营。长远来看,经费来源的区别将逐渐淡化,经营(办学)主体将成为区分和界定民办高校的重要依据之一。如前所述,一些经济困难的地区,公办高校的转制和股份化或政府投资建设民办高校都是可能的。三是办学层次为高中后学历教育。那些社会举办的高中后的职业培训机构严格来说还不能算是民办高校,因为它不符合"大学"或"高校"的基本要件。民办高校只是民办普通高校的简称。需要说明的是,根据我国教育行政部门的相关规定,民办高校还包括公办高校中设置的民办独立学院。考虑到现有文件对独立学院的管理要求和独立学院的过渡性,为研究方便,这里主要将独立设置的民办普通高校作为主要研究对象。独立学院的相关问题会有所涉及,但不会展开。

四 民办高校法人治理结构

法人治理结构(corporate governance structure),亦称公司治理结构,

---

① [美]菲力普·G. 阿特巴赫:《高等教育变革的国际趋势》,蒋凯主译,北京大学出版社2009年版,第66页。

它原本是来自国外企业管理中的一个专用术语,在我国又被译作公司治理、公司治理机制、公司治理结构等,是经济学、法学和管理学研究的重要范畴。公司是现代企业的一种重要组织形式。为壮大实力赢得市场竞争,公司规模一般都很大,业务众多且事务繁杂。在这种情况下,公司以投资者为主体的董事会不可能也无法包揽一切。如果公司大小事务的决策与执行都由董事会承担,就有可能精力分散,顾此失彼。为此公司的最高经营管理层必须要进行某种分离,由公司董事会以外的另一些人组成的专门机构来负责执行日常的经营管理。这个机构就是由职业经理人组成的执行机构(团队)。公司的重要经营决策权由董事会直接负责,公司日常事务的经营管理权则交由经理团队来行使。这样,董事会与经理人员之间形成了委托—代理关系。而按照公司章程规定分配董事会和经理的相应权限,分工协作,达到企业创利目标的这种制度,一般就称作法人治理结构。

民办高校的法人治理结构,实际上就是民办高校借鉴现代企业制度的管理模式,在出资者(举办者)和经营者(校长及团队)分离的基础上,把民办高校作为独立的法人实体,在举办者(出资人)、决策者、管理者和教职工等权益相关利益相关者之间建立的有关学校运营与权利配置的一种机制或组织结构,以及通过这种组织结构形成的责权利划分、制衡关系和配套机制(决策、指挥、执行、激励、约束、监督机制等)等一整套制度安排[①]。在这种组织结构中,以产权明晰为基础,来架构内部管理机构,不同机构依据不同的职权,各司其职、各负其责、相互配合与制衡,以保障学校的正常决策和管理秩序。通过这一制度安排,出资人将自己的资产交由董事会托管;学校董事会是学校的最高决策机构,作为拥有对学校法人财产的支配权的常设机关,负责制定学校发展规划、对学校校长的聘用、奖惩以及解雇,确定经费使用原则及预算等重大问题的决策;校长受聘于董事会,全权负责学校的运行活动,相当于企业的总经理,作为董事会意志的执行者,在其授权范围内管理学校。"董事会领导下的校长负

---

① 徐绪卿:《我国民办高校内部管理体制改革和创新研究》,中国社会科学出版社 2012 年版,第 250—252 页。

责制",成为民办高校法人治理结构的最一般的表述。① 可见,民办高校法人治理结构与公司法人治理结构有相同的渊源和相通的含义②。

近年来,民办高校的发展基本上是以规模扩张为特征的。据不完全统计,全国已有万人民办高校100多所。我国民办高校缺乏有雄厚实力的资本大财团的有力支持,大多数民办高校投资不到位,依靠学费积余"滚动发展",学校规模是取得效益实现平稳运行和滚动发展的重要保证。民办高校规模的扩大,主要来自规模效益的驱动,规模在一段时间内成为民办高校的生存命脉和发展源泉。与此同时,办学规模的扩大也增加了内部管理的难度。学校董事会包揽投资、决策、办学管理等复杂事务成为十分困难的事情。董事会对学校具体事务介入过深,也会影响员工的积极性,其决策的执行效率将下降,并且会导致举办者与执行阶层的矛盾冲突。在民办高校管理中借鉴公司法人的经验,建立法人治理结构,将学校的最高决策层与执行管理层进行某种分离,学校的重要决策权由董事会负责,日常管理由董事会聘请校长(团队)来负责执行。这样,董事会与校长之间实际上就形成了委托—代理关系,这实际上就是民办高校法人治理结构。

从法理的角度看,法人治理结构主要是研究在所有权与经营权分离的基础上产生的权力配置和权力运行机制的构造问题,即权力机制问题。民办高校法人治理结构就是研究举办者所有权与学校管理权分离的基础上学校权力体系的构造问题,即权力的分配与运行机制问题。由于民办高校具有较强的私人性质,并且在其发展中注入了更多的市场和企业运作机制,决定了民办高校将采用不同于公办高校的领导体制与运行机制。作为按照市场规律发展起来的民办高校组织,也可能而且需要引入法人治理结构。特别是在当前我国民办高校管理较为薄弱的背景下,引入和实施民办高校法人治理结构,不失为一种较好的选择。

尽管目前对公办高校法人的性质尚存争议,但就民办高校而言,由于其具有较强的私人法人性质,加之它在创立和发展过程中主动自觉地

---

① 张剑波、杨炜长:《完善法人治理结构:民办高校可持续发展的重要保障》,《湘潭大学学报》(哲学社会科学版)2007年第1期。

② 徐绪卿:《建立和完善民办高校法人治理结构的若干思考》,《广东培正学院学报》2008年第1期。

引入了较多的市场化和企业化运行机制，因此，用法人治理结构进一步规范民办高校的发展，在理论上讲既是可能的，也是可行的。另外，法人治理结构中所包含的法人财产权、决策、执行、激励与约束机制等核心问题，实际上已成为法人制度中带有普遍性的问题，对任何一种类别的法人都有普遍意义。民办高校在其办学活动中也不可避免地会遇到这些相似的问题，这些问题在某种程度上的普遍性和相通性，使民办高校构架法人治理结构成为可能和必要。运用比较成熟的公司法人治理结构来构架现代高校制度，在国外私立高校的管理实践中已经获得巨大的成功和全面推广，可为我国民办高校法人治理结构的建立和完善提供借鉴。

五　机制和治理机制

"机制"一词最早源于希腊文，原指机器的构造和工作原理。机制这个词有多种含义，其基本含义主要的有四种，一是用机器制造的；二是机器的构造和工作原理；三是有机体的构造、功能和相互关系；四是泛指一个复杂的工作系统和某些自然现象的物理、化学规律。把机制的本义引申到不同的领域，就产生了不同的机制。如引申到生物领域，就产生了生物机制；引申到社会领域，就产生了社会机制。如管理领域的管理机制，实施领域的运行机制，人才领域的用人机制，分配领域的激励机制，等等。人们将"机制"一词引入经济学的研究，用"经济机制"一词来表示一定经济机体内各构成要素之间相互联系和作用的关系及其功能。

理解机制这个概念，最主要的是要把握两点：一是事物各个部分的存在是机制存在的前提，因为事物有各个部分的存在，就有一个如何协调各个部分之间关系的问题；二是协调各个部分之间的关系一定是一种具体的运行方式。机制是以一定的运作方式把事物的各个部分联系起来，使它们协调运行而发挥作用的。

在日常生活中我们所提到的机制的意思，表达的是"做某类事情的方式、方法"，或者是说实现目标的路径、方式和方法等。那么，机制和方式或方法有什么不同呢？它们的区别主要有四点[①]：

---

① 参见云真子的博客《制度、机制、体制、体系的定义区别》，http://blog.sina.com.cn/08yunzhenzi。

第一,机制是经过实践检验证明有效的、较为固定的方法,作为一个组织的工作机制,不会因组织领导人的变动而随意变动,而单纯的工作方式、方法是可以根据个人主观随意改变的。

第二,机制本身含有制度的因素,并且要求所有相关人员遵守,而单纯的工作方式、方法往往体现为个人做事的一种偏好或经验。例如监督机制,不仅指人人必须遵守的制度,而且应该包括各种监督的手段和方法。只有二者结合起来才能发挥作用。

第三,机制是在各种有效方式、方法的基础上总结和提炼的,而方式、方法往往只是做事的一种形式和思路。机制一定是经过实践检验有效的方式方法,并进行一定的加工,使之系统化、理论化,这样才能有效地指导实践。而单纯的工作方式和方法则因人而异,并不要求上升到理论高度。

第四,机制一般是依靠多种方式、方法起作用的,而方式、方法可以是单一起作用的。例如,建立起各种工作机制的同时,还应有相应的激励机制、动力机制和监督机制保证工作的落实、推动、纠错、评价等。建立完善的机制,才能使组织的建设稳步发展,保持长久的活力。

治理机制从公司治理中来。公司治理机制,英文为 Corporate Governance System,含有"公司治理体系"或"公司治理系统"的意思,专业全称"公司治理结构与监管体系"。公司治理结构相当于企业的"操作系统",专业监管体系则相当于企业的"应用软件",共同形成企业的公司治理系统。由于公司治理系统具有调整人的主观能动性的作用机制,涵盖了股东(大)会运作机制,董事会运作机制、监事会运作机制,还有公司财务、人力资源、运营与管理、法务、产品技术研发等监管机制。因此,无论哪个国家或哪个企业,在公司治理结构设计方面都必须从机制设计的角度入手,方可改善和提升企业的公司治理环境。

在长期的公司治理实践中,公司治理制度不断完善,形成了一套相互联系的公司治理机制体系。根据公司治理机制的功能划分,主要有四种治理机制:一是激励机制,即如何激励董事与经理努力为企业创造价值,减少道德风险的一种机制。二是监督与制衡机制,即如何对经理及董事的经营管理行为进行监督和评价,并建立有效的相互制衡的内部权力机构的一种机制。三是外部接管机制,即当管理者经营不善,造成公司股价下跌,而被其他公司(或利益相关方)收购,导致公司控制权易手的一种治理机制。四是代理权竞争机制，是指不同的公司股东组成不同的利益集团，通过争夺股东的委托表决权以获得董事会的控制权，进而达到替换公司经营者的一种机制。①

机制与制度、机制与体制之间也有明确的区别和界定。② 首先，制度是要求大家共同遵守的办事规程或行动准则。许多情况下，制度也是某一领域的制度体系，如我们通常所说的政治制度、经济制度、法律制度和文化制度等。制有多重含义，例如用机器制造的；机器的构造和工作原理；有机体的构造、功能和相互关系；泛指一个复杂的工作系统和某些自然现象的物理、化学规律；等等。与我们常说的机制相近的含义是指做事情的方式、方法。但又不等同于这个意思。简单地说，机制就是制度加方法或者制度化了的方法。机制是经过实践检验证明有效的、较为固定的方法，不因组织、机构负责人的变动而随意变动，而单纯的工作方式、方法是可以根据个人主观随意改变的。其次，机制本身含有制度的因素，并且要求所有相关人员遵守，而单纯的工作方式、方法往往体现为个人做事的一种偏好或经验。例如监督机制，不仅指人人必须遵守的制度，而且应该包括各种监督的手段和方法。只有二者结合起来才能发挥作用。再次，机制是在各种有效方式、方法的基础上总结和提炼的，而方式、方法往往只是做事的一种形式和思路。机制一定是经过实践检验有效的方式方法，并进行一定的加工，使之系统化、理论化，这样才能有效地指导实践。而单纯的工作方式和方法则因人而异，并不要求上升到理论高度。最后，机制一般是依靠多种方式、方法来起作用的，而方式、方法可以是单一起作用的。例如，建立起各种工作机制的同时，还应有相应的激励机制、动力机制和监督机制来保证工作的落实、推动、纠错、评价等。而就"机制"和"体制"而言，"机制"指的是有机体的构造、功能和相互关系，泛指一个工作系统的组织或部分之间相互作用的过程和方式，如市场机制、竞争机制、用人机制等。"体制"指的是国家机关、企业、事业单位等的组织制度，如学校体制、领导体制、政治体制等。两个词的中心语和使用范围不一样，"机制"由有机体喻指一般事物，重在事物内部各部分的机理即

---

① 百度网：公司治理机制，http：//baike.baidu.com/view/2114688.html。
② 参见云真子的博客《制度、机制、体制、体系 定义区别》，http：//blog.sina.com.cn/08yunzhenzi。

相互关系,"体制"指的是有关组织形式的制度,限于上下之间有层级关系的国家机关、企事业单位。就广义而言,在一定条件下形成的政治、经济、文化等方面的体系就是制度(或叫体制),如政治制度、经济制度、社会主义制度、资本主义制度,等等。就狭义来讲,是指一个系统或单位制定的要求下属全体成员共同遵守的办事规程或行动准则,如工作制度、财务制度、作息制度、教学制度,等等。

由此可见,"治理"是一个社会工程,涉及一系列目标的实现。在这个过程中,如何实现、通过什么方式、方法、路径来实现,使治理目标落到实处,是治理的关键所在。没有机制支撑的治理,是海市蜃楼,是经不起任何检验的空中楼阁。

第三节 大学治理和民办高校治理研究现状分析

大学治理是国内外高等教育界关注较多的一个问题。在全球化、国际化、市场化的背景下,在新公共管理主义等思潮的影响下,各国政府纷纷由全能型政府向能效型政府转变,政府逐渐从公共部门中解脱出来,重视市场在公共部门中的作用。大学作为国家公共部门的重要组成部分,也受到这一宏观环境的影响。

一 国外大学治理研究现状[①]

国外大学治理研究起步较早,并且在推进大学治理方面走在前列。欧美等国家有较悠久的大学治理传统,有较丰富的大学治理经验积淀。进入高等教育快速发展期以后,伴随公共治理理论的深化运用和政府工作效率提高的改革,大学治理进入一个成熟期。大学治理的理论研究和实践经验积累成为世界高等教育治理的重要先导。

国外对大学治理的研究,重点在以下三个方面:

第一,改革教育官僚制,引入竞争机制,提高运行效率。弗里德曼(1955)首次提出"教育券"思想,通过运作,把学校的管理和运作从负责发放教育拨款的官僚手上释放出来。在该制度下,家长会从政府获得一

---

① 本节由于较多地涉及观点引用,对相关观点随文括注作者和时间,具体出处可在参考文献中查找。

批学券，然后自行选择学校，取得学券的学校将可凭"教育券"向政府兑换经费，以此营造学校间的竞争环境，鼓励学校改善教学质素，并将选择权交给家长。Snauwaert（1993）指出，教育公共管理模式中存在太多的官僚制，脱离了学生和家长，生产效率低下，形成了准垄断局面。Campbell（1987）认为官僚管理与教育的神圣价值和目的不相容，并认为教育官僚制已不适应民主社会的要求，公共教育必须从治理结构上进行根本性的改造。世界银行刘易斯和帕特里诺斯（2005）指出，教育改革是为了提高教育系统的竞争性、灵活性和效率，教育私有化是引入竞争、提高效率的一条途径。他在多国研究的基础上指出，不论公立教育系统还是私立教育系统，有效的教育系统需要满足学校自主性、竞争环境、家长的选择和参与、问责制的建立等条件。

第二，构建政府、市场与学校的共同治理框架。Murphy 和 Joseph（2000）梳理了 20 多年来世界教育公共治理改革的基本框架：变革政府垄断生产教育的局面，构建政府、市场与市民社会共同生产与治理教育的制度体系，改变政府生产教育的低效率状况，实现学校之间的充分竞争，颠覆标准化、模式化、程序化的教育生产体系，满足顾客多样化的教育需求；改善教育管理集权与分权之间的关系，给予学校更多的自治权，变革官僚控制的局面；变革教育管理中的专家控制局面，构建民主控制、市场控制等多种控制格局，实现教师、学生、家长等广泛参与教育治理。近年来，以 Salamon（1987）为代表的一批学者提出了"公私合作伙伴关系"理论，对教育治理也产生了较大的影响。"公私合作"即"政府与非营利组织的合作"，该理论认为人类社会出现"市场失灵"后应该首先考虑依赖私人非营利部门来解决"市场失灵"问题，因为私人非营利部门会对被觉察的"市场失灵"作出最迅速的反应，只有在非营利部门不足的情况下才应该考虑政府部门。

第三，学术自由、大学自治应该与政府权力、市场竞争形成一个平衡机制。

大学应该比中小学拥有更大的自主权，所以高等教育治理得到了更多的关注。20 世纪 70 年代以来，随着大学获取公共资金额度逐渐减少，寻求更有效的管理方式成为西方国家高等教育的主要基调。Keller G（2006）将这一时期的高等教育变革称为"高校管理革命"。Richard Krachenberg（1972）率先提出高等教育要进入市场以接受市场竞争的考验。David Kirpd（2008）分析描述了不同类型与层次的美国大学在面对市场的残酷竞争时所采取的管理变革措施与美国大学一直期待成为思想自由的园地的内在纠结和矛盾冲突。克拉克（2001）提出了著名的"高等教育协调三角"模式。在这一模式中有三种势力制约着高等教育：国家权力、学术权威、市场。他发现当大学从国家的严格管制中获得更多自治时，市场往往也会侵蚀大学学术研究的自由，迫使大学部分地放弃基础理论的研究而服务于市场的需求，所以大学总是要在政府与市场之间寻求最大的自治。

需要说明的是，由于许多高等教育发达国家，公、私立大学之间的界限淡化，政策统一，专门讨论民办（私立）大学治理的成果较少。倒是我国学者由于比较研究的需要，对国外私立大学的治理研究更多一些。

二 国内对于大学治理的研究

我国学者对于大学治理的研究源于20世纪90年代末期。一方面，西方大学治理理论趋于成熟影响我国；另一方面，随着高等教育大众化、多样化的深入发展，高等教育与社会之间的关系日趋加深，高等教育利益相关者参与高等教育治理的呼声高涨，政府职能改革、以人为本科学发展观的提出和落实，等等，大学治理都提出了需求的迫切性。

国内学者主要在以下几个方面展开研究：

第一，高等教育必须从管理走向治理。袁贵仁（2014）提出，必须加快推进教育治理体系和治理能力现代化，加快实现由教育管理走向教育治理。很多学者认识到，为推进国家治理体系和治理能力现代化，从"管理"到"治理"成为深化高教综合改革的重大课题（瞿振元，2014）。孟繁华（2013）认为，权力资源的重新合理配置是建立现代大学制度的核心问题，只有形成这一权力结构才能促进高等教育公共利益最大化。徐绪卿（2014）从五个方面全面论述了我国大学治理的必要性和可行性。其一，高等教育规模实现跨越式发展，社会对参与大学治理的积极性空前增加。其二，高等教育多样化不断深入，民众接受高等教育的自主性和选择性快速提升，对高等教育的"个性"需求日益增长，人民群众渴望参与高等教育的改革。其三，高等教育的投资方式和举办主体结构发生了根本的转变，初步形成多样化的高等教育投入方式和举办类型。受教育者兼有高等教育消费者的身份，更加关注教育收益率，维权意识、民主诉求意识增强。其四，高等教育国际化快速发展，全球化高等教育需要"与国际接轨"的共同的治理法则。其五，大学比以往任何时候都需要办学自主权，大学的生存和发展需要更多的"个性化"和"特色"。总体来说，实行大学治理条件已经成熟、实践也很需要。

第二，政校分离，增强学校活力，推进教育治理改革。改革开放以来我国教育改革的基本方向是扩大学校的自主权，建立现代学校制度。早在1985年中共中央作出的《关于教育体制改革的决定》中，就明确提出我国高等教育管理体制的弊端之一就是"在教育事业权限的划分上，政府有关部门对学校主要是对高等学校统得过死，使学校缺乏应有的活力"。这个决定第一次明确提出要"扩大高等学校的办学自主权"。1993年《中国教育改革和发展纲要》明确指出："在政府与学校的关系上，要按照政事分开的原则，通过立法，明确高等学校的权利和义务，使高等学校真正成为面向社会自主办学的法人实体。"2010年颁布的《教育规划纲要》则用一章的篇幅（第十三章）专门论述了"建设现代学校制度"问题，其中专门论述了"政校分开、管办分离""落实和扩大学校办学自主权""完善中国特色现代大学制度"等问题。

随着国家从教育管理向教育治理的转型，很多学者对教育治理的理论基础和实现路径进行了深入研究。学者们普遍认识到，教育公共治理就是以保障社会基本教育需求与满足多元教育需求为核心，建立政府、市场、社会、学校和公民个人共同参与的教育公共治理格局。以谈松华和谢维和为组长的第八战略专题调研组（2010）分析了我国改革开放以来教育体制改革的主要进展和面临的挑战，指出了深化教育体制改革的总体思路，特别指出要转变政府职能，理顺政校关系，增强学校活力，规范教育秩序。要以简政放权和转变政府职能为关键，推动中央向地方分权、政府向学校放权，并吸纳社会力量参与治理，形成统一领导、分级负责、权责分明、职能协调的教育管理体制。

第三，政府应该放松对学校的管制，赋予学校更大的办学自主权。劳凯声（2012）认为，当前我国教育的一个基本判断就是政府干预过度的问题仍未彻底解决，应该在发挥国家对教育的正面作用的同时使教育真正回归民间。吴康宁（2012，2013）指出，政府部门对于学校的超强控制，已成为妨碍教育改革深入推进的一个要害性问题。政府部门常常将教育改革的设计者、指导者、管理者、监督者、调控者及评价者等多种角色集于一身，导致学校难以真正成为教育改革的主体。石中英（2013）也认为，当前教育改革已经超出大、中、小学教育机构以及教育行政部门的能力了，需要更加顶层的设计和更大范围的协调。

有学者指出，仅仅批评政府对学校的管制太严格还是不够的，必须从更加广阔的视野来看待我国的教育治理问题。王晓辉（2007）强调了教育评估在国家教育治理中的作用，认为首先要"获得教育质量与管理的客观信息，然后才有可能实施理性的政策调整与改革"。褚宏启（2013）提出教育领域中"非国家权力"这一概念，以解释教育领域广泛存在的侵权行为，他提出了如何约束教育中的非国家权力以保护师生的合法权益。王嘉毅（2012）指出，高等学校去行政化不能依靠政府权力下放实现，只能通过高等学校内部治理结构的重构，取得行政权力、政治权力和学术权利之间的平衡。

第四，教育治理应该走向多中心的动态协调机制。一些学者从法学、政治学、经济学等学科视野对政府教育治理问题进行了分析。周光礼（2011）从政治学视角分析了我国教育的治理问题。李涛（2009）从法学视角对我国教育治理进行了研究，他强调教育公共治理推进机制应该从"硬法机制"走向"软法机制"。教育治理应该是多中心的（或者是无中心）、网络式的、变动性与适应性的、柔性而灵活的，它的规则不是单纯依靠硬法设计来予以刚性约束，而是通过多方共识而形成的软法规则来调节和处理。

一些学者以政策文本为分析对象，对我国教育政策进行了研究。代表性研究有谢维和（2006）和林小英（2010）。谢维和分析了1985—2001年国家和教育部所出台的1511件政策文本后指出，在涉及全国的教育政策方面，应该更加重视教育改革和发展的长远目标；而在具体和局部政策的制定上，则应该更多地考虑和注重现实和短期的矛盾和需要，由此形成一种比较协调的政策机制。

第五，现代大学制度是高等教育治理的基石。孟繁华（2014）指出，当前我国高等教育改革的关键是如何优化治理结构，完善中国特色的现代大学制度。李明忠（2010）指出，政府需要转变自身职能，重新定位自身角色，从"全能政府"向"有限政府"转变，从"既掌舵又划桨"的管制型政府向"掌舵而不划桨"的调控型政府转变，从大学的控制者、管理者向大学的提供者、服务者和监督者转变。康宁（2005）研究了中国从改革开放以来的20多年高等教育资源配置转换与制度创新的变迁过程，她发现建立现代大学制度是大学组织治理结构在学术力量回归并与重构的政府力量、规制的市场力量制衡中的成熟。她还认为，社会中介机构的活跃程度反映的是搭建在学校与社会、市场与政府之间桥梁的稳定性。

第六，"行政化"官僚体制束缚了大学活力，大学应该"去行政化"。袁贵仁（2010）指出当前高等教育行政化倾向表现在两个方面：一是政府对学校管理的行政化倾向，即政府对大学的行政干预日益强化；二是学校内部管理行政化倾向，行政权力无限膨胀挤压学术自治空间。他指出今后要改变教育部"直接管理学校的单一模式，改用综合应用立法、拨款、规划、信息服务、正确指导和必要的行政措施，减少不必要的行政干预"。眭依凡（2013）认为长期以来政府把大学纳入官僚体系，视大学为一类行政机构，而忽视了大学作为教育和学术组织的特殊性及其规律性，对大学实施了过多过度的行政控制，包揽了许多本属于大学自己的权力，所以去行政化显得非常迫切。周光礼（2012）用制度经济学的理论分析了中国大学组织"行政化"的制度根源：宏观制度背景制约了中国大学的办学自主权的落实与扩大；行动者认知方式使他们陷入了"行政化"的思维定式之中；制度的累积效能则把中国大学锁定于"行政化"的路径依赖之中。陈学飞（2010）有针对性地指出，能否逐步去除行政化，关键在于政府的决策和作为。张力（2013）分析了中国部分公办普通高校实际存在的行政化倾向和管理模式问题，对社会各界所提出的批评意见进行了客观分析。

三 国内对于民办高校治理的研究

围绕民办高校治理，国内学者在研究中提出了一系列观点：

（1）民办高校的发展更需要治理。周江林（2012）认为，民办高校治理是指政府、学校、社会团体、市场以及学生等公私治理主体依托完善的机制来实现与公办高校共同发展格局的一种协调互动过程。徐绪卿（2014）认为，民办高校治理与公办高校治理相比，具有自己的独特领域。由于民办高校办学主要依赖市场，因此在民办高校治理中，市场的作用和社会的参与权矛盾更加突出，更应首先得到确立和保证。相对于公办高校，民办高校对于实施治理，更具必要性和急迫性。潘懋元（2006）、周海涛（2012）指出，政府权力需要监督和制约，避免"越位""缺位"

和"错位"现象。徐绪卿（2014）认为，由于独特的发展条件和环境，相对于传统的公办高等教育，我国民办高等教育的组织复杂化、结构多样化、水平差异化、权益多样化和民主诉求多元化等问题更加凸显，形成了我国民办高等教育实施治理的急迫需求。学术界普遍认识到，目前对民办高校的"管理"亟须向"治理"转变。

（2）民办高校治理的主要内容。邵金荣（2001）、王烽（2010）认为，分类管理是推进民办高校国家治理的基础。分类管理可以防止民办高校以公益之名行营利之实，不分类政府就无法对民办高校提供财政资助。王烽（2010）、王建（2012）强调，政府需要在法人制度、筹资机制、产权归属、财务审计制度、治理方式以及监管服务制度等方面制定政策，以更好地对民办学校实施分类管理。温州作为国家民办教育综合改革试点，对分类管理进行了尝试，很多学者对温州进行了深入的案例研究。董圣足（2011）认为，完善产权制度是完善民办高校外部治理和内部治理的前提。潘懋元（2002）认为稳妥地落实民办高校法人财产权是完善民办高校治理的重要组成部分。通过法律法规等手段保证民办高校良性运行与治理，尤其是构建公益性产权制度是政府的职责（王一涛，2010）。我国民办高校大多校缺乏公共财政资助，政府政策应该从"管制"向"扶持"转型，明晰产权并落实财政经费资助制度（胡卫，2008；王一涛，2012；吴华，2012）。徐绪卿（2014）认为，实施民办高校治理，关键是处理好民办高校与政府、市场（社会、家庭和学生）和内部关系，重点是要落实"五权"，即政府机构的规制权、出资者的举办权、办学者的自主权、社会组织的参与权、教育消费者的选择权。

（3）建立民办高校治理的绩效评价。民办高校治理到底好不好？哪一种民办高校治理方式更具优越性？如何评价民办高校治理的绩效？治理评估应按什么价值进行？有哪些标准？用什么方法？这些问题作为治理体系的一部分必不可少。李钊（2009）认为，政府要根据国情和区域、形式差异，将国家统一法规与地方差异性政策相结合，并应加强调控民办高校快速发展背后存在的风险隐患。周海涛（2012）提出，要根据不同类型学校及其专业标准，建立各类评价机制，开展质量检测与评估服务，进行绩效考核，推动学校建立约束与自我评估机制，全面提高政府的民办高校管理水平和服务能力。徐绪卿（2014）认为，民办高校治理绩效的评价，必须以是否符合民办高校实际为起点，以是否符合高等教育育人规律为准绳，以是否有益于民办高校体制机制优势发挥、是否有利于民办高校办学质量和效益提高为目标。

对于如何推进民办高校治理，学者也从各个角度进行了研究分析，大致观点有：

第一，转变政府职能，改变政府过多干预办学的格局。胡卫（2000）认为，当下政府管理民办高校存在两种倾向，一是主要管公办学校，对民办高校放任自流；二是政府包揽办学，用管公办高校的办法管理民办高校，所有政策一刀切。解决这些问题关键是改变政府包揽办学的格局，转变政府职能，使政府从办学的主体地位淡出，形成校本管理的办学机制。潘懋元（2006）认为，阻碍民办高校发展的外部因素在于政府政策不到位，一些政策要么不够开放，要么落实不力，致使在实际运作中民办高校与公办高校待遇不公的现象随处可见。同时，政府缺乏管理民办高校的实践经验，习惯于用公办高校的思路来管理民办高校，对民办高校的管理往往混同于公办高校，忽视了民办高校的特殊性，甚至有些管理部门"卡、压、要"，控制着民办高等教育的发展，与鼓励、支持发展民办教育的方针背道而驰。针对政府权限和职责不够清晰的状况，有学者提出，政府应该理顺与民办高校之间的关系，克服在立法、制度与政策等方面不衔接、不配套等情况，避免政府干预中出现的"越位""缺位"和"错位"现象，实现政府与民办学高校之间的互动合作关系（周海涛，2012）。政府应该从宏观上制定政策引导，明确民办高校发展的合法性、价值、性质与空间，从民办高等教育的发展目标、发展方向、发展重点与发展路径系统性地做好国家层面的顶层设计（徐绪卿，2013）。

第二，政府应推进民办高校分类管理，合理解决"合理回报"问题。如何对待营利性是我国民办教育政策中的一个难题，"合理回报"是一种折中解决办法，但是这个问题在《教育规划纲要》制定过程中仍然难以达成共识，于是提出了"分类管理"试点的思路并在几个省市开展了改革试点。实际上，非营利性与营利性教育机构并存是我国民办高等学校发展的客观现实，对两类院校加以区分可以提高公益性法人办学的积极性，防止高校以公益之名行营利之实情况的发生，同时有助于规范公办学校的办学行为（邵金荣，2001）。如果不实行分类管理，政府无法履行自身对民办教育发展在职责，学校内部治理制度难以落实健全，民办学校资金只能单纯依赖学费。而且不允许营利性民办教育机构发展不符合教育发展趋势（王烽，2010）。在政府管理方式上，把营利性学校纳入工商登记，把非营利性学校按照公益性的财团法人进行登记管理（胡卫，2010），政府在法人制度、筹资机制、产权归属、财务审计制度、治理方式以及监管服务制度等方面制定政策，区别对待，实施分类管理，并且可以较好地解决多年以来困扰民办教育发展过程中的"合理回报"问题，可以有效地防范一些民办学校通过各种方式变相从学校中提取办学积余的现象（王烽，2010；王建，2012）。

然而，分类管理是一项复杂的系统工程。《教育规划纲要》颁布后，徐绪卿（2011）、钟秉林（2011）、王善迈（2011）、王锋（2010）胡卫、董圣足（2011；2013）、王建（2012）等一大批知名学者对民办学校的分类管理进行了集中研究，遗憾的是，对一些分类管理试点的跟踪调查发现，民办高校分类管理并没有取得实质性的进展，温州作为国家民办教育综合改革试点，政府出台了系统政策，但是目前仍在实施中，具体效果目前难以评估。今后，政府还要推进对这些地区的分类管理试点情况进行跟踪性调查。在倾听民办高校的声音时，同时也广泛听取财政部门、税务部门、人事部门对分类管理的看法，因为这些部门正是分类管理配套政策的出台和实施机构。

第三，政府应完善产权制度，解决好法人财产权落实问题。产权是影响我国民办教育健康发展的关键问题，是民办教育制度建设应关注的重点（阎凤桥，2006；黄藤，2007；张铁明，2007），政府解决好产权问题、激励举办者的办学积极性是我国民办教育治理中的一个核心问题。在现实中，举办者加强对控制权的争夺是弥补当前所有权不清晰的必然选择（文东茅，2007），这是当前产权不清背景下民办学校治理的一个不利因素。

民办高校产权配置有市场配置、企业（社团）配置、政府（法律）配置三种形式，政府应该严格区分营利性民办学校和非营利性民办学校，区分义务教育与非义务教育，应加大教育监督和评估的职能（明航，2005）。必须通过规范民办高校产权，建立合理的产权制度，来培育具有自我控制、自我约束能力的高校自主权，为民办高校的健康发展创造条件。当然，规范产权和建立产权制度必须发挥政府的作用，从这个意义上说，加强民办高校的管理、加快民办高校的立法工作是政府应当加紧进行的工作（潘懋元，2002）。民办学校存续过程的收益权与剩余财产分配权应属于出资举办者，政府要通过积极有效的产权激励机制来促进民办教育健康发展（张铁明，2007）。

明晰产权，建立产权制度是民办高校治理的重要基础。建立法人财产权制度可以规范出资人、举办者、学校和政府等权利主体的行为，明确各自的权利义务关系，稳妥地落实民办高校法人财产权（董圣足，2010）。政府要为产权的运行提供一个公正、透明、安全的制度环境，通过法律法规等手段，明确界定民办学校产权并建立完善的法律制度，保证民办学校的良好运行，实现良性治理。构建公益性民办高校产权制度是政府的职责，公益性民办高校产权制度的构建并不单纯是民办高校内部的问题，与政府的作为紧密相关，政府政策在更大程度上决定着民办高校的发展道路选择（王一涛，2010）。

第四，政府应该从"管制"向"扶持"的转型，加大财政经费资助力度。民办教育在我国具有先发展后规范的特征，民办教育的复杂性为公共政策制定者提出了许多课题。1993年以后"规范"成为我国民办高等教育初级发展阶段的一个政策基调。当前民办高等教育发展逐步规范，政府也逐渐建立了相应的监管制度，然而在"国进民退"背景下，我国民办高校处于弱势地位的现状没有根本改变，政府对于民办教育政策应该从"管制"向"扶持"转型（徐绪卿，2012）。

我国民办学校缺乏公共财政资助，所以其发展面临很大的困难和挑战。当前我国民办教育所面临着许多困境，国有或优质公办学校举办的民办学校和独立学院数量不断增加，政府对公办教育的投入不断增加，民办学校教师流失严重，各种税费使民办学校负担沉重（胡卫，2008）。有学者指出应该增加民间投资办学，认为投资办学是我国民办高等教育的基本特征，具有公共投资替代性，应当制定激励而非限制性政策，鼓励民间资金投资办学，给予民办高校一定的营利空间（邬大光，2007；潘懋元、别敦荣，2013）。但是从公共利益的视角分析，政府对民办教育提供财政资助具有合理性与必要性，应该构建以"学生权利保障型财政资助""学校成本分担型财政资助"和"办学绩效导向型财政资助"为主要内容的公共财政资助民办教育的基本政策框架（吴华，2012）。当前，我国民办高校规模大、类型多、体系复杂，政府层面应该明确战略性思路，在完善产权制度与分类管理基础上，针对不同类型，设定资助的准入标准与水平，优先资助非营利性民办高校，规范资金管理制度（周朝成，2013）。

第五，完善民办高校内部治理制度，正确看待家族式管理倾向。产权制度与完善内部治理结构是民办高校办学自主性的两大支柱。整体上，民办高校应加强内部管理，理顺关系，建立法人治理结构。政府应该发挥宏观管理作用，推进法人治理结构的科学化与合理化（徐绪卿，2013）。我国对民办教育的内部治理政策经历了空白期、探索期、规范期的初级阶段以及高级阶段等四个演变阶段，在不同的阶段，民办教育的内部治理问题体现了政府与民办学校之间规制权的变化与反复，教育权力经历了从中央政府向地方政府的下放，并且地方政府在民办学校的内部治理问题上扮演了重要的角色，政府对民办学校内部治理政策的摇摆和滞后导致各学校根据自身发展轨迹形成了内在的管理制度安排，当政府重新对其内部治理进行规范时，这种外在制度更多的是以强制性的方式作用于学校内部，因此，更多地表现为形式上而非实质上的制度内化（屈潇潇，2011）。政府在建立符合国情的民办高校法人治理制度中具有重要作用，要从总体框架、法人财产制度、董事会为核心的决策制度、执行制度以及监督制度等层面进行架构，政府必须提供重要的制度支持，依法治教，提升公共服务能力（董圣足，2010）。

随着民办高校的发展，家族式管理的现象也逐渐浮出水面，民办高校家族化主要表现在学校资产产权和资源支配权的家族化、领导成员及轮换体制的家族化、决策机制和管理体制的家族化及学校生存与发展的家族化等方面。政府应该正确认识、引导民办高校的家族式管理。破除家族式管理弊端，政府应该完善相关法律，建立现代大学制度（徐绪卿，2009；王一涛，2009），政府应积极营造适宜的产权环境，创造公平公正的法制环境，积极培育和规范要素市场和中介机构，保障家族式民办高校可持续发展（卢彩晨，2009）。国家应建立完善的激励机制，引导创办者通过公共化的方式而非家族化的方式挑选接班人，引导民办高校建立完善的法人治理结构（王一涛，2010）。

第六，防范办学风险，建立民办高校监管服务与评价机制。民办高校快速发展的背后存在着风险隐患，政府应该以公共治理为指针，进一步完善民办高等教育法规政策，加强对民办高校的宏观调控，在防范和化解办学风险的过程中，应充分发挥政府和民办高校的作用（李钊，2009）。政府应该树立监管意识，实施主动监管；创新监管方式，完善监管制度，严格准入条件，加强日常监管，完善退出机制；加强监管力量，建立协调机制,建立行政执法责任制,落实监管责任(朱坚,2007)。建立对于民办学校的监督服务机制,政府对民办教育的规制行为和评估结果应该公之于众,利用现代信息和网络技术及时公布相关的规制信息,做到依法规制,提高政府规制的实效性(吴艳艳,2010)。政府需要运用现代信息手段,积极推进政府管理创新,根据不同类型学校及其专业标准,建立各类评价机制,开展质量检测与评估服务,进行绩效考核,同时推动学校建立约束与自我评估机制,在管理方式上,优化服务流程,及时提供各类信息,全面提高政府的民办教育管理水平和服务能力(周海涛,2012)。

第七,根据国情和区域、形式差异,将国家统一法规与地方差异性政策相结合,推进民办高校治理水平提升。我国民办高等教育发展所具有的一个鲜明特征是区域性,在东、中、西部有明显差异,各地政策差异是导致我国民办高等教育区域多样性的重要原因之一。宋映泉(2010)的统计分析表明,民办学校教育规模占比在各省存在明显差异,公共财政努力程度、政府管制方式可以部分解释这种差异。我国民办高等教育发展的区域非均衡性特征十分明显,不同层面上的民办高等教育非均衡的原因不同。在省域层面上,教育需求是民办高等教育发展最重要的决定力量;在市域层面上主要表现为政策主导,教育政策是决定市域层面民办高等教育发展差异的主要原因(吴华,2008)。在我国当前所使用的分权管理体制下,地方政府可以根据当地的社会背景和发展需求及时地制定和调整相应的政策,统筹当地公立教育与民办教育的发展,提高民办教育的适切性以及整个教育系统的多样性(阎凤桥,2005)。例如在使用民办教育政策工具时,政府在民办教育发展的不同阶段采用了不同政策工具,长兴、宁波和陕西等地方政府所采用的政策工具也是差异化的(王邦永、黄清云,2013)。

民办教育分布于教育体系不同层次,在政府治理上要区分义务教育阶段学校和非义务教育阶段学校(明航,2005),其实非义务教育阶段还要区分高中阶段与大学阶段,民办高校是民办教育的一个重要组成部分。而在民办高校中,形式上还要区分一般的民办普通(职业)高校和独立学院形式。独立学院是中国特有的民办高等教育形式,有区别于一般民办学校的特点,可划分为"公办型独立学院"和"民办型独立学院",在目前中央统一的管理方式下,其发展面临制度性的困境(王富伟,2012)。基于委托—代理理论,独立学院产权的不明晰同样导致了独立学院治理面临很多问题,政府应该对投资方形成有效的激励等措施促进独立学院的有效治理(阙海宝,2009)。

四 国内对于民办高校治理研究的分析

综上所述,可以看出,现有民办高校治理研究在要不要治理的问题上已经基本取得共识。在如何治理方面,也提出了一些新的观点,对实施民办高校治理有一定的引导、指导作用,体现了我国学者面向问题的研究导向。但是总体来看,民办高校治理的机制和目标等方面,还少有研究:

第一,政府治理民办高校的内部协同机制缺乏,深入专题研究空白,实践管理也遇到很大阻力。民办高校治理涉及立法、规划、管理、财政、税务、工商等许多部门的一系列问题,不仅仅是教育部门单独管理即可完成,关涉政府管理部门多,因此民办高校治理是一个系统工程,需要政府多部门协同治理,或者说需要综合治理,形成治理的协同机制。然而,当下这方面的研究无疑是很缺乏的,目前所掌握的资料未有对该问题进行专题深入研究,也没有以此为主题的研究论文发表。民办高校治理必须加强相关部门协同机制创新,形成一个科学合理的协同综合治理机制。

第二,现有关于民办高校治理的研究缺乏系统性和全面性。治理理论来源于国外,近十年才被逐渐引入我国,并且主要应用在经济领域(公司治理)。推衍到教育领域,起步晚、成果少、应用少、影响小。治理在教育领域的实施才刚刚开始,相关的研究刚刚具备相应的环境和土壤。总体来看,目前对于教育治理的人力分散、投入不多,对于民办高校治理的人力和成果更少。在现实中,民办高校的治理政策也不够系统全面,政策之间存在彼此矛盾、不衔接不系统的情况,甚至存在地方政策与国家政策冲突的现象,需要从政府治理层面展开相应的民办教育发展政策系统性研究。现有研究视角应进一步拓宽。我国在大学治理方面的研究起步晚,成果较少,零碎且不系统。对于民办高校治理的研究少之又少。而对于治理机制及创新的专门研究,则还没有见到。无论是研究的广度还是深度,无论是理论探讨还是实证研究,都还有待于深化和优化。

第三,现有研究的针对性、适切性和政策指导性不强。当前从系统理论开展民办高校治理研究的情况不多,重点不突出。治理民办高校到底需要从哪些层面展开、涉及哪些主体、具有哪些职责、明确什么关系、形成什么机制,例如政府、市场、社会中介、民办学校之间关系到底应该如何协调？政府如何综合治理？民办学校体系内不同主体如何与上述三个主体发生关系、具有什么样的机制？等等诸如此类整体性问题，系统性、针对性的研究仍然是不够的。

第四，立足我国民办高校治理实情，现有研究的本土性和现实性还有待提高。理论与现实的结合不够。国外学者对不同形式的教育治理进行了比较深入的实证和理论研究。但是理论具有时间和空间的约束性，所以国外的理论并不能原封不动地拿来解释和指导我国民办高校的发展实践。国内学者侧重从政策制定的角度出发，对于现行政策或政策方案进行评价，学理性显得相对不足。所以，必须在紧密跟踪我国实践发展的基础上，吸收国外私立教育治理经验，形成和发展具有中国特色的民办高校治理理论。

综上所述，关于我国大学治理的理论研究水平还相当滞后。针对民办高校治理的研究十分稀少，系统的研究体系还没有建立，围绕该领域所进行的实证调查少、问卷的信度和效度低，很多研究"凭感觉"，提出的一些对策建议"拍脑袋"，大部分研究还处于经验描述性阶段，不能适应治理背景下民办高等教育的改革与发展，也难以满足民办高校健康可持续发展的需要，亟须开展深化研究。

第四节 研究的内容框架与方法

一 研究内容和框架

本研究从私立大学的发展和管理演变入手，介绍世界典型国家私立大学治理的发展过程，系统、全面剖析我国民办高校发展现状，总结民办高校治理现有的理论成果和实践经验，从我国民办高校特有的发展环境和历史条件、发展阶段出发，着眼于民办高校的可持续发展和未来使命，在《民办教育促进法》及其实施条例等现有法律框架下，运用现代大学治理理念和模式，深入分析民办高校各利益相关主体的相关关系和参与治理的依据、内容、机制和目标，参照建立治理体系和治理现代化的要求，构建起我国民办高校治理的基本模型、关键环节和重点任务，并就落实民办高校治理，从管理到善治（良治）的路径，提出观点和建议。特别就如何转变政府职能，加强顶层设计和制度供给，营造治理环境方面，在如何落实举办者的管理权,尊重民办高等教育消费者的选择权等权益,给予中介机构对于治理的参与权等方面,提出具体的建议,促进民办高校健康和可持续发展,并为高等学校管理体制改革提供参考。

本研究的主要内容为九个部分。

第一部分,概论。主要阐述四个方面的问题。首先,从我国大学治理提出的背景切入,分析民办高校治理的重要性,凸显民办高校治理的急迫和意义。其次,界定相关概念,为后续研究划清边界。再次,对相关文献进行综合和分析,掌握现有研究演进过程和现状,凸显理论研究的必要性和创新性。最后,提出研究的思路和方法。

第二部分,大学的起源与大学管理的演变。通过对大学治理的起源、演变过程的分析,从中厘清大学治理的发展脉络,探寻大学治理发展的规律。

第三部分,大学管理的升级与民办高校治理的基础理论。民办高校治理得益于大学管理的转型升级,这是民办高校治理的发展逻辑。并且民办高校治理不能凭空实施,必须在现有理论指导下,在已有法律法规等制度框架下,结合民办高校发展的现实和趋势开展研究,以增强研究成果的针对性、合法性和可行性。对本研究所涉及的相关理论适当阐述,有利于把握研究内容的合理性和科学性。

第四部分,国外大学(私立大学)治理。对相关国家和我国台湾地区私立大学治理的状况和经验简要归纳研究。选择的几个国家和我国台湾地区私立高等教育都很发达,尽管与我国民办高校所处的环境和条件差异较大,但是其治理有许多类似性和相通性,对深化民办高校治理能够提供有益的借鉴。

第五部分,民办高校发展与治理现状。通过回顾我国民办高校治理的演变、过程和现状,剖析我国民办高校治理产生的历史条件、文化背景和演变过程,凸显我国民办高校治理的主要特征,并运用相关理论,深入剖析我国民办高校治理存在的主要问题及其原因。

第六部分至第九部分,对民办高校治理相关主体(政府、出资者、内部组织、中介和消费者)所承担的治理任务、内容、路径和机制创新的详细分析。在政府治理部分,集成研究政府治理的法理依据,确定政府治理的主要内容,重点突出顶层设计、政策治理和(协同治理)机制创新的研究;在法人治理部分,研究落实举办者的合法权益,重点运用法人治理结构理论，研究法人治理结构模式和法人治理结构机制创新两大问题；在中介机构治理部分，分析中介机构参与治理的重要性、必要性和合法性，研究中介机构参与民办高校治理机制创新问题；在社会参与治理部分，重点研究民办高校学生和家长参与治理的可能性和合理性，研究民办高校消费者参与治理的机制创新。

最后是结论。这一部分对整个研究进行小结，归纳研究过程中得出的重要结论和观点。

二 主要的研究方法

民办高校治理的研究，涉及多领域，理论跨学科，需要宽视野、多维度、多种研究方法进行分析论证，并尽量考虑到我国民办高校治理的现状和未来发展方向。本研究主要采用以下几种方法。

（一）文献研究法

文献研究法是本研究所用的基本方法。通过对书籍、期刊、报纸、数据库和网络等媒介，广泛收集与本研究主题相关的国内外同类文献资料，并在详尽阅读文献的基础上，加以梳理、分析、归类和述评，服务课题研究。笔者所在的中国民办高等教育研究院，具有全国唯一的民办高等教育研究数据库，资源丰富，并独创文献数据计量可视系统，可制作文献可视图册，从文献计量学的角度，综合运用词频分析、共词分析、社会网络分析、信息可视化等科学计量学方法和先进的计算机数据挖掘技术做一比较系统的计量分析，为研究工作提供方便。同时，运用现代数据挖掘和搜索引擎，对相关文献进行检索，其范围主要包括以下几个方面：一是反映民办高校发展及治理变迁的各种档案资料等；二是近10年来国内外民办（私立）高校治理的相关研究成果，如论著、学术论文和学位论文等；三是有关国家、地区或组织等颁布的民办高校治理的相关法律法规、政策规定等，四是在原有对部分民办高校调研的基础上，访问40—50所各种类型研究样本（民办高校）的网站，获得与本研究相关的民办高校治理的特征信息，力求较为全面地掌握相关资料，然后对文献资料做进一步的"统计资料分析、历史比较分析和文献综述"，使收集的文献更好地发挥例证支持、观点佐证、背景比较、论点延伸和立论基础等作用。

（二）调查研究法

调查研究是社会科学中应用最广泛的资料收集方法，它主要有两种典型方式：访谈法和问卷法。民办高校治理研究，首先需要实践一线的实际理解，研究要面向现实问题，需要做大量的调查研究。因课题研究需要，笔者已经走访30余所民办高校和一定数量的各级政府机关，掌握了一些现实问题。本研究通过现场调查，采取与被访者面对面、一对一地访谈和召开小型座谈会形式，听取不同类型民办高校举办者、办学者及部分师生、教育行政主管部门和相关专家对民办高校治理的情况分析、见解和判断，深入了解民办高校治理的发展进程、举办人的主要意愿和动机、目前治理机制的实现状况和不足。在调查研究的基础上，还邀请部分专业研究人员进行专题研讨活动，深入分析民办高校内部管理体制存在的问题及成因，并共同探讨切实可行的解决方案。根据研究工作的需要，笔者设计了相关专门表格作问卷调查，补充有关当事人当面不愿回答或难以回答的相关问题，使研究成果更好地反映实际情况，具有更为坚实的实践基础，以切实掌握民办高校治理的基本情况。

（三）比较研究法

比较研究法是对事物同异关系进行对照、比较，从而揭示事物本质的思维过程和方法。它是人们根据一定的标准或以往的经验、教训把彼此有某种联系的事物加以对照，从而确定其相同与相异之点，对事物进行分类，并对各个事物的内部矛盾的各个方面进行比较后，得出事物的内在联系，从而认清事物的本质。世界上许多国家和地区私立大学办学历史悠久，学校也办得好，具有丰富的管理经验，值得我们研究和借鉴。我国民办高校办学历史短，举办过程中具有许多特殊性，考虑到比较研究的针对性，本研究选取美国、日本、韩国和我国台湾地区为研究样本，借助相关文献和实地调研等手段，研究美国、日本、韩国和我国台湾地区私立大学治理问题，进行比较分析，考察了解境外私立高校的治理机制，并从中提炼总结值得我国借鉴的经验及做法，从中启发对我国民办高校治理的方向和途径。

（四）逻辑分析法

逻辑分析法简称逻辑法，即以逻辑规律为指导，根据事实材料，下定义，形成概念，作出判断，进行推理，构成理论体系的方法体系。历史研究法主要是根据历史事实的规律性来证明现有研究结论的正确性和合法性，与历史研究法不同的是，逻辑分析法则是运用技术手段，推理结论的科学性。对于大学治理的机制研究，除了从大学治理的历史进程分析以外，还从大学治理的逻辑分析中进一步论述其合理性，使其结论更具可靠基础。

（五）制度分析法

治理实际就是一种制度安排，制度安排是管制特定行为或特定交易关系的一套框架或机制，它包括迫使人们服从的正式制度和规则，也包括各种人们同意或以为符合其利益的非正式制度安排。一般而言，制度安排通过三个方面表现出来：一是建立某种组织结构；二是形成某种制约和运行机制；三是上升为某种法律制度。本研究的制度分析涉及大学各利益相关者之间关系的重构。民办高校治理机制创新，说到底就是要建立和稳定一整套民办高校发展的基本制度和相关规则，使民办高校发展遵循高等教育的发展规律，体现自身的发展特色，沿着健康有序可持续的方向快速发展。

（六）专家会议法

专家会议法是指根据研究的内容和原则，选定一定数量的专家，按照一定的方式组织会议，发挥专家集体的智能结构效应，对所研究问题进行集中的讨论和研究，作出判断的方法。由于参加会议的专家都通过选择，因此专家会议研究层次较高，观点鲜明，交锋尖锐，通过互相启发，内外信息交流，产生"思维共振"，能够取得比较全面的观点和思想，在较短时间内得到富有成效的创造性成果。

本研究充分利用笔者与各类民办高校建立的广泛深入的交流和沟通的优势和资源，召开了相应的国际学术专题会议和若干次小型的座谈会，邀请国内和日本、韩国、美国、我国台湾地区民办（私立）高校和相关研究人员到会交流民办（私立）高校治理的理论成果和成功经验，汲取研究营养，扩大研究视野，围绕民办高校治理问题，听取意见，集思广益，进而努力提高本研究的质量和水平。

第二章　大学的起源与大学管理的发展

历史研究法是社会科学研究的重要方法之一。因为"下游的水是上游流下来的",要研究"下游的水"往往从研究"上游的水源"开始。高等教育研究中,历史研究分析法也常常得到运用,其原理大致相同。本书尝试从大学的起源入手,来探求大学治理的演变规律。

第一节　大学起源的简要回顾

一　现代大学的起源[①]

大学,是世界上最古老、最悠久、最有影响的组织之一。美国加州大学前校长克拉克·科尔(Clark Kerr)曾经作过一个统计,1520 年之前全世界创办的组织,现在仍然用同样的名字、以同样的方式、干着同样事情的,只剩下 85 个,其中 70 个是大学,另外 15 个是宗教团体。[②] 作为一个纵贯人类文明千年沧桑变化历史的社会组织,它的组织建构权力、组织文化价值取向、组织资源获取方式、组织活动内容和方式等,都无不经受千年历史过程中整个人类社会政治、经济、文化以及知识进步等变化的影响。因此,当代学者对于大学诸多问题的探讨和理论演绎,都可能自觉不自觉地把大学起源问题作为探索问题的起点,力图从大学的本源上,探寻问题的产生原因和解决问题的各种关系。因为"观今且鉴古。历史是现实和未来的一面镜子,我们想知道一个东西的性质和未来,有一个很重要的手段就是弄清楚它的过去,也只有知道了大学的历史,才能知道自己所

[①] 参见徐绪卿《教学服务型大学:理论研究和制度框架》,中国社会科学出版社 2014 年版。

[②] 引自张维迎《大学的逻辑》,北京大学出版社 2004 年版,第 10 页。

处的地位及应尽的责任,也才能知道大学未来应走的路"①。

"'高等教育'这个概念出现很晚,人类社会对于相对较高层次的学校教育的需求却很久远,并促成古代高等教育的出现。"② 在欧洲中世纪大学创办前,高等教育存在了数千年。古代埃及、印度、中国等都是高等教育的发源地;古希腊、罗马、拜占庭及阿拉伯国家都建立了较完善和发达的高等教育体制。虽然许多人士出于各种动机想方设法把上述高等学府也称为大学,但是呼者声嘶力竭,应者寥寥无几。公认的"大学"是拉丁文"universitas"一词的译名,是专指中世纪在西欧出现的一种高等教育机构,这种机构具有自己独有的特征,如组成了系(faculty)和学院(college),雇用了稳定的教学人员,规定了学习的年限(学制),开设了规定的课程,实施了正式的考试;学习考核合格,将颁发被认可的毕业文凭或学位;等等。现代大学发源于中世纪的欧洲,已经成为学界的共识。

据考证,现代欧洲语言中的"大学"一词,例如,英语的 university,德语的 die universitat,等等,都源于拉丁文的 universitas。它最初是罗马法律中的一个普通名词,其意为社团或行会,并且在 13 世纪以前它还不是一个专有名词,凡商业、手工业的任何结社和组织,都可用 universitas。直到 14 世纪末,它才专指为法律所许可建立的学术团体,也就是大学。

中世纪大学是开展高层次人才培养的专门机构,比较以往的学校,它设置有系(学院)等二级教学机构,开设规定的课程,具有规范的教学内容和教学安排,雇用稳定的教学人员(教授),有规定的学制,实施正式的考试,对考核合格者,将颁发被社会认可的毕业文凭或学位证书。中世纪大学虽然也有一些科学研究,但是不作为基本的职能和要求。

研究表明,世界上最早建立的意大利博洛尼亚大学至今已有千年历史。即使从 1088 年获得教皇的敕令开始算起,至今也已跨越 900 多年的漫长进程。在中世纪中后期,当手工业从农业中分离出来,新兴手工业者聚集在一起,新兴自由的工商业城市兴起,稳定有序的社会关系亟须建立,人们急需古典罗马法的释法时;当理性主义生长,要求用"辩证的和批判的方式"阐释神学,改变过去对于宗教教义盲目和绝对的信仰,将科学纳入神学的轨道,把宗教教义发展成为科学的体系时;当战乱动

---

① 宋文红:《欧洲中世纪大学的演进》,商务印书馆 2010 年版,第 8 页。
② 潘懋元:《多学科观点的高等教育研究》,上海教育出版社 2001 年版,第 26 页。

荡、部分古希腊、古罗马璀璨文化回流欧洲，依赖翻译、写作、诠释这样的一些古典理论为生的知识分子群体开始出现并逐渐集结，形成一个知识分子阶层，需要用自己的组织方式，来保护自己和争取新的权利的时候，大学就开始应运而生了。

诚然，大学在中世纪的产生，也不是一蹴而就的，其经历了一个准备和积淀的过程，需要一定的经济、政治、文化条件等条件。现有研究成果表明，中世纪大学的产生原因，主要有以下五个方面：

第一，城市崛起。城市崛起是大学形成的外部条件。公元前8世纪在意大利半岛中部兴起的文明，历罗马王政时代、罗马共和国，于公元前1世纪前后扩张成为横跨欧洲、亚洲、非洲的庞大罗马帝国。到公元395年，罗马帝国分裂为东罗马和西罗马两部分。西罗马帝国亡于476年；而东罗马帝国（即拜占庭帝国）则在1453年被奥斯曼帝国所灭。史学家将西罗马灭亡至东罗马灭亡的这将近1000年历史，称为中世纪（Middle Ages）。

中世纪是欧洲历史上的一个时代（主要是西欧）。由于这个时期没有一个强有力的政权来统治，因此整个西欧成为一个四分五裂、高度分权之地。封建割据带来频繁的战争，基督教对人民思想的禁锢，造成科技和生产力发展停滞，人民生活在毫无希望的痛苦中，所以中世纪或者中世纪早期在欧美普遍被称作"黑暗时代"，传统上认为这是欧洲文明史上发展比较缓慢的时期。这一时期多民族和不同文明之间的冲突与融合，形成了王权、神权和贵族权等多元权力并存、斗争与妥协的独特格局。世俗的与宗教的、帝国的与教皇的，神圣罗马帝国与罗马教皇管区，都自称为古代罗马皇帝的合法继承者。他们争权夺利，连年混战。这种特有的多元权力土壤，为城市兴起及城市自治权的发展创造了充分的条件。新兴城市在皇权和教权争斗的夹缝中逐渐崛起了。

公元11世纪，西欧社会在经济、政治和文化等方面得到初步的恢复，国家和教会的力量都在相互制衡、争权夺利中发展。经济开始繁荣发展，出现了一个相对和平安定的环境。自给自足、相对封闭的庄园经济被新兴的近代农业所打破。纺织业、采矿、冶炼、金属制造业和建筑业开始兴起，社会的商业兴趣显著扩大。在手工业者和商人聚集、商品交换活动活跃的市集附近逐渐出现并形成自治城市。教堂、广场、市政厅和契约（宪章），成为城市化市民社会的重要标志。原为农奴、农民身份的商人逐渐在固定城堡、市场、集市集聚，并逐渐占到城市人口的绝大部分，进而成为城市的主体，成为建立西欧中世纪城市的中坚力量。手工业者和商人组成的市民阶层通过和教会势力、封建领主势力的长期斗争，逐渐拥有了更多的城市管理权。各个独立的封建领主，为了获得工商业税款和其他利益，也为了削弱对手，往往提供一些优惠条件，如供应并建立住房，提供店铺的位置，便于经济发展和社会稳定。

随着城市财富和人口的增长，市民们期望国家权力给他们提供保护以便使其免除领主盘剥的愿望日益强烈。13世纪时一些国家的君主顺应这股潮流，站到城市一边。法国国王菲力普二世（1180—1223）给王室直属领内的许多城市颁发特许状，让它们直接隶属于国王，免除它们向原有领主们所负的封建义务，并给予市民诸多自治特权；不仅如此，他还宣称自己是王室直属领地以外所有城市的保护者，这一方针为他的后继者们所继承。在整个13世纪，随着王室领地的扩展，法国越来越多的城市成为摆脱封建领主统治的特许自治城市。这些特许城市逐渐建立了完备的城墙和防御体系。其他地区也出现了与法国相似的情形。在英格兰，由于1066年的威廉征服后，英国国王的直接统治相对比较完整，特许城市的自治权利没有法国或西班牙城市那样彻底。德意志和北意大利的许多城市也从帝国政府那里获得特许状。尽管当时的国家权威较为软弱，从皇帝那里得不到多少支持，但由此他们获得了更多的自主性和独立性。"各类城市的市议会，都是主权实体；每个城市都是一个自治的市民社会，各自制定法律、自行征税、自管司法、自行铸币，甚至根据各自需要结成政治联盟、自行宣战或媾和。"① 当时的城市不仅拥有独立的司法权和立法权，而且拥有组织城市管理体系的权力。

"每个城市都是一个自治的市民社会。"② 自治城市的出现和发展，对各类城市管理人才产生了急切的需求，呼唤着大学的诞生。各种势力为了培养自身所属事业的接班人，以及管理日益错综复杂社会事务的人才，需要并开始兴办高层教育机构，传授高深知识和实用知识，培养优秀人才。大学的建立是城市化过程中一个非常重要的组成部分。因此，从某种程度

---

① [美]詹姆斯·W.汤普逊：《中世纪晚期欧洲经济社会史》，徐家玲等译，商务印书馆1996年版，第174页。

② 同上。

上说，城市的崛起催生了大学。

第二，宗教发展。中世纪西欧是罗马天主教的天下，它不仅在文化方面占据特殊地位，而且在政治和经济方面也有很大势力。公元9世纪，欧洲经院哲学兴起，作为论证基督教教义的教父学，把希腊、罗马哲学视为异端，反对任何理性和思考，提倡绝对信仰，这种盲从的说教，并不能永远取信于人。而十字军东征（1096—1291年），客观促进了东、西方制度、法律、风俗、文化的交融，开阔了人们的眼界。人们逐渐对基督教哲学产生了怀疑与动摇。同时，古希腊、古罗马文化的传播动摇了人们的原有信仰体系。教会为了保持自己的权威地位，转而利用亚里士多德的哲学思想来解释神学的合理性。公元10世纪前后，"经院哲学"逐渐盛行。经院哲学是基督教神学家和哲学家试图通过理性思考和抽象推论证明上帝存在和基督教具有永恒合理性的学问。随着生产力的发展和社会经济结构、政治格局的不断分解变化，代表各种不同阶层和不同利益的神职人员、哲学家对"教父哲学"和原始基督教基本教义开始产生疑问，对"圣经"的阐释和理解也出现了分歧，曾举行了多次大规模的辩论活动。以教会为代表的教权派拥护唯实论，教育目的弘扬神性；以国王为代表的王权派拥护唯名论，教育为现实生活准备。辩论活动进一步动摇了基督教神学不可侵犯的理论基础，拓宽了人们的视野，启发和促使学者以一种更加理智的眼光和更为科学的思维方式对自然、对社会和神学进行进一步的思考和探索。在一些哲学问题辩论的中心，聚集了大批来自西欧和其他地区的学者，其中一些比较著名的学者还各自设立了讲学机构，招纳弟子，传播自己的学术思想和观点。而这正是现代大学的雏形。宗教发展，形成了大学产生的需求。经院哲学的发展，为大学的形成产生了积极的推动作用。

另外，西方社会教会和修道院教育功能的弱化，形成大学产生和发展的市场空间。教会和修道院在很长的时间里一直是欧洲教育职能的主要执行者之一。到了中世纪中期，修道院的功能逐渐发生了改变，开始转向一种隐居的生活，重视忏悔、修身等，客观上弱化甚至放弃了它原有的对所有教民的那种具有济世意义的教育功能。在此情形下，一方面教会学校被迫承担起弥补理智空白的更多责任；另一方面，社会也迫切需要产生新的专门机构承担教育职能，给大学的发展留出了空间。

第三，学术复兴。学术复兴是大学形成的知识基础。古希腊和古罗马是欧洲文明的发源地,其文化辐射范围广大,在欧洲享有深厚的影响。公元 400 多年的时候,日耳曼人等游牧蛮族的攻击和战乱的破坏,最后突破了罗马帝国的防线。而那些老罗马帝国的残余部分,包括它的知识精英,权力精英,在罗马城即将被攻破以前,远走他乡,他们带着欧洲的文化流向了东方,聚集在君士坦丁堡(今土耳其伊斯坦布尔)。建立了东罗马帝国(拜占庭帝国),在这里保留了古希腊、古罗马文化的遗产。中世纪中期开始,随着边境的稳定和边贸的发展,流落到东方的古老文化开始缓慢回流。1095 年开始,前后 8 次、历时 200 年的十字军东征虽然给东西方人们带来了严重的灾难,但促进了东西方文化的沟通,特别是 1204 年的第四次十字军东征、君士坦丁堡陷落以后,原来在拜占庭帝国的那些知识分子带着由阿拉伯人保存的古希腊知识文本又回到了欧洲,并受到极大的尊重和推崇。这些知识文本有托勒密的天文学、欧几里得的数学、盖伦的医学,还有亚里士多德的物理学、逻辑学和伦理学,等等。东方的拜占庭帝国和阿拉伯帝国在继承古代希腊罗马文明的基础上,曾经形成了灿烂的拜占庭文明和阿拉伯文明。大批回流欧洲的知识文本的翻译需求和文化复苏,传承了一批成果斐然的著作。毕达哥拉斯、柏拉图、亚里士多德等经典教育著作、思想与教育活动奠定了后来意大利、法国"七艺"教育、文科教育、医学教育等一些课程内容以及教育方式形成的基础。知识激增推进了学科的形成积淀了大学教育的学科基础。在东西方文化传播与交流中,西欧形成了许多学术研究中心,尤其使亚里士多德等古典学说得以较为完整的继承,同时也使中世纪大学的课程在 13 世纪中期之后增添了许多新的内容,而且导致了学习和研究方法的转变。

第四,知识群体。知识群体是大学形成的实践主体。中世纪中、后期,经过数百年漫长的演变,欧洲人已经不懂得希腊文,拉丁文已经成为欧洲教会和学校的通用语言了。从东方回流到欧洲的古老文化知识和思想,必须翻译成拉丁文以后才能传播。从伊斯兰国家引进的阿拉伯文原著、用阿拉伯文改写的古希腊著作以及希腊文原著,都需要翻译成拉丁文才能被学者所理解。在翻译、写作、诠释新理论、传承阿拉伯文化、重拾古希腊古罗马文化光辉的过程中,出现了许多以知识和学术为业的知识阶层。他们中许多人以写作或教学为生计,更确切地说是同时以翻译、写作和教学为职业,以教授与学者的身份进行专业活动,并寻求职业发展。大量知识群体的出现、聚集和知识传播的影响,吸引着许许多多欧洲的年轻人翻山越岭，跨河越洋，来到当时最为著名的文化发达的城市，如巴黎、威尼斯、博洛尼亚等等这些地方来求学。而这样的一个阶层一旦出现了以后，它就需要用自己的有组织的方式，来保护和争取自身的权利。

正是由于大量知识分子群体的劳作和创造，正是因为大量知识阶层的形成和聚集，为大学的产生准备了师资团队。正是因为新生的知识群体生存和发展的需要，成就了大学的形成和发展。由于中世纪中、晚期"知识分子"作为一种自觉意识到自己身份的社会群体的出现，中世纪大学的出现才获得真实的可能性。

第五，行会启示。行会组织方式是大学的最佳组织机构参照。在中世纪，行会的组织方式日益成熟并向社会广泛渗透。中世纪形成和出现的知识分子团体虽然代表了崭新的文化倾向、推动了西欧的文化发展，但它缺乏独立、世俗、专门的体制化支撑，偶然赖以依靠的修道院、教会学校等组织也难以从根本上支持和巩固学术的发展。新兴的知识分子必须建构新的组织机构，按照新型运行机制处理教学、研究等学术活动，保证自身合法权益。而在中世纪的欧洲，最流行、最有效、最富特征性和最具合法性的机构形式是行会。这是一种为了维护本行业群体利益而赢得社会地位、限制内外竞争、规定业务范围、保证经营稳定、解决业主困难而成立的组织。中世纪行会是中世纪的人倾向于置身合作架构的体现，也对欧洲政治思想的演进产生了深远的影响。中世纪大学是非常简单的组织机构，它没有董事会，也没有图书馆，没有建筑物，甚至也没有地产，有的只是志同道合的一批人。为了保护自己的权益，避免那些不自由的竞争，保持秩序的稳定，更好地立足社会，知识分子群体从行会组织中受到启迪，在探索学术组织架构的进程中，借鉴行会的形式并进行改造。知识分子所进行的组织创新在结果上导致了大学组织的建构，形成了大学组织特性的坚实基础。

总之，欧洲社会复兴、新兴城市出现和逐渐发展是大学形成的外部条件；西方社会专门教育机构缺失是大学形成的市场空间；西方社会的学术复兴是大学形成的知识基础；知识分子群体和知识需求群体的出现是大学形成的实践主体。行会组织形式是大学机构最初借鉴的机构外形。换一种说法，"基督教及其组织对中世纪文化的塑造和早期知识的累积、近代城市及其自治联盟的出现为大学奠定的物质基础和组织原型、古典翻译运动与文化传播奠定大学学术复兴的知识综合材料和基础、持续的文化复兴和知识价值认同,形成了智力活动凝聚的土壤。最终,教师和学生组成教学共同体,通过教学活动满足社会专业化及对专业人员、专业训练的需要,从而促成了大学的诞生"①。

二 最早的大学是博洛尼亚大学

中世纪大学也是逐渐形成的,早期更没有依据专门的法令作为依据来创办的大学,许多大学本身也经历了一个较长的演变过程,因此一些早期大学不可能找到一个确切的创建时间。尽管这样,人们还是费尽周折地寻找依据给予它们一个确定的时间点,以便做出比较和方便研究。从大学本身来说,所有的大学都必须有一个确切的时间作为自己的建校纪念日,因为这个日子往往是一个大学的精神符号和文化象征,一种表达大学凝聚力的方式,其作用更多地表现为社会学和心理学意义的校庆日。从普遍的认知来看,大学获得批准(皇帝或教皇的敕令)的时间是重要的建校标志之一。

现有研究表明,最早的大学诞生在意大利。博洛尼亚大学是公认的欧洲历史最悠久的大学,坐落于意大利艾米利亚-罗马涅大区的首府博洛尼亚,是延续至今的最古老大学。尽管大学的章程最早制定在1317年,但事实上早在11世纪末在博洛尼亚就已经出现了第一个法律学院。在大学800年校庆期间,由乔苏埃·卡尔杜奇所领导的历史委员会经过考证,将大学的建立时间,确定为1088年,创办者是依内里奥。②

据考证,早在1088年,博洛尼亚大学的前身——博洛尼亚法律学校就获得了教皇批准成立的正式敕令,由此奠定了它"最早的大学"的地位。1158年,神圣罗马帝国皇帝腓特烈一世(Federico I)在听取了依内里奥的四位学生的建议后颁布法令,批准博洛尼亚法律学校为正式的大学,这一时间早于1180年法皇路易七世正式颁布巴黎大学"大学"称号,因此博洛尼亚大学被公认为"大学之母"(拉丁文:Alma Mater Studiorum)。腓特烈一世还规定了大学是一个不受任何权力影响、可以进行独立研究的场所,从而确立了欧洲大学作为独立研究机构的性质。因此,

---

① 宋文红:《欧洲中世纪大学的演进》,商务印书馆2010年版,第33页。
② XIEZUOPING 的博客:《世界上最古老的十所大学与世界十大名校》,http://blog.sina.com.cn/s/blog_ 4767f9cd010000qi.html。

在12世纪，博洛尼亚大学就得到了市政当局一定程度的保护，具有了合法的资格。1988年该校建校900年之际，在欧洲430所大学校长共同签署的"欧洲大学宪章"中，博洛尼亚大学被正式宣称为欧洲所有大学的母校，接受"大学们"对"母亲"华诞的致敬。这里强调的是博洛尼亚大学建校历史的悠久以及对后来大学创建和运行的影响之大。

意大利是古罗马的发祥地。公元前8世纪至前6世纪，希腊人向意大利南部移民，并建立城邦。公元前7世纪，以帕拉提乌姆为中心开始部落联合过程，由单一的拉丁人部落联合包括萨宾人和伊特拉斯坎人等三个部落组成罗马人公社。前7世纪末至前6世纪末，罗马人公社处于伊特拉斯坎人的统治之下。此时，完成了由氏族部落公社到城邦的过渡。前5世纪末，高卢人从阿尔卑斯山以北进入波河平原。这些部族经过长期融合同化，形成了意大利人的祖先。公元前509年建立起由罗马贵族掌权的罗马共和国。公元前27年元老院授予屋大维"奥古斯都"的尊号，建立元首制，从而确立了屋大维的个人专制统治，成为事实上的皇帝，罗马共和国结束，古罗马进入罗马帝国时代。公元1世纪前后，罗马扩张成为横跨欧洲、亚洲、非洲称霸地中海的庞大帝国。

西罗马帝国灭亡后，作为古罗马发祥地的意大利，沿袭和承载了古罗马帝国的部分文化。黑暗时代的法律观念十分淡薄，连年的战乱和社会的退化使法律难有用武之地，当时天主教的教义又拒绝和排斥法律的作用，使法律和法学失去独立存在的意义；宣誓证据和神明裁判使明确的法律规定丧失权威性和必要性；由于当时盛行弱肉强食的法则，个人和集团之间的纠纷往往诉诸武力，既有判决也往往靠私力执行。罗马法，即使一些简本和摘要，很快就变得太深奥、太复杂了，事实上其中的学者法已被大众自发实施的通俗法所变更和代替，天主教及其教义当时还没有太强的法律意义。当时对罗马法的研究虽未停止，却处于极度的沉寂之中。

随着罗马帝国的衰亡，封建领主的统治开始，外族入侵，领土被早期的欧洲国家瓜分，意大利被分割成多个自由城邦。在此期间威尼斯先期获得独立，建立威尼斯城，主要从事海上贸易，并最终垄断了东地中海上的交通。在经历了五六百年的缓慢发展以后，意大利在地中海沿岸由于自己得天独厚的地理优势，加之本身沿袭古文明的文化底蕴，获得了较快发展，特别是北部城市的繁荣。共和时期，人人注重公民权利的观念，注重对人身、财产安全方面的保护。

同时，封建统治开始，封地竞争、君权和教权之间的竞争使得统治者逐渐认识法律的作用，意识到运用法律来解决纠纷、维护社会秩序安定的重要性，并从古罗马法中得到启迪，运用罗马法解决现实问题。快速发展的城市管理导致了对罗马法学者的大量需求。

"很显然，地理因素是原因之一。……博洛尼亚的地理位置极佳，它是意大利北部通往罗马的一个天然十字路口，人口流动频繁，货物贩运集中，因此博洛尼亚很早就成为一个社会和经济上的国际性城市。"①博洛尼亚方便的交通、良好的建筑、充足的食品供应、适宜的气候、丰裕的资金以及合理而稳定的环境等，使得它在来自阿尔卑斯山北麓的商人与贩运拜占庭产品的意大利商人的贸易交流中，确立了战略性的显赫地位。大量流动人员的往来和聚集，包括大批经常到罗马的一些旅行者，使得博洛尼亚名声大振，显赫一时，成为一座著名的城市，这也为大学这个流动性极强的学术团体固定在博洛尼亚创造了良好的外部环境。

尽管地理因素对博洛尼亚大学的产生具有重要意义，"但学者和学术因素对博洛尼亚大学成为最早的中世纪大学更为重要"②。在大学出现之前，博洛尼亚地区就云集了众多法学学者，他们在博洛尼亚法律学校所从事的教学活动也初具规模，这些法律学校也多以罗马法的研究与教学为主要内容，具有明显的自治与世俗特征，教育内容注重语法和修辞的教学，对实用法律技能（如法庭辩论和官方文件的编撰等）的训练在学校教育中占有很大比重。特别是中世纪早期最著名的法学学者、被誉为注释法学派的创始人和"法学泰斗"的伊尔内留斯（Irnerius），早在1088年就在博洛尼亚大学讲授罗马法，随后在这里从事专门的教学活动。《民法大全》是6世纪由罗马皇帝君士坦丁编撰的罗马法汇编，伊尔内留斯成功地对罗马法作了合理的阐析，使其既适合职业性的需要，又适合作为高等教育的一门专门学科而进行学术研究，从而使博洛尼亚法律学校的研究、教学水平和影响远远领先于意大利的其他学校，博洛尼亚大学一时学术昌明，人才辈出，学生云集，成为著名的具有革新精神的罗马法教学中心。继伊尔内留斯之后，他的学生们——最著名的是"四博士"：马尔体努斯

---

① A. B. Cobban. *The Medieval Universities: their development and organization.* Methuen & Co Ltd. 1975, p. 49.

② Alan B. Cobban. *Universities in the Middle Ages*, Liverpool University Press, 1990, p. 8.

（Martinus）、雅科布斯（Jacobus）、胡戈里努斯（Hugorinus）和布尔加鲁斯（Bulgarus）继续执教，名声不减。正是由于这些著名学者在法学上的声誉，大批教师和学生慕名而来，从欧洲各地涌入这座城市，博洛尼亚大学学生一度超过万人，这在当时的人口总数和交通条件下是难以想象的。在12世纪40年代和50年代，由于引入了教会法的研究以及作为罗马法重要研究中心的快速发展，博洛尼亚具有了鲜明的世俗性质。随着博洛尼亚法律学校的日益兴盛，到12世纪中期，博洛尼亚大学已经成为欧洲教会法和罗马法研究与教学最重要的中心，教皇亚历山大三世（Orlando Bandinelli）和英诺森三世（Innocent Ⅲ）都曾是博洛尼亚大学的学生。14世纪时博洛尼亚大学就已经开设了法学、艺术、药学、哲学、数学、天文、逻辑学、修辞、语法等学科，1364年还建立了神学院。众多科学史和文学史上的名人都曾经在这里求学、研究或从事教学工作，其中有但丁（Dante Alighieri）、雷·恩佐（Re Enzo）、丢勒（Albrecht Dürer）、塔索（Torquato Tasso）、哥尔多尼（Carlo Goldoni）等，波兰人哥白尼（Nicolò Copernico）当年在这里学习教皇法规的同时，也开始了天文学的研究。从中世纪开始，博洛尼亚大学在整个欧洲一直享有非常高的声誉，是当时欧洲最好的大学之一。

大批的"学生"聚集在博洛尼亚，而这些学生来自不同民族、不同地方，大多是中产阶级的代表，其主要出身于富裕家庭，有能力支付学习费用。他们尽管年轻，但有权论政。出于自己政治地位以及在求学过程中不放弃公民身份的考虑，他们迫切渴望有一种组织来进行自我保护。加之这些外地学生在博洛尼亚生活招致诸多麻烦与纠纷，如外地学生的大量涌入使得当地食宿价格上涨而造成生活成本增加，学生与市民之间经常发生纠纷等，为此，外地学生依照意大利出现的手工业、商业行会等组织形式，建立起旨在自我保护、自我管理的学生联合体，经过演变和完善，他们最终采用了行会的组织形式，组成了"大学"。

三　巴黎大学与宗教

巴黎大学是由巴黎圣母院的附属学校演变而来，是公认的中世纪早期著名大学之一。并且由于其独特的历史和发展，在世界高等教育史上拥有崇高的地位。

巴黎大学与教会之间有着紧密的联系。欧洲的教会学校教育有着悠久的传统。在欧洲中世纪从混乱到形成秩序的过程中，教会学校起到了很大的作用。遍布欧洲大陆各地的修道院，其实就在执行着学校教育的功能。最早的修道院学校大约出现在公元 6 世纪。7 世纪在修道院教育基础上发展起来的主教学校，就已经成为较为正规的教育机构了。公元 787 年，法兰克国王查理曼大帝曾下令所有教堂和寺院开办教会学校，训练神职人员。发展至 11—12 世纪时，设立在城市的教堂学校日益显得重要起来，逐渐占据了教育和学术的领导地位。有著名教会学校的城市有巴黎、沙特尔、奥尔良、图尔、莱昂、兰斯、列日、科隆、约克、坎特伯雷等。这类学校的学生部分是专为各类教职储备人才，这部分学生的学费是由教会基金支付的，其余类别的学生则支付适度的学费。1179 年的第三次拉特兰会议颁布规定，为了使穷孩子不被剥夺读书与进修的机会，应该在每一座教会教堂拨出一笔足够的圣俸给专业教师，让他免费教授同一教堂的办事员和贫苦的学生。

公元 11 世纪中叶，巴黎还不是一个自治的城市，而是法国君主国的首都和一个重要的主教职位的所在地。当时的法国国王尽管拥有具有威严的称号，但实际上只控制了巴黎周边的一小块叫作"法兰西岛"的地方，周围大多地方实际上仍由许多具有强大势力的亲王分割管理。经过一个多世纪的治理，到 12 世纪之初，法兰西岛才逐渐成为法国真正的中心。而腓力二世（Philip II Augustus）时，法国扩张王室领地，财产扩张，势力增大，并加进对公爵和伯爵的控制，摧毁和控制了其他对自己潜在威胁的国家，这样法国就逐步成为欧洲大国。也就是这个时期，法国王室才在以往迁移动荡中逐渐安定下来，巴黎才真正成为法国王室所在的首都。由于独特的地理位置和资源，以及相对安定的政治环境，使得巴黎经济迅速发展，成为全国的中心。而随着经济社会的发展和城镇本身追求特权的需要，坐落于巴黎的主教堂学校越来越多地分享了特权。作为主教职位所在地——巴黎，成为学者们流动过程中具有吸引力的地方。许多著名的学者，如中世纪的阿伯拉尔（Pierre Abelard）在其发表演说和讲授课程，他凭借自身的个人素质，将精深的辩证法造诣、理智的信仰、宗教的狂热和求知的激情融为一体，成为社会各界共同仰慕的偶像，也吸引了大批慕名前来的学生。一批学者的讲学、辩论等贡献，使得巴黎主教堂区会聚学者，成为巴黎大学的雏形。这些学生不仅是为了来追求高深学问，更多的是为担任高层神职人员做准备。由于学生的数量增长快速，学校的规模越来越大，教师数量不得不成倍地增加。原有的圣母院学校已经显得拥挤而不够用，大量教师开始把授课地点转移到私人宅第、自家居所、巴黎城岛乃至塞纳河的桥上。大批来自不同国家、不同地区的教师与学生为了学术研究聚集到一起。为维护自己的利益，免遭当地教会和世俗封建主的破坏，学生们先按原籍组织成各式"同乡会"。随着学生的增多，从事教师职业的人员也日益增多，教师职业从业人员之间的竞争逐渐变得激烈，这促使了教师从业人员资格的提高。为维护教师群体利益，保证教师队伍的质量和品质，教师们也自发组织成教师行会，对于符合一定资格和水平的人授予教学许可证。日益增加的教师们自然地形成了一种教师的同业公会，以此来获得维护自身的各种利益和权利。比如，以前学校的教学管理、教师资格认可、教学程序安排、司法裁判、生活管理等方面的事务，属于主教的权限，现在的教师同业公会取得了对此的独立管理权。这样就实现了向大学组织的转变。所以，巴黎大学是由一群学者联合而成的、由校长控制的导师团体。通常，建立大学的批准权由罗马教廷掌握，教廷也可以委托各地君主设立大学。1200年法王菲力普二世承认了巴黎大学的学者具有合法的牧师资格，具有司法豁免权。1215年教皇英诺森三世为巴黎大学制定了第一个章程，取消圣母院主事对巴黎大学的控制权，巴黎的教师协会获得了合法团体的资格，至此完成了由习惯认可到法律承认的大学的转变。此后，巴黎大学便成为在北部欧州形成的绝大多数大学的模式和标准。

巴黎大学获得的第一个特权是1208年的教皇特权敕令。资料记载，1200年巴黎发生了学生与酒吧老板冲突事件，此事引起市民的愤怒，在市长带领下，市民们杀死了巴黎大学的几名大学生，引起师生们强烈不满，师生集结向国王菲利普·奥古斯特提出申诉，从而获得国王授予的特权证书。国王承认巴黎大学的学者具有合法的牧师资格，具有世俗当局的司法豁免权。1208年，罗马教皇英诺森三世给巴黎大学颁发敕令，批准巴黎大学师生可制定自己的章程，规定巴黎大学师生可以免于城市官员的审判、法官和市长不能参与涉及大学师生及其侍从的案件，更不能逮捕未定罪的师生、市民必须尊重大学师生的特权、市长就职时必须发誓保护大学师生的特权，等等。这一敕令给予巴黎大学独立的司法权，意味着巴黎大学获得了当时社会的承认，所以也被认为是巴黎大学正式建立的标志。①

---

① 刘佳楠、李化树：《巴黎大学发展历程中的几次重大事件及启示》，《牡丹江大学学报》2012年第2期。

据考证，巴黎大学的校徽，1241 年写的是"巴黎师生联合会"，到了 1252 年才称为巴黎大学。1261 年开始，索邦神学院正式使用巴黎大学的称谓。

巴黎大学也是欧洲有重要影响的大学，对欧洲乃至世界现代大学的发展做出了贡献。研究证实，在 12 世纪之前，英国是没有大学的，人们都是到法国和其他欧陆国家求学。1167 年，当时的英格兰国王同法兰西国王发生争执，被英王召回的英国教师与学生聚集于牛津，继续从事教学与研究，这就是牛津大学的起源。1209 年，牛津一位学生练习射箭时误杀了镇上一名妇女，引发师生与市民冲突，12 名牛津师生流落到剑桥，建立了一所新的大学，这就是剑桥大学。1636 年 10 月 28 日，马萨诸塞海湾殖民地议会通过决议，决定筹建一所像英国剑桥大学那样的高等学府，由于创始人中不少人出身于英国剑桥大学，他们就把哈佛大学所在的新镇命名为剑桥，学院最初定名为"剑桥学院"（Cambridge College），1639 年，为了纪念学院的创办者和建校费用的主要捐献者约翰·哈佛（John Harvard），学院改名为"哈佛学院"。

大学是一个开放的组织。作为一个纵贯人类文明几千年沧桑变化历史的社会机构，它的组织建构权力、组织文化价值取向、组织资源获取方式、组织活动内容和方式等，都无不经受几千年历史过程中整个人类社会政治、经济、文化以及知识进步等变化的影响。随着社会的发展和演进，大学也在发展、变化，不断地适应新的环境。在漫长的历史长河中，大学的传统虽然大部分被继承下来了，但是也有许多方面被打破、被改变、被摒弃，或是被拓展和创新。

中世纪大学的产生和发展，是欧洲经济社会发展的必然结果，同时又反过来对社会发展起了积极的推动作用。至少在最初几个世纪中，大学所产生的影响主要是积极的、正面的。在教会权力至高无上、压迫一切的黑暗时代，大学代表着自由；在宗教愚昧人民的年代，大学象征着科学和理性；在中世纪后期的几百年间，大学代表的是自由思想之家。由于独特的组织形式和功能，能为社会各界培养精英人才，大学迅速成为欧洲文化复兴和传承的中心，成为思想的产生和传播、培养教廷和城市精英的核心机构，更是随后进行的文艺复兴、宗教改革和近代启蒙运动的重要阵地，因而引发各界的关注和重视。在王（皇）权和教权的较量中，大学成为双方争夺的对象，大学也在两权争斗的夹缝中起步成长。

第二节 中世纪大学的发展

一 与中世纪大学发展直接关联的几个事件

大学产生初期，其作用并没有很快被认识。但是，随着社会的发展和一些重大事件的推动，大学也开始发展起来。

推动大学发展的几个大的事件，首先是"地理大发现"（又称大航海时代）。地理大发现是指 15—17 世纪，欧洲航海者开辟新航海路线和"发现"新大陆的通称。15 世纪中叶，奥斯曼帝国攻陷君士坦丁堡，占领巴尔干等地，从而控制了东西方之间的通商要道，对过往商品课以重税。在此情况下，另辟一条通往东方的商路成为西欧商人的需求。而传播基督教也是推动西欧人向海外发展的一种精神动力。1418 年亨利王子在葡萄牙拉古什港附近圣文森特角上的萨格里什创设了世界第一个地理研究院。他从地中海周围收罗了不少地理学家、制图学家、天文学家、数学家及懂得各国语言的翻译家一起研究地理学，规划并开始海上探险。随着地圆说理论的成熟与航海、造船技术的改进，欧洲人开始对离之遥远的地方开始探寻和掠夺。1486 年葡萄牙人巴瑟罗缪·迪亚士发现非洲南端风暴角（即好望角）；1498 年葡萄牙人瓦斯科·达·伽玛开辟绕过好望角通往印度的航线；1492 年，意大利人克里斯托弗·哥伦布到达美洲，发现美洲新大陆；1519—1522 年，麦哲伦开始环球航行。"地理大发现"拓展了人的视野，使得欧洲资本主义发展步伐加快。欧洲海盗从亚洲掠夺了大量的财富，殖民政策开始实施。大航海和资本主义工商业的发展和对外扩张的人才需要，为大学的发展提供了强大的驱动力。

其次是庄园经济的崩溃。15 世纪哥伦布发现美洲新大陆以后，新航线不断扩大，庄园经济逐渐为商业资本主义所替代。大量商业活动的开展，需要大批的人才作支撑。伴随庄园经济的崩溃，政治结构也开始发生变化，在与教会的不断冲突中，世俗政权逐步取得主导地位，高等教育开始体现民族性、国家性和地域性，并逐步成为国家发展的重要利器。

第三是文艺复兴运动。这个 14 世纪中叶至 17 世纪初在欧洲发生的思想文化运动，发源于意大利的佛罗伦萨和威尼斯。人文主义精神的核心是提出以人为中心而不是以神为中心，肯定人的价值和尊严。主张人生的目的是追求现实生活中的幸福，倡导个性解放，反对愚昧迷信的神学思想，认为人是现实生活的创造者和主人。随着文艺复兴运动的扩张，人本主义、人道主义或人文主义逐步在教育领域确立，理性取代神性，促使大学的指导思想、组织机构、课程和教学内容等方面的改革，世界性、国际化为本土化和地域性所取代，促使大量新型高等教育机构的产生和发展。

第四是宗教改革运动。与前面三个相比，宗教运动与大学的发展联系更为紧密。宗教运动起源于大学。1517年10月31日，德国维滕贝格大学教授马丁·路德不满、反对罗马教廷出售赎罪权，点燃了宗教改革的导火索。马丁·路德在维滕贝格教堂的正门上公开贴出自己亲笔写出的"九十五条论纲"，痛斥贩卖赎罪券的教皇"特使"的卑劣行径，要求公开辩论赎罪券的功效问题。维滕贝格大学的大多数教授坚定地站在马丁·路德一边。因戈尔施塔特大学教师埃克博士在一次公开辩论中向路德发出挑战，维滕贝格大学很快接受了埃克的挑战，辩论由莱比锡大学承办，巴黎大学和爱尔福特大学的资深教授充当裁判，萨克森公爵亲自宣布辩论赛开始。这场神学教授之间的冲突是历史上最为著名的辩论之一，也导致宗教改革运动的开始。宗教改革运动促使欧洲的宗教发生分裂，马丁·路德开始组织新教，即"每个人通过自己读《圣经》，直接和上帝进行面对面的对话，不需要教会来解决自己的信仰问题"。"教随国定"原则要求每一个臣民都跟自己的诸侯王的信仰一致。

宗教改革对大学入学人数产生了重要影响，经过一段时间的动荡，宗教改革各派别开始认识到：高等教育的作用比以往更为重要。教会需要新的具有改革了信仰的神职人员，政府需要更多的受过教育的官员，只有高等教育才能承担这项使命。宗教改革以后，德国新建了9所大学，其中路德教派建立了马堡大学、耶拿大学和柯尼斯堡大学等，还对维滕贝格、杜宾根、莱比锡、法兰克福、格赖夫斯瓦尔德、罗斯托克、海德堡等原有的大学进行了彻底的改革。天主教会建立了维尔茨堡和格拉茨大学。在西班牙，新建了两所大学，大学注册人数明显增长。在瑞士，茨温利组建了苏黎世大学，加尔文派则于1559—1563年建立了日内瓦学院（大学）。宗教改革"以地方世俗政府的治理权威取代天主教会的权威"，这一变化意味着高等教育机构较之以往更加成为政府的工具。大学对政府来说实在是太重要了。大学既为政府部门培养世俗官员，也为教会培养神职人员，因此政府想方设法控制大学。甚至大学教授和政府工作人员一样被要求进行效忠宣誓，不仅要宣誓效忠国王或国家，还要效忠政府承认的教义。不仅教师，学生也处于更为严格的限制之下。如某地的学生常常被明令禁止进入对立教派的大学学习。在这种干预下，欧洲有80所大学从国际性大学变成了国内大学。

第五是启蒙运动。启蒙运动发生在18世纪的欧洲，最初产生在英国，后发展到法国、德国与俄国，荷兰、比利时等国也有波及。启蒙运动就是启迪蒙昧，反对愚昧主义，提倡普及文化教育的运动，其精神实质是宣扬资产阶级政治思想体系的运动，而并非单纯的文学运动。启蒙思想家们从人文主义者手里把反封建、反教会的旗帜接过来，进一步从理论上证明封建制度的不合理，从而提出一整套哲学理论，政治纲领和社会改革方案，要求建立一个以"理性"为基础的社会。他们用政治自由对抗专制暴政，用信仰自由对抗宗教压迫，用自然神论和无神论来摧毁天主教权威和宗教偶像，用"天赋人权"的口号来反对"君权神授"的观点，用"人人在法律面前平"来反对贵族的等级特权。他们用这些思想启发教育群众，去推翻封建主义的统治，进而建立资产阶级的政权。因此，它是文艺复兴时期资产阶级反封建、反禁欲、反教会斗争的继续和发展，直接为1789年法国大革命奠定了思想基础。

启蒙运动使人们更加认清了大学的重要性，许多大学成为启蒙运动的中心，但是传统大学大多为教会控制，难以承担启蒙运动的任务，于是创建新大学就成为启蒙运动的一个很重要的成果。如荷兰1575年建立的莱顿大学当时已成为欧洲最好的一所大学，也被称为荷兰的第一所新教大学。它吸收新知识，把自然科学的一些知识引入到大学的课程当中，因此当时它是很先进的。苏格兰爱丁堡大学也是个新教大学，它学习莱顿大学，把学科专门化。所以爱丁堡甚至被称为"不列颠的雅典"，它的地位很高。德国1694年成立哈勒大学、1737年成立哥廷根大学。这两所大学不同于以往的大学，它们不是由私人办起来的，也不是由教会支撑的，而是国家当局开办的。哈勒大学（哈勒维滕贝格大学）打破经验哲学和神学的垄断地位；将哲学从神学中独立出来；使用德文授课；在教学过程中贯彻实用的知识，把自然科学的知识引入课堂。哥廷根大学由乔治·奥古斯特（乔治一世·路易）出资举办，闵希豪森主持哥廷根大学时完全废弃了神学的垄断地位，使用精良的设备来装配学校的实验室，创建图书馆，一度成为世界优秀大学。

二 中世纪大学的发展

1. 大学规模的发展

首先是学校增加。

创办大学需要条件。尽管中世纪初期的大学不像当下大学这样，需要宽敞的校园、豪华的建筑、足够数量的图书设备，创办大学不需要今天这样巨额资金的投入，但是优质的师资和声誉、敕令许可和能够招收到一定数量的学生也是创办大学的必备条件。因此，在中世纪初期，大学的增加还是十分不容易的。尽管这样，在欧洲，大学开始缓慢地发展。13世纪意大利萨勒诺大学、巴勒摩大学，西班牙的萨拉曼加大学，德国的海德堡大学，法国的奥尔良大学等相继成立，扩大了大学的阵营。大学在欧洲大陆慢慢发展起来。

英国最早的大学建立在牛津。公元1世纪不大列颠被罗马征服，成为罗马帝国的属地，其接受了罗马文字、基督教的传播，社会文化也受到了罗马帝国的影响。公元5世纪，随着罗马帝国的衰亡，罗马人远离了不大列颠，随后欧洲大陆上的盎格鲁—撒克逊人入侵，并将不大列颠一部分称为"英格兰"。在随后的150年内，入侵者与当地居民发生冲突，最终入侵者获得胜利，建立了蛮族王国，不列颠进入了七国时期。这一时期，基督教得到了广泛传播，大教堂多处修建，而正是这些以大教堂为中心的聚居地成为了中世纪英格兰城镇起源地之一。公元7世纪，在宗教统一的同时，英格兰南部的威塞克斯成为了有能力实现统一的国家，沿河海岸地区分布的商业中心开始出现，与宗教相关的教育与文化也不断发展，一些学者开始传授拉丁文、希腊文、罗马法、神学、史学等。在960—1066年，英格兰新建了许多修道院。1066年诺曼底公国的公爵威廉横渡英吉利海峡与英王交战，获得胜利，成为了英国君主威廉一世。而威廉一世之子的王权之争造成的混乱局面在1154年得到了解决，安茹伯爵之子继承王位，成为了英格兰国王亨利二世，开启了英格兰金雀花王朝的序幕，保持了相对持久的和平。

早在11世纪初，牛津大学建立之前，罗马教会教士就在牛津的一些修道院中讲学。据考证，1117年一位有名望的教师——西奥博尔德·斯塔姆彭斯（Theobald Stampensis）在牛津讲学四年，曾自称为"牛津学士"，至少有 50 名学生前来听讲。1129 年牛津城建立奥古斯丁教派的圣弗里德斯怀德修道院和奥斯尼修道院，这些修道院成了做学问的地方。1133 年神学家罗伯特·普伦（Robert Pullen）在牛津作了一系列关于《圣经》的讲演。1149 年意大利人伐卡琉斯（Vacarius）在此讲授罗马法。由此可见，牛津在 12 世纪上半叶已具有一定的学术基础[①]。换言之，牛津具有举办大学的文化基础。

英国的第一所大学之所以在牛津产生，还有其独特的地域优势。牛津地处韦塞克斯（Wessex）和麦西亚（Mercia）两地（这是南部地区两个最大的区域，也是王国内最重要和文明程度最高地区）的边境，交通便利，有利的地理环境方便遥远的北方和西方学生前来求学。它离伦敦很近，距欧洲大陆也不远，对于任何一个来自北部或西部的学生来说牛津都是一个非常便利的南部小城。另外，牛津盛产粮食，粮价便宜，能满足大量教师和学生食宿等物质上的需求。牛津发达的商业，满足了来自各地师生的生活和生存需要。犹太人很早就选择牛津作为商业中心，12 世纪初牛津商业发展迅速。正如拉斯达尔所总结的："牛津纯粹由于其商业的重要性才获得了其学术地位。"最后还有一个重要的原因：当时亨利二世把他的一个宫殿建在牛津，学者们来到了这里，可以取得国王的保护。

牛津大学的创建有些偶然，甚至有些戏剧。1167 年，由于亨利二世与法兰西国王菲利普二世发生争执，英王召回在巴黎求学的学生，禁止他们再去巴黎大学。为了"要让英格兰不致缺乏服务于上帝及国家的优秀人员"，翌年部分学者在牛津建立大学。1201 年，牛津大学有了第一位校长。

随着学生的增多，牛津校运昌隆，英才辈出，英国国王对它刮目相看，学生因此飘飘然，对自己的身份过于自豪，这使周围市民颇为不满。志冲九霄的大学生和冷静务实的市民时常发生冲突。1209 年，部分大学生和城市市民发生械斗，一位妇女被杀，市民们气愤至极，冲进校园内，逮捕了几个牛津的大学生。此后，牛津大学又数度遭到攻击，办学受到冲击，师生纷纷逃离了牛津城。为数甚多的学者来到了相距百余公里的剑桥。同年，即 1209 年，与当地学术团体共同创办了英国另一著名的高等学府——剑桥大学。为了抗议市民对师生的攻击，牛津大学自动停办 5

---

① 赵颖：《论中世纪英国大学与市民的冲突：以牛津大学为例》，硕士学位论文，吉林大学，2007 年。

年。师生离开造成了极其严重的后果，也引起了教会的不满，英王约翰遂请求罗马教皇英诺森三世（Innocent Ⅲ）调停此事，以便使师生重返牛津。1213年牛津大学从罗马教皇的使节那里得到了第一张特许状①，成为受教皇许可的合法大学。

1225年，剑桥大学获得亨利三世国王的批准，1233年格列高利九世发布了特许令或教令，剑桥镇的学园得到了教皇的承认，授予了校长和大学的学者以特别豁免权。美国著名的哈佛大学又是剑桥大学的复制品。1636年10月28日，马萨诸塞海湾殖民地议会通过决议，决定筹建一所高等学府，并拨款400万英镑。由于创始人中不少人出身于英国剑桥大学，他们就把哈佛大学所在的新镇命名为剑桥，学院最初定名为"剑桥学院"。1639年，为纪念学院的创办者和建校费用的主要捐献者约翰·哈佛（John Harvard），马萨诸塞议会通过决议，将学院改名为"哈佛学院"。

大学的兴起原因是多方面的，大学迁徙也是原因之一。由于有了迁徙权，当大学与市政当局发生冲突时，便迁往别的城市，重新建立新的大学。1222年，部分博洛尼亚的学生迁到帕多瓦，创办了帕多瓦大学。而当时大学本身的简陋条件和统一的拉丁语教学也为随时行使这些权利提供了方便。迁移权的运用，对大学本身来说，目的是为了保护自己的利益，但在客观上却产生了两个重大的后果。一是促进了学者、学术之间的交流，从而增长了大学的活力；二是由于一些设立较早的大学的迁徙，促进了大学的普遍产生。

中世纪的大学在建立之初就表现出了其国际性和开放性。包括早期的博洛尼亚大学和巴黎大学，师生来自不同的地区和民族，拥有各自不同的经济社会背景。牛津大学的学生通常都不是牛津本地人，他们大多数是英格兰人，也有苏格兰人、爱尔兰人、威尔士人以及少数尼德兰人。因此，牛津大学师生难以得到当地法律的保护。当大学和市民发生冲突时，大学总是处于不利地位，这在牛津大学建立初期屡见不鲜。牛津大学建立后，首先遇到的问题就是住房问题。当地市民为了谋求更大的经济利益而提高房租，这是牛津大学与当地市民经常发生冲突的重要原因之一。为解决这一问题，牛津师生向英国国王或教皇寻求庇护。当时的国王和教皇则以颁布特许状的方式授予牛

---

① 牛津大学，百科网：http://baike.baidu.com/view/9720.htm#3。

津大学不同的特权，这成为牛津大学早期生存和发展的保证。

很明确，由于利害关系，牛津市民对于牛津大学教师和学生的到来并不欢迎，"现在他们来了，开始只是一些转租的房客，但后来就像候鸟一般，他们越来越频繁地往返逗留，不断地扩大自己的建筑并形成奇怪的传统。而这个城市用不信任的眼光注视着这种繁忙的景象，好像牛津大学是他们巢里令人讨厌的杜鹃"①。国王庇护大学的政策使市民更加反感和厌恶，他们不满这些师生享有的诸多特权。这便构成了中世纪流行的城镇和学袍（Town and Gown）的矛盾，其中 Town 是城镇，代表市民一方，Gown 原意为长袍，代表大学一方。

牛津大学与市民的冲突，直接导致了剑桥大学的建立。与此类似的还有从博洛尼亚大学分离出来的帕多瓦大学（1222 年）、维切利（1228—1244 年帕多瓦大学师生迁徙的结果）等。诞生于 13 世纪上半叶的大学，多数是在位于欧洲大陆南端亚平宁半岛上的意大利（11 所）、伊比利亚半岛上的西班牙和葡萄牙（5 所），其次就是法国和英国的几所大学，因为东西文化的接触和传播最早影响到这里。这些大学基本上是由博洛尼亚或巴黎大学的师生迁移而建立起来的衍生型大学（见图 2-1、表 2-1）。

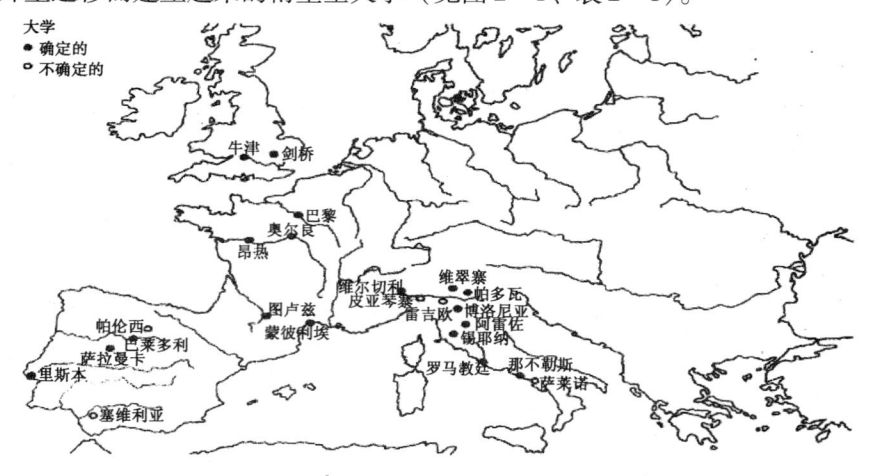

图 2-1 11—13 世纪诞生的欧洲中世纪大学

资料来源：Hilde de Ridder-Symoens, *A History of the University in Europe*, Vol. 1, Cambridge University Press, 1992, p. 69。

---

① ［德］彼得·扎格尔：《牛津——历史和文化》，中信出版社 2005 年版，第 5—6 页。

表 2-1　　　　　　　　因迁移而产生的大学一览表

迁移产生的大学	在中世纪延续的时间	迁移的原因或方式
雷吉纳（Regio）	1188 年—14 世纪初	推测是由于一批博洛尼亚的教师和学生迁移所产生的
维琴察（Vicenza）	1204—1210 年	因一些博洛尼亚教师和学生的迁移产生
阿雷佐（Arezzo）	1215 年—15 世纪中叶	由一位早期脱离博洛尼亚的教师建立的
帕多瓦（Padua）	1222 年—	因大批博洛尼亚学生的迁移所产生。后又多次迁移来此
维尔切利（Vercelli）	1228 年—14 世纪中叶	因帕多瓦的学生迁移而产生，签订了整体迁移 8 年的合同
锡耶纳（Siena）	1246 年，1357 年—	因博洛尼亚学生的迁移而产生。1275 年博洛尼亚学生移民回去，1321 年又迁移来一批学生，1357 年获得查理四世颁布的敕令
牛津（Oxford）	1168 年—	英法两国交恶，英国召回了在巴黎的英国籍学者，回国后选择在牛津建校
剑桥（Cambridge）	1209 年—	牛津的部分教师和学生迁移而建立
奥尔良（Orleans）	1231 年—	1229 年巴黎的教师和学生迁移之后建立
昂热（Angers）	13 世纪—	主要是巴黎的师生迁移的结果。自 1219 年巴黎对民法的禁令始，就陆续有迁移者

资料来源：宋文红：《欧洲中世纪大学的演进》，商务印书馆 2010 年版，第 67 页。

世俗当局和教会出于自己的目的创建大学，成为大学兴起的一个来源，并且随着大学职能的开发和影响，世俗当局和教会越来越热衷创建大学。1224 年，腓特烈二世创办那不勒斯大学，意在展开与博洛尼亚大学之间的竞争，培养所需要的法学人才。在法国，国王创建了图卢兹大学（1229 年）。1245 年，教皇英诺森四世也在罗马教廷创办了一所大学。葡萄牙国王于 1288 年创建了里斯本大学。随着民族国家的出现和大学的民主化，许多国家开始建立新大学，这些新大学越来越注重从本民族招收学生，甚至只从本地区招生，有的国家或地区开始禁止学生到其他国家和地区求学。到 14 世纪，意大利有大学 18 所，法国有大学 16 所，整个欧洲共计有 47 所大学，但是获得特许的大学却只有 25 所。到 16 世纪，欧洲一共有 75—80 所大学。其中意大利 20 所、法国 19 所、德国 14 所、英国 5 所、西班牙 4 所、葡萄牙 2 所等（见表 2-2、表 2-3）。在这些大学中，有的长盛不衰，有的在兴盛一段时间后就消失了。

表2-2　　　　　　　　　　中世纪意大利的大学

大学		诞生的时间
萨莱诺（Salerno）	12世纪	最早的中世纪大学，1231年得到皇帝敕令
博洛尼亚（Bologna）		1088年，1158年得到皇帝敕令
雷吉纳（Reggio）		1188年，生存到14世纪初
维琴察（Vicenza）	13世纪	1204年，1209年之后消亡
阿雷佐（Arezzo）		1215年
帕多瓦（Padua）		1222年
维尔切利（Vercelli）		1228年
锡耶纳（Siena）		1246年，1357年重建，根据皇帝敕令创办
那不勒斯（Naples）		1224年，根据皇帝敕令创办
罗马教廷（Roman Curia）		1245年，根据教皇训令创办
皮亚琴察（Piacenza）		1248年，根据教皇训令创办
罗马（Rome）	14世纪	1303年，根据教皇训令创办，14世纪末消失，1431年重建
佩鲁贾（Perugia）		1308年，根据教皇训令创办
特雷维索（Treviso）		1318年，根据皇帝敕令创办，14世纪末消失
比萨（Pisa）		1343年，根据教皇训令创办，约1360年消失，15世纪初重建
佛罗伦萨（Florence）		1349年，根据教皇训令创办，因迁到比萨而于1472年关闭
帕维亚（Pavia）		1361年，根据皇帝敕令创办，1398年迁到皮亚琴察，1412年重建
费拉拉（Ferrara）		1391年，根据教皇训令创办，1394年消失，1430年重建
都灵（Turin）	15世纪	1405年，根据教皇训令创办
卡塔尼亚（Catania）		1444年，根据教皇训令创办

资料来源：宋文红：《欧洲中世纪大学的演进》，商务印书馆2010年版，第70页。

表2-3　　　　　　　　　　中世纪法国的大学

大学		诞生的时间
巴黎（Paris）	12世纪	12世纪末
蒙彼利埃（Montpellier）		1180年
图卢兹（Toulouse）	13世纪	1229年，根据教皇训令创办
奥尔良（Orleans）		1231年
昂热（Angers）		约1250年

续表

大学	诞生的时间	
阿维尼翁（Avignon）	14世纪	1303年，根据教皇训令创办
卡欧尔（Cahors）		1332年，根据教皇训令创办
格勒诺布尔（Grenoble）		1339年，根据教皇训令创办
奥朗日（Orange）		1365年，根据皇帝敕令创办
埃克斯（Aix-en-Provence）	15世纪	1409年，根据教皇训令创办
多勒（Dole）		1422年，根据教皇训令创办
普瓦蒂埃（Poitiers）		1431年，根据教皇训令创办
卡昂（Cane）		1432年，根据教皇训令创办
波尔多（Bordeaux）		1441年，根据教皇训令创办
瓦朗斯（Valence）		1452年，1459年，根据教皇训令创办
南特（Nantes）		1460年，根据教皇训令创办
布尔日（Bourges）		1464年，根据教皇训令创办

资料来源：宋文红：《欧洲中世纪大学的演进》，商务印书馆2010年版，第71页。

世界范围内从一国到另一国的学术迁移和大学发展是殖民地带来的结果——美国建立的哈佛大学直接受到英国的影响就是例子。1636年，一批剑桥学子在美洲大陆建立了哈佛大学，哈佛大学初建时就成为剑桥学院，足以见得深受剑桥大学的影响。随后产生的耶鲁大学（1701年）、宾夕法尼亚大学（1740年）、普林斯顿大学（1746年）、哥伦比亚大学（1754年）、布朗大学（1764年）、达特茅斯大学（1769年），都在不同程度上受到了英国大学的影响。非洲和亚洲的大学深受英国和法国学术影响，也是由于殖民主义的原因。

其次是规模的扩大。

关于中世纪大学学生规模的资料很少。研究分析，"在13—15世纪，如果一个人不在乎路途的遥远和路途中数不尽的艰难险阻，那么他进入大学并成为一名大学生实际上是相对容易的"[①]。中世纪欧洲大学对入学的学生不做国籍、社会地位、智力和语言的规定，甚至没有年龄的限制。单凭这些因素，就今天的理解来说，大学规模应该不会小。但是现实中的中世纪大学规模，无论是总规模和校均规模来说都比较小，这主要是因为当

---

① ［比利时］希尔德·德·里德-西蒙斯（H. De Ridder-Symoens）：《欧洲大学史》（第一册），张斌贤等译，河北大学出版社2008年版，第187页。

时欧洲的人口稀少，加上交通不便，信息闭塞，要想有今天的大学规模，是难以想象的。据资料统计，欧洲人口自公元 1000 年起迅速增长，1150—1300 年，人口从 5000 万增加到 7300 万。从 14 世纪初开始，在经历了 1316 年的大饥馑、1347—1351 年的黑死病后，到 1350 年时，欧洲人口只有 5100 万了，到 1400 年时只有 4500 万；城市人口则到处都有停止增加的迹象，一些城市的人口少得可怜，14 世纪初城市的人口状况是：最大城市的人口为 5 万—10 万，一个拥有 2 万人口的城市，就算是一个大城市，而在大多数城市里，居民人数一般介于 5000—10000 人。在如此少的人口中，大学生的数量难以激增，就不难理解了。

中世纪大学生的数量实际上也不是一开始就留存统计数据的。有的大学从招收学生开始就注意统计注册学生的人数，但是有的学校比较粗疏，相关数据特别是早期的数据零散无序，残缺不全，难以统计确切的人数。从趋势来看，大学生的数量是在快速增加的。仅在欧洲，从 14 世纪中期到中世纪晚期，大约有 25 万人获得了学生身份，保守估算，同一时期欧洲大约有 75 万学生进入了大学。[①]

但是，由于各个地区大学的数量不同，各大学的地理位置和影响力也不一样，因此，地区间大学生的数量和规模也不尽相同。博洛尼亚大学凭借有利的地理位置和著名的法学学科影响，一度成为大学的中心。巴黎大学则享有"哲学家的天城"的美誉，在随后的发展中逐渐成为欧洲各国学生云集的胜地，鼎盛时期师生达 5 万多人。但是就大多数学校来看，规模都不大。按中世纪的标准，大型大学是指最少有 1000 名学生、每年注册人数至少为 400—500 名的大学。[②] 并且受人口因素制约，大学招生经常有"大小年"。受城市变迁的影响，每年各大学的招生数都会发生一些变化（见表 2-4）。

表 2-4　　　　　　中世纪大学部分时段的学生人数举隅

大学	时间	学生人数
博洛尼亚大学	12—13 世纪	6000—7000（最多不超过 10000）
	15 世纪	3000

---

① ［比利时］希尔德·德·里德 - 西蒙斯（H. De Ridder-Symoens）：《欧洲大学史》（第一册），张斌贤等译，河北大学出版社 2008 年版，第 204 页。

② 同上书，第 206 页。

续表

大学	时间	学生人数
巴黎大学	13—14 世纪	5000—7000（最多不超过 10000）
牛津大学	1209 年	3000 以上
	1315 年	1500—3000（或 2000 左右）
	1348 年	1000 以下
剑桥大学	14 世纪	不超过 3000
布拉格大学	1409 年前	1500 左右
维也纳大学	14 世纪末	3600
其他大学	15 世纪	80—1000 不等

资料来源：宋文红：《欧洲中世纪大学的演进》，商务印书馆 2010 年版，第 123 页。

2. 大学职能的演变

中世纪大学以培养人才为唯一职能，培养社会管理人才和神职人才。自中世纪大学产生直到 18 世纪的漫长岁月里，大学的主要职能就是为世俗政权和教会培养顾问和官员，也为城市培养具有较高层次的读、写、算能力的文职人员和律师。大学所开设的"七艺"基础课程仅有法学、医学、神学等专业。大学的主要职能是教学，也是大学的唯一职能。除了保存和传递知识的教学活动之外，大学还没有把科学研究纳入自己的活动，17—18 世纪自然科学兴起，新的科学知识甚至还未能进入大学的课程，研究和发展科学的工作无法在大学中取得自己的地位，大学在它所在的国家的创造型知识生活中并不起大作用，许多重要的引起工业革命的科学技术发现和发明都与大学无关。

1810 年，洪堡和 J. G. 费希特创建了柏林大学。这所新型大学充分体现了洪堡提倡学术自由、强调教学与科研相结合的办学思想，对欧美各国的高等教育产生了深远影响。洪堡认为大学是"以纯知识为对象的学术研究机构。而纯学术的研究活动正是大学孤寂和自由的存在形式的内在依据。据此，大学应有一种精神贵族的气质和对纯粹学术的强烈追求，而不考虑社会经济、职业等种种实际需要"。而高等学术机构的作用，在内是把客观的科学和个人的教育统一起来，在外是把已结束的中学学业与正在开始的独立研究联系起来，或者说促进前者向后者过渡。但主要着眼的仍然是科学。由此可见，洪堡提出的教学和科研相结合，是要将大学办成远离社会的"象牙塔"。

大学的第三个职能是服务。1862年美国国会通过"莫利尔"法案，鼓励建立赠地学院。即按照各州的国会议员数，划拨给各州一定数量的联邦土地，用这些土地的收益，维持、资助至少一所学院，而这些学院主要开设有关农业和机械技艺方面的专业，培养工农业急需的实用人才，成为大学走向社会，服务社会的学术机构。1906年威斯康星大学校长海斯提出一个扩大校外教育的计划，认为"州的边界也就是校园的边界"，实行开放性的入学制度，为本地区公民提供继续教育。硅谷的成功，更成为大学服务社会的典型案例，"服务"的理念在世界高等教育发展史上持续发挥效应。

3. 大学办学的规范

首先是大学办学的物质条件规范。中世纪大学最初只是"人的组合体"，没有图书馆、实验室、博物馆，没有建筑物，没有固定校园，没有理事会，没有基金会，没有学生社团（除非这所大学本身起源就是一个学生团体），没有学院报刊，没有演出活动，没有体育活动，更没有现代大学的"校外活动"，大学之间也缺乏交流。按照今天的要求，它实在算不得"大学"。随着大学的发展和社会对大学认识的转变，大学办学逐渐固定下来，办学积余和社会捐赠逐年增加，大学逐步有了自己的财产、校园、实验室和图书馆。

其次是教学体制的规范。中世纪欧洲还没有分段教育。学生13—14岁进入中世纪大学，首先学习西方古典的"七艺"，即：三艺（文法、修辞、辩证法）和四艺（算术、几何、天文、音乐），修业年限5—7年，授予学士学位；然后再学习3—7年，分别学习法学、医学、神学等专业课程；到了15世纪以后，七艺的学习逐渐低于其他科目的学习，成为大学的预科；后来预科与大学逐渐脱节，成为欧洲的古典中学，七艺则成为古典中学的课程内容，而当时的初等教育主要是通过聘请家庭教师进行的。

工业革命之后，生产力的发展对劳动者的素质提出了新的要求，在宗教团体和社会倡导下建立了一批现代小学；19世纪下半期，以电的发明为标志的第二次工业革命，对劳动者的素质提出了更高的要求，西方又建立了一批现代中学。这种学校系统是在国家和社会的要求下，通过"自下而上"形成发展起来的。因此，西方学校系统的发展，它是倒挂的，即先有大学，然后才有中学和小学。

再次是教学内容和组织形式的规范。起初，博洛尼亚大学、萨拉诺大学和巴黎大学这三类学校是各不相同、各具特色的。后来，一些大学从彼此的经验中互得裨益，将最初几所专门的大学加以综合，形成了这样一种模式，即：每所大学基本上包括四个学院或学部（facultas）：文、法、医、神，其中以神学的地位最高。如博洛尼亚大学1316年增设了医学，1360年又增设了神学。巴黎大学1200年增加了法学和医学。只有在这个时候，大学才能称为"大学"。法国大革命后，随着自然科学的发展，建立了理学院，大学成为文、理、法、医、神五个学院。法国拿破仑高教改革中建立的帝国大学就包括这样五个学院。其中，文、理学院属于初级学院，法、医、神学院属于高级学院。19世纪初，哲学开始逐渐取代神学。哲学博士学位（PHD）享有很高的声誉，它代表着较高的学术性和理论性。

系（faculty）是按所教学科而形成的教师组织。从时间上看，它后于学生"同乡会"。在巴黎大学，它形成于13世纪下半叶。faculty的原义是指知识或科学，以后逐渐演变为指知识的分支和部门，最后才成为与人相关的机构，虽然中世纪大学"系"的组织与现代大学不同，但就最基本的方面而言，二者有相同之处，即都是一种教师组织，而且是按学科划分的。

学院的出现。中世纪大学产生初期，并没有学院的组织。最早的"学院"（拉丁文为collegium）产生在博洛尼亚大学，但不是作为教学的机构，而只是为学生解决住宿的宿区。几个或更多的学生（文学士）住在一个旅店或另外的地方，由教师对其学业加以辅导，以获得硕士学位，这就形成了一个学院。在德国大学中，学院是由教授组织形成的。这些教授由大学教师聘请，为其补习，这样，随着时间的推移，学院成为一种教授会的基础。较早的、现代意义上的学院，是巴黎大学的索邦（Sorbonne）学院，建于1258年。1263年牛津大学建立了巴利奥尔学院，1264年建立默顿学院。在中世纪，学院作为一个正式的、与教学有关的机构，其主要作用是授予学位。

4. 大学举办主体的变化

中世纪大学大多是教会的，也有一部分是自发举办，但都是非国有的。随着国家主义的盛行，大学开始逐步国有化，也可以说是世俗化，主要表现在两方面：一是政府从教皇手中逐步获得对大学的控制权，甚至直接举办大学；二是大学越来越走向市场，走向社会的中心，加强与社会的联系，服务社会发展需求。

德国首先举办国立大学。德国是世界上第一个遭受到工业文明的冲击，并通过自上而下的改革来迈向现代化社会的国家。19世纪以前，德国有60多所大学，是拥有欧洲最多大学的国家。但是这些大学都很差。有两所非常好的学校，哈勒大学（1694）和哥廷根大学（1734），它们都不是教会的学校，而是由普鲁士的国王和汉诺威的国王出资建立的大学，这两所大学是走在欧洲的前列的。哈勒大学在校生一度达到1.5万人，成为当时欧洲最好的大学。1806年的战争当中，拿破仑的军队横扫欧洲大陆，第一个被打败的国家就是"德意志民族神圣罗马帝国"，拿破仑认为，征服一个民族最为成功的方式，就是首先打击它的知识分子，命令攻下一个地方就撤一个地方的大学，哈勒大学首先被解散。

1807年10月，普鲁士政府就经济困境与办教育的关系问题举行了一次专门的内阁会议，威廉三世在会议上再度明确了他的态度："正是由于贫穷，所以要办教育，我还从未听说过一个国家是因为办教育办穷了、办亡国了的。教育不仅不会使国家贫穷，恰恰相反，教育是摆脱贫困的最好手段！"国防大臣沙恩霍斯特也深表赞同："普鲁士要想取得军事和政治组织结构上的世界领先地位，就必须首先要有在教育与科学上的世界领先地位！"即将出任内政部教育司司长的威廉·冯·洪堡也指出："大学是一种最高级的手段，唯有通过它，普鲁士才能为自己赢得在德意志以及全世界的尊重，从而取得在启蒙与教育上真正的世界领先地位！"强调大学的作用，强调的是国家办大学。

国王把太子宫让出来做柏林大学的校舍。让洪堡做教育司的司长，同时也是柏林大学的筹办人。1810年9月29日，柏林大学开学典礼。洪堡就做了这一天的校长，发表了一个讲话，阐述关于大学建校的三个原则和关于科学的五个原则。大学三原则："大学自治，学术自由，教学和科研相统一"，话讲完以后洪堡宣布他辞去柏林大学的校长的职务，把大学校长的位子让给了费希特。临走前，他送给全体师生一个口号：为科学而生活。

德国大学国有化在全世界产生较大影响。1819年美国第三任总统托马斯·拉斐逊创办了弗吉尼亚大学（州立）。

三 中世纪大学的特征①

现代大学源于中世纪大学，现代大学的许多特征是直接从中世纪大学继承而来的，后人对中世纪大学的特征从多个角度进行了归纳，主要有以下四个方面的共识：

1. 学术自由和大学自治

学术自由和大学自治是两个既有联系又有区别的概念。学术自由主要指大学教师的教学和研究的自由，大学自治是指大学作为一个独立的社会机构本身不受外来干涉而具有的自我管理的权限。应该说，这两个概念都是中世纪大学的遗产，也已成为现代大学孜孜不倦所追求的目标。英国当代研究中世纪大学的学者科班（A. B. Cobban）说："学术自由思想的提出以及永久的警戒保护它的需要，可能是中世纪大学史上最宝贵的特征之一。"1158年，罗马皇帝腓特烈一世颁布法令，规定学者在国内受到保护，如遭到任何不合法的伤害将予以补偿。该法令被看作向学者保证其学术活动不受干预、不会招致惩罚的最早的法令。1219年，教皇颁布敕令，规定未经其许可，巴黎主教不得开除任何教师的教籍或学生的学籍，成为大学内部自治获得许可的发端。

然而，大学获得的所谓的自由和自治常常是短暂的，教会和世俗统治者常常对大学进行多方面的干预，以达到控制大学的目的。尤其在中世纪后期，一些大学在很大程度上被迫放弃它们的自治权利。例如，法王1437年下令取消巴黎大学免税的特权，1445年又免去巴黎大学的司法特权，1449年再取消巴黎大学师生的罢课权。尽管如此，从中世纪至今，学术自由和大学自治始终是大学不渝的目标和理想。在社会中作为独立力量的大学模式已经成为大学理想中永久性的标志。正如加拿大学者许美德所说："大学一旦失去自治和成为教会或国家的卫道士的时候，也就失去了它的高水平的学术地位和可贵的社会批评职能。"②

2. 宗教性和国际性

中世纪大学的宗教色彩是非常浓厚的，早期建立的大学有的来自于教

---

① 贺国庆：《中世纪大学若干特征分析》，《教育学报》2008年第6期。
② 赵荣昌、单中惠：《外国教育史教学参考资料》，华东师范大学出版社1991年版，第167页。

皇的敕令许可获得其合法性，与教会有着较密切的联系。更多的大学直接来自于教会下属的学校，它基本上是教会的"侍女"和附庸。大学虽然不是教会，但大学却继承和保留了教会的特点。教会接受来自任何地区或任何种族的成员，成员之间赤诚相待，不拘囿于地区利益，并使用一种超越地区障碍进行交谈的共同语言——拉丁语，共同的神学观。教会的这些特征都对中世纪大学产生了影响。几乎所有的大学都会组织神学的教育，建立神学院的大学也不在少数，教会的教义成了它们教学的基本原则和内容，教会的通用语言也是它们的语言。大学的成员，无论教师或学生，多数都是享受僧侣生活待遇的在职人员或预备人员。中世纪大学的学生和教师来自世界各国，国际性是中世纪大学的又一特点。在国家主义、民族主义盛行的年代，大学被视为国家私有的机构。直至现代，大学的宗教性特征逐渐被剔除，但国际性特征经过一段时间的衰微后，又成为现代大学的重要特征之一，甚至成为衡量大学水平和影响的重要尺度。

3. 职业性和实用性

大学本来就是职业性的机构。大学期望能够对其从社会各领域得到的有限资源有所回报，不管这些资源是来源于统治者个人、市政当局或一些个人的捐助者。即使是逻辑学和辩论术的训练，也会带有浓厚的功利和实用色彩，被看作适合于大多数职业活动的基本的准备。作为职业性的机构，中世纪大学为满足世俗和教会的管理及统治的多方面需要而培养所需人员，大学的毕业生就职于各级国家机构和教会机构。他们有的担任了政府的官员、王室的顾问和牧师、主教、教堂的院长、教会团体的领导等，有的担任了世俗和教会法庭的法官、议会成员、高级官员、大教堂的牧师和名誉牧师、主教和副主教以及贵族家庭中的各类职务。大学的职业性和实用性提升大学的社会地位，为大学的发展提供源源不断的动力。当然，大学并不总是职业性或功利性的，大学也常常为少数大学内外的学者提供一定的空间，让他们从事非功利性的智力探索，这些智力探索超越了当时社会上最为关注的问题。而他们所需要的东西得到了终身的保障和支持，这样他们就能致力于具有永恒价值的学术研究之中，而无须向教育的功利性妥协。

4. 民主性和平等性

中世纪大学是相对民主和平等的机构，这与中世纪社会等级森严的特征是相悖的。在大学里，没有特权阶层，教师人人有权竞选校长或院长。中世纪大学生更多地来自市民或农民家庭，上大学同当神职人员一样，成为普通人子弟跻身上流社会的途径。中世纪许多学者闻名遐迩，但却无人知道其出身门第，这与大学的民主气氛不无关联。现代大学也标榜是民主和平等的机构，但这种民主和平等是建立在比较进步的政治和社会基础上的。相比而言，中世纪大学的民主性和平等性更加难能可贵。

第三节 中世纪大学的管理及演变

管理无所不在。中世纪大学作为一个新兴的社会组织，显然也离不开管理。从最初的"学生大学"和"先生大学"，到现代大学组织形式和管理体制的形成，大学管理伴随着大学的发展而发展，并为大学的发展提供组织保证，创设良好的发展环境。中世纪大学的显著特征是大学自治。在中世纪大学诞生以后相当长的时间里，大学一直是自我管理的机构。教皇和国王的矛盾冲突，国王与贵族之间的矛盾，以及世俗政府干预社会的能力不强，这些使大学自治获得了生存的土壤。在教皇和国王、教会和世俗矛盾和争斗的夹缝中，大学自治获得社会的广泛尊重和认可。教皇、国王颁发的敕令和相关文件，既是大学自治管理的依据，也是大学自治的保证。

一 中世纪大学管理起步："学生大学"和"先生大学"

中世纪大学最初的管理是朴素而自发的。中世纪大学主要实行自治，内部管理是中世纪大学的管理主体。从内部管理来区分，中世纪大学可以分为"学生大学"和"先生大学"。

所谓"学生大学"，顾名思义，就是学生管理的大学，即由学生主持校务和管理的大学。学生推举学生代表担任校长，主持校务，教授的选聘和酬金、学费的数额和时限、学期的起始和授课的时数等，均由学生决定。学生通过行会选举学校领导，当选者要接受学生行会的监督和制衡。当然不是每一个大学生都能参与管理，严格意义上来说，"学生大学"就是学生推举的代表来承担管理的职责，承担管理的任务。

学生大学以博洛尼亚大学为代表，也是博洛尼亚大学管理中的最大特色。实际上，博洛尼亚大学最初也是由从事教学的博士们管理的，他们自然对学生具有管理权，但情况很快发生了重大变化。

博洛尼亚大学的产生完全是民间的自发行为，之前它作为一所研究罗马法的学校时，就已经闻名于世。1088年爱尔纳留在博洛尼亚开始教授法律，并编写了一本《查士丁尼法典》的注解。德皇赐赠一笔基金，一群日耳曼学生也来就读，很多人从欧洲赶到这里学习罗马法。到12世纪上半叶，博洛尼亚的民法博士们就已享有很高的声誉。他们引用《查士丁尼法典》解释法律问题和其他问题，体现出对理性的重视和热爱。新的法律哲学在西欧迅速传播开来，给理性以强烈的刺激，推动了经院哲学的形成。1140年，爱尔纳留的学生格拉蒂安将新方法应用于宗教法律，编写了第一本宗教法典。从此，博洛尼亚不仅成为民法教育的伟大中心，而且成为教会法教育的伟大中心。教皇亚历山大三世和英诺森三世都曾是博洛尼亚大学的学生。

但是，博洛尼亚大学却是一所完全意义上的"世俗"大学。它的教师中有很多是俗人，1364年以前没有开设神学课，只有宗教法规。而博洛尼亚大学的学生来自欧洲各地，不同民族、不同地方，且大多是主要出身于富裕家庭的中产阶级的代表。尽管他们年轻相对成熟，家境富裕，有权论政，但按照博洛尼亚城市的法律，他们只能被当作侨民对待，这意味着不论一个人在本国的家庭背景如何优越，他在这里都可能要面对苛刻而不公平的法律和税金，此外，还有贪婪的地主、沉重的地方税及义务兵役制等。相对来说，教师却大多是当地人，他们可以享受当地人的许多权利。而当这些外地学生在博洛尼亚生活发生麻烦与纠纷时，教师们往往站在城市当局的政治立场上，无法给这些学生提供充分的保护。出于自己政治地位以及在求学过程中不放弃公民身份的考虑，学生们迫切渴望一种组织来进行自我保护。为了保护自己，他们首先按照学生的籍贯（以阿尔卑斯山南北为界）组织了山南和山北两个同乡会，推选出自己的代表，与社会各界打交道，维护自己的权益。经过多年的运作，这些学习法律的外地学生仿照意大利当时盛行的手工业、商业行会形式等，建立了旨在自我保护、自我管理的学生联合体——博洛尼亚大学，并选出了自己的会长（校长）。

博洛尼亚大学成为"学生大学"，部分的原因是由于博洛尼亚大学的大部分学生具有更为成熟的年龄和较高的社会地位，他们已经在处理着自己的事务，能够掌握自己学习和研究的条件，许多学生已经是政府的官员和律师，所以，博洛尼亚以及承袭了博洛尼亚传统的意大利大学主要是一些学生团体，是学生们联合建成的。这些团体不仅是针对教会、政府、市民而组织起来互相保护和自治，而且最终确立了他们对自己的导师的控制,把导师视为他们的雇员而不是他们的主人。对于学生和老师的关系,威尔·杜兰有一段具体详细的描述:"在波隆那,(即博洛尼亚大学,笔者注),可对不满意的教授抵制,并结束其教书生涯;由很多案例得知教授的薪水由学生所付,而被迫宣誓服从大学的'校长'(rectors)——学生团体的领袖。如老师渴望放假离开,即使只有一天,将对学生领袖准假感到异常惊喜;但他们被禁止'随意放假'。学生协会决定规则限制老师,何时应开始讲课,何时应下课,以及若违规需受何种处罚。若他讲得太久,超过了预定时间时,学生协会即命令学生离开,另规定对遗漏一章或其法案之解释的教授罚钱。同时还决定教科书上哪些部分授几堂课。……学生委员会被指定考察每位老师的行为,向'校长'报告其犯规和过失。……教授不是雇主,而是自由席位的演讲者,且须令学生信服。"①

在博洛尼亚,学生们联合起来首先需要对付的是市民、教会和王权——房租、学习和生活必需品的价格以及学生自我保护的需要,使他们集体的博弈力量和能力更为强大。为便于管理,组织内部成员推选出一名领导者管理(相当于今天的校长),由学生组织赋予其在学校管理中的主导地位。除此之外,他们最重要的"对手"就是教师,于是诸多约束教师的规则被制定出来。通过罢课、课程内容与进度的确定、薪酬的谈判、上课质量的评价等,为了使他们的学费"物有所值",这些学生型大学的基本管理制度逐渐生成。特别是12世纪后半期开始,学生行会开始谋求对大学事务以及教学博士更多的管理权。1182年,学生行会试图强迫博士们宣誓,承诺在两年之内不会到博洛尼亚大学之外的地方从事教学活动。这次努力虽然没有成功,不过到1189年,学生们的要求成为现实,博洛尼亚大学的博士们被迫向学生行会宣誓。这次事件成为博洛尼亚大学的一个重要转折点,博士们被剥夺了原有的独立地位,而学生则开始通过自身的行会以管理者的姿态出现在大学之中,学生及学生行会在博洛尼亚大学中管理控制大学事务的主导地位逐渐确立。从教师来看,起初,在博洛尼亚大学从事教学的一般是博洛尼亚公民,他们不具备学者行会会员资格(具备的大都是外地的教师)。他们对学生的管理行为不满,师生之间

---

① [美]威尔·杜兰:《世界文明史·信仰的时代》下册,台湾幼师文化公司译,东方出版社1998年版,第1277—1278页。

冲突不断，而在学生行会与教师权力的斗争中，学生行会赢得了胜利，成为了大学的管理阶层。在博洛尼亚，大学教师的俸禄大部分来自学生的学费，13世纪末以前，博洛尼亚教师的薪水一部分是由学生直接支付的薪资，一部分是与学生协议的薪资。当时一些意大利其他城市也要成立大学，为稳定教师，博洛尼亚市政府再支付某些教授薪资以提高待遇。1289年博洛尼亚市政府决定支付两位教授的年薪，但要由学生决定支付给哪两位教授以及具体数额。直到14世纪时，这样的权力才被移交给市政府。由于教师薪酬牢牢掌握在学生手中，从而使得学生的主导地位和大学教师的从属地位得到了稳定和巩固。

博洛尼亚大学的学生对教师的管理十分严格。一般在学期开始前几个月由学生选举讲师，被选择的讲师必须宣誓，保证遵守学生行会制定的有关学校事务的所有规定。在大学的会议上教师没有表决权，但是所有的教学人员必须遵守由学生行会制定的法令。几乎每项活动都须经过学生的允许，讲师请一天假须得到学生和学生负责人的同意。如果讲师按照规定的时间上课迟到一分钟或延长一分钟就会被罚款。如果忽略了难点或在学期末到学生规定的日期没有讲到课本上已有的要点，也要被罚款。更有甚者，为了确保教学的进行，讲师必须在学年初到城市的银行中存入一笔钱，以备罚款之用。教师唯一可以完全控制的领域是考试制度。① 这种状况一直延续到16世纪前。因此，博洛尼亚大学成为名副其实的"学生大学"。

博洛尼亚大学的奇特管理体系，除了与它的学生的特殊性相关之外，也与意大利城市组织的发展密切相关。在其中，公民观念起着关键性作用。对于中世纪的博洛尼亚来说，公民权就像对于古代的雅典一样，是一种具有无上价值的世袭财产。对于那些完全有资格在自己的城市里参与政治生活的地位良好的人来说，长期在外意味着一种公民权的严重受损。因此，由于在外追求知识而暂时放弃了公民权的学生们，便组织起来形成保护和争取自身利益的大学协会。这个协会向教会、政府、市民以至于他们的导师提出自己的一切权利要求。在此鲜明地体现了博洛尼亚大学所具有的一种俗世精神，这种精神既同意大利的城市发展密切相关，也与它的历

---

① 中世纪两种大学，http://blog.sina.com.cn/s/blog_56a84e810100ri22.html。

史传统有深刻的关系，这在欧洲其他教育中心是少有的现象。

12—13世纪时，意大利的大学和欧洲南部其他国家建立的大学（巴黎大学除外）几乎都是以博洛尼亚大学的模式为样板建立的，并大都采用了"学生大学"的管理模式。正像巴黎大学作为一个伟大的基督教神学——哲学中心，对整个欧洲发挥着国际性影响，博洛尼亚作为一个伟大的法律中心则成为欧洲法律的先师，它对法律研究的复兴及其影响遍及整个欧洲。法律学者们纷纷从全欧各地聚集到这里，一些著名的导师们又从这个中心走出去，播撒新学术的种子到各地，法兰西、英格兰、西班牙等地的法律学院都受到了极大的推动。于是，"数个世纪以来，巴黎和博洛尼亚是中世纪研究领域围之而转动的两个对立的极。在伟大的意大利哲学家圣波纳文图拉、圣托马斯、阿夸斯帕塔（Acguasparta）的马太和罗马的伊基丢斯等人被吸引前往巴黎的同时，那些向往教会的公职生涯的来自北欧的教会人员则在博洛尼亚求学，并在那里组成了一个独立的团体，即 Universitas Ultramontanorum（山外团体）。因而，博洛尼亚大学的学位，特别是民法和教会法的双博士学位被公认为世界上最高的学术荣誉。"①

与博洛尼亚大学迥然不同，巴黎大学的管理则以教师为主导，被称作"先生大学"的代表。在巴黎大学，大学教师是学校管理的主体。教师行会掌握着大学的内部管理，并且负责维护大学外部的权力和利益，在该大学具有权威性的地位，学位的要求、课程、教师的任用等是由教师做出决定的，有关大学内部管理问题的全部决策，也几乎都是由教师做出的。

巴黎大学成为"先生大学"，也有其特殊的原因。巴黎大学的前身是教会学校。在中世纪早期，教育中心都在修道院的学校。以修道院为中心的中世纪早期教育，发展至11—12世纪时，设立在城市的教堂学校随着城市的发展日益显得重要起来，逐渐占据了教育和学术的领导地位。这类学校的学生一部分是专为各类教职储备人才，其学费由教会基金支付，其余的学生则支付适度的学费。1179年的第三次拉特兰会议颁布，为了使穷孩子不被剥夺读书与进修的机会，应该在每一座教会教堂拨出一笔足够的圣俸给专业教师，让他免费教授同一教堂的办事员和贫苦的学生。可见，教会学校的经费来源大都与教会相联系。

---

① ［英］克里斯托弗:《宗教与西方文化的兴起》，长川某译，四川人民出版社1989年版，第215页。

在中世纪全盛时代的 12—13 世纪，欧洲思想界的领导者是法国。早在 11 世纪初叶，法国的教会学校就已享有国际性声誉。到 12 世纪中期时，在越来越繁荣的城市里，主教座堂学校和修道院学校及其学生人数日益增加，逐渐地成立了他们的团体组织，这种组织发展到顶点，终于形成了由大学校长控制的庞大的统一体——大学。所以，最初的大学并非有计划地建设起来的，而是自发形成的。当渴望求知的学生集中于某些杰出的学者周围时，大学便开始孕育了。

巴黎大学就是从著名的巴黎圣母院教堂学校演变而来。原来所有的教学活动都在教堂和修道院内进行，教师成为学校的主导，而教师的数量也由宗教方面的权威机构来管制。至 12 世纪中叶，巴黎学校的规模越来越大，学生大量增加，对教师的需求也在激增。日益增加的教师群体自然地形成了一种教师的同业公会，以此来争取和维护自身的各种利益和权利。以前学校的教学管理、教师资格认可、教学程序安排、司法裁判、生活管理等方面的事务，原来属于主教座堂的权限，现在经过多方努力，教师公会取得了独立管理权。

以教师资格获得为例，原来的主要权力在教会。随着学校规模的扩大和学生的增加，教师人数也在不断增多，地方主教就把教师的准入权委托给一名专门的教士，而这名教士一般是从主教属下全体教士中挑选出来的，称为掌校教士（ecolatre）。由于学校的人数增加，主教逐渐不再有能力承担掌管学校的职责，因而，一般主教将挑选和任命教师的权力交给了掌校教士。掌校教士有权授予合格者教学的权利，并有权把学校的日常事务处理再委托给其他人。这样一来，掌校教士的主要职责，慢慢地就演变为对自己所属教会或教堂控制下的整个地区教学职业候选人进行审查，根据审查情况决定是否授予执教权，甚至拥有开除申请者教籍的权力。在巴黎，当一个人要求开办学校或成为一名教师时，就必须获得执教权，并经过就职礼。而教师具有掌管就职礼的权力，即教师可以挑选符合自己群体利益的教师职位继任者。可见，教师的权力相对来说是比较大的。为了保护自己的群体地位与身份免遭外来者和宗教机构的侵犯，教师自发地组织成一个联合会，与教会和学生的联合会进行谈判，最后获得成功，教师公会开始有资格独立承担教师资格的审准工作。巴黎大学成为由教师为主导构建的"先生大学"逐步形成。

公元 1200 年，法王菲力普二世承认了巴黎学生、教师公会的合法性，

"先生大学"的模式得以认可。1212 年，新颁布的教皇诏书赋予了教师更多的权力。1213 年，大学与教会之间发生了冲突，其主要是教师法团抵制经由主事执教授予执教权的人员的就职，拒绝他们加入法团，罢课引发了一连串动荡。在这样的冲突中，教师集体以法团的名义进行谈判，最终取得了胜利。1215 年，教皇英诺森三世批准了巴黎大学的条例，教皇特使为巴黎大学制定了第一个章程，取消圣母院主事对巴黎大学的控制权，巴黎的教师协会获得了合法团体的必要资格，至此完成了由习惯认可的大学到被法律承认的大学的转变。1229 年，巴黎大学学生与国王的警察发生流血冲突，引起学潮，大学宣布罢课，学生们各奔东西，投往牛津、剑桥、图卢兹、奥尔良等地，持续两年多时间。1231 年，教皇格雷古瓦九世出面调停并发布谕旨，同意颁布新的章程，确认师生自 1200 年以来所有的司法保证，取消主教对学校的控制，使巴黎大学最终摆脱了主教的控制，并拥有结盟权和罢课权，具有授予学士、硕士和博士学位的专一权等。同时，国王圣路易郑重承认"巴黎教师学生团体"作为独立的团体，拥有法人资格，使巴黎大学完全摆脱了被监护的地位，也使得巴黎大学"先生大学"的组织形式得以确立与稳固。1231 年通过的章程被称为创办巴黎大学的"真正的'大宪章'"，巴黎大学正式成立。

以巴黎大学为代表的"先生大学"，在世界高等教育史上具有重要影响，成为在北欧多数大学形成的模式和标准。如英格兰、苏格兰、瑞典、丹麦、德国等地的大学，则多采用这种模式，特别是英国的牛津大学、剑桥大学和美国的哈佛大学等。因此，巴黎大学也被称为欧洲"母大学"。以巴黎大学为模式，12 世纪后期在英格兰建立了牛津大学，13 世纪建立了剑桥大学等。牛津大学同巴黎大学一样，设有艺术、神学、医学和法学四科，也同巴黎、剑桥一样，民法都不在大学里教授，学院的形成也是从穷学生免费居住的地方开始的。这些地方逐渐变成讲堂，学生和老师都住在里面，进而这些讲堂就成了大学的组织和教学实体——学院。牛津大学就是由这些学院以教师公会的名义组成的协会，由教师选出的董事及一位主教区秘书长负责管理，而董事和主教区秘书长又受制于主教和国王。在 1300 年前，牛津大学作为知识活动中心，地位仅次于巴黎大学。正像威尔·杜兰所述：自从亚里士多德以来，没有一个教育机构能和巴黎大学所造成的影响相比拟。在三个世纪里，它不但吸引了最大量的学生，并且招来了心智最敏捷最突出的人士，例如阿伯拉尔、索尔兹伯里的约翰、大阿尔伯特、布拉班特的西格尔、托马斯·阿奎那、波纳文图拉、罗吉尔·培根、邓斯·司各脱、威廉·奥卡姆等，几乎构成了从公元 1100 年到 1400 年的哲学史。而这些伟大的学者，又必然是由那些伟大的教师，在一种令人们的心智激荡高昂的气氛中，在人类历史达到文明的巅峰状态下造就出来的。巴黎大学无疑就是这样一块最能激发人的灵智的天地。在法国除了最著名的巴黎大学之外，还有一些非常著名的大学，如奥尔良、沙特尔、昂热、图卢兹、蒙皮利埃等，它们都对法国成为欧洲文化的领导者做出了贡献。

　　作为一所产生于教堂之中、并深受主教控制的学校，巴黎大学与宗教之间的关系是不言自明的。即便后来大学以行会的身份自居，摆脱了宗教"座堂学校"的雏形，但并不影响它与宗教的关系，这点从教会对大学的物质资助中便可得到印证。由于受到"科学是上帝赐予的礼物不能被出售"这种宗教观念的影响，中世纪学生缴纳的费用都是屈指可数的，这就使得部分教师不得不加入教籍以寻求教会薪俸的资助。同样，这种资金方面的互动也惠及学生。到 14 世纪，学术机构定期向教皇通报学生和毕业生的名单，教皇通过发放薪俸资助学习的方式形成了一种固定的制度，此即教会奖学金制度。除资金要依靠宗教以外，大学在政治制度上同样需要宗教的庇护。大学诞生之初由于缺乏良好的社会根基与认同，加之社会环境的动荡不安，所以急需外界给予特权保护。1215 年，教皇特使库尔松为巴黎大学制定了第一个章程，明确规定了巴黎大学所享有的特权，包括"为那些受到严重不公对待的学者准备辩护词，确定旅舍房间的租金，设定上课的时间和辩论的程序等"。可见，从巴黎大学诞生到各种特权的获得，大学与宗教的互动贯穿始终。作为回报，巴黎大学始终把培养神职人员作为重要职责，把神学作为教学的主要内容。神学院一直是巴黎大学的重头戏。由于特殊的创建经历，巴黎大学最初设置了神学学科，而后，为兼顾世俗的需要，才逐步开设了法学、医学、文学等学科。

　　综上所述，中世纪大学的管理带有浓郁的自发色彩，同时也与大学所在地区的风土人情、文化传统以及大学产生的源校有关。"学生大学"和"先生大学"作为两个不同的管理模式，代表了世俗学校和教会学校在管理模式上的差异，而师生在学校中的地位也与他们在社会上的地位相关。但这些条件发生变化，某些因素不再发生作用的时候，这种管理模式也就不具有存在的理由。还有一点需要强调的是，中世纪大学管理纯粹是大学的"内部事务",外人不得干涉。"大学自治是大学作为一个法人团体享有不受国家、教会及任何其他官方或非官方法人团体和任何个人,如统治者、政治家、政府官员、教派官员、宣传人员或企业主,干预的自由。"[①] 但是,当大学内部或者大学与社会之间矛盾难以调和的时候,皇权和教权就乘虚而入,充当矛盾调解的中介人角色,从而也引发了皇权和教权介入学校管理的可能性,在后面的发展中我们可以很清楚地看到这一点。

二 中世纪大学的自治

中世纪大学是相对自治的独立机构,具有相当大的自主权,这种自主权一方面是以城市自治为背景的,自由宽松的环境和相对弱化的王权,再加上大学的不断斗争,成就了大学独立和自由的性格。大学自治是大学与王权、神权、贵族权、城市市民博弈和斗争中获得的生存权利。还应该指出的是,中世纪大学中立的政治立场为大学提供了生存的价值取向;社会服务职能赢得大学赖以生存的社会支持;大学的社团性结构奠定其生存基石,为其提供精神的引领。这些为中世纪大学争取权益,中世纪大学的自治权包括居住权、内部自治权、独立司法权、免除赋税及兵役权、学位授予权及自由讲演、罢教及迁校权,等等。

1. 居住权

居住权是大学师生教学和学习活动得以顺利进行的基本条件,它不但赋予师生们基本的公民权利和人身保护,同时也包含了一些普通公民享受不到的优待。中世纪大学具有真正的国际性。师生们大都是外国人,不能自由居住,因此需要获得在当地居住的许可。腓特烈一世授予博罗尼亚大学的《完全居住法》最早给予到博洛尼亚求学的学者以居住权:"他们……可以平安地到学习的地方并安全地居住在那里……保护他们免受任何伤害。"[②] 当局承认外地学生享有本城居民同等权利,以换取学生保证不迁校的承诺。通过居住权的赋予,学者们不仅可以在城市里居住,城市要提供合适的房屋供他们居住和学习,而且还可以免受非法侵入和财产的

[①] [美]爱德华·希尔斯:《学术的秩序——当代大学论文集》,商务印书馆2007年版,第284页。

[②] [美]E.P.克伯雷:《外国教育史料》,华中师大教育系等译,华中师范大学出版社1990年版,第169页。

丧失；如果学者的住所遭到偷窃，可以得到赔偿；在房屋的租金上，学者们也享受一定的优惠；如果学者们住所的租金超过了设定的价格，他们可以不必再居住在那里，而那些收取高额租金的房主则要受到惩罚。居住权不仅保证了大学师生们的人身安全，也使得教学和学习活动得以不受干扰地进行。

2. 内部自治权

大学作为城市自治的产物，一开始就是自由的。在内部管理上，大学享有高度自治权。学校内部运作、领导推举、课程设置、教学安排、学位授予、收费标准等，主要的还是大学内部决定的。尽管有"学生大学"和"先生大学"之分，但是管理的主体都来自内部，社会鲜有参与管理的权利。

内部自治权也包括颁发教学许可证的特权。在大学之前，颁发教学许可证的制度就已经存在了。在巴黎，根据规定，只有巴黎教会中负责教育事务的教务长才有权颁发教学许可证。随着大学的发展壮大，在教皇的帮助下，大学逐渐从教务长的手中夺得了这一权利。1219 年，教皇贺诺利斯三世（Honorius Ⅲ）规定，只要学生达到了标准，不管巴黎的教务长是否愿意，大学都可以颁发教学许可证给他。1252 年，大学从教皇英诺森四世（Innocent Ⅳ）手中完全获得了此项权利。

3. 独立司法权

在中世纪，大学的成员不受城市普通司法体制的管辖，大学有自己一套独立的司法程序。一方面，当大学成员是原告时，他们有权将被告传唤到大学所在地来审判；另一方面，当他们被指控时，他们可以在宗教法庭和大学法庭之间作出选择。《完全居住法》中最引人注目的一条就是有关司法审判方面的特权。规定："如果有人由于商业方面的问题要对学生起诉，学生可以享有选择的机会；可以传唤起诉者到教授面前，也可以传唤到本市的主教面前，我们已经给了教授和主教对于这类事件的审判权。"[①] 此后这项特权先后授予各地的大学。如 1170 年，兰斯（Reims）大学的一些学生遭到了人身伤害并被开除了教籍，他们向教皇亚历山大三世求助，教皇立即明确提出禁止任何人以任何方式侵害学者们的自由权，由他

[①] ［美］E. P. 克伯雷：《外国教育史料》，华中师大教育系等译，华中师范大学出版社 1990 年版，第 170 页。

们的教师对他们实行司法审判①。1244 年英王亨利三世（Henry Ⅲ）给予牛津大学教师广泛的司法权，如可以审判债务纠纷、确定住房租金、租用马匹、违反合同、购买食物等诉讼案中涉及大学人员的案件。在 1248 年，国王又进一步授予大学监督市内食品贸易的特权。② 独立的司法权在阿尔卑斯山以南（尤其是在意大利）的大学获得较早，但在法国等大学相对较迟，原因在于"学生大学"更多的是被看作一个阶层，而一些教会学校延伸而来的大学大多数教师和学生被看作僧侣，大学从属教会司法体制的管辖，在司法方面的自治权利自然要少一些。

4. 罢课权和迁徙权

罢课权和迁徙权是欧洲中世纪大学最经常使用的权利之一。如果大学师生同城市当局或教会发生矛盾，或者教学、学习活动受到干扰时，可以举行罢课，以示抗议；如果问题得不到满意的解决，大学可以自行迁校（migratio）。1231 年，教皇格里高利九世（Gregory Ⅸ）授予巴黎大学这一权利，规定在房价提高而受到损失，或者丢失东西或身体受到令人难忍的伤害，或受到非法的逮捕时，大学可以立即中止讲课③。当城市当局提高房租和食物价格或者大学生遭到攻击甚至是被市民杀害时，大学常常采取罢课、罢教的手段以示抗议，结果常常是获得赔偿；但如果冲突没有得到解决，大学整体或部分就会迁移到另一座城市。1209 年牛津大学的罢教事件是一个典型。

5. 免税、免役权

中世纪的平民和农民承受着繁重的税收负担。税收名目繁多、五花八门。在中世纪，税收完全来自平民和农民，贵族和教士是免税的。随着大学的发展，大学的师生们也逐渐享受了贵族和教士的待遇。1340 年，法王腓力四世（Philip Ⅳ）授予巴黎大学此项特权，他规定，任何俗人，不论地位、声望如何，都不得对学生和教师进行干扰，或用其他方法进行敲诈勒索，不准以捐税进行勒索。④ 1386 年，在海德堡大学获得的特许状中，这一

---

① Lynn Thorndike, *University records and life in the middle Ages*, New York: Columbia University Press, 1944, pp. 19 – 20.

② Hilde de Riddler-Symoners, *A History of the Universityin Europe*, Volume Ⅰ -Universities in the Middle A ges, Cambridge: Cambridge University Press, 1992, p. 92.

③ Ibid., p. 35.

④ ［美］E. P. 克伯雷：《外国教育史料》，华中师大教育系等译，华中师范大学出版社 1990 年版，第 176 页。

特权得到了更具体的规定。即师生携带的一切物品都免除进口税、租税、监务税以及其他所有苛捐杂税，师生购买生活必需品也免除上述税收①。

大学师生不仅获得了免税的权利，也获得了免除兵役的权利。这一豁免不仅包括战争时期的兵役，也包括为了保卫城镇而参加民兵团的义务。法国国王的特许状规定："除非危险即将来临，大学所有的成员都免除各种巡查和放哨的义务。"② 同样的特权在意大利只授予大学的高级成员。1264年费拉拉（Ferrara）大学的一条章程具体说明这项特权只授予法律、医学和文学的博士。但是，据说师生们有时候为了大学的荣誉会自愿履行兵役义务，如1356年巴黎面临英国威胁时，大学师生曾在校长的指挥下拿起武器保卫城市③。

以上所列举的是大学在当时所获得的一些主要特权，除此之外，一些大学还获得过其他权利。如1319年，英王亨利二世（Henry Ⅱ）授予教龄达40年的大学教师可以在他管辖的领域内享有同公爵、侯爵和伯爵一样在公共场合和私人场合携带武器的特权。在奥尔良大学，英王亨利四世（Henry Ⅳ）批准德国民族团的学生可以佩带剑和匕首等武器。1420年，西班牙国王阿方索五世（Alfonso Ⅴ）授予巴伦西亚（Valencia）大学的博士和获得民法从业资格证书的人享有骑士的特权；查尔斯五世（Charles Ⅴ）授予博士以骑士身份；等等。

中世纪大学的特权主要有三个来源④：（1）教皇的训令。主要有教皇亚历山大三世（Alexander Ⅲ）、教皇格雷戈里九世（Gregory Ⅸ）、教皇贺诺利斯三世（Honorius Ⅲ）和教皇尼古拉斯四世（Nicholas Ⅳ）等几位教皇的训令；（2）皇帝和国王的敕令。主要有1158年神圣罗马帝国皇帝"红胡子"腓特烈一世颁布的敕令、1200年法国国王"奥古斯都"腓力二世颁布的有关授予巴黎大学特权的敕令等；（3）大学特许状。如1340—1341年法国国王腓力四世给巴黎大学的特许状，1386年海德堡大

---

① ［美］E. P. 克伯雷：《外国教育史料》，华中师大教育系等译，华中师范大学出版社1990年版，第176页。

② Gabriel Compayre, *A belard and the Origin and EarlyHistory of Universities*, New York: Charles Scriber'sSons, 1910, p. 186

③ Ibid., p. 87.

④ 张斌贤、孙益：《西欧中世纪大学的特权》，《北京师范大学学报》（社会科学版）2004年第4期。

学获得的特许状，等等。应当指出的是，这三种不同来源文本所规定的特权，实际上是有较大不同的。教皇的训令与皇帝的敕令所涉及的特权，主要与大学师生的民事权利相关，如1158年，弗雷德里克一世发布旨谕，规定博洛尼亚大学的学生可以自由通行，不受阻碍，甚至大学的信使也享有同样权利。又规定大学教授有裁判权，凡外人与大学生发生诉讼时，均由大学审理，结果外人一定败诉。1219年，教皇奥诺里奥确认博洛尼亚副主教拥有授予学生学位的权力；学生有权到其他地区组织学校，教师可以到其他城市任教。而特许状主要涉及大学的学术事务，如1362年博洛尼亚大学从教皇那儿获得了一份建立神学系的特许状。在巴黎，主教曾直接掌管学校事务，1215年，教皇特使为巴黎大学制定了第一个章程，取消圣母院主事对巴黎大学的控制权。1229—1231年的大罢课，迫使教皇出面调停并颁发新的章程，使巴黎大学最终从主教的控制中解脱出来，并拥有结盟权和罢课权，具有授予学士、硕士和博士学位的专一权等。随后国王圣路易确认巴黎大学具有法人资格，巴黎大学作为一个独立的团体正式成立。在海德堡，当大学于1385年创办时，洛伯特一世（Rupert Ⅰ）许可大学师生免除各种义务或捐税，甚至这些特权有时还扩及到与大学有关的人员，如大学敲钟人、书商、书册装订工、羊皮纸工等。

三　中世纪大学管理的演变

1. 中世纪大学管理的问题

作为一个大学，一个新兴的社会组织，其管理不外乎两个方面：内部管理和外部管理。在相当长的一段时期内，"学生大学"和"先生大学"作为两种比较稳定的管理模式，得到认可和稳定，成为中世纪大学管理的基本模式。特别是在内部管理方面，能够做到良性运行。但是，大学既然是一个社会组织，就不可能自我封闭，与社会隔离。因此，处理社会关系成为中世纪大学的薄弱环节，而一旦与社会产生矛盾和冲突，只能依靠教皇或国王"敕令"的权威，而这终究不是处理问题的最普遍、最通用的办法。因此，中世纪大学的管理也在不断发展、演变和调整中。

从大学内部来看，大学运行和发展的困难和危机，构成对管理的强大需求。中世纪大学在许多方面又不同于现代大学。中世纪大学没有自己的资产，它没有图书馆、实验室或博物馆，没有捐赠和自己的建筑，因此，供学生利用的物质设施远远无法与当今大学相比。教师上课有时在家里，有时在教堂里，有时是租地方授课，甚至有时在街道旁上课。中世纪的大学不像现代大学那样有正规的入学要求，这是学生辍学率高的主要原因，其辍学率远远高于现代大学。中世纪大学生可以自由地从一所大学转入另一所大学，因为它没有语言障碍，拉丁文是中世纪教会和大学通用的语言；规模无法稳定，收入时多时少。中世纪大学规模较小，尤其是办学初期，一所典型的中世纪大学学生人数介于200—800人，主要大学如牛津大学和博洛尼亚大学可能有1000—1500名学生，巴黎大学最多时曾有2500—2700名学生，从上述数字可看出，有机会受大学教育的人仅仅是欧洲人口中微乎其微的一小部分，就是说，中世纪大学仅仅是服务于极少数人的需要，男性公民、教士和富家子弟成为大学生的主体。从这些问题来看，中世纪大学实际上是很难稳定发展的。许多大学停办不久被迫关闭，不少大学成为纸上大学（即仅有成立的敕令，实际没有招收过学生、开展过教育活动的）。可见，大学不可能是一个生活在自我空间的脱离现实的社会机构。

中世纪大学的内部管理是比较松散的，不像现在的大学科层等级明显。一般来说，大学内部设有教授会、同乡会、学院。最初，在教会学校，教会代表是大学社团的首脑，是大学的校长。在学校管理权不断争夺中，教会的管理权逐渐消解，导致之后形成了以教师或学生为主导的力量的增强，大学日常事务的管理开始转移。教师是构成大学的另一个主体，对于教师来说，谁拥有资格来任教，凭借什么资格来任教，任教的要求是什么等问题，在初期并没有严格的规定。只要能招到学生，就具备从教资格。但学生增多，教师行业的竞争增加，教师从教资格发生了改变。而学生，最初也是自由流动慕名求学的人。但随着不同地区、不同民族的求学者增多，学生组成的日趋多样，为便于管理，学生入学时逐步出现了一系列规范的注册事宜。为了维护自身利益，学生们按照地缘关系组成了同乡会。而教师也组成了教授会类似的组织。这些组织机构往往以不同群体的利益为优先条件，使得本身由于群体获得权力欲望的增强，加入了与教会、市政争夺大学管理权力的纠纷中。胜者就理所当然地成为大学实际上的管理者，拥有相当大的管理权限。如博洛尼亚大学，学生的权力高于教师，他们有权决定教授的选聘、学费的数额、学习的年限、授课的时数、支付的薪酬等。而巴黎大学与此相反，教授会成为了巴黎大学的管理主体。大学管理者或拥有权威的力量者有着管理上的话语权，针对大学的管理事务，包括课程、学位体系的管理、财务的管理、对外司法事务等。

还有一点值得指出，中世纪大学的自治权，不是凭借自己的军事势力或经济实力争夺来的，而是一种"被授予"型的。尽管大学利用世俗势力与教会势力的矛盾和冲突，通过斗争和博弈，从国王或教皇争取到诸多自治权利，获得特许状，作为法人，享有民事权利。但是这些权利本身来说主动权不在大学自身，换句话说，这种权利是外来的，其本身是比较脆弱的。既然国王或教皇可以授予大学某些权利，也意味着随时可以收回这些权利。这些所谓的自治权在国王或教会势力面前非常容易受到侵害。大学在自治权利经常出现扩充或缩小，对于这一点我们就不难理解了。

中世纪的大学虽然具有较大的自治权，但它们也不能为所欲为。学术自由和大学自治是两个既有联系又有区别的概念。学术自由主要指大学成员教学和研究的自由，大学自治是指机构本身不受外来干涉而具有的自我管理的权限。中世纪的大学自治具有相对的独立性，它们的学术研究和言论对当时的舆论有很大的影响，在教会神权与世俗政权的斗争中，大学成为它们所争夺的对象。学者行会为了抵制外界控制势力，利用国家与教会之间的矛盾，保持某种相对独立性和中立性，以求得自身的发展。实际上，中世纪巴黎、牛津和剑桥大学等大学最始终没有也不可能摆脱宗教的束缚、教皇和他的代表对其拥有的监督权。"以巴黎、牛津和剑桥大学为代表教会势力控制的中世纪大学，教皇和他的代表对这些学校拥有监督权。在早期，这些学校的教师几乎都是由牧师担任，整个学府笼罩着神学教育的气氛；大主教有权干涉教务；考官一般由主教或教皇使节所任命，医生执照是以教皇的名义颁发，并在教堂中由教会中有权位的牧师依照庄严肃穆的宗教仪式授给。"[①] 大学获得的学术自由常常是短暂的，教会和世俗统治者担心作为一个独立社会阶层的大学在其主管教区或管辖区域内的挑战，常常对大学进行多方面的干预，以求控制大学。尤其在中世纪后期，一些大学在很大程度上被迫放弃它们的自治权利。可见，大学自治是有限的、相对的，大学必须在总体上服从教皇和国王的权力秩序，这是大学生存的一个前提条件。否则，大学的自治权利就有可能被收回或剥夺。

无论是"学生大学"还是"先生大学"，都难以包囊大学的全部管理。"学生大学"或是"先生大学"，主要都是面对内部事务处理的主题

---

① 宋文红：《欧洲中世纪大学：历史描述与分析》，博士学位论文，华中师范大学，2005年。

而言，在大学与城市的冲突中，这种管理的机构和模式就显得非常乏力，往往需要教会或世俗政权的介入和调解。而这本身也为社会介入大学事务提供了机会和空间。而大学内部而言，单纯的"学生"或"先生"都只代表大学成员的一部分，师生之间管理也需要调和，因此，在巴黎大学以后的牛津大学，一度出现了"师生大学"的管理模式。即师生共同组成管理的机构和成员。由于大学的发展，学生入学年龄逐年趋低，管理诉求和能力逐渐减弱，在一些地区，教师逐渐取得在大学的控制权。

大学作为的日益显现也成为世俗政权垂涎的目标。初期，建立大学的批准权由罗马教廷掌握，教廷也可以委托各地君主设立大学，授予大学应有的权利，后期国王也开始发布设立大学的敕令，成为政府介入大学的一个缘由。而从国家发展来看，政府需要大学为自身培养建设和经营人才。由于世俗政府取得了政治权力，成为能管理国家，治理社会，调解各阶层利益的强有力的政府，政府与大学的关系出现了很大的变化，政府不再一味放任不管大学的发展。从 14 世纪末开始，政府开始有意识地回收和剥夺曾经授予中世纪大学的自治权，同时逐渐开始给大学提供经费资助以换取对大学的参与，甚至由政府直接出资或募资建立地方性的和民族性的大学。而许多大学为了保证足够的学校经费，为了吸引大批的有才华的教师和学生以保持现有学科的生命力，为了使学校成为本地区关注的中心以及成为有国际影响的大学，以及为了对校外机构保持大学自治的不懈努力等，大学也在想方设法努力与社会各界建立良好关系，以营造大学健康良好运行的环境，包括争取政府和社会的支持，而这又为政府和社会对大学管理的介入提供了机会和缘由。

2. 政府大举进军大学并逐渐参与大学管理

14—16 世纪，欧洲基本完成了从中世纪封建割据向统一的、具有现代意义的国家形态转型，民族国家逐渐形成，强有力的政府开始出现。每一民族国家都以共同的语言、共同的文字和共同民族意识为其特色，随之出现以专制君主为核心的集权制的政府。到了 15 世纪末，原始的、封建的、地方性的自由权利已经开始消亡，为民族资产阶级的发展扫清了障碍。宗教改革后，统一的基督教会不再存在，各国的政治制度实行了世俗化，国家政权落在世俗君主和行政官僚手中，政治和教会实现了比较彻底的分离，这些为建立统一的主权民族国家创造了条件。随着封建社会的解体，代表公共权威的政府的发展，政府作为公共权力的化身，代表公共利益进行专业化的社会管理，取代了封建时代的私人管理和业余性质的司法管理。当时兴起的民族主义主张在国家层次实现最终的国家主权。1648年各国达成维斯特伐里亚公约，承认了各自拥有的对外对内的最终主权，同时也标志着欧洲现代民族国家最终成型。

　　大学是政府统治不可或缺的社会机构，政府统治必然体现在大学管理中。为了争取对大学的控制和管理，政府千方百计削减大学的自治权，最大限度地参与大学的管理，最终达到控制大学的目的。另外，在民主国家主义盛行的年代，国家逐渐掌握了教育和科技的主动权，掌握了国家资源配置权，逼得大学不得不贴近政府办学，为政府服务办学。如从15世纪中期开始，法国国王查理七世开始撤销巴黎大学的权力：1437年，他撤销了大学的税务特权；1445年，他撤销了其法律特权；1452年，它被迫进行新的改组；1499年，它失去了其罢课权。至此，巴黎大学完全"成了国王的掌中之物"。

　　16世纪30年代，英格兰亨利八世发动宗教改革，取代教皇成为英国的最高首脑，随后又将管辖权延伸至大学，牛津大学、剑桥大学先后归属国王管辖之下。英国传统的观念认为，教育是公民的个人权利，国家不应干涉，学校应由私人开办。国家对私立学校长期以来采取自由放任的政策。英国中世纪大学和维多利亚时期建立的私立大学一般都依靠个人、社会捐赠和学费，自主运行。19世纪中后期开始，一方面受德国大学为国家服务的经验影响，同时部分私立大学出现经费不稳定带来的财政危机，加上新兴大学运动中，大学在科技开发、人才培养以及推动国家经济发展方面的作用显现，政府开始关注大学的发展，为部分愿意接受的私立大学提供经费补助。1881年首次为威尔士的两所大学提供4000英镑的年度补助。1919年政府成立大学拨款委员会，逐渐启动对大学的拨款，将大学90%的基建款项和75%的办学经费，纳入政府补助，以此调节政府与大学的关系。这一举措使得英国大学的"私立"色彩变得逐渐淡薄模糊了。

　　从18世纪末开始，西方发达国家相继完成了资产阶级革命，国家政权的强大和巩固，经济和社会的发展，都需要大量适应社会发展的人才。教会的势力不能再与世俗政权分庭抗礼，政府的行政管理职能开始扩张。大学的作用渐渐为人们所认识，政府开始重视高等教育的发展对国家的贡献，并将教会创办的大学进行改造，并逐步纳入国家的管理轨道。另外，在民族国家和世俗政权建立的进程中，大学既是益友，也可能是障碍。因此，对大学的介入和控制，逐渐成为政府的目标。对传统大学进行改造，使之成为国家高等教育体系的主体，纳入政府统一领导，是国家发展高等教育的一种基本形式。政府通过经费资助等多种形式，逐步将一些私立（非政府举办）大学占为己有，甚至利用执掌的权力，关闭或没收大学。法国是世界上大学起源最早的国家之一，传统大学主要归教会管理。1789年7月法国大革命爆发。拿破仑上台以后，颁布了《公共教育组织法》，规定关闭和取消所有传统中世纪大学，由于巴黎大学政治上反对国家，学术上保守，组织上封闭，1791年巴黎大学所属的学院和学校全部被国民公会和督政府关闭；1804年第一帝国建立后，法国在欧洲第一个把教育纳入政府规划，1806年颁发的《教育法》决定建立由帝国统管的教育行政管理机构——帝国大学（教育部），作为掌管全国教育行政最高权力的领导部门，统管大学，并将全国分为27个大学区，每个区设立一所大学，无论公立大学和私立大学的创办，未经帝国大学的同意，一律不得开办，至此高等教育完全成为国家的事业，大学完全置于中央政府的管理统治之下。日本也借鉴这一经验，将高等教育的管理权全部归于中央政府，对高等教育采取了垂直管理的方式，实行中央集权的大学区制，在文部省的统一管辖之下，全国分为8个大学区（后来改为7个），各设大学一所。

为了培养优秀人才，许多国家的政府也直接出资举办大学，直接为自身服务。德国的哈勒大学和哥廷根大学成为最早的公立（国立）大学，从此开启了国家举办大学的先例。由于政府直接举办，不会受到教会的约束，教学内容可以按照政府的需要精心规划，培养政府所需要的各类人才。

这里重点提及美国著名的"达特茅斯案"。

达特茅斯学院1769年由埃利沙·惠洛克（EleazarWhee-lock）牧师创办、由英皇室特许的一所典型的私立学院。根据特许状，学院的董事会是全院最高的决策机构，具有自行选择继任的董事、管理学校财产的权力；校长可以选择继任的校长，并亲自负责学校的日常行政管理工作。

惠洛克本人担任第一任校长。虽然特许状规定学院的董事会为最高权力机构，但当时董事会出于对惠洛克的尊重并没有直接管理学院。1779年惠洛克去世后，其儿子约翰·惠洛克接任校长职务。小惠洛克在管理方式上也想继承先辈的传统，希望仍采用原来的管理方式管理学院。然而学院董事会希望在学院的日常事务中发挥应有的权力和作用。因此小惠洛克和学院董事会之间产生了一些摩擦和冲突：小惠洛克坚持认为他实际上有权不受董事会的控制而管理学院,而董事们则以解除他的职务来显示权威[①]。为此,小惠洛克向新罕布什尔州立法机关申诉,控告达特茅斯学院董事会。

美国建国以后,受英国大学发展影响,私立大学在很长一段时期内从州政府获得资助,导致人们逐渐淡化了学院的私立性质。这件案例本身是学校内部控制权的争夺,但是在审判过程中,新罕布什尔州的一些官员和社会人士想乘机将达特茅斯学院改成州立的达特茅斯大学,以达到控制高等教育机构的目的。随后,案例的实质发生了变化:随着美国社会"民主政治"的演进和高等教育自身的发展,政府部门越来越要求加强对私立大学的控制,从而使得本来是大学内部的权力分配问题,变成一个政府与举办人争夺大学控制权的案件。联邦集权派认为英国王室颁发的特许状是一种契约应被世人所认可,而且认为学院的董事会应是学院的最高权力机构,其权力神圣不可侵犯。杰斐逊派则支持取消达特斯学院的特许状,将其改为新罕布什尔州立大学。1816年他们向州议会施加压力,要将达特茅斯学院更名为达特茅斯大学并将其归为州政府管辖。但达特茅斯学院的特许状的修改必须经过校董事会的许可才能生效。因此,州立法机关通过立法、增加校董事会成员,使新的校董事会支持小惠洛克,以此达到修改特许状的目的。而原校董事们坚持主张只有达特茅斯学院才是合法的。一时间达特茅斯分成"学院"和"大学"两个行政系统,分别代表了校董事会和州立法机关的利益。在州法院作出"该学院属于公共机构,州议会有权修改其特许状;如果校董事会拒绝这样做,州政府将强行接管该学院"的判决后,学院最终上诉到美国联邦最高法院。案件最后的判决结果,仍维持达特茅斯学院的私有性质。这一事件导致产生两个方面效应,一是政府确实有接管私立大学的企图,而这涉及政府作为的合法性,判决实际上否定了议会对私立大学管理的干涉。二是既然此路不通,政府何不直接举办自己的大学。客观的情况是,达特茅斯案判决生效以后,1819年美国第三任总统托马斯·杰斐逊创建了美国历史上首所独立于教会的州立大学——弗吉尼亚大学。随后美国大量的州立大学开始创建,在大学总量中逐渐占据主体地位,政府开始有效介入大学管理。当然,由于

[①] 参见 [美] 丹尼尔·J. 布尔斯廷《美国人(建国的历程)》,上海译文出版社1997年版,第249页。

认为"创办国立大学有违反美国宪法之嫌，而且担心国立大学的创办有可能成为国家权力无限扩大的起点"等因素的制约，作为联邦国家，美国迄今没有举办国立大学。

独立战争结束后，美国从立法、拨款和资助等方面开始将公、私立大学纳入为国家服务的轨道。达特茅斯案的胜诉保证了私立高校的合法性，私立大学的自主权有了法律保障。从19世纪末开始外部势力开始干涉大学机构的管理，大学自治由以内部自我控制为主逐步向内外部势力协调方向发展，如高等教育鉴定委员会、专业协会、教育基金会对大学的管理起了一定的干预作用。联邦政府尽管不负有高教管理的责任，但各州拥有领导和管理高等教育的职责。英国在削弱传统大学自治权利方面最为迟缓，19世纪20年代掀起了兴办近代大学的运动，直到撒切尔夫人上台后，才打开了传统大学自治的铁门，大砍教育经费，将大学推向市场，促使大学走教学、科研、应用开发相结合的道路。1810年德国柏林大学建立，在管理上实行大学自治，同时体现政府的利益，走的是折中的道路。尔后，国家在维护大学自主办学权的同时，通过制定法律，加强了对过于分权的高教体制的控制和影响，强调大学为国家服务。尽管各州负责各大学的管理，但政府对大学的管理偏重于教育立法和经济资助，在方向性、原则性问题上调控大学。

经过几百年的演变，大学与社会和政府的关系，变得非常紧密，非常复杂，大学自主办学则逐步成为服从政府管理和国家办学目标的有限内部自主管理权力。尽管学界从来没有停止呼吁和呐喊，但毫无疑问，比较中世纪大学，大学自治权的鼎盛时代已经一去不复返了。

第三章　大学管理的升级与民办高校治理的基础理论

管理是一门古老的科学。从简单朴素的经验管理，走向经典科学管理，再顺应时代变化走向现代管理和治理，管理一直都在发展之中。大学从诞生之日起就离不开管理。但是这种管理，也要从管理的科学发展中汲取营养，丰富自身，以适应大学的发展变化，保持大学发展的强大生命力。

第一节　从管理走向治理——大学管理的转型升级

一　从管理走向治理，是人类管理的重要发展趋势

治理已经成为公共管理、政治学、社会学等诸多学科的高频词汇，治理理论依托多学科的成长成为令人瞩目的现象。在这一现象的背后，反映了理论研究适应社会变化、指导社会发展的一个基本规律。治理理论的提出正是现代社会发生一些根本性变化的反映。自 20 世纪 70 年代以来，许多学者从不同的角度刻画了工业社会之后的现代社会正在发生的一些重要变化，如丹尼尔·贝尔的"后工业社会"（1973 年）、界沃太一的"知识价值社会"（1985 年）、乌尔里希·贝克的"风险社会"（1986 年）和彼得·德鲁克的"后资本主义社会"（1993 年），以及现在耳熟能详的"后现代社会""信息社会"和"知识社会"等。尤其需要强调的是，由于社会进步和发展，一方面，从政府管理的角度来看，市场失效本身为政府全面干预经济和社会公共事务提供了空间。另一方面，政府干预的一个直接结果是政府权力和职能的无限膨胀，而政府每每碰到新的问题和挑战，却不可能是万能政府。随着 20 世纪 70 年代西方国家经济"滞胀"的出现，古典自由主义重新抬头，反对政府过度干预，并发展出一

整套关于"政府失灵"的理论。所有这些在理论渊源上为治理理论提供了坚强的后盾;而在价值层面上,公共治理理论可以看作对西方古典个人自由的回归。

学者们在理论讨论中也认识到,长期以来治理与统治(government)等同使用,主要是指政府的合法化的指挥和控制行为。20世纪80年代以来,西方社会的分立化(decentralization)发展趋势越来越明显,现代社会的各个子系统和网络日趋独立,许多社会和经济领域的管理靠单纯的政府权力控制和管理机制已是不够的,需要公、私双方的协调管理,需要政府以外的一些其他机构和行为者参加经济和社会调节。由此,具有崭新意义的"治理"概念开始出现,成为现代政府治理的依据和动力。

治理模式表现出强大的实践应用力,主要在于其新型的理论范式。与传统的管理理论相比,它更为强调行动主体之间的平等协商和自由参与,可以这样认为,治理理论实际上是在我们构建一种共同管理格局提供理论上的支撑。虽然,共同治理还没有完全成为社会管理的现实,但是人类社会公共事务走向共同管理将是一种不以人的意志为转移的必然趋势。

第一,治理能够培养健康的公民意识。社会稳定是社会发展的基本环境,健康的公民意识是社会稳定的基本要素。"当人们将公共协商置于首要地位时,就能够培养出诸如政治共同体成员之间相互理解的公民性格特点。"[1] 通过共同治理,社会成员之间能够相互理解,自我调节之间关系,学会尊重和包容多元诉求,同时还可以培养节制自身需求的能力和意愿。

第二,治理有助于遏制行政权力的滥用。在民主高度发达的今天,如何弥补行政管理的不足,控制行政权力的膨胀和滥用,规制各种非民主倾向,是学术界关注和研究的重要议题。实行治理,拓展决策的参与面,能够有效遏制行政权力的滥用,体现民主决策、科学决策的基本要求,使决策权力分配均等化和权力使用共享化,决策更有执行基础和权威。

第三,治理能够使成员更有集体责任感和荣誉感。治理本身是分享权力和分担责任的共同体。通过成员广泛参与和深入协商,达成更加优化、利益均衡的共识和决策,各个主体的利益诉求得到反映,能够增强成员之间的凝聚力和内部和谐,增强各个主体和成员的责任感和荣誉感,增强参

---

[1] 吴慧平:《西方大学的共同治理》,北京师范大学出版社2012年版,第114页。

与管理的信心,提升参与管理的积极性、主动性和创造性,从而更好地推进治理的深化和完善。

由此可见,治理能够克服以往传统的管理的缺陷和不足,妥善处理各利益相关者的之间的关系,调动各主体和成员的积极性,为社会事业提供强大的发展动力,因而成为传统管理的转型升级,成为管理发展的必然趋势。

二 大学治理——大学管理的转型升级

"从现代的公司到大学直至基层的社区,如果要高效而有序地运行,可以没有政府的统治,但却不能没有治理。"① 经验证明,高等教育从精英化向大众化、普及化的进程中,大学毫无例外遭遇规模扩张带来的与传统的管理日益剧烈的矛盾和挑战,此时非常需要从理论上和实践上探索新的路子,重新构建大学与国家、社会、大学之间的关系。而引入治理理论对大学进行公共治理,便是这种探索的体现之一,实践证明也是有成效的。面对现代社会的发展,大学管理面临很多新情况、新问题:(1)社会变化节奏越来越快,未来将不再是过去的重演。在农业经济社会,经济发展、社会发展的速度十分缓慢,日复一日,年复一年,未来往往是过去的重复。进入工业经济社会,特别是知识经济社会,科技、经济、社会发展的速度大大提高。经济发展速度加快,必然影响人们生活方式、思想观念变化速度的加快。(2)组织规模越来越大。从社会生产来看,从个体单个行业,到手工作坊的工场,到企业,到大型企业,再到跨国公司,规模越来越大,这是社会化大生产发展的需要。随着高等教育大众化,大学的规模也同样在发展,从在校学生人数看,从几十人、几百人、几千人,发展到几万人,个别大学达几十万人。管理几百上千人的大学和管理几万人的大学是完全不一样的。(3)社会活动越来越复杂。随着社会的发展,大学的功能不断扩展,从教学,到教学、科研,再到教学、科研、社会服务,学校与社会的联系越来越多。(4)竞争越来越激烈。随着大众化、市场化、国际化的加强,高等教育、高等学校在生源、声誉、经费、师资

---

① [美] 埃利诺·奥斯特罗姆:《公共事务的治理之道》,余逊达、陈旭东译,上海三联书店2000年版,转引自俞可平《治理和善治———一种新的政治分析框架》,《南京社会科学》2001年第9期。

等方面的竞争也越来越激烈。学校的声誉高、师资水平高、学生就业好，生源就好，学校就能生存并且发展。（5）管理决策所带来的社会影响越来越大。在现代社会，学校的管理决策，不仅影响校内，而且影响整个社会。由于大众化，上大学的人数越来越多。今后，从国家领导人、各层次负责人、学术骨干、技术骨干至社会上的各种管理人员、公务人员等，绝大多数都将是大学毕业生。现在学生的质量，将关系国家民族的未来，关系社会的发展和稳定。因而，现代大学，特别是研究型大学已经发展成为一个多目标、多任务的大型组织，其应对多目标和多重任务的方式是不断深入的专业化分工。结果大学变成了一个专业领域广泛、组织结构复杂的大型组织，突出的特点是大学在单纯学术机构的基础上形成庞大的行政系统，大学行政管理具有了必要性和合法性。由此可见，现代大学的管理创新十分重要。①

"自20世纪80年代以来，西方各国便以治理理论的一些核心理论为指导，开始在本国推行高等教育改革。从西欧的英国开始，一直到南太平洋的新西兰和澳大利亚，再到北美洲的美国和加拿大，无一不受到这场意义深远的高等教育治理改革的影响。"② 其实，这些高等教育的先发国家在实施共同治理方面已经具有较好的基础和传统，但是在新的形势下，这一理念还在不断深化和完善。

中国是高等教育后起发展国家。"在其后的发展中，大学的依附性和工具色彩依然如影随形。即使新中国成立以后，新中国对旧式高等教育进行了改造，也未褪去大学的依附性与工具色彩，反倒是高度集权的教育管理体制更加强化了大学的行政科层性质与附属地位。"③ 尽管在改革开放过程中，中央政府对高等教育的某些领域和环节进行了改革和调整，也获得了某些进展，取得了一些成效，但是就从根本上来说，大学管理的制度框架并没有产生根本性的变化。政府仍然集举办者、管理者和办学者于一身，对大学实施直接的管理的职能仍未转变，大学仍缺乏面向社会自主办学的应有权利和自我约束机制，大学发展中面临的行政权力泛化、独立法人地位缺失、市场机制介入能力有限、缺乏社会和公民参与等问题仍未实

---

① 刘献君：《大学共同治理的意义及其实现方式》，《山东高等教育》2015年第3期。
② 吴慧平：《西方大学的共同治理》，北京师范大学出版社2012年版，第3页。
③ 同上书，第2页。

质性解决。好在政府和大学都开始认识到，政府、大学和社会之间必须走向新的合作，实施共同治理，才能在不断深化的高等教育国际化、全球化进程中不会处于被边缘的地位和命运。

大学治理不同于一般的大学管理研究。一般而言，大学管理是主体—对象式的考察方式，当把大学作为主体时，即大学—大学考察，研究针对"相对封闭的系统"，在组织内部展开，即大学微观管理或内部管理。而治理研究的视角是主体—主体式的考察方式，研究的视角是"开放的系统"，其内部治理研究就已经超越了从大学组织内部来分析问题，大学是所有利益相关方（stakeholder）展开活动的场所，而利益相关方并不限于组织内部，因此一部分大学管理研究视为宏观管理的内容涵盖进内部治理考察的视野。外部治理研究更是把法律、政府、市场等作为治理整体的一部分来研究（注意一般研究也考察系统外部，但只是作为环境参量的方式），分析其作为公共契约和竞争市场的治理含义。视角的不同导致两种研究的内部外部边界是不同的，治理研究更像是一个"开放的系统"。同时"管理"一般是"单向"的，授权是"自上而下"，而"治理结构"是"多向交叉"地通过制度设计和组织运行规范，使开放系统中的任何一方，都在制约他方的同时也受到制约。这个结构本身使各方面具有了"互相监管"的功能。

治理研究与制度研究的差别主要在于治理对制度自动实施（self-enforcing）的特别关注，把自动实施作为制度有效性的标准。同时，治理研究重视文化理念在治理中的作用，契约理论认为正式制度是不完全的，都是有漏洞的，因此并不把制度设计得过于精致化，而把文化理念作为治理的一部分以降低制度成本、填补制度漏洞。正式的制度安排要能够滋养文化理念，形成互补关系。这些都是大学治理研究区别于一般制度研究之处。

大学治理与大学管理是有区别的，大学管理一般指大学管理者在特定的环境下对其可调动的组织资源通过计划、组织、指挥、协调和控制等行为活动进行优化配置，以达到有效实现学校目标的动态创造性活动。但大学治理作为公共管理理论的发展，也属于一种管理过程，因而与大学管理有着内在的相似性。大学治理与大学管理的主要区别与联系如表3-1所示。

表3-1　　　　　　　　　大学治理与大学管理的区别

特征	大学治理	大学管理
目标	实现大学各利益相关者责权利的平衡	实现大学的教学科研等既定目标
导向	系统导向，规定大学的基本构架，确保管理处于正确的轨道上	任务导向，通过具体的管理操作完成大学任务
中心	大学外部	大学内部
主体	利益相关者	管理者
客体	人和组织	人、财、物、信息等各类资源
实施基础	内外部显性、隐性契约和市场机制	行政权威、学术权威
实施手段	内部治理机制、外部治理机制、激励约束机制	计划、组织、指挥、协调、控制
层级结构	大学治理结构	大学内部组织结构
沟通方向	一种自上而下和自下而上的双向关系	自上而下的单向关系，即上级管理下级
政府作用	政府通过制定相关法律、法规发挥重要作用	政府不甘于具体管理过程
资金结构	反映政府、学生及其家庭、其他投资者的相对地位	反映大学的财务状况和大学经费各来源方对管理的影响

资料来源：李福华：《大学治理与大学管理》，人民出版社2012年版，第5页。

治理在大学的管理和发展中，也具有十分重要的作用和意义[①]：

（1）有利于调动教师、学生、职工等多方的积极性。大学有众多的利益相关者，学校学科建设、人才培养、科学研究、社会服务等的质量和水平的提升，取决于师生员工水平和积极性的高低。如果在学校共同治理中，学校的决策广泛听取大家的意见，使大家成为学校的主人，学校大家庭中的一员，大家以一种主人的姿态对待自己的工作，其积极性必然会提高。（2）共同治理有利于集思广益，汲取群体智慧，形成正确的决策。前面已经论述，大学涉及人才培养，高深知识的创造、保存、传播，十分复杂。大学是一个理念组织，大学决策要有正确理念的指导。大学是经久不衰、影响长远的学术组织，大学决策要站在战略高度，有大视野、大智慧。大学组织是一个矩阵式、网状结构，十分复杂，大学决策要兼顾方方面面的利益。面对如此复杂的决策，仅仅靠领导人的智慧是不够的，需要大智慧，群体智慧。大学的主体是学者、高

---

① 刘献君：《大学共同治理的意义及其实现方式》，《山东高等教育》2015年第3期。

级知识分子，有的学者本身就从事决策、管理、教育研究，是取之不尽的资源。（3）共同治理有利于发挥学者在决策中的优势作用，形成良好的学术文化；可以制约不断膨胀的行政权力，保障权力的制度化运行。学术、行政，各有其自身的优势、作用，在学校的决策中，充分发挥各自的优势，相互尊重，相互支持，既能形成良好的学术文化，又能保障权力的制度化运行。（4）共同治理有利于明确责任，分工合作，推进学校发展。共同治理既强调决策的全员参与，又强调"首要责任"。在学校决策、执行的过程中，不是每个人具有同等的权利、责任，其中一部分人负有首要责任，强调首责优先。

而民办高校由于其独特的举办体制，治理涉及的主体更复杂。民办高校的治理包括内部治理和外部治理两个层面的内容，其中内部治理涉及民办高校的内部组织结构设计、学校内部各个利益相关者（包括出资人、董事会、校长、教师、学生、家长）之间的权利、义务的分配关系等，它解决的是民办高校的内部运行机制问题，关系到民办高校的运作如何能从激励和约束两个角度调动各方积极性，保障教学质量，维护各利益；而外部治理涉及政府和社会如何参与到民办高校的运作管理当中，比如政府与民办高校的关系应该如何定位，政府通过法律手段还是经济手段进行干预，国家的法律是否允许民办高校投资人取得合理回报，民办高校的产权在法律上有无明文的界定等，这些都和民办高校的长期发展方向密切相关。上述民办高校发展过程中存在的问题，归根结底都是属于民办高校治理的问题。其中有些属于学校内部治理需要处理的，比如学校的产权界定，内部运行机制、筹资决策、教学质量保障等；有些则于学校外部治理需要处理的，如政府对民办高校运作的规制、法律环境的构建、舆论监督的完善、信息的畅通明晰、融资机构对民办高校资产运作的监督等。因此，建立并完善民办高校的治理结构是解决前面所说的种种问题的根本出路。

第二节 民办高校治理的基础理论

民办高校治理是一项系统而复杂的工程，需要许多理论作支撑。根据研究工作需要，主要的基础理论有以下几个方面。

一 治理理论

治理（Governance）一词是相对于传统的统治（Government）而言的。"治理"与"统治"在英语中，原本是交叉运用的，指的是以政府为主体的公共事务的管理。"治理"作为一种理念，最早是由世界银行在1989年发布的研究报告《撒哈拉以南的非洲：从危机到可持续增长》中提出的，该报告首次使用了"治理危机"一词。此后，治理的概念开始被应用于低度现代化（underdeveloped）国家的政治发展问题。1992年，世界银行主题为"治理与发展"的年度报告中关于治理概念的提出被认为是治理理论的发端。随着治理的应用，西方学者逐步开展研究和阐释，"治理"一词被赋予新的含义，并在许多国家的政治、行政、社会管理改革中得到广泛的运用，并逐渐被西方学术界发展成为内涵丰富、适用广泛的指导公共管理实践的一种新理论。它不再只局限于政治学领域，而被广泛运用于社会经济领域。正如研究治理问题的专家鲍勃·杰索普（Bob Jessop）所说的那样："过去15年来，它在许多语境中大行其道，以至成为一个可以指涉任何事物或毫无意义的'时髦词语'。"①

迄今为止，对于治理的含义还在不断探索和丰富中。联合国开发计划署将治理定义为"行使政治、经济和行政权力来对国家事务进行管理"，"它是一些复杂的机制、过程、关系和制度，通过这些公民和各种团体清楚地表达他们的利益，行使他们的权利和义务，并调和分歧。治理包括各种方法——可能是好的，也可能是坏的——社会可以利用这些方法来分权，并管理公共资源和问题"。全球治理委员会在1995年的《我们的全球伙伴关系》中给治理下的定义最为权威：治理是各种公共的或私人的个人和机构管理其共同事务的诸多方式的总和。它是使相互冲突的或不同的利益得以调和并且采取联合行动的持续的过程。这既包括有权迫使人们服从的正式制度和规则，也包括各种人们同意或以为符合其利益的非正式的制度安排。② 治理理论的创始人詹姆斯·N. 罗西瑙（Rosenau）认为，治理是一系列活动领域里的管理机制，它们虽然未得到正式授权，却能有

---

① ［美］鲍勃·杰普索：《治理的兴起及其失败的风险：以经济发展为例的论述》，漆芜译，《国际社会科学》1999年第2期。

② 全球治理委员会：《我们的全球伙伴关系》，牛津大学出版社1995年版，第23页。

效发挥作用。治理是有共同的目标支持的活动,这些管理活动的主体未必是政府,也无须依靠国家的强制力来实现。① 治理是一种内涵极为丰富的现象,既包括政府机制,也包含非正式、非政府的机制。英国学者格里·斯托克在《作为理论的治理:五个论点》指出:统治是"在民族国家层次上运作以维系公共秩序、便利集体行动的正式而制度化的过程"。治理"意味着一种新的统治过程,意味着统治的条件已经不同于前,或是以新的方法来统治社会"②。治理的本质在于,它所偏重的统治机制并不依靠政府的权威和制裁。治理的概念是,它所要创造的结构和秩序不能用外部强加;它只发挥作用,是要依靠多种进行统治的以及互相发生影响的行为者的互动。

治理理论的提出和兴起有其历史必然性,概言之,与经济全球化、行政国家的困境以及行政改革的世界潮流是密切相关的。其兴起的条件和诱因有如下几点:(1)世界经济一体化及全球化对公共行政管理的影响。(2)行政国家的扩张造成的治理危机和困境需要新的理论和工具的创新。(3)行政改革的世界潮流也为治理理论的兴起和传播提供了有利的背景和强大的动力。③ 梅因茨认为,治理理论的历史起点是:现代国家履行其职责的失效,即统治失效:其一是西方民主社会越来越无治理能力,其二是福利国家的危机。④ 治理理论的理论渊源,一是以极端自由主义为代表的当代西方哲学和政治思潮。主张消极的自由观和有限政府;二是公共选择学派,用经济学方法分析政治现象,得出了政府失败的结论。它把经济学家的工具和方法大量应用于集体或市场决策而产生;三是后现代主义,张扬不确定性、非中心化、小叙事差异和分散等为主要精神的思维方式。

由此可见,在西方现代政治学中,治理绝不是指那种依据国家强制性权力维系的统治形态,而是指社会政治共同体成员,以公益为基础,以共同参与、民主协商的方式形成的决策机制、社会政治管理方式,以及由此而构成的社会政治体制。它既体现政治共同体内部成员之间的权力关系,

---

① [美]詹姆斯·N.罗西瑙:《没有政府的治理》,张胜军,刘小林译,江西人民出版社2001年版,第5页。
② [英]格里·斯托克:《作为理论的治理:五个论点》,华厦风译,《国际社会科学》1999年第2期。
③ 张连国:《治理理论:本质是复杂科学范式》,《学术论坛》2006年第2期。
④ 见俞可平《治理与善治》,社会科学文献出版社2000年版,第213—214页。

也反映共同体成员对社会、法律规范的自觉遵从。治理概念的应用并不局限在国家或国家内部各层行政实体范围内，还被广泛应用于一般社会组织和经济组织方面。从治理理论所包含的内容和所强调的重点来看，治理理论具有如下一些特征：首先，对国家权力中心论的超越。国家已不再是唯一的统治权威，这种权威是可以和其他主体共同分享的。其次，对传统管理方式的超越。民主协商和谈判能够更多地取代正式的强制性的管理，达到同样甚至更加突出的成效。最后，各个治理主体以互信、互利为基础，以相互依赖为特征，追求共同目标和共同利益，实现社会发展和公共利益最大化。

由于治理理论在解决国际社会问题上的突出表现，并且社会问题带有大量的普遍，因此逐渐被推广应用到政治学、社会学和管理学领域，也受到高等教育研究和管理者的青睐。他们认为治理理论解决问题的逻辑与方法能够为处于变革期的大学目标与理念的实现提供新的途径。面对迅速变化的外部世界，治理理论为分析与解决大学内在危机与外部挑战提供了新的理论依据与方法论。大学治理成为高等教育多样化背景下均衡各利益主体权利的制度安排与保障，大学治理研究为迫切需要解决的新建地方本科院校的管理问题提供了重要的分析框架，具有重要的理论与实践价值。

治理理论受到我国学术界的重视，引发学者研究兴趣。俞可平在考察了有关治理的多种定义后指出，"治理是指在一个既定的范围内运用权威维持秩序、满足公众的需要"[1]，其目的是最大限度地增进公共利益。他认为，治理"意味着一系列来自政府但又不限于政府的社会公共机构和行为者，政府不是唯一的公共权力中心；治理意味着在为社会和经济问题寻求解决方案的过程中存在着界限和责任方面的模糊性，各种私人部门和公民自愿团体正在承担着越来越多的原来由国家承担的责任；意味着在涉及集体行为的各个社会机构之间存在权力依赖，意味着参与者将形成一个自主的网络；意味着对公共事务的管理在政府权威之外还有其他的技术和方法"[2]。治理是只有被多数人接受才会生效的规则体系。李风华从治理

---

[1] 俞可平：《治理与善治》，社会科学文献出版社 2000 年版，第 213—214 页。
[2] 俞可平：《权力政治和公益政治——当代西方政治哲学评析》，社会科学文献出版社 2000 年版，第 210—213 页。

理论的渊源出发，指出治理的根本精神是契约观念和效率精神。① 胡象明、唐波勇从公共管理的研究范式入手，指出整体性治理是公共管理的新范式，是治理理论的新发展，通过分析整体性治理的结构，阐述了整体性治理的协调、整合、信任机制。② 杨雪冬提出社会管理治理化的概念，通过把社会有效地组织起来，控制国家与社会以及社会内部的冲突，这是治理理论的一次深化。③ 我国学界对治理理论的探讨和阐释，既体现了治理理论对公共管理理论的借鉴与超越，也表明学界注意到了治理理论的适应性要求。如果从治理与统治的区别来理解治理的内涵，我们可以清晰地看到：第一，尽管二者都需要权威，但统治的权威一定是政府，治理则不必是。第二，在权力的运行方向上，统治过程中权力的运行是自上而下的，而治理定位于合作，其权力运行是多向的和相互的。第三，有效的治理必须建立在国家和市场的基础之上，通过协调多个治理主体，以共治的方式实现善治即良好治理的目标。

学者也阐述了治理与同质的区别，力图廓清两个概念之间的边界。俞可平认为，治理与统治具有五个方面的不同：其一，权威主体不同，统治的主体是单一的，就是政府或其他国家公共权力；治理的主体则是多元的，除了政府外，还包括企业组织、社会组织和居民自治组织等；其二，权威的性质不同，统治是强制性的；治理可以是强制的，但更多是协商的；其三，权威的来源不同，统治的来源就是强制性的国家法律；治理的来源除了法律外，还包括各种非国家强制的契约；其四，权力运行的向度不同，统治的权力运行是自上而下的，治理的权力可以是自上而下的，但更多是平行的；其五，两者作用所及的范围不同。统治所及的范围以政府权力所及领域为边界，而治理所及的范围则以公共领域为边界，后者比前者要宽广得多④。龙献忠认为，治理与协调有联系又有区别。协调着眼于对涉及多方的矛盾冲突的解决，一旦冲突得以解决，协调行动就可画上句号。治理的重要手段之一是多方协调，但这种协调过程通常是没有句号

---

① 李风华：《治理理论：渊源、精神及其适用性》，《湖南师范大学学报》2003 年第 5 期。
② 胡象明、唐波勇：《整体性治理：公共管理的新范式》，《湖南师范大学学报》2010 年第 1 期。
③ 杨雪冬：《走向社会权利导向的社会管理体制》，《华中师范大学学报》2010 年第 1 期。
④ 张小劲、于晓红：《推进国家治理体系和治理能力现代化六讲》，人民出版社 2014 年版，第 2 页。

的；此外它还着眼于建立在协调之上的行政（公共）管理，甚至可以包括执法管理活动。①

治理理论不仅得到了我国学界的认同，在党和政府治国理政中也越来越得到重视和关注。1978年以前，我国经济领域和社会领域处于政府的严格控制之下，形成单一而集中的权力中心，整个社会高度统一化和高度政治化。改革开放以后，随着市场经济体制的确立，各市场主体逐渐成长起来，政府的职能主要是提供公共服务，公民的经济自主权增加，经济地位上升，民主要求和参与诉求越来越强烈。为此，在政策设计和制度建构上，党和国家不断调整发展目标，重视社会发展，保障公民当家做主权利的实现。特别是党的十八届三中全会通过的《中共中央关于全面深化改革若干重大问题的决定》中提出，"全面深化改革的总目标是完善和发展中国特色社会主义制度，推进国家治理体系和治理能力现代化"。就如何推进国家治理现代化作出了总体部署，并提出到2020年，在重要领域和关键环节改革上取得决定性成果，形成系统完备、科学规范、运行有效的制度体系，使各方面制度更加成熟更加定型，从而使"国家治理"从一个理论命题变成实践课题。这一全新的政治理念，集中体现了我们党对社会政治发展规律有了新的认识。现在，"国家治理体系和治理能力现代化"已经在全国各条战线、各个层面、各个领域全面展开，可以想见，随着这一进程的强力推进，必将促进整个社会治理理念的推广和治理能力的提高，使经济、政治、文化、社会和生态文明等各方面制度和体制机制更加科学、更加完善，推动国家各项工作制度化、规范化、程序化，全面完成和谐社会的发展目标。

二 教育产权理论

1. 产权理论与民办高校产权概述

民办高校投资办学中涉及较多的资产所有权和产权问题。在研究民办高校治理时也不能回避产权的界定、保护等相关问题。

产权理论，作为新制度经济学的核心理论，是由美国新制度经济学派即"芝加哥学派"创立的。1991年度诺贝尔经济学奖得主——罗纳德·

---

① 龙献忠：《城市治理理论及其在中国的实践》，《学术研究》2007年第7期。

哈里·科斯发表的《企业的性质》及《社会成本问题》被公认为西方产权理论的开山之作①。

通常所说的产权是经济领域企业研究的特有名词,指的是财产所有权,即对给定财产的占有权、使用权、收益权和转让权。实际上,财产所有权主要是指物权——物力资本产权,属于"狭义产权",并不能真实反映民办高校资本投入状况,而"广义产权"指的是使自己或他人受益或受损的权利②,即物进入实际经济活动后引发的人与人之间相互利益关系的权利界定。这样,产权概念不仅从物权扩大到债权、人力资本产权等,而且扩大到所有交易中的权利,包括财产所有权(狭义的产权)及由所有权派生出来的占有权、支配权、使用权、收益权。考虑民办高校的资本要素,民办高校是物力资本所有者和人力资本所有者之间形成的一系列契约关系的载体和结果。③ 显然,人力资本是高等学校的核心资源,将人力资本产权引入民办高校产权关系分析非常重要,也有非常深刻的实践意义。这一观点的确立,区别了民办高校产权与企业产权的不同,凸显了民办高校产权的独特内涵,有助于在民办高校领域建立人力资本产权观念,也有助于重视民办高校各利益相关者的价值,为构造充分发挥人力资本价值的民办高校内部管理模式提供了理论支撑。但是至今为止只有著名高等教育专家潘懋元及他的博士生胡赤弟等学者提出相关观点。也有研究提出滚动发展起来的民办高校产权应归校长所有的观点④,但是研究不深入,实际操作层面也有许多难以逾越的困难,也缺乏现有法律法规的支持。当然,投资所形成的产权在学校办学初期具有原始产权的性质,因此作用可能会发挥得更早更多。有鉴于此,后文凡提到"民办高校产权"均指民办高校的"广义产权"。

我们也可以将民办高校理解成各产权主体按照一定的规则签订相应的"合约"而组成的集合体。根据现代企业理论,将由合约不完备而导致的剩余产权界定为民办高校所有权,包括剩余索取权和剩余控制权。由于机

---

① 张军:《产权经济学》,上海三联书店1991年版,第87—90页。
② [美]哈罗德·德姆塞茨:《关于产权的理论》,银温泉译,《经济社会体制比较》1990年第12期。
③ 张宏博:《中国私立大学有效经营的制度研究》,人民出版社2009年版,第40页。
④ 方铭琳:《民办高校产权明晰的法律保护》,《高等教育研究》2005年第8期。

会主义、信息不对称等因素造成合约不完备，使得要素所有者在签订合约时，无法将事后将要发生的一切事情说明清楚，从而产生剩余控制权，周其仁将企业控制权定义为："排他性利用企业资产，特别是利用企业资产从事投资和市场运营的决策权。"① 若将学校控制权理解为对学校经营管理有关事项的重大决策，则"学校所有权"就是指学校剩余索取权和控制权，显然，与剩余索取权相比，控制权才是实质性的权利，剩余索取权可以看成控制权的一种逻辑延伸。从这个意义上说，民办高校所有权实质在于学校控制权。

2. 产权理论在分析民办高校治理中的适用性

民办高校作为一个独立的法人，其财产所有权（物力资本所有权）、人力资本所有权的初始界定、划分和维护，解决的是民办高校财产归属权到底归谁所有以及各办学主体拥有哪些权利和资源。另外，通过对民办高校内部各项产权权能的具体分解和重组，确定起民办高校治理的结构和机制。

首先，与企业的产权决定企业的治理结构一样，民办高校的产权结构也在某种程度上对民办高校的内部管理体制起决定性的作用。若产权模糊，会滋生出所有者与经营者之间的"激励不相容"和权责利不对称，举办者（投资者）和办学者（校长等执行团队）以及广大教职工的工作积极性就难以得到充分发挥。其次，进一步说，由产权结构决定的学校内部管理体制影响着办学者的素质（能力）高低和努力程度。有什么样的产权结构决定采用什么样的管理体制，进而决定聘用什么样的校长和教师。再次，办学者的能力和努力水平，决定学校的发展战略和管理水平，这两者同时影响学校的营运。投资者可以通过管理体制影响办学行为，但是办学的时间毕竟是办学者和广大教职工的工作成果。可见，不同的产权结构，决定了不同的学校管理体制，也就从某种程度上决定了学校的发展。

民办高校治理中很多问题都与产权的界定有关，比如说民办高校到底如何定义？是根据经费来源主体界定还是学校产权归属来界定？当发生不可预见的情况时，到底谁来负责？这表面上看涉及剩余控制权的分配，实

---

① 周其仁：《"控制权回报"和"企业家控制的企业"——"公有制经济"中企业家人力资本产权案例研究》，中国战略与管理研究会官网（http://www.cssm.gov.cn）。

际上也同时反映了产权拥有者的责任。校长拥有民办高校产权之所以难以实施，很大程度上在于目前民办高校校长的职责还不是非常到位。但是人力资本产权占据一定的比重的确是民办高校与企业组织不同的一个显著特点，因此，办学者、高层管理人员、教职工等作为人力资本所有者及出资人作为物力资本所有者之间的权、责、利关系如何配置就显得更加复杂，这也是民办高校治理中的一大难题。

三 委托—代理理论

1. 委托—代理理论概述

20世纪30年代，美国经济学家伯利和米恩斯因为洞悉企业所有者兼具经营者职能的做法存在着极大的弊端，于是提出"委托—代理理论"（Principal-agent Theory），倡导所有权和经营权分离，企业所有者保留剩余索取权，而将经营权利让渡。"委托—代理理论"早已成为现代公司治理的逻辑起点。

委托—代理理论是建立在非对称信息理论（asymmetric information，指的是某些参与人拥有但另一些参与人不拥有的信息）和博弈论基础上的。作为制度经济学契约理论的主要内容之一，是20世纪60年代末70年代初一些经济学家深入研究企业内部信息不对称和激励问题而发展起来的。其主要研究的委托—代理关系是指一个或多个行为主体根据一种明示或隐含的契约，指定、雇用另一些行为主体为其服务，同时授予后者一定的决策权力，并根据后者提供的服务数量和质量对其支付相应的报酬。授权者就是委托人，被授权者就是代理人。委托—代理理论的任务是研究在利益冲突与信息不对称的环境下，委托人如何选择代理人并设计最优契约激励代理人。

委托—代理理论的主要观点认为：委托—代理关系是随着生产力大发展和规模化大生产的出现而产生的。其原因一方面是生产力发展使得分工进一步细化，权力的所有者由于知识、能力和精力的原因不能行使所有的权力了；另一方面专业化分工产生了一大批具有专业知识的代理人，他们有精力、有能力代理行使好被委托的权力。但在委托—代理的关系当中，由于委托人与代理人的目标不一样，委托人追求的是自己的财富更大，而代理人追求自己的工资津贴收入、奢侈消费和闲暇时间最大化，这必然导致两者的利益冲突。在没有有效的制度安排下代理人的行为很可能最终损害委托人的利益。因此,委托—代理理论需要解决的问题是,在给定不对称信息的条件下,委托人如何根据已有信息设计一个激励机制或者契约,让代理人共同分担风险,规避代理人的机会主义行为,使委托人效用达到最大化。而世界——不管是经济领域还是社会领域——都普遍存在委托—代理关系。

实际上,委托—代理关系起源于"专业化"的存在。当存在"专业化"时就可能出现一种关系,在这种关系中,代理人由于相对优势而代表委托人行动。现代意义的委托—代理概念最早是由罗斯提出的:"如果当事人双方,其中代理人一方代表委托人一方的利益行使某些决策权,则代理关系就随之产生。"① 詹森(M. C. Jensen)和麦克林(W. H. Meckling)则认为,委托—代理是指一个人或一些人(委托人)委托其他人(代理人)根据委托人利益从事某些活动,并相应授予代理人某些决策权的契约关系。②

2. 委托—代理理论在民办高校治理中的适用性

在《生产的制度结构》中,科斯指出,"对于经济体系的运转来说,生产的制度结构是重要的。……经济体系的效率在很大程度上依赖于这些组织是如何处理它们的业务的"③。科斯以及新制度经济学对企业生产的制度结构的解释,对学校生产是有较大启示的。传统教育生产函数中的投入—产出模型只是一种简单的技术统计,不能解释学校的微观生产过程,也不能准确反映学校组织的作用,忽视了学校生产中的制度性因素。如果假定教育生产函数中外部因素的影响(如家庭、教师等)是一定的,那么单纯学校投入的增加不能带来学校教育质量的改善或者学校资源利用效率的提高,就只能从学校内部治理及运行机制考虑。

考察民办高校治理实践,民办高校组织中存在多个委托—代理关系。最为明显的有两种,一种是学校资产所有者和学校实际经营者之间的委托—代理关系,也即作为委托人的出资者和作为代理人的校长之间的委

---

① S. Ross. The Economic Theory of Agent: the Principal's Problem [J]. American Economic Review, 1973 (63).

② Jensen, Michael C. and William H. Meckling. Theory of the Firm: ManagerialBehavior, Agency Costs and Ownership Structure [J]. Journal of Financial Economics, 1976 (3).

③ [美] 罗纳德·哈里·科斯:《论生产的制度结构》,盛洪、陈郁译,上海三联书店1994年版,第353页。

托—代理关系。在民办高校中，董事会作为学校所有者将学校委托给校长经营管理，而校长接受董事会的委托，全面负责管理学校的各项事宜。这样，民办高校董事会成为委托人，校长则成为学校的代理人，董事会和校长之间也就构成了委托—代理关系。另一种是学校内部的委托—代理关系，也即校长等管理者和教师之间的委托—代理关系。其反映的是组织内部权力的分配方式，即所有者与管理者的关系模式，通过单级委托—代理关系形成多个委托人和代理人的等级链式结构。此外，由于教育的公益性，国家需要对教育的目标、大纲等做出规定，家长和学生也希望学校的教育达到一定的标准，这样就在社会、学生和学校之间形成了委托—代理关系。按照林毅夫的看法，这种多层委托—代理关系在实质上和单层委托—代理关系并无不同，可以在同一个框架下进行分析。

委托—代理关系同样适用于民办高校，这种委托—代理关系与企业并无不同。而且从民办高校的特性来说，校长在某种程度上对于学校发展的意义影响更大。实际上，委托—代理关系只说明和提供了民办高校内部治理关系架构的一种形式，与之俱来的民办高校内部委托—代理关系的问题也是客观存在的。从一般意义上来说，从民办高校内部组织关系出发，学校所有者都充当着委托人的角色，学校管理者则接受来自学校所有者关于办学方面的指令，同时也将部分权力分给各个职能部门，因而兼具委托人代理人的身份，学校各职能部门人员是学校管理者与学校教职工沟通与联系的桥梁，相对学校管理者而言，是代理人，但对于教职工而言，又是委托人，而学校教职工直接参与学校生产活动，生产教育产品，也参与学校剩余的分配，充当最终代理人，这样，就形成了由学校投资者—学校管理者—学校各职能部门人员—学校教职工组成的链式委托—代理关系结构。

四 所有权与经营权分离理论（两权分离理论）

1. 所有权与经营权分离理论概述

与产权理论、委托—代理理论密切相关的是所有权与经营权（控制权）分离理论，也称"两权分离理论"，主要是指资本所有权（表现为投资者拥有的投入资产权）和资本运作权（表现为管理者经营、运作投资者投入资产权）的分离。也就是说，所有者拥有的资产不是自己管理运作，而是委托他人完成管理运作任务。

两权分离理论即公司所有权与控制权分离理论，它是随着股份公司的产生而产生的。该理论的代表人物是贝利、米恩斯和钱德勒等。贝利和米恩斯在1932年出版的《现代公司与私有产权》一书中，对美国200家大公司进行了分析，发现在这些大公司中相当比例的是由并未握有公司股权的高级管理人员控制的。由此得出结论：现代公司已经发生了"所有与控制的分离"，公司实际已由职业经理组成的"控制者集团"所控制。钱德勒认为，股权分散的加剧和管理的专业化，使得拥有专门管理知识并垄断了专门经营信息的经理实际上掌握了对企业的控制权，导致"两权分离"。

两权分离理论是一种所有制理论，该理论由两个核心观点所构成，一是生产资料所有制是所有、占有、支配和使用等经济关系的体系；二是生产资料所有制的各项权能可归结为所有权和经营权，且两权既可以统一，也可以分离。

资本所有权与经营权相分离，一方面不改变资本所有权，所有者享有相应权益，保持着对经营者的最终控制；另一方面切实保障作为经营管理专家的经理人员有职有权，让他们放手经营，充分发挥他们的积极性和创造性。

按照两权分离理论，"所有"的实质是归属，指所有者可以按照自己的意见处置自己所有的生产资料的意志行为；占有则是一种有条件的归属关系，即占有者不能像所有者那样任意处置其占有的生产资料，但在所有者认可的条件下，占有者又可像所有者那样处置生产资料；支配是指对生产资料的处置和管理，其具体体现为生产过程的日常组织和管理；使用是指人们运用生产资料进行的直接生产活动。这四个方面经济关系在法律上表现为所有权、占有权、支配权和使用权，因此资产所有权不外是包括所有权、占有权、支配权和使用权的权利体系。两权分离理论认为，所有权、占有权、支配权和使用权既可以统一，也可以相互分离，而在分离的情况下，则具体表现为所有权与经营权的分离。在这里，经营权包括占有权、使用权和支配权，是这三权的统一。[①]

两权分离理论建立的依据是：首先，企业生产技术与经营管理的复杂化。由于经济的发展，科技的进步和市场竞争的推动，企业通过资本积累

---

① MBA智库百科：《什么是两权分离理论》，http://wiki.mbalib.com。

与集中而不断扩大规模，拓展经营领域，拓宽市场范围，开发和采用先进技术，使得企业经营管理日益复杂，在这种情况下，如果没有专业知识和实际工作能力与经验，仅凭手中握有股份，是无法胜任企业高层管理职务的。这一点必然导致资本所有者逐渐退出企业生产经营舞台，让位于受过专门教育训练的职业化的经营管理专家。其次，公司制的组织形式及股权的分散化，进行大规模生产和销售的大企业，一般会采取公司制的组织形式，因为这样才能实现巨额资本与生产的集中。公司制的发展，把越来越多的社会闲散资金吸收过来，使股权分散化也迅速发展，股东人数迅速增加。数量庞大且非常分散的股东即企业的资本所有者不可能全部直接经营管理企业，甚至连全部参与选择经营者也办不到，只能选取董事会，聘任经理，管理企业。他们能够使企业盈利并不断发展，使股票升值。

2. 所有权与经营权分离理论在民办高校治理中的适用性

在明确了所有权与经营权分离理论的主要观点和内涵后，就可以很容易得出民办高校的举办权和经营权分离适用问题。民办高校举办主体的多样性与民办高校治理的专业性的矛盾，是民办高校内部管理客观存在的问题。举办者能举办大学，说明他有一定的财力和投资办大学的兴趣，但是不一定有这个专业能力和水平管理经营大学，有这个能力还要看是否有这个精力投入。投资者的专长可能是在经营企业方面，不一定是管理大学。另外，大学是一个特殊的学术组织，举办者事事亲力亲为，不仅能力所不及，还有可能压抑其他人员的积极性。运用两权分离理论思考民办高校内部管理体制，就是在确保投资者利益的基础上，克服举办者管理不及或不善管理的短板，充分调动办学者（校长团队）的积极性和智慧，保证学校经营活动的自主、规范、高效和共享，为学校发展奠定基础。可见，这个分离是必需的、共赢的。从民办高校的办学实践来看，也是成功的，对于民办高校的可持续发展，在内部管理中起到了很好的作用。

五 法人治理和法人治理结构理论

1. 法人治理与法人治理结构理论概述

"法人治理"是经济学中的一个名词，由于最初研究的是营利性的公司、企业等法人组织，因此也叫作"公司治理"（corproate govemance）。对于法人治理的研究最早可以追溯到伯利和米恩斯关于公司所有权与经营权分离的影响很大的经典文献，Mace对美国公司董事会的功能进行了新的探索,而詹森和麦克林对代理成本做出了开创性的贡献。一般认为,最早提出公司治理类似概念的是威廉姆森①,当时他提出的"治理结构"(govemence structure)这一概念与现在的公司治理、法人治理概念已经较为接近。在威廉姆森来看,组织中的治理结构是介于制度环境和个人之间的组织,治理结构为制度环境和个人提供一个支架。治理结构处于中间,制度环境的改变会对个人产生影响,治理结构变化会对个人和制度环境都发生影响。

对于法人治理的定义,迄今为止国内外文献当中尚无一个统一的解释。根据法马和詹森的论述,法人治理研究的是所有权与经营权分离情况下的"代理人问题",如何降低代理成本就是公司治理所要解决的核心问题。② 早期的文献,如伯利和米恩斯、詹森和麦克林的研究均是关注如何解决经营者和所有者之间的关系。科克伦和沃提克则认为,公司治理要解决的是高级管理人员、股东、董事会以及公司的其他利益相关者相互作用所产生的许多问题。其中最为核心的问题是谁从公司的决策中获益谁应当从公司的决策中获益,当二者存在冲突时,公司治理问题也就随之产生了。

布莱尔则把公司治理的含义分为广义和狭义两个层面。在她来看,狭义的公司治理就是指有关公司董事会的功能、结构、股东的权力等方面的制度安排。广义的公司治理则是指有关公司剩余权利的分配的一整套法律、文化和制度安排,这些安排决定公司的经营目标,谁在什么状态下实施控制,如何控制,风险和收益如何在不同企业成员之间分配等问题。按照这种定义思路,广义的公司治理其实和企业的所有权安排几乎是同一个含义。或者说,公司治理结构只是企业所有权安排的具体化,企业所有权是公司治理的抽象概括。③ 因此,所有权与公司治理是一个密不可分的概念,离开所有权空谈治理结构是没有意义的。

费方域把公司治理看作一种合约关系,是一套制度安排,它给出公司

---

① Williamson, O. Markets and Hierachies: Analysis and antitrust implications, New York: Free Press (1975).

② Fama, E. and Jensen, M. (1983), "Separation of Ownership and control", Journal of Law and Economics, 26, 301 – 325.

③ [美] 玛格丽特·M. 布莱尔:《所有权与控制面向世纪的公司治理探索》,张荣刚译,中国社会科学出版社 1999 年版。

各个利益相关者之间的关系框架,对公司目标、原则、遇到情况时的决策办法、谁拥有剩余权利等问题做出规定,其主要内容是设计控制"内部人控制"的机制。① 持有相同观点的国内学者比较多,比如张维迎就认为公司治理结构是一种解决公司内部各种代理问题的机制。它规定着企业内部不同要素所有者的关系,特别是通过显性和隐性的合约对剩余索取权和控制权进行分配,从而影响劳资关系。这种合约安排必须满足两个约束参与约束和激励相容约束。参与约束的目的是为了让投资者愿意投资,经营者愿意成为投资者的代理人。而激励相容约束则要求投资者有积极性选择和监督经营者,经营者有积极性为投资者创造价值。②

根据上述文献,我们可以发现,公司治理或者说法人治理,实质上是指一套制度安排或合约安排。这种制度和合约安排用以协调组织内外众多利益相关者的相互关系,其目的是为了在满足一定的约束条件下个人理性约束与激励相容约束实现组织的价值最大化,其核心问题是剩余权利包括剩余索取权和剩余控制权的分配。法人治理结构是否有效主要取决于四个方面的制度安排:第一也是最为重要的是组织所有权的安排;第二是国家的法律制度;第三是市场竞争和信誉机制;第四是管理者的薪酬制度和组织内部的晋升制度。

对于法人治理结构,国内学者一般解释为所有者、董事会、监事会和高级管理人员组成的组织结构。它实质上是在资产所有权与经营管理权相分离的情况下,处理所有者与代理人之间关系的制度安排。现代公司治理结构是其典型,公司股东大会(最高权力机关)、董事会(决策机构)、监事会(监督机构)和总经理(执行机构)四部分各司其职,相互制衡,共同组成公司法人治理结构。

法人治理结构研究的是所有权与经营权分离情况下的"代理人问题",如何降低代理成本就是公司治理所要解决的核心问题③。张维迎将公司治理看作一种合约安排,认为公司治理结构是一种解决公司内部各种代理问题的机制。它规定着企业内部不同要素所有者的关系,特别是通过

---

① 费方域:《什么是公司治理》,《上海经济研究》1996年第5期。
② 见张维迎《产权、激励与公司治理》,经济科学出版社2005年版。
③ Fama, E. and Jensen, M., "Separation of Ownership and control", Journal of Law and Economics, 26, 301–325。

显性和隐性的合约对剩余索取权和控制权进行分配，从而影响劳资关系。这种合约安排必须满足两个约束：参与约束和激励相容约束。参与约束的目的是为了让投资者愿意投资，经营者愿意成为投资者的代理人，而激励相容约束则要求投资者有积极性选择和监督经营者，经营者有积极性为投资者创造价值。① 根据上述文献，可以发现，公司治理或者说法人治理，实质上是指一套制度安排或合约安排。这种制度和合约安排用以协调组织内外众多利益相关者的相互关系，其目的是在一定的约束条件下（个人理性约束与激励相容约束）实现组织的价值最大化，其核心问题是剩余权利（包括剩余索取权和控制权）的分配。

2. 法人治理和法人治理结构理论在分析民办高校治理中的适用性

（1）法人治理理论在民办高校组织治理中的借鉴②

尽管法人治理理论最初是用于研究营利性的企业组织的，但是其研究思路和方法也适用于非营利性或者准营利性的民办高校组织，公司治理所关注的问题也是民办高校组织运作中无法回避的关键问题。

首先，民办高校和企业一样，也是由出资人民间资本、经营者学校管理人员、雇员教职员工组成的一种组织，该组织的产品是提供教育服务，组织的顾客是学生及其家庭。由于教育具有公益性，因此民办高校组织的利益相关者还包括社会、政府。如同企业的运作离不开一定的政府监管和法律制约一样，民办高校组织的运作也和政府的规制、相关的法律法规密不可分，这些都是民办高校的外部治理环境。

其次，从当前我国民办高校运作过程中凸显的问题来看，有如下几个问题亟待解决：民办高校的产权如何安排、到底谁控制民办高校的运作，政府与民办高校的关系如何处理、到底是完全放开还是有限规制、相关的法律法规是否能有效的进行协调，市场竞争与信誉机制如何构建和完善、具体包括生源市场（对学生的吸引和竞争）、教职员工市场（如何保证教职员工的尽心尽力工作）、学校管理者市场（类似于企业中的经理人市场，也即投资人如何选择学校管理者，用什么对其进行约束和激励）。如何保障学校的教学质量，使得市场上的信誉能够作为一个信号发挥应有的作用。民办高校内部组织的安排。校董事会、校长、教职员工、学生等利

---

① 张维迎：《产权、激励与公司治理》，经济科学出版社 2005 年版，第 33 页。
② 赵旭明：《民办高校治理研究》，博士学位论文，中共中央党校，2006 年。

害相关群体的关系如何处理协调等。可以发现,这些问题正好也是公司治理所关注的问题。

但是,由于民办高校毕竟是一种非营利性或者准营利性组织,它和营利性的企业组织还是存在不同之处,因此在借鉴法人治理理论的同时还须注意到民办高校的特点。

(2)法人治理结构理论在分析民办高校治理中的适用性

所谓民办高校法人治理结构,实际上就是民办高校借助于现代企业制度的管理模式,把民办高校作为独立的法人实体,在举办者(出资人)、决策者、管理者和教职工等权益相关人之间建立的有关学校运营与权利配置的一种机制或组织结构,以及通过这种组织结构形成的责权利划分、制衡关系和配套机制等一整套制度安排。① 在这种组织结构中,以产权明晰为基础,来构建内部管理机构,不同机构依据不同的职权,各司其职、各负其责、相互配合与制衡,以保障学校的正常决策和管理秩序。通过这一结构,出资人将自己的资产交由董事会托管;学校董事会是学校的最高决策机构,作为拥有治理权的常设机关,负责制定学校发展规划、遴选校长、确定经费使用原则等重大问题的决策;校长受聘于董事会,相当于企业的总经理作为董事会意志的执行者,在其授权范围内管理学校。"董事会领导下的校长负责制",成为民办高校法人治理结构的最一般的表述。② 可见,民办高校法人治理结构与公司法人治理结构有相同的渊源和相通的含义。

近年来,我国民办高校的发展基本上是以规模扩张为特征的。据笔者考察了解,全国已有万人民办高校近百所。我国民办高校缺乏资本大财团的有力支持,办学规模是取得经济效益实施滚动发展的重要保证,但规模的扩大也必然给学校的管理带来难度,相当一部分学校举办者对高等教育并不熟悉,管理规模不小的民办大学难度很大。而通过学校董事会来包揽投资、决策、办学管理等全部复杂事务既不可能,也不可行,并且举办者对学校具体事务介入过深,也会影响办学者和教职员工

---

① 徐绪卿:《浅论建立和完善民办高校法人治理结构》,《广东培正学院学报》2008年第1期。

② 张剑波、杨炜长:《完善法人治理结构:民办高校可持续发展的重要保障》,《湘潭大学学报》(哲学社会科学版)2007年第1期。

的积极性，制约决策执行的效率，严重的还会导致举办者与执行阶层的矛盾冲突。在现代私立大学中借鉴公司法人的经验，建立法人治理结构，将学校的最高决策层与执行管理层进行某种程度的分离，学校的重要决策权由董事会直接行使，学校的日常管理由董事会聘请校长来负责实施。这样，董事会与校长之间就形成了委托—代理关系，这实际上就是民办高校法人治理结构。

用法人治理结构原理来规范民办高校的管理，既是可能的，也是可行的。

第一，高校和现代公司都需要人力、物力和财力的投入，都追求一定的产出，而且都追求较高的效率，即希望能够用尽量少的投入获得更大得产出。虽然高校所追求的产出（人才培养）和现代公司所追求的产出（产品或服务）存在一定的区别，但是这个区别并不妨碍法人治理结构在高校的应用。尤其是民办高校具有比较强的私人性质，特别是投资型的民办高校，在创办和发展过程中具有较强的市场化和企业化运行机制，和企业一样，也是由出资人、经营者、雇员组成的一种组织，其产品是教育服务，顾客是学生及其家庭，民办高校必须提高"教育生产"的效率，以满足"顾客"的需求。

第二，民办高校的治理结构既要符合教育规律，又要符合市场经济规律。而在本质上，这两方面是统一的。只有符合教育规律这个前提，民办高校才可能有正确的发展方向，探索资源配置中的市场经济规律才有意义。同时，民办高校的资源只有在国家宏观指导下，按照市场经济规律配置，提高办学效益，增加办学实力，才能更好地为符合教育规律的教学科研活动提供物质基础。由此可见，民办高校的治理结构必须也能够在教育规律和市场经济规律中得到协调和统一。

民办高校和现代公司一样也存在众多的利益相关者，如董事会、校长、教师、学生等，如何对这些利益相关者在学校治理中的权利和职责进行划分，如何使学校的决策民主、透明、科学，如何对学校的决策进行监督，是学校治理中的大问题。为解决这些问题，民办高校在治理结构上可以借鉴企业法人，建立法人治理结构。需要注意的是，民办高校毕竟是一种教育机构，它与一般的企业组织还是存在不同之处，在借鉴法人治理理论的同时还需要注意到民办高校的特殊性。

当然，笔者认为①，民办高校法人治理结构的构建，必须考虑到各校法人的组成结构不同而体现出的差异。我国民办高校的投资性质比较复杂，全额投资的民办高校、自我积累滚动发展的民办高校、大企业大财团投资的民办高校和中外合资联合举办的民办高校，其法人治理结构不一定是完全一样的。构建民办高校法人治理结构必须在保证基本统一性的同时，针对不同的特点，在制度设计等方面承认各自区别，既要强调统一性和共性，以保证法人治理结构的基本制度界定，又要保持多样性和一定的个性特色，以适应复杂多样的具体实际。正是考虑到这些差异，《民办教育促进法》第十九条明确规定"民办学校应当设立学校理事会、董事会或者其他形式的决策机构"。在这里，民办高校可以根据法人的性质，成立适合自身发展与运行需要的理事会或董事会等决策机构，甚至采用其他的决策机构形式，也是允许的。另外，民办高校法人治理结构的建立和完善只是为民办高校运行机制的高效提供了制度保证，但它没有也不可能解决所有的问题。"而引进企业管理的理念来管理学校，虽有积极意义，但也容易导致单纯使用利益激励和薪酬激励方式。不符合教师工作特点和教师的激励要求，也不符合学校管理人员的特点和激励要求。"②

同时，笔者也认为，正如企业法人结构职能的运用有待于加强企业内部管理的配合一样，民办高校法人治理结构的完善也必须与加强管理和深化改革密切结合，才能收到应有的效果。反过来说，即使民办高校法人治理结构暂时还没有建立或完善，也不能妨碍学校内部加强管理，因为它与法人治理结构是两个层面的问题（虽然内部管理必然受到法人治理结构的影响）。民办高校法人治理结构建立得是否规范反映的是学校举办者与办学者之间的协调关系和法治意识，而内部管理的水平则反映的是学校办学者的管理能力和努力程度，二者不可偏颇。经常可以看到许多本来可以通过加强管理而提高效益的民办高校，有些人却一味地埋怨体制不顺；也有许多建立了法人治理结构的所谓现代学校制度，由于忽视管理而难以走出困境。这充分说明，建立法人治理结构也不能简单理解。但是根据目前

---

① 徐绪卿：《浅论建立和完善民办高校法人治理结构》，《广东培正学院学报》2008年第1期。
② 张应强：《高等教育改革和我国民办高校的可持续发展》，《现代大学教育》2006年第6期。

现有法律规定，建立民办高校法人治理结构，无疑是民办高校内部管理体制改革和创新的基础和方向，值得加以研究和探索。

六 利益相关者管理理论

1. 利益相关者管理理论概述

公司治理结构是一整套法律、文化和制度安排，这些安排决定了企业的目标、行为，决定了在企业众多的利益相关者（如股东、债权人、经营者、职工、供应商和用户）中，由谁来控制企业、怎样控制企业，决定了风险和收益如何在不同主体之间分配等。

按照现代契约理论的观点，公司治理结构的本质是一个关于企业所有权的契约，企业所有权（包括企业控制权和剩余索取权）成为公司治理结构的客体，治理的功能是权、责、利的分配，治理的起因是产权的分离，治理模式有效率的前提是剩余索取权与控制权的对称分布。

在公司剩余索取权和控制权的归属问题上，传统的公司治理理论（如团队生产理论、委托代理理论等）大多遵循"股东至上"的逻辑，认为只有股东承担公司剩余风险并掌握剩余收益。在现代公司中，只有股东承担剩余风险，因此其必然要求完全享有剩余收益，并实施监督者的功能。也就是说，公司剩余索取权与控制权应当全部归股东所有。许多国家（包括我国）的公司法也体现了如下观点，即股东是公司的所有者，经理必须并且仅仅为股东服务。然而，在现代社会中，随着人力资本作用的加强和地位的上升，现代公司治理结构的安排越来越偏离"股东至上"、仅仅追求物质资本所有者利益最大化的逻辑，人力资本所有者在公司治理中逐渐发挥着不可忽视的作用，传统"股东至上"的治理模式在微观经济领域的地位日渐衰退。

在这一背景下，20世纪80年代末美国29个州相继修改了公司法，要求经理人员对各利益相关者负责，而不仅仅是对股东负责，从而给予经理拒绝恶意收购的法律依据。这种修改引发了理论界的激烈争论，也促进了"利益相关者"共同治理模式的理论深化和向实践进一步转化。

利益相关者共同治理理论的代表人物是布鲁金斯学会的 M. 布莱尔[①]，

---

① Blair Margaet.. Ownership and Control—Rethinking CorporateGovernance for the Twenty First Century, Washington D. C.: The Brookings Institution, 1995, pp. 195 - 203.

与传统公司治理理论不同的是，利益相关者理论认为，企业的目的不能仅限于股东利益最大化，而应该同时考虑其他企业参与人（包括职工、债权人、供应商、用户、所在社区以及经理人）的利益。股东利润最大化不等于创造财富的最大化，各利益相关者的利益最大化才是现代企业追求的目标，它将社会公平和经济效率结合起来。利益相关者理论对"股东是企业的所有者"这一传统观念提出挑战，认为职工、经营者、供应商和用户与股东一样，都对企业进行了专用性资产投资，都承担了风险，所不同的只是股东投入的是物质资本，而职工和经营者投入的是人力资本。随着现代资本市场的发展，股东变得分散而消极，且更容易在资本市场上"用脚投票"来转移风险，对企业承担的责任日益减少；相反，其他利益相关者（特别是经理人）与企业的利害关系更为密切，企业的倒闭意味着他们人力资本的损失，他们更关心企业的发展。因此，该理论认为，各利益相关者都应该成为企业的所有者，公司治理不能仅限于调节股东与经理之间的关系，董事会中除了股东代表以外还应有其他利益相关者的代表。

关于利益相关者共同治理理论的主要观点有[①]：

（1）该理论认为，在现代公司中，所有权（ownership）是一个复杂的概念，讨论公司治理以所有权为起点"是彻底错误的，是高水平的误导"，股东也并不是唯一的所有者，他们只能拥有企业的一部分。传统理论把作为所有者的一切权利和责任赋予股东，并非出于社会科学的规律，而仅仅是一种法律和社会惯例而已。

（2）该理论认为，并不是只有股东承担剩余风险，工人、债权人、供应商都可能是剩余风险的承担者，所有利益相关者的投入都可能是关系专用性资产，这部分资产一旦改作他用，其价值就会降低。因此，投入公司的这部分资产是处于风险状态的，为激励专用性资产进入公司，需要给予其一定的剩余收益，应该设计一定的契约安排和治理制度来分配给所有的利益相关者一定的企业控制权，即所有的利益相关者都应该参与公司治理。

（3）该理论还从对企业发展的贡献上说明了重视非股东的其他利益

---

① 李传军：《利益相关者共同治理的理论基础与实践》，管理科学 2003 年第 4 期。

相关者的必要性。他们认为，在现代经济生活中，绝大多数资本所有者只是小股东，只不过是市场上的寻利者，大多只会"用脚投票"，而放弃"用手投票"权，对企业承担的责任日益减少；真正为企业的生存和发展操心的，是与企业利害关系更为密切的经理人员和广大职工。公司治理结构不能仅仅局限于调节股东与经理之间的关系，董事会等决策机构中除了股东代表以外还应有其他利益相关者的代表。

（4）该理论还从产权角度论证了其"新所有权观"的合理性。他们认为，出资者投资形成的资产、公司经营过程中的财产增值和无形资产共同组成公司的法人财产，法人财产是相对独立的，不同于股东的资产。因此，即使从这一角度来看，忽视股东以外的其他利益相关者对公司财富的创造也是不利的。

2. 利益相关者管理理论在民办高校治理中的应用

毫无疑问，民办高校是一个利益多元组织，与公办高校相比，由于投资者的参与使得各利益主体之间呈现错综复杂的利益关系。从《民办教育促进法》的规定看，我国民办高校治理的利益相关者，包括出资人、校长、教师、学生与政府。其中，出资人既是学校资产形成的利益主体，也是学校经营利益归属的相关者。校长本来是学校的一个雇员，本质上是同教师或者其他管理人员相当的角色。然而，一方面，校长毕竟与教师及其他管理人员的权力与责任有明显区别；另一方面，在激励机制方面，校长（特别是营利性学校）还可能在利益上与出资人，甚至教师、学生之间存在着方向不同的利益关系，因而在治理结构的设计中，通常将其作为重要的利益相关方予以考虑。教师、学生，既是学校教学活动的重要主体，其个人利益与学校治理之间存在着典型的利益关系，其作为直接利益相关者的地位自不待言。除此之外，学生家长、依相关优惠政策为学校提供贷款的金融机构，以及不特定的捐款人，均为明显的、然而是间接利益相关者，甚至如一般社会公众，也因其纳税行为在不同程度上享受源于税收的国家财政利益，而成为间接的利益相关者。这些主体，虽无由与学校形成法律上直接的利益关系，却需要由政府作为社会公共利益的代表者，以及社会管理者，与民办高校形成利益关系。这些利益关系，通常借由法律与学校章程的规定，在学校的组织机构内部，及某些特定方面的外部，赋予相应的法律地位，享有不同的权力与权利，承担不同的职责与义务，形成一定的相互关系。这就是学校法人治理结构的本原。① 实际上，民办高校的法人治理结构旨在回应冲突和多元利益要求的决策权安排问题，进而研究和构架合适的组织框架及其机制，有效管理内部事务。

利益相关者管理理论，对于民办高校治理至少有两层意义。第一，在保证投资者利益的同时，必须考虑利益相关者的利益。治理也好，共同治理也好，更多的是强调大学内部所有利益相关者，尽可能采用讨论的方式进行决策，教师、行政人员以及其他利益相关者的责任将通过治理过程进行分配。利益相关者管理理论认为，企业的成长不能仅仅追求企业股东利益最大化或者利润最大化，应该兼顾整个企业的利益相关者。借鉴利益相关者管理理论，民办学校的相关利益者包括政府教育行政部门、学校出资人、学校人力资源（包括校长等核心管理人员和专任教师）、学生及学生家庭等。在民办高校决策、运行、经营过程中，不能只顾投资者的利益，丢弃高等教育的规律，忘却相关利益者的利益。这里，"利益"不仅限于经济利益，还包括政治利益和民生利益。第二，要实施学校可持续发展的长远利益，民办高校必须充分调动广大管理人员和专任教师的积极性，建设和谐校园。利益相关者管理理论告诉我们，企业的利润是广大利益相关者共同创造的，企业的绩效取决于利益相关者的共同努力。注意发挥各个阶层、各利益相关主体的积极性和创造性，才能取得企业效益的最大化。民办高校办学是一个整体，一个庞大的系统。在民办高校的办学过程中，也不能片面强调某一方面的地位而忽略了另一方面的作用。只有不断增强办学共识，凝聚人心，共建共赢共享，才能促进学校各方面的工作协调发展。

七　高等教育服务和消费理论

1. 高等教育服务理论概述

教育经济深化研究的结果认为，教育是一种具有服务性质的实践活动，教育服务就是教育活动的产品，教育产品是教育服务。高等教育的产品就是高等教育服务，它是一种服务主体利用各种信息、技术和教育资

---

① 曾志平、杨秀英：《民办高校法人治理结构的比较》，《教育学术月刊》2009年第12期。

源，为服务客体提供的有价值的指导和帮助以及满足其教育需求的活动。① 教育服务理论是以教育服务产品为基本概念，以其提供、生产、消费、交换为基本逻辑框架构建的。其基本观点是②：教育提供的非实物劳动成果也是一种产品—服务产品，这种产品具有非实物使具有使用价值和价值二重性。其价值是教育服务产品的生产者（教师）的劳动力耗费的单纯凝结，是教育工作者劳动创造的，并非是从任何别的领域转移或再分配过来的。因为教育服务具有商品属性，所以，围绕教育服务发生的供求双方的交换关系形成了教育服务市场；在教育服务市场中交换双方的主体是学校（作为生产的组织及其生产者的教职员工）和学生及其家长，学校是教育服务产品的生产者和供给者，学生、家长、企业、政府则是教育服务产品的消费者和需求者。学校和学生之间的关系，从经济学角度看是围绕教育服务产品所发生的商品交换关系；教育服务的生产是教育产业的核心，学校作为教育服务产业的主要生产机构，其基本功能就是提供优质教育服务。

从经济学意义上看，教育服务产品和市场存在，教育消费也必然存在。教育消费分为广义和狭义两类。广义的教育消费的消费者包括国家、个人或家庭、企业等用人部门，狭义的教育消费仅指个人或家庭接受各级各类教育，消耗教育部门及与教育部密切相关的部门（如饮食、交通、住宅等）提供的各种服务，从而满足其知识、技能、能力增长需要的行为和过程。教育消费包括居民子女教育支出以及为提高自身业务竞争能力的培训及继续教育支出。③ 简言之，教育消费就是人们对教育机构提供的各种服务的支出。

根据高等教育服务理论分析，高等教育供求的关系的主体有两个：一方为高校，另一方为求学者。对于高校，其向求学者提供的是一种旨在改善和提高求学者人力资本价值的无形商品，高等学校的产出就是高等教育服务；而对于求学者而言，求学者缴纳求学费用，并消耗一定的时间和精力消费教育服务。这一理论，解释了传统的高等教育产出观所不能解释的

---

① 杨平：《论高等教育的功能效应与服务特性》，《国家教育行政学院学报》2005年第3期。
② 田汉群：《教育服务理论提出及其实践价值》，《大学教育科学》2005年第5期。
③ 靳希斌：《教育资本：规范与运作》，四川教育出版社2003年版，第274页。

一些问题：(1) 它认为，高等教育服务是高等教育的基本产出（或核心产品），但不是唯一的产品；(2) 它把高等教育产出分为教育服务和人才，从而揭示出高等教育产品的双重性（服务性与产品性同时并存）；(3) 它从高等教育服务过程和高等教育服务效果两个不同的侧面来研究高等教育服务，揭示出了高等教育产出产品性与服务性的关系（教育服务是人才成长的基础和条件，而不是其充分必要条件）；(4) 它从高等教育服务准公共产品性出发，指出它具有个人收益和社会收益的双重属性；(5) 它揭示了高等教育服务的特性（导向性、差异性、不可分离性、综合性等），为进一步分析和研究高等教育质量及高等教育服务市场提供了理论基础。在国际上，国际标准化组织（ISO）和世界贸易组织（WTO）都将教育列入了服务行列，特别是在世界贸易组织规则的框架下，高等教育正在从公益性事业走向具有投资和消费属性的服务领域，高等教育正在深刻转变为具有鲜明服务性质的实践活动，高校与学生之间正在形成一种新型的平等的教育供求关系。供求的双方，一方是高校，另一方是学生及其家庭。学生不仅关心能不能接受高等教育，更关心能接受何种高等教育以及接受高等教育后的综合效益。[1]

建立高等教育服务，必须尊重市场主体的主体地位。一方面，它要求市场供给主体（高等教育机构）提高服务质量，以维护市场需求主体（受教育者）的权益；另一方面，通过维护市场需求主体的主体权益，达到约束市场供给主体行为的目的，从而有效地提高高等教育服务质量。

从保护高等教育服务消费者的权益出发，有的同志认为受教育者应享有四种权利[2]：(1) 知悉权。受教育者有权知悉教育服务真实情况的权利受教育者有权根据情况判断，做出切合自己的选择，特别是专业的选择；教学过程中学校有义务提供学校教学运行情况，学校教学管理情况等。(2) 自主选择权。受教育者可以比较自由地选择课程和任课教师、选择学习进度，自主决定采用何种方式完成本课程的学习。受教育者在自主选择教育服务时，有权进行比较、鉴别和挑选在求学得不到满足时，学生有权做出休学、退学或转学的决定。(3) 监督权。受教育者享有对高等教育服务工作进行监督的权利，有权利就保护受教育者权益工作提出批评建

---

[1] 张进、尹农：《大众化高等教育质量标准界说》，《南京经济学院学报》2001 年第 5 期。
[2] 刘俊学、王小兵：《"高等教育服务理念"论》，《中国高教研究》2004 年第 3 期。

议。高校应当听取受教育者对其提供高等教育服务的意见,接受学生的监督。(4)索赔权。受教育者在接受教育服务的过程中权益受到损害时,有权要求获得高校的经济赔偿。

2. 高等教育服务理论在民办高校治理中的应用

高等教育服务理论以一种崭新的角度,分析学校教育与受教育者的关系,强化了受教育者在学校教育中的地位,进一步奠定了学生以及家长参与学校治理的权力基础。

与公立院校相比,民办高校主要依托市场运行,学生是生源市场的重要主体;从办学实际来看,民办高校主要办学经费来自学费。这就要求学校格外关注学生和家长的需求,应该让学生在治理中享有一定的话语权,以便形成学校办学合力,更好地为学生提供教育服务。

反过来说,民办院校的学生,是民办院校教育服务的投资者和消费者,相应的消费者权益也应得到保障和维护。他们对于学校的人才培养、专业建设、课程结构、环节安排、生活服务等,具有一定的诉求需要满足。因此,民办高校应该从高等就教育服务的要求出发,建立共同治理体系,充分发挥各方面的积极性,共同办好民办高校。

八 高等教育选择理论

1. 教育选择理论的由来

自20世纪80年代以来,教育选择成为西方国家教育体制变革浪潮中的热点问题,包括教育学、经济学、政治学在内的不同领域学者都从不同角度对这个问题进行了研究。这些理论研究以及在此指导下遍及世界各国的教育选择运动,对世界各国的教育发展产生了重要影响并且还将影响世界教育在将来的发展趋势。

早在20世纪50年代,美国学者米尔顿·弗里德曼倡导的学券制实际上已包含着教育选择理论的若干要素。但是,系统、全面、深入地论述这一理论,则是在20世纪90年代初。1991年,美国教育经济学家亨利·莱文发表了《教育选择经济学》,标志着这一理论已渐成熟,成为指导美国及其他西方国家择校及教育私营化的主要理论依据。

(1)教育选择理论的立论基础

任何理论的建立都必须要有自己的理论基础。从经济学方面,消费者主权理论为教育选择提供了阐释力。西方经济学家认为,物质生产的最终目的是满足消费者的需求。生产什么，生产多少，生产什么质量和规格的产品，都必须以消费者的需求为依据，只有尊重消费者选择产品和服务的主权，产品的生产才能顺利进行并持续发展。这是经济活动的一项基础原则。

在教育活动中，既然学校教育是一种服务，学生及家长便是该产业的顾客，他们之间构成生产者和消费者关系。从消费者角度，学生及家长有权对所享受的教育服务的质量、方式、方法等进行选择，政府应当尊重并满足他们的选择要求。

（2）教育选择的内容

教育选择的内容基本包括以下几个方面[①]：

①对学校类型的选择。各种不同背景的学生及家长可以根据自身的需求，选择进入公立或私立、宗教或非宗教、学术或职业等不同类型的学校。

②对特定教育计划、教育形式或方式的选择。各个学校的课程设置，特别是选修课可能是不同的；各个学校的校风可能有别；各个学校的办学特色和教育学方法也可能差别较大；各个学校的校规和校纪也不尽相同，学生及其家长有权根据自己的愿望进行选择，以满足其教育需求。

③对教育质量和教师的选择。在各种因素的共同作用下，各个学校的教育质量和办学效益是不同的，有的差别还很大；教师自身的素质和个性化等原因使教师提供的教育服务产品各具特点，质量也会参差不齐，学生及其家长有权选择不同质量，特别是高质量的教育。

（3）教育选择的形式

在教育选择的形式上，莱文等教育经济学家认为，教育选择可以分为市场选择和公共选择两大类。所谓市场选择，主要指通过市场机制的运作满足学生及其家长需要的教育选择。其主要实施途径是建立和改进私立学校，推行学券制，实行税收优惠或减免等；公共选择是学生及其家长在公共学校体系范围内做出的教育选择。

（4）教育服务产品消费者的救济方式

在受教育者及其监护者选择教育服务时，由于教育服务本身的特点决

---

① Henry Levin. The Economics of Education of Choice, Economicsof Education Review, 1991（2）.

定了这种选择行为不同于选购一般商品和服务，如果感到不满意可以很容易地决定退还。但教育服务的特殊性使消费者在消费这种服务时由于时间的不可逆性会付出巨大的机会成本，机会成本形成沉淀成本，一旦出现消费者不满意消费品，有两种救济方式可以采用，即"退出"和"发表意见"。一般来说"发表意见"可以使消费者不必再追加更高的成本；"退出"则意味着要丧失之前的教育投资，使成本偏高。因而，消费者一般会先选择"发表意见"以降低成本，只有当双方努力均无法使双方都谋取最大利益时，"退出"选择才会以必然的姿态出现。

2. 教育选择的四种模式

1997年道格拉斯·拉姆丁（Douglas J. Lamdin）和麦克尔·明乔姆（Michael Mintorn）在《学校选择理论的回顾和前瞻》（School Choice in Theory and Practice：Taking Stock andLooking Ahead）一文中，将教育服务的提供、生产总结为四种不同的模式（如表3-2所示）。

A. 私人资助私人生产；B. 公共资助私人生产；C. 私人资助公共生产；D. 公共资助公共生产。

表3-2 教育的类型——以教育的资助和生产方式为标准进行的划分

教育资助	教育生产	
	私人生产	公共生产
私人资助	A. 私立学校和家庭学校	C. 消费者付费的和非公共资助的高等教育
公共资助	B. 教育凭证制度、特许学校、磁石学校等。	D. 传统的公立学校

资料来源：Douglas J. Lamdin&Michael Mintrom. School Choice in Theoty and Practice：Taking Stockand Looking Ahead, Education Economics, 1997, 5 (1): 211-245。

在这四种模式中，为传统的公立学校为代表的D组合，政府负责提供教育经费的同时，直接开办公立学校提供教育服务，政府对教育服务的干预最多，控制力量最强。可是，这却是目前世界各国普遍存在的教育资助、生产方式。所有的教育选择研究都主张改变这种状况，减少政府对教育过多的干预，给予学生和家长更多选择权。

翟静丽将教育选择划分为三种形式[①]：教育公共选择、教育市场选择

---

① 翟静丽：《西方教育选择理论述》，《2005年中国教育经济学年会会议论文集》，第986—991页。

和教育完全市场化，并对三种形式做出了细致的分析。

教育公共选择，顾名思义，是由政府主导的教育选择。教育公共选择不一定主张改变传统公立体制的基本形式，而主张通过体制内的变革为学生和家长提供更多的选择机会，包括在学校内部提供更多可供选择的课程，也包括提供更多可供选择的学校。教育公共选择的具体形式有很多，但是，都具有以下两个基本特点。（1）政府是教育的资助者，而且是唯一的资助者；（2）所有的学校都遵循一个教育标准。教育公共选择学派坚持政府对教育服务提供、生产强有力的干预，他们的理论依据主要是市场失灵理论。新古典经济学认为，市场失灵是政府干预社会经济生活的唯一理由。造成市场失灵的因素包括：自然垄断、公共物品、不完全市场、外部性和不完全信息。教育公共选择学派认为，教育服务提供、生产的过程中，外部性和不完全信息的问题不可避免，因此，教育服务的提供、生产无法通过市场的方式完成，必须要有政府的介入。

与教育公共选择学派不同，教育市场选择学派认为教育的社会目标和个人目标是一致的，如果每个家庭都能实现自己的教育偏好，学校教育的社会目的就自然得到了实现。因此教育目标的实现应该由市场做出选择。同时教育市场选择学派倡导通过教育凭证制度建立起广泛的教育市场，让每个家庭都有机会为子女选择教育服务。具体做法是：政府不再直接开办学校或给学校拨款，而是把用在每个学生身上的生均教育经费以有价证券的形式发放到家庭，家长可以自由选择子女就读的学校，用教育凭证充抵部分学费，学校再到政府有关部门将教育凭证兑换成现金。教育凭证制度的具体做法简单明了，但是其中蕴含的思想却是丰富而且有变革意义的。

教育私营化及市场化这一学派主要由笃信古典经济学的经济学家组成，他们相信亚当斯密"看不见的手"的自由市场模型在教育中也同样可以发挥作用。在学校教育的背景下，实行市场化运作意味着家长支付的学费将涵盖绝大部分教育成本。政府资助，不管是对学校的直接拨款还是发给家长的教育凭证，都将不复存在。既然政府不再资助教育，教育税自然要取消，减轻了税收负担，家庭的教育支付能力相应增强。教育机会将由营利性组织提供，它们为了追求自身利益会尽可能满足学生和家长的教育需求。

3. 教育选择理论对民办高校办学的影响

以上教育选择的三种理论，各有特色，也各有缺陷，任何一种都有致命的问题存在,也难以实施。相对而言,笔者认为后两种(即教育市场选择和教育完全市场化)更适合于民办高校选择教育的分析。首先,就整个社会的教育系统来说,任何单独的一种模式至少在现实条件下是难以实现的;其次,在当下各国教育体系中,公共教育、民办(私立)教育都只是国家教育系统的一部分,不可能独占天下;再次,不管民办(私立)教育的机构或在校生占比高低,公共教育始终是国家教育体系的示范,换句话说,民办(私立)教育大多是边缘的,尽管也有一些优秀机构的存在,甚至像美国这样,私立大学的排名甚至在大学排名中占比很高,但也难以改变整个私立高校在国家教育体系中的边缘事实。美国一方面是世界高等教育发展的示范,而另一方面也是世界上"野鸡大学"最多的国家。2012年美国教育机构公布的全球691所"野鸡大学"黑名单,美国仍是"野鸡大学"重灾区,此次共有342所院校和机构被曝光,几乎占到总数的一半,其中,仅加利福尼亚和夏威夷就分别有45所和30所。而在2010年,美国以855所占据总数的56%。文章同时指出:"事实上,遍布美国的野鸡大学在美国声名狼藉,却满足了中国社会的需求而大放光彩,已成美国野鸡大学的'富矿',中国还形成了完整的产业链,从业者达数万人。"

表3-3　　　　　　　　　　2012年"野鸡大学"分布情况

美国342所	加拿大11所
英国67所	比利时9所
尼日利亚19所	爱尔兰、瑞士、澳大利亚、日本各8所
印度16所	俄罗斯、巴西、新加坡、法国、丹麦各4所
利比里亚15所	黎巴嫩、中国(香港、台湾)各3所

资料来源:网易:《美曝光"野鸡大学"新黑名单》,http://news.163.com/12/0809/07/88ESNLP600014AED.html。

但是,教育选择理论对于民办高校的办学具有特殊的意义。就发展趋势而言,民办高校应该将选择性教育作为自己重要的办学思路和发展战略。迄今为止的高等教育选择,大致上是从机会选择到特色选择,再到特色与优质选择。当下我国民办高校大多数还是机会选择,特色不彰显,质量还不高,层次也较低。随着高等教育资源的增加,考生接受高等教育的难度将大大缓解,机会选择将逐渐退出,取而代之的是特色选择和优质选择。

教育选择也意味着大学治理模式的变化。既然个人具有选择高等教育的机会，意味着受教育者对大学教育的治理也有着改革权和参与权，这在某种程度上加强了民办高校治理结构的分化和深化，有助于大学进一步深化改革、提高质量，最终提升学校办学实力和竞争力。

从国内外教育管理理论产生和发展的历史看，学校管理理论主要是在借鉴和吸收一般管理和企业管理的合理成分中发展和成熟起来的。[1] 治理理论的发展，也有一个从政治到经济，再到社会领域，进入高等教育的进程。民办高校治理问题，涉及举办和产权等众多经济领域的问题，因此，在民办高校治理中，大多也与经济学引用到高教领域的相关理论相关，反映了民办高校内部许多管理行为的"经济学"性质和规律。运用这些理论，能够使我们更好地理解当前民办高校治理中的现象、动机，从而更准确地把握民办高校的发展规律。但是，我们在运用这些理论的过程中，必须从高等教育自身的发展规律出发，首先将民办高校作为一所"大学"来研究，而不是作为一个单纯的经济单位来研究。尽管民办高校治理涉及较多的经济问题，许多理论工作者也将民办高等教育研究纳入教育经济学的范畴，但是无论如何这些理论的研究都必须服从民办高等教育的"教育"特性和规律。任何夸大经济作用和完全搬用经济理论来研究民办高等教育的管理，都不能完全切合民办高校的实际，也难以取得实际效果。

---

[1] 徐建培：《大学知识管理研究》，高等教育出版社2005年版，第4页。

第四章　国（境）外私立大学治理

世界各国私立大学的管理也是一个从简单管理到现代治理的发展过程。根据不同的发展阶段和发展特点，政府采用不同的治理方式。董事会（理事会）决策和校长独立行使办学权是迄今为止私立大学内部治理的主要形式和核心内容。世界各国私立高校治理，经历了一个产生和演变的进程，也有一个自发、自为到自觉的过程。"民办学校，实质上相当于私立学校。"① 本章选取英国、美国、日本、韩国和我国台湾地区的私立大学治理，进行研究分析，努力从这些私立大学的发展状况和治理演变过程中探寻私立大学的发展规律。

第一节　英国私立大学治理

之所以选择英国私立大学治理，是因为英国是世界古典大学发源地之一，私立大学发展历史悠久，并且有其独特的私立大学治理方式，对世界私立大学的治理体制有着难以替代的影响，值得研究和借鉴。

一　英国私立大学发展史

英国是中世纪大学的发源地之一，私立大学的历史可以追溯到英国的中世纪大学。12世纪中下叶，牛津大学逐渐建成，这是英国历史上的第一所大学，也是欧洲最古老的大学之一。牛津大学起源于欧洲中世纪下半期。当时天主教会主宰的学术领域中经院哲学盛行，教士的讲学活动十分频繁。11世纪末，在位于英国伦敦西北泰晤士河上游的牛津城，开始出现了讲学和听讲的人；这类讲学活动因1129年牛津奥古斯丁教派圣弗里

---

① 潘懋元：《关于民办高等教育体制的探讨》，《上海高教研究》1988年第3期。

德斯怀德修道院和奥斯尼修道院的建立而日益兴盛。在这种情况下，当 1167 年英王亨利二世与法兰西国王菲利普二世发生口角而从巴黎召回英国学者并在一个时期内禁止他们去法国求学或讲学的时候，这些学者便聚集到牛津城，于是牛津逐渐发展成为英国经院哲学教学和研究的中心：英国的"总学"也就是最初的牛津大学。至 12 世纪末，牛津总学亦被称为"师生大学"。1249 年，牛津大学利用达勒姆副主教为资助该校神学硕士的学习生活而遗赠的一笔钱，建造了其第一个学院——大学学院。其后牛津大学又利用私人（主要是教会人士）的捐赠建造了贝利奥尔学院（1263）和默顿学院（1264）。14 世纪又出现了以同样方式创办了埃克塞特学院、奥里尔学院、王后学院和新学院；15—16 世纪则陆续创建了林肯、众灵、莫德林、布雷齐诺斯、基督圣体、圣约翰、三一以及耶稣等 9 个学院。牛津大学的身份在 1571 年通过的一项法案才得到正式的确定。

13 世纪初（1209 年），剑桥大学也逐渐建成。1209 年，一批因牛津市民与学生冲突产生骚乱而逃离牛津大学的学者来到英格兰东南部平原剑河畔的剑桥镇。他们和剑桥镇原有的学者一起，仿照当时在法国、意大利一些早期中世纪大学采用的教学模式，进行"七艺"教学，由此开始创建了剑桥大学。从 1226 年起，随着外来学者的增多以及 1229 年部分巴黎大学学生的加入，学校逐步发展，并在因房租金和食宿费等问题与市民及市政当局发生的摩擦中，屡屡受到国王的庇护和教会的支持，更从王室方面获得了许多特权。1250 年，剑桥大学在牛津大学之前形成了最初的大学章程。1284 年，剑桥镇所属的艾里教区主教巴尔森出资建成剑桥大学的第一个学院——彼得学堂；1318 年被罗马教皇约翰二十二世正式宣称为"总学"。此后，剑桥大学在 14 世纪建成王家大厅、迈克尔豪斯等 7 个学院，15 世纪建成白金汉、上帝之家、王家、王后等 6 个学院，16 世纪改建为新建基督、圣约翰、莫德林、三一等 6 个学院。

若干所学院、学院制的形成和发展，使得两所大学得以不断完善，出现了神学、宗教学和罗马法、哲学、医学及人文学的教授，从而成为英格兰的学术中心，为英国的两所古老的大学带来了辉煌和名誉，为英国大学的发展与完善奠定了坚实的基础。

18 世纪以前，英国共有 5 所大学。牛津大学、剑桥大学、苏格兰古老大学圣安德鲁斯大学（University of St Andrews，1413 年）、格拉斯哥大学（University of Glasgow，1451 年）、阿伯丁大学（University of Aber-

deen，1495 年）和爱丁堡大学（The University of Edinburgh，1583 年）。这些大学大都是宗教的原因举办，办学的宗旨是为宗教服务，其目的在于培养传教士、教会工作者和虔诚于宗教的政府官员。

19 世纪以前，英国传统的教育观念认为，教育是公民的个人权利，是父母和监护人的责任，学校应由私人举办，受控于教会或是慈善团体等，国家不应干涉。同时，英国又是一个宗教传统悠久的国家，整个国家受宗教影响甚深。宗教领袖们认为教育与宗教不能分离，否则将会导致教会世俗化，因此反对政府加入教育。由于上述原因，英国长期以来私立教育构成国家教育主体。

工业革命以后，随着社会和科技的发展，工程技术人员奇缺，而牛津大学、剑桥大学等经典大学的招生人数十分有限，难以满足社会需求。在维多利亚时期，英国又创建了 5 所规模较大的大学：兰彼得大学（1822 年）、杜伦大学（1832 年）、伦敦大学（1836 年）、贝尔法斯特女王大学（1845 年）和威尔士大学（1893 年）。

从 19 世纪 50 年代到 20 世纪初的半个世纪里，英国一些具有功利主义思想的地方政治家、实业家和学者创办了十余所宗教无甄别、课程讲究实用的城市学院。如 1880 年成立的曼彻斯特大学，1881 年成立的诺丁汉大学，1900 年成立的伯明翰大学，1903 年成立的利物浦大学，1904 年成立的利兹大学和 1905 年成立的谢菲尔德大学等。城市学院特别重视与生产实践密切相关的科学和技术教育，带有强烈的职业教育与科技教育的特点，并且关注高等教育的地域性，提出了高等教育直接为当地经济服务的目标。地方城市学院不仅开启了高校的服务职能，成为推行高等职业教育的主要力量，而且发展了高校的科研职能，不失为英国高校产学研相结合的重要探索。新式高校成功的巨大压力最终促使古典大学进行改造。牛津、剑桥也面向社会，废除国教主义，并在科学教育和科学研究等方面做了不少改革。值得注意的是，这些城市新型大学与中世纪大学一样，一般都依靠个人、社会捐助举办，大多依赖学费运行，政府不提供经费，从这一方面来说，它们还是私立的。在办学内容方面，由于都是面向社会需求，因此更加注重应用科技的开发和推广使用。为了节省学校建设资金，把有限的经费主要用于学生培养，学校甚至鼓励学生走读。尽管如此，人才仍难以满足，社会上又开展了大学推广运动，由大学教师向工人提供科技教育，满足社会发展需求。

1914年第一次世界大战爆发后，大学的技术研发功能引发政府关注，许多官员认识到大学的重要性，政府与大学开始走近，期望大学培养政府需要的人才。另外，大学财政拮据，改善办学条件需要持续的资金投入，因此也有与政府合作的愿望。在这种情况下，1919年开始，政府成立了大学拨款委员会（UGC），一方面通过这一专门机构，调查大学的教育经费需求；另一方面又要将议会通过的教育经费分拨给各大学，给大学提供经费资助。

第二次世界大战以后，社会各界对于高等教育与战争胜败的关系认识深化。英国首相艾登意识道："胜利不属于人口最多的国家，而属于拥有最佳教育制度的国家。科学和技术使十几名当代人拥有了50年前数千人才拥有的力量——我们需要培养更多的科学家、工程师和技术员，我们决心要补偿这种缺陷。"[1] 1945年和1946年，英国政府连续发表了《帕西报告》和《巴洛报告》，提出"为了振兴英国经济、改变科技人员数量和质量严重不足的问题，大学和技术学院必须联手大力发展科技教育，中央政府应该提供有力的财政支持"。依据这一精神，在随后的时间里，英国政府采取了一系列措施，通过私人赞助建成地区性学院或技术学校—兼并当地医学院或其他开设高等文科课程的大学附属机构—市政府支持成为大学学院—升格为独立大学。同时逐渐新建一批新大学。这些大学与已存大学显著不同的特点是：它们是由国家创办，全部办学经费来自政府的财政拨款。而且根据政府的计划进行合理布局，从而打破了由民间团体或个人兴学的传统；新大学一开始就是正规大学，有权授予学位，不必先经过一个学院时期，从而打破了近代大学"学徒期"的传统；由于新大学恢复了学生的寄宿制，从而打破了近代大学以走读制为主的传统。从此，英国高等教育被分为"自治"的大学和"公立"的多科技术学院、教育学院等两大部分。从而使信奉"精英教育"传统的英国较好地调节了"精英型高等教育"与"大众型高等教育"之间的矛盾。当然，多学科技术学院的办学经费也列入地方税款开支，并且所有私立大学都开始接受政府的财政资助。从经费方面来说，所有的私立大学慢慢地都变成公立的了。

关于政府拨款，有一个演变的过程。由于大学和学院主要依靠私人捐

---

[1] 薛晓燕、张向前：《英国高等教育发展及其启示》，《唐山学院学报》2009年第2期。

助和学费办学，经常会发生财政困难，因此很希望获得政府的资助。1881年，政府分别为威尔士的两所大学学院提供了4000英镑的年度拨款资助，开创了政府资助高等教育的先例。1889年索尔兹伯里政府迫于压力拨出15000英镑资助伦敦大学的英王学院、大学学院和其他一些比较成熟的城市大学学院。1905年政府的资助为27000英镑。到第一次世界大战爆发时，政府资助已超过15万英镑。从1889年开始，政府设置了初期的大学拨款委员会———一些特别委员会来负责信息收集、情况调查和款项拨发等工作。1905年，政府成立了一个市设性的大学拨款咨询委员会负责大学学院的拨款事宜。该委员会原来向财政部负责，后来为管理方便就转向中央教育局负责。此外，大学获得政府资金的一个新来源是20世纪前期政府成立的三个委员会：促进农业和渔业领域科学研究的开发委员会（1909年）、医学领域里的委员会（1913年）、科学和工业研究署（1915年）。这三个政府机构都拥有大量的研究开发基金。

1914年爆发的第一次世界大战彻底改变了大学与政府的关系。战前英国共有14所大学，但是4年的战争破坏及带来的经济困境使得大学学费、捐献收入都减少，加上通货膨胀，这些大学几乎全部破产。这一问题更因战后学生重返大学学习而加重。另外，战争影响了大学的教学职能，但因承担战时的研究开发工作不仅密切了与政府的联系，而且引起政治家认识到大学的重要性、从而担负了大学在国家生存与发展的地位。为解决这些问题，当时的中央教育委员会主席费希尔（H. A. L. Fisher）主持召开了一次专门会议，研究增加政府资助的问题。会议于1919年7月举行，英国所有大学都派代表参加了这次会议。会后即成立了大学拨款委员会。它的职责是："调查大不列颠大学教育的财政需要，就议会可能作出的满足这种需要的任何拨款申请向政府提供建议。"当年，英国财政部为大学提供的拨款即上升至100万英镑，并在此后的20年内翻了一番，从而使政府拨款占到大学总收入的1/3。显然，政府已开始利用经济杠杆来介入高等教育。1945年政府的年度拨款增加到战前规模的两倍，并且，首次资助基本建设项目。1949—1950年度政府的拨款占到大学总收入的61.5%。大学随着政府收入增加而逐渐变成了由公共资金扶持的机构。显然，大学拨款委员会也日益成为政府介入大学的媒介。

1965年，英国政府开始推行高等教育双重制把高等教育分为两块：

一块是大学，是自治的、获得特许的机构，称为独立自治部分，有学位授予权，经费由政府通过拨款委员会拨给。另一块是大学以外的高等教育机构，以多科技术学院为主。它们称为公共部分，由地方教育当局负责管理和提供经费，不具有学位授予权，由全国学位授予委员会授予学位。

尽管战后大学拨款委员会在角色和地位发生了重大变化，但它依然坚持战前的大学理想，即大学应该通过自由教育而非职业教育培养全面发展的人。作为大学和政府之间矛盾冲突的缓冲器，大学拨款委员会尽力在大学自治和国家需求之间保持平衡。对英国高等教育的发展产生了极为广泛和深刻的影响。然而，20世纪50年代以后，高等教育在社会经济中逐渐承担起经济"发动机"的重任。政府对高等教育的介入不断深入，大学拨款委员会处在政府的压力下，维持政府干预与大学自治之间的平衡变得越来越困难。随着英国高等教育"双重制"的确立与发展，1988年教育改革法颁布之后，大学基金委员会（Universities Funding council）开始负责分配政府对大学的拨款。从此，大学拨款委员会彻底退出了历史舞台。

1991年英国政府提出《高等教育的框架》白皮书，建议对高等教育体制做出重大变革。1992年，政府又颁布了《继续与高等教育法》，以法律形式肯定和固化《高等教育的框架》白皮书的建议："地方政府不再举办大学，从大学直接治理中退出。1992—2012年又有一大批技术学院等高等教育机构获得大学地位，其中有许多大学是从古老的私立大学发展而来。目前英国共计111所大学构成了英国高等教育的主要阵容。"

与此同时，英国一批现代私立大学开始成长。原先英国大学的"公""私"性质多数情况下是根据是否接受英格兰高等教育拨款委员会（HEFCE）的拨款作为评定标准，随着大学自身的发展，尤其是社会、政治、经济和教育环境的变化，英国大学的"公""私"性质变得非常模糊和淡薄。但是也有一些完全的私立大学，例如1976年以白金汉大学学院的名字创立白金汉大学。这所大学享有高度自治权，是不愿接受政府资助的非营利大学。按照举办者的办学宗旨，成立白金汉大学的根本目的，就是为了追求"独立性"，为了与政府办学相区别，为了使学校不受政府的控制和影响。为了达到这些目的，白金汉大学在办学经费上完全独立于政府，拒不接受政府资助，而是以完全依靠企业和个人捐助以及学费收入办学，成为当代英国高等教育体系中唯一一所皇室特许的真正意义上的独立大学。尽管这样，也有一些私立大学仍在顽强生存和探索。近年来，由于公立大学学费飞快上涨。相关数据显示，在私立大学学习的学生每年只需支付 3000—6000 英镑的学费,而公立大学的学费平均达到 8300 英镑。公立大学高昂的学费对私立大学客观上形成学费优势,一些私立大学又开始兴办。据资料显示,2013 年英国共有私立大学 65 所,注册学生 5.6 万人,约占全部在校大学生的 2.33%。以各种合作形式提供证书课程和学位课程的院校 60 所。① 目前英国的私立大学分为两类,一类是由英国国内大学颁发文凭的,除了白金汉大学外,还有 BPP 大学、伦敦法学院、阿什里奇管理学院和英国金融管理学院等。另一类为外国大学在英国建立的分校,有 100 多个相关机构,大多是美国大学分校,由国外大学颁发文凭。据英国《每日电讯报》网站 2013 年 7 月 27 日报道,2012 年,约有 16 万名学生进入英国 674 所私立大学进行学习。② 私立大学绝处逢生,有着顽强的生命力。

二 英国私立大学的治理

1. 英国私立大学治理的演变

英国私立大学的治理具有普遍意义。学界有人认为,美国大学制度的完善也受到英国私立大学治理的影响。加拿大学者约翰·范德格拉夫编著的《学术权力——七国高等教育管理体制比较研究》第七章从学术权力演变的视角介绍了美国私立大学的演变,指出了(外行)董事会是一种从英国本土借鉴来的形式,这种形式的确立经过了 150—200 年的时间;并且简单地分析了私立大学董事会与公立大学董事会的区别。③

英国大学创建之初与巴黎大学在组织程序上极为相似。12 世纪末 13 世纪初,有组织的教师和学生社团在牛津大学形成。由于牛津大学地处偏僻,国王和主教发现很难监督学校事务。伦敦皇室和林肯郡的主教管区尝试建立满足他们要求的机构也没有成功。加上一些其他的原因,牛津大学的教师采纳了与巴黎大学管理相类似的内部行会的组织机构。根据 1200 年的一份文件,他们自称是"牛津教师和学生大学",这表明大学实际上

---

① 赵硕:《欧洲私立大学高等教育的发展嬗变》,中央编译出版社 2015 年版,第 34 页。
② 《英国就读私立大学新生人数增至 16 万》,《世界教育信息》2013 年第 19 期。
③ 约翰·范德格拉夫等:《学术权力——七国高等教育管理体制比较研究》,王承绪等译,浙江教育出版社 2001 年版,第 106—119 页。

是教师和学生的行会。① 后来，剑桥大学也模仿了牛津大学的行会结构。

英国私立大学的管理体制，有一个长久的演变过程而独具特色。一份牛津大学的早期资料证明，1214年的一道法令给予林肯郡主教任命校长的权力。11年后，剑桥大学的第一任校长也由伊利的主教任命。很显然，教会中的官员把校长看作教区的官员，主要负责学校的工作。在牛津大学，校长由主教授权，作为下级官员，在大学中代表主教。但是，校长居住在离大学较远的伊利或林肯郡，不利于对学校的监督和管理。13世纪末，教师们发起了一场持续时间较长的运动，试图从主教的监督中解放出来。通过这场运动，教师扩大了自己的权利，最终获得了独立制定大学规章制度的权利，同时限制了校长和主教对学校的管理。

14世纪末，牛津大学的教师获得自主权，大学被公认为"事实上已经变成较强的中心力量"。受到牛津大学的鼓舞，剑桥大学的教师们在14世纪末也获得自治权，并于1401年正式与伊利的主教分离，1430年完全独立于教会，终止了主教任命校长的权力。教师们先取得了对校长的提名权，而获得选举校长作为学术社团官员的特权，校长开始作为教师行列中的一员，在主教面前代表教师，这种转变巩固了大学作为自我管理的社团的地位，这也是一个法人的基本要求。到15世纪中期，这两所英国大学都已成为拥有选举校长权的自治的法人团体了。②

作为英国私立大学原型的牛津大学和剑桥大学，从诞生之日起就一直处于既依附宗教特权和世俗皇权又努力争取独立的矛盾之中。两所大学的设立和管理架构，是置于皇家特许状的保护之下，从而确定其合法性。由此也造成的现象是：所有英国大学的权利被国家所限制。大学作为法人受制于社会的规则，大学从枢密院得到特许状（亦称大学章程），获得社会公认的合法身份，但是其特许状的内容没有枢密院的同意是不能改变的。因此，"枢密院对大学肯定有影响，有时候这一影响比批准一个由大学起草的制度造成的影响还要大"③。

在16世纪30年代英国国王亨利八世推动的宗教改革以后，大学特许

---

① 徐辉、刘继伟：《英国教育史》，吉林人民出版社1993年版，第19页。

② Edwin D. Duryea. *Academic Corporation: A History of College and University Governing Boards*. New York: Flamer Press, 2000, p. 23.

③ 参见王宁《私立大学董事会制度研究》，东南大学出版社2015年版，第37页。

状的颁发成为皇家特权和国家权力。大学特许状作为大学设立的法律基础文件,对大学的内部治理结构和法人治理制度做出了刚性规定,从而奠定大学治理的基础文件。"在大学治理方面,特许状对大学委员会(Court,也有译作理事会或董事会)、校务委员会(Council)、学术评议会(Senate)的性质、权力、责任及相关关系都有较为清晰的界定:大学委员会——依据大学章程任命校长,并有权接受大学工作报告;校务委员会——依据大学章程成为大学的执行治理机构,保管和使用大学印章,对大学的总体事务进行控制,并拥有大学章程授予的其他权力和责任;学术评议会——大学的最高学术权力机构,负责教学管理、科研管理、学生的教育和纪律进行管理和监督。而大学治理的法律文件、程序、主要管理职位、大学成员的约定以及英国大学特有的巡视员制度都是特许状明确规定的内容。"①

中世纪大学大多是宗教学校发展而来,因此与教会具有密不可分的关系。由于教会与世俗政权之间的矛盾,这一关系使得大学难以置身矛盾之外。英国早期私立大学虽然不是教会创建并发展起来的产物,但是在当时教权与皇权的博弈中也难以幸免,尤其是各项独立权限的获得,需要经过一番与地方世俗政权的抗争中逐渐取得。当然其中教廷的支持和庇护也十分重要,因为仅仅依靠自身的力量还难以在与世俗政权的抗争中取得完胜。因此,两所经典大学同时也是在教会的控制和领导之下的。大学的运作和发展具有外力,大学治理就应有外人参加,最早的校外人士——教会人员也将参与大学治理,这就需要有一个适当的机构,这个就是大学委员会。事实上,牛津大学、剑桥大学在一段时间内的校长就是由教会选派的。只是在13世纪末,牛津大学才获得校长选举的权力,剑桥大学也终止了伊利主教的校长任命权。1318年剑桥大学获得教皇的特许状,归还大学治理权,非大学人士退出大学,两所大学在经历了校外人士的管理和控制以后,其决策机构的人员主要以校内为主,逐渐形成了大学内部学术人士为主的管理制度。② 这些制度的主要内容是:

(1)大学的领导机构是董事会(理事会)。大学章程规定,董事会(理事会)负责大学的全面事务,学术活动由大学评议会负责。

---

① 参见王宁《私立大学董事会制度研究》,东南大学出版社2015年版,第37页。
② 同上书,第37—38页。

(2) 它的成员制度包括在职时间,是根据学术层次和专业范围区别的。成员有权决定大学的机构和学生联合会。成员中还有被推选出的教师和学生代表。

(3) 大学董事会(理事会)成员中包括一定比例的校外成员,一般为 30—50 人,每年召开 6—10 次会议。

伯顿·克拉克认为,董事会制度是盎格鲁—撒克逊高等教育中的一种共同的法定权利类型……传统上,董事会权力指的是,一个由校外人士组成的团体,对学校进行一般的管理和监督。他们基本不支付工资,兼职,另有要职在身。这些校外人士可能代表一种势力、代表一个公众机构和一般公众利益,也可能代表某一部分人的利益或者代表私立机构中资助的团体的利益。董事会也可能代表两方面的利益。这些董事会,是一所高等学校的长期监护人,掌握着该院校所从事的事业的命运,而且作为一个团体,他们通常都是法定的所有者,或者法定的管理人。① 由此可见,英国私立大学的董事会制度,在大学产生以后就逐步建立形成了,它是私立大学董事会制度的起端。

2. 英国私立大学的治理现状

前面谈到,随着英国大学自身的发展和环境的变化,其"公""私"属性已从较为清晰变为复杂模糊,许多大学已远非简单的"公""私"二元可以判别。现实情形往往出现大学设立者并不一定是大学产权所有者,而大学经费提供者也并不一定就是大学经营管理者的状况。例如,设立者捐资成立学校后,学校成为非营利性独立机构,设立者并不拥有学校的所有权;学生和校办企业提供了大学的部分办学经费,但其并不一定具有大学的管理权,而管理大学的组织或个人也不一定出资给大学提供经费。英国高等教育经历过几百年的演变,实际上就有这种状况。牛津大学教育系博士研究生喻恺曾试图从设立者、所有者、资助者、治理者等四个维度探讨英国大学的"公""私"属性。② 从设立者方面看,英国大学既有私人或私人机构设立的,也有政府设立的,还有共同推动设立的。此外,一些建立在早已存在的学院基础之上,或者在运行过程中学校的体制、所有权

---

① [加]约翰·范德格拉夫等:《学术权力——七国高等教育管理体制比较研究》,王承绪等译,浙江教育出版社 2001 年版,第 191—192 页。
② 喻恺:《模糊的英国大学性质:公立还是私立》,《教育发展研究》2008 年 Z3 期。

和治理结构发生了巨大变化的学校,除了具有最早的起源的"设立者"之外,还有新的推动变革的"设立者"。从所有者的方面看,英国大学均是独立的非营利性法人机构,不为任何特定的人或机构所有,其治理机构只拥有大学的治理权而没有所有权。因此,并不是完全意义上的公有学校,也不是完全意义上的私有学校。厉以宁认为,这类学校既非"私人所有",也非"公家所有",而是一定意义上的"公共所有"。从资金来源的方面看,几乎所有大学都既有财政收入,又有非财政收入。以大学的国家补贴性质的收入是否占总收入的一半以上为依据,各大学的情况出现了分化:部分大学毫无争议地属于"非公共机构",而部分大学则毫无争议地归于"公共机构";但还有一部分大学处于临界的位置,加上"国家资助"的定义模糊以及计算困难,这一类处于临界位置的大学究竟属于"公""私"的哪一方并不清楚。从治理权上看,所有大学的最高权力机构均不受政府控制,也不代表政府的利益。因为其最高治理者大多来自民间。从治理者的角度上看,英国大学似乎具有私立大学的属性。但在部分大学中,由于大多数理事会成员都是独立人员,其治理机构既不代表政府利益,也不代表校内教职工、学生、设立者以及出资人的利益,而是代表外部治理监督学校,这构成了治理权的"公共所有"。

特殊的办学模式构成了特殊的治理体制。英国大学是"自治"的大学,从传统的划分标准来看,它们应该属于"私立大学"。但其90%以上的基建补助款和四分之三的办学运行费由政府支付而言,它的私立色彩是逐渐淡化了。

就治理而言,英国私立大学主要体现在两个方面:

一是环境治理,即为私立大学创设的发展环境,主要内容为政府法律。①

在私立大学治理上,英国大学的治理体系完全由其章程所规定,而章程又受到《继续和高等教育法》的限制。但是"1992前"的大学的治理结构与"1992年后"的大学有区别。章程具体地说,"1992年前"的大学的治理结构是由其治理章程所决定的,早于政府的规定,因此政府无权修改这部分学校的章程,也就是说,政府无权强行改革已有的治理结构;

---

① 参见喻恺《模糊的英国大学性质:公立还是私立》,《教育发展研究》2008年Z3期。

而"1992年后"的大学的治理结构虽然也是由其治理章程所决定的,但该章程是在《教育改革法》和《继续和高等教育法》的严格限制下编写的,因此"1992年后"大学的治理体系实际上受到了政府通过法律形式做出的限制。两部法律对"1992年后"大学的治理章程作出了详细的规定,尤其是规定了大学的理事会的职责、理事会人事构成、理事会人事任命和财务等管理方面的核心内容。例如,《继续和高等教育法》对理事会的构成有详细规定,包括:理事会成员必须"不少于12人但不多于24人",其中应包含不超过13人的"独立理事",他们是校外人员,并应有工业、商业、雇佣活动或任何职业的工作经验和能力;来自本校教师的代表不得超过2名,来自本校学生的代表也不得超过2名等。还规定,首次理事会人事任命由政府进行;任何情况下,独立理事的数量占理事会至少一半;虽然理事会可自行任命后续理事,但若因任何情况使得独立理事人数低于总人数的一半时,政府将有权为大学理事会任命新的独立理事。除了治理结构以外,法律还对"1992年后"大学的财务作了规定,例如要求大学每年制作财务报表,准确、合理地反映大学的收入和支出情况;财务报表必须经过认可的审计人员的审计;必须向任何索取财务报表的人提供相关文件等。而"1992年前"大学是否遵循上述法律规定,则完全取决于其治理机构的意见。

对于牛津大学和剑桥大学来说,其治理结构基本符合"1992年前"模式。最主要的区别在于最终治理权上。自中世纪以来,牛津大学与剑桥大学的最高治理权就属于全体教职员工。根据两所大学的治理章程,全体教职员工对大学的治理拥有最高权力。这也意味着,在这两所大学进行任何治理结构的改革,都必须获得全体教职员工的同意和批准。可想而知,学者治校的传统加上学者具有的实际权力使得政府等外界力量很难染指大学的治理改革。

2006年牛津大学副校长约翰·胡德提出了大学的治理改革方案《大学治理白皮书》。牛津大学此时的治理状态是,全体教职员工拥有大学的最高治理权力,但大学内也设有一个30人的、向全体教职员工负责的理事会,其中26人是内部成员,4人是外部成员。该改革方案建议,继续保留全体教职员工的最高权力,但将理事会缩小到15人,其中7人为内部成员,8人为外部成员,外部成员占大多数。虽然,理事会的内部和外部成员均是由大学内部的提名委员会提名,并交全体教职员工批准,而且外部成员也可以是曾经在牛津学习或工作过的人，但在全体教职员工的辩论以及投票中，该改革方案两次都遭到了否决。这表明牛津将继续沿用其原先的治理模式。

二是就其内部治理来说，英国大部分私立大学的治理模式是采用董事会（理事会）—校务会—评议会治理模式。国内有的专家认为，"英国高校是在校董会领导下的校务委员会负责制，校长是学校一切运行负责的法人代表"①。其中董事会（理事会）是大学的最高权力机构，是大学治理的决策机构，学校重大决策必须经校董会讨论决定，如选举名誉校长（Chancellor）和校长（Vice-Chancellor）、审核大学发展战略、年度财务预算和决算等。也有代表大学借入或借出资金的权力。董事会成员校外代表来自政府官员、商业机构代表、其他大学代表等。校内代表来自校务委员会、评议会和教职工代表等。董事会设主席一名，规模较大的大学设正、副主席各一名，主席由全体董事选举产生，校长一般不能担任董事会主席。

大学校长作为独立行政法人机构的代表，在学校董事会与校务委员会的领导下，承担学校的建设与发展责任。但是实际上英国私立高校正校长多为荣誉性质，通常由女皇、王室成员、地方长官或社会名流担任，所以副校长才是英国私立高校教学和行政实际工作的最高领导人，这是英国大学治理独特特征。副校长一般由学者担任，主持高校的日常管理工作，具体管理人事任免、学术和财务等。副校长通常由掌握学术权力的评议会与掌握行政权力的理事会联合提名，最后由理事会任命。由于副校长必须得到评议会和理事会双方的支持才能当选，因而副校长天然兼具学术性与行政性，扮演着"学者观点代言人"和"行政首脑"的双重角色。这种独特的角色和地位，使其成为学术权力和行政权力的交会点，并构成两方均衡之势。私立大学其他领导成员还有：限定任期的专家副校长、负责处理学术性事务的注册长、负责全校财务工作的会计长等。②

校务委员会是英国大学形式上最高权力机构，主要职责是讨论决定重大教学和学术问题，如教学计划订立及变更的审核、教学质量标准的制定、学术发展方向的确立等。校务委员会由市政官员、企业人士、宗教代

---

① 高校领导赴英国培训团：《英国高等教育发展考察与启示》，《北京师范大学学报》（社会科学版）2004年第2期。

② 赵硕：《欧洲私立大学高等教育的发展嬗变》，中央编译出版社2015年版，第50页。

表、校友和其他组织的代表组成,近年来学生代表的数量有所增加,其规模从 50 人到 600 人不等。校务委员会通常一年举行一次会议,其职能在很大程度上是仪式性的,最重要的作用是确保高校与地方及舆论保持联系。

评议会是大学所有学术事务的最高管理和执行机构,服从法律保留给董事会和校务委员会的权力,采取措施和行动维护大学作为教育学习和研究地位的利益。评议会通常由大学的全体教授、非教授系主任和某些当然成员以及若干从非教授教学人员中选出的代表组成,由副校长任主席。评议会的规模可能相当大,从 50 人到 200 人不等,现在的趋势是缩小规模,扩大代表性。评议会通常通过其设置的各种委员会完成大部分工作,其中执行委员会由副校长任主席,由部务委员会主任和评议会选出的其他人员组成,负责准备和处理评议会的各种评议。

校务委员会和评议会都是私立大学内部重要的治理机构,两者有着明确的分工。纯粹关于学术事务的决策权力在评议会,只要不涉及有可能负债的开支,校务委员会都会无条件地全部接受评议会的建议;非学术性事务的决策权力在校务委员会,校务委员会从来不向评议会开放,也不接纳评议会的代表参加讨论,两者有着清晰的职能界限。

英国很多私立大学都设有监审委员会(Court,如利兹大学)。监审委员会主要由校外人员组成,不隶属于任何校内组织或机构,它独立地行使职权,代表利益相关者对学校的管理和决策过程进行全方位、全过程监督,以确保大学能最大限度地满足利益相关者的要求。

从治理者角度分析,英国大学的私立特征比公立特征更加明显,治理者大多来自民间。由于董事会成员大多来自校外,并不能够完全代表校内教师或学生的利益,也不代表大学的最初设立者的利益,更不完全代表资金提供者的利益,而是以第三方的身份治理学校。为了改变这种状况,近几年来工会开始在英国大学决策过程中扮演着十分重要的角色,在大学治理中发挥越来越重要的作用。其中大学教师联合会(Association of University Teachers,AUT)的影响最大,是维护教师权益的一条重要渠道。一些重大政策的出台,工会是否支持也是其能否顺利贯彻执行的重要因素。这种结构有利于促进学校的行政管理权、教授的学术权、学生的有关权益及学校利益相关人的知情权、参与权等在各个层面的充分表达和相互制衡。但是实践中由于各种委员会成员获得真实信息有困难,即信息不对称的存在，以及因推动大学发展变革、提高运作效率的需要，决策权力越来越向校长集中，校务委员会扮演着越来越重要的角色。这既是英国大学治理的新特点，也是治理的新难点。①

第二节 美国私立大学治理

一 美国私立大学发展简史

美国现代高等教育发源于欧洲。独立以前的美国高等教育甚至完全是前宗主国英国高等教育的移植。最早创建的大学是1636年建立的哈佛大学，一大批英国殖民者来到美国，希望以后子孙也能接受到高贵的大学教育，因此萌发在美国的土地上建一座大学的想法，经过一段时间的筹划，创建了哈佛大学。因经办者中有很多人都是来自英国剑桥大学的毕业生，哈佛大学所在的城市也就被命名为剑桥城，大学创建之时也曾被称为"剑桥学院"。1693年2月8日，根据英国皇家特许状："……在未来建立一所提供通识教育的学院、一所永久性的教授神学、哲学、语言学和其他文理学科的学院并加以大力支持和维护……"由英国国王威廉三世和女王玛丽二世创立威廉玛丽学院（College of William and Mary），为美国殖民地创立的第二所大学，1776年美国发表《独立宣言》后，脱离英国的统治，该校也与英国脱离关系。美国内战期间，学校暂时关闭。内战结束以后，因财务状况多次陷入危机。1906年3月，州议会通过法案接管该前殖民地学院。威廉玛丽学院自此完全成为一所公立大学并持续至今。1701年创办的耶鲁学院（Yale College）也就是今天的耶鲁大学的前身，为美国第三所大学。到1776年美国脱离殖民统治独立以前，美国一共成立了10所大学。它们是：哈佛学院（HarvardCollege）；耶鲁学院；威廉玛丽学院；新泽西学院（New JerseyCollege）；国王学院（King's College）；皇后学院（Queen's College）；费城学院（PhiladelphiaCollege）；罗得岛学院（Rhode Island College）；达特茅斯学院（DartmouthCollege）；宾夕法尼亚

---

① 参见湛中乐、马梦芸《论英国私立高校的内部权力结构》，《国家教育行政学院学报》2015年第3期。

学院（Pennsylvania College）①。当时创立这些大学的动机主要是宗教性质的，其目的在于培养具有高深学问的传教士、教会工作者和虔诚于宗教的政府官吏，但客观上也为经济和社会发展培养了高层人才。按照现有界定，这些大学毫无例外都属于非政府举办的私立大学。

1800年以前，美国仅有25所高校，并且都是私立的。只有很少的教员，很少的学生，完全靠私人团体来维持与控制，仍不足以满足教育的发展和社会经济、政治的需要。联邦政府建立以后，深感高等教育对国家发展的重要，关注高等学校的创办和管理。鉴于私立大学办学的历史性和自主性，为进一步发挥大学在经济和社会中的作用，加强政府对大学的管理和渗透，新政府力主高等教育应由政府主办。随后一批具有"公立"性质的大学开始建校。如佐治亚大学（1785年）、迈阿密大学（1789年）、俄亥俄大学（1795年）、北卡罗来纳大学（1795年）等。19世纪前半叶，在密执安（1817年）、弗吉尼亚（1819年）等州又建立了一批州立大学。由于公立大学发展缓慢，一些州政府就试图把私立大学改造成公立大学，于是私立大学展开了保护独立办学权的斗争，其中以"达特茅斯学院案"最为著名。达特茅斯学院1769年创办，是最早建立的9所"常春藤学院"之一，是一所典型的教会私立学院。在北美殖民地时期，该学院获得英国王室颁发的特许状并规定：学院董事会是全院最高的决策机构，具有自行选择继任的董事、管理学校财产的权力；校长可以选择继任的校长，并亲自负责学校的日常行政管理工作。1819年达特茅斯案的裁决，从法理的高度进一步重申和确认私人团体（尤其是教会）具有办学许可权，而且可以在不至于受到政府接收的威胁下自由发展，从而刺激了教会和私人办学的积极性。此后又建立了许多私立大学。同时也说明，州政府企图通过接收改造私立高校为州立大学办学的道路行不通，于是只有自行拨款开办州立高校，从而也促进了州立大学的发展。但是总的来说，州立大学的发展仍较缓慢，私立大学仍占绝对优势，到1860年，全美264所高校中州立大学仅占17所。由此可见美国的高等教育道路不同于西欧国家，它的私立大学占有很大比重，这与它的国情有关。除了有教会办学的传统外，由于是联邦制，联邦政府对高等教育很少运用行政手段干

---

① 顾宝炎：《美国大学管理》，武汉大学出版社1989年版，第2页。

预,且根据美国的《权利法案》(1789 年对宪法的修正案) 规定:"凡本宪法所未授予合众国和未禁止各州行使之权利,皆由各州或人民保留之",法律赋予民间办学有很大的自由度。这一时期是美国私立高等教育发展较快和基本成型的时期。

独立革命和南北战争,给美国带来了一个统一的政局和共和政府。国内稳定,为自由发展的工业资本主义提供了条件。工商业的快速发展,加速了资本的集中及大企业大公司的创立,许多资本家从满足自身所需要的人才培养出发,同时根据政府政策又可以少缴赋税,于是捐献资金与地产兴办大学者众多。例如,遵照霍普金斯先生的遗言,以他的遗产于 1876 年在马里兰州巴尔的摩市(Baltimore)建立了霍普金斯大学(John Hopkins University)。又如前加利福尼亚州州长、美国参议员斯坦福夫妇,由于 16 岁的独子不幸去世,悲痛之余倾其所有筹建大学,于 1885 年在加利福尼亚州建立了斯坦福大学(Stanford University)。此外,还有芝加哥大学(University of Chicago)等一批私立大学也建立起来了。

1862 年林肯总统签署著名的《莫雷尔法案》(*Morill Act*) 后,州立大学开始有了相当的发展,有 69 所高校在此期间成立,高等教育开始向收入较低的平民开放。这一时期,也有类似性质的私立大学建立,著名的麻省理工学院(Massachusetts Institute of Technology)就是这时建立的私立理工科大学。历史上,美国的私立高校多于公立,教学和科研水平也以前者为高。南北战争以后,政府和社会大力支援公立大学及公立工农学院的开办,它们的作用与水平也不断提高,逐渐形成了公、私大学分庭抗礼、比翼齐飞的局面。

20 世纪初,美国高等教育大体形成了基本框架。20 世纪中期则进入高等教育大发展阶段。第二次世界大战后大批退伍军人和社会青年涌向学校,要求学习。20 年后,战后出生的新一代又一次开始冲击学校的大门,高校学生数 1940 年为 140 万人,1960 年为 310 万人,比 1940 年翻了一番。1970 年达到 760 万人,比 1960 年又翻了一番。其中不仅本国学生增加,而且外国学生也大幅度增加。1957 年苏联发射人造卫星以后,再一次刺激了美国高等教育的发展,政府鼓励私人办学,私立四年制高校发展到 700 多所,吸收了全日制高校 1/4 的学生,由教会控制的四年制高校也有 700 所左右,主要集中在东部,规模一般比较小。其中有一半与罗马天主教会有关。发展最惊人的是一些二年制的初级学院。1969 年有 1000

多所这样的二年制初级学院吸收了 1/3 的大学生。1971 年发表的卡耐基基金会高校教育报告,建议撤销一切进入公立初级学院的障碍,实行开门招生,使每个有中等文化程度要求接受高等教育的人,都能享受到高等教育,并希望到 1978 年所有的适龄青年都能首先进入二年制学院学习。截至 1985 年发展起来的私立二年制学院有近 250 所,公立的更多,达到 950 所。① 公立高校在校生开始逐渐多于私立大学,并且集中在本科教育。尽管如此,私立高等教育仍是美国高等教育的重要组成部分。2006—2007 学年,美国共有四年制大学 2629 所,其中公立大学 643 所,私立大学 1986 所(占 75.5%),私立大学中大部分为非营利性私立大学,有 1533 所。② 在校生方面,2007 年,公立高校在校生 1318.0123 万人,其中四年制大学 695.6013 万人,两年制大学 622.512 万人。私立大学在校生 457.8737 人,约占在校生总数 1775.897 万人的 25%,其中在四年制私立大学的 428.5317 万人(营利性 81.1607 万人),二年制 29.342 万人(营利性 25.4264 万人)。③ 相关数据表明,私立高校比公立高校多,但若论学生数,还是在公立高校就读的学生人数多,两者之比估计在 1∶3 左右。另外在私立营利性大学的学生占 6% 左右(见表 4-1、表 4-2)。

表 4-1　　　　　　　　1980—2000 年美国私立大学数(所)

类型		1980 年	1985 年	1990 年	1995 年	1996 年	1997 年	1998 年	1999 年	2000 年
总数		1734	1842	1992	2051	2307	2357	2367	2402	2484
占所有大学比例%		53.7	55.1	56.0	55.3	57.5	58.0	58.5	58.8	59.4
四年制大学	总数	1405	1463	1546	1636	1653	1694	1723	1749	1828
	非营利性大学	1387		1482	1519	1509	1528	1531	1531	1551
	营利性大学	18		64	117	144	166	192	218	277
两年制学院	总数	329	379	446	415	654	663	644	653	656
	非营利性大学	182		167	187	184	179	164	150	144
	营利性大学	147		279	228	470	484	480	503	512

资料来源:黄丽:《美国私立高等教育概况》,《北大教育经济研究》(电子季刊)2004 年第 2 期。

---

① 顾宝炎:《美国大学管理》,武汉大学出版社 1989 年版,第 8 页。
② 占盛丽:《我国民办高等教育发展中政府的角色——基于美国私立高等教育政策类型分析》,《教育发展研究》2008 年第 24 期。
③ [美]约翰·奥布雷·道格拉斯、徐丹:《寻求高等教育的明智增长——美国高等教育结构的历史与趋势》,《大学教育科学》2010 年第 5 期。

表 4-2　　　　　　　　美国近几年高等学校数量演变

年度	全部高校（所）			公立高校（所）			私立高校（所）		
	总计	本科	专科	总计	本科	专科	总计	本科	专科
2002	4168	2466	1702	1712	631	1081	2456	1835	621
2003	4236	2539	1706	1720	634	1086	2516	1896	620
2004	4216	2533	1683	1700	639	1061	2516	1894	622
2005	4276	2582	1694	1693	640	1053	2583	1942	641
2006	4314	2629	1685	1688	643	1045	2626	1986	640
2007	4352	2675	1677	1685	653	1032	2667	2022	645
2008	4409	2719	1690	1676	652	1024	2733	2067	666

资料来源：[美] 约翰·奥布雷·道格拉斯、徐丹：《寻求高等教育的明智增长——美国高等教育结构的历史与趋势》，《大学教育科学》2010 年第 5 期。

二　美国私立大学的治理

1. 早期美国私立大学的内部治理

美国现代大学是从殖民地大学开始的，在治理上也延续了英国大学的模式。虽然"大学董事会制度是西方国家大多采用的一种形式，也是校外人士对大学管理产生重要影响的一种体制……大学董事会制度最早源于 14 世纪意大利大学所创立的由社会人士组成的委员会（Lay Board）管理形式。后来，这一形式被瑞士的加尔文学院效仿；荷兰的莱顿大学又效仿了加尔文学院；苏格兰的爱丁堡大学效仿莱顿大学；都柏林三一学院又仿照了爱丁堡大学"[①]。但是也有学者认为私立大学的董事会制度源于哈佛大学的董事会制度，"这是从英国本土借用来的一种形式，由院外人士控制。管理人员不是学术人员，也不是政府部门的人员，但必须是创办团体的人员。由此建立的控制机构是董事会"[②]。

早期私立大学建立在国家产生以前，殖民地当局对其基本采取放任的政策，使得私立大学有条件完全秉承独立、自由的办学精神。经过长期的实践演变，美国私立大学的治理逐渐形成了具有浓郁"美国特色"的两

[①] 单中惠：《外国大学教育问题史》，山东教育出版社 2006 年版，第 279 页。

[②] [加] 约翰·范德格拉夫等：《学术权力——七国高等教育管理体制比较研究》，王承绪等译，浙江教育出版社 2001 年版，第 106 页。

种不同的模式。

(1) 哈佛大学的"双会制"

与欧洲意大利、法国等国家早期大学教会控制不同，哈佛大学建校之初实施的是"世俗管理"，并由非学术界的外界人士控制大学的管理。这是由于中世纪的大学实际上是教会属下的机构，而殖民时期的美国普遍存在的新教精神对于"世俗"人士控制大学是别有情结的。另外也是符合美国私立大学成立之初一无所有的实际需要。在17世纪和18世纪，欧洲的大学很多都有了一定的发展基础，或者是较有经济实力的教会举办，拥有大量土地、房产、捐款、政府拨款以及各种无形资源，而第一批美国高等学府却完全是崭新而白手起家的"人工制品"。它们不是自发组织形成的，而是由社会创建的。由世俗人士组成的校董会协助安排和使用有限的资源，使大学和整个社会一开始就保持着密切的联系，因为没有社会的支持，根本不可能创建大学，也不可能有大学的发展。还有一个原因是：在欧洲，大学在历史上就一直是具有教士学识的人组成的一种行会性质的组织。但在美国，却根本没有可能存在这样的行会组织，理由很简单，这里有学问的人太少了，即没有需求，也没有可能组织大学行会。1637年马萨诸塞海湾殖民地议会决定成立一个12人的委员会，其中一半是政府的官员，一半是牧师，即神职人员。当时议会赋予它的权力就是管辖财产、管理学院事务。

由政府官员、牧师等外界人士组成的委员会虽然有很大权力，甚至一般被认为是准董事会，但因为当时缺乏合法依据，实际运作效果不佳。同时，由于交通不便、自身事务繁忙、精力无暇顾及等原因，委员们经常不能参加学校的相关活动和会议，加之缺乏对教育事业的兴趣，无法担当对大学运行的常规管理工作。而在校教师们又往往十分年轻，管理经验不足且流动性很大。为填补这一权力真空，就产生了大学校长的职务。1642年马萨诸塞议会将原委员会改组为监事会。这是学校确定其法人地位后的第一个管理机构。同时批准住在校内，既有时间又有精力更有兴趣的学校日常工作的管理人——校长作为校方唯一代表加入校监委员会。这样，校长既代表着学校的教职员，又代表了公众。因为他既是常驻校内的管理委员会成员之一，又是校监会聘请的专职人员，而且作为教职员中的主要成员，他又代表教职员说话。学校的声誉，甚至学校能否存在，都有赖于校长的进取精神和管理能力。他集学术和事务于一身，把学问运用于日常事务，反过来又在学术领域中作出事务性判断。

随着学校规模的扩大，管理的问题变得越来越严重，管理学校的人却又不去学校，怎么能管好学校呢？而且学校自身的人，包括教师和学生，也需要维护自己的权益。为了完善对学校的管理，1650年马萨诸塞州殖民地颁布了一个特许状，学校据此成立了一个我们现在称之为"法人"的新机构，即董事会（又称哈佛学院管理委员会，Harvard Corporation），它代表哈佛。董事会成员主要由校内人士构成，包括校长、司库和5名教师评议员，司库为管财务的官员，成员全部由校内人员组成。特许状规定董事会基本拥有了学校开办的所有权力，同时也赋予了校监委员会具有"认可"董事会的规定，"同意"付诸实施和"否定"董事会的决定等权力。既然董事会是一个完全意义上的政治与法人团体，那么它就应该享有学院财产的完全托管权。然而，新的特许状非但没有解除原有监事会对于学院财产的托管权，相反还特别确认监事会对于学院事务的监督权，由此形成哈佛大学所特有的"双董事会"制度，亦称为"两会制"。

哈佛大学最早的监事会曾规定，校内人员不能担任监事会成员，但并没有规定董事会成员怎样组成。在遇到许多矛盾和曲折后，逐渐形成了一种惯例，即除校长外，董事会所有成员都由校外人士担任。董事会的主要任务就是制定规章，拥有学院的财产，包括任命校长；监事会不能创制规则，但董事会制定的规定、特别是重大规定，必须通过它的同意后才能有效。这是哈佛的特点，即"两会制"或叫双重管理体制。

事实上，哈佛自"两会制"管理模式形成以来，一直纷扰不断，常常发生冲突，互相争权，很难调和双方的矛盾。1826年哈佛大学制定了一套新的规章制度。该制度明确，把学校权力划分为外部控制权和内部管理权。外部控制权交由董事会和监事会（校务监督委员会）掌握，内部管理权交由校长。董事会主要负责大学的财政和校务的管理。校长主持内部事务管理，各个研究生院院长和各个系的系主任都由校长任命。校务监督委员会则由30名成员组成，定期举行会议，对大学的工作进行调查研究，就有关大学的教育政策和教育实践提出建议，支持学校的重大活动。校务监督委员会成员大多由哈佛学院和拉德克利夫学院毕业的校友中选举产生，任期为6年，此后形成惯例并一直延续到现在。由此，学校董事会和监事会不再干涉大学内部事务，这也是美国大学校长权力大的原因。内部与外部权限的划分，对美国高等教育发展起了重大作用，由此厘清了大学的各种权力关系。

（2）耶鲁大学的单一董事会制

哈佛学院开了美国高等学校董事会制度的先河，但"两会制"并没有被普及开来。"美国高等教育管理体制的原型，实际上是在'耶鲁'和'普林斯顿'形成的。在这两个学校里，社会代表们组成一个单一的校董会，既是学校的主人，又有效地控制着学院。校董并非各个院系的成员，他们是牧师、地方长官、律师、医生或者商人。"①

1638年，北美康涅狄格成为英国的殖民地。一批英国殖民者乘船漂洋过海来到昆尼皮亚克海湾定居，并使之逐渐发展成为繁荣的纽黑文新港。约翰·达文波特牧师认为教育可以让欧洲文明在美国生根，遂倡议在这里建立大学。虽然他的计划屡屡遭挫，但其思想却影响了当地的许多人。1701年，以詹姆士·皮尔庞为首的一批公理会传教士——基本都是哈佛的毕业生，说服康州法院批准建立一所教会学校，以便使青年"可以学习艺术和科学……为教会和国家服务"。10位受托管理学校的牧师从他们藏书不多的图书馆里拿出40本书，作为参与建校的投资。1701年10月，牧师们推举哈佛大学毕业生亚伯拉罕·皮尔逊为第一任校长，正式宣布成立"教会学院"。但直到第二年3月，学校才有了第一个学生雅各布·海明威。1707年，第一批18名学生被授予学士学位。学校开始的时候没有校舍，学生分散在康州的6个城市学习。1716年托管人投票一致同意将学校迁至纽黑文镇（New Haven，美国古城，东部重要海港）。1718年，英国东印度公司高层官员伊莱休·耶鲁先生向这所教会学校捐赠了9捆总价值562英镑12先令的货物、417本书以及英王乔治一世的肖像和纹章，这些今天看起来极为普通、不值一提的物品，对当时处在襁褓之中的教会学院来说简直是雪中送炭。为了感谢耶鲁先生的捐赠，学校正式更名为"耶鲁学院"，它就是今日耶鲁大学的前身。18世纪30—80年代，耶鲁学院在伯克利主教、斯泰尔斯牧师、波特校长等的不懈努力下，逐渐由学院发展为大学。至20世纪初，随着美国教育的迅猛发展，耶鲁学院已发展到了惊人的规模。在历年英国泰晤士报专上教育增刊的世界大学排名中，耶鲁大学在总平均排名一直居世界前列，足以体现耶鲁大学在

---

① ［美］丹尼尔·J.布尔斯廷：《美国人——开拓历程》，中国对外翻译出版公司译，上海译文出版社1989年版，第125页。

在治理方面，耶鲁大学也做出了杰出的贡献。据资料阐述，耶鲁学院创建之初，举办人就学院的管理架构问计于哈佛学院的第 6 任院长马瑟（Inerease Mather）和他的儿子。父子俩都认为哈佛的"两会制"使世俗权力和公理会之外的教派都参与学院的管理，容易造成管理混乱，建议他们学习苏格兰的大学管理模式，采用一套班子来管理学院，而不是当时哈佛学院和威廉玛丽学院实施的两套管理班子的模式。这一情节也被称作"美国最早的院校研究"[①]。于是 1702 年 10 名公理会的牧师（其中 9 人是哈佛毕业生）被委任为"受托管理人"，学院选择了单一的董事会体制。学校特许状规定：学校托管人拥有学院所有权，并负责管理学院事务、有权按自己的意愿来做出各种规定。由此可以看出，这一体制与哈佛大学的"双会制"相比，更加凸显了独立办学的精神。因为哈佛大学的校监委员会本身就有一半是政府官员，在行使职权时多多少少、自觉不自觉地会将政府的相关意志贯彻到学校之中。相比之下，耶鲁大学的治理结构要比哈佛大学来得更独立、更简洁、更自主、更高效。

从那时开始，耶鲁学院首设的大学单一董事会制度至今已有超过 300 多年的历史。尽管称不上是尽善尽美，但它经受了历史的考验，成为美国私立大学治理的样板，成为以后大多数美国大学和学院董事会设置的效仿之范，成为通行的私立大学内部治理体制。美国后来创建的所有大学，包括公立的州立大学，基本上都仿效耶鲁大学，实行单一董事会制。从此，美国确立了与英国大学不同而带有自身特色的大学管理体制，即法人"外行董事会制度"，耶鲁学院亦因这一原因被称为"美国大学之母"。

2006 年 9 月 28 日通过的耶鲁宪章，是耶鲁大学最近修订的大学章程。耶鲁宪章提出"校长和董事会成员"是耶鲁大学的合法领导团体。董事会必须领导、关心、管理学校，制定他们认为合理的适合学生发展、适合教育学生的法令。虽然董事会并不过问耶鲁大学日常的活动安排，但涉及财政、学校机构与教育方面的重大决策和变化，均须得到董事会同意才能执行。所以，耶鲁董事会仍然是学校的最高权威机构。

根据耶鲁宪章，耶鲁大学现有董事会由 19 名成员组成，其中包括校

---

① 赵炬明：《现代大学与院校研究》，《高等教育研究》2003 年第 3 期。

长、康涅狄格州州长和副州长等3人，原董事继承人10人和校友董事6人。董事继承人由原来的董事选定，可以连任两次，每次任期为6年，特殊情况下可以再继续任职3年。董事继承人的退休年龄为70岁。校友董事由校友直接选出。董事会成员中，一部分是或曾经是企业家，一部分担任或曾经担任非营利部门的领导职位，校外人士占大多数，学术专业人员比较少。

耶鲁大学董事会中有11个常设委员会：重大事务委员会、财政委员会、审计委员会、投资委员会、教育政策委员会、机构政策委员会、荣誉学位委员会、建筑与土地委员会、发展与校友事务委员会、薪酬委员会和董事会职责委员会。校长必须担任重大事务委员会的主席。各个委员会的成员和各个委员会的主席由校长与董事商讨后提名，然后董事会来选定。每个委员会安排的各自的会议及日期，都必须向董事会或重大事务委员会报告。董事会下设的委员会各自处理不同的具体事务，但这些事务相对于整个学校来说，仍是比较宏观的事务，学校内部的实际事务则主要是由校长和其他行政人员负责。各委员会都安排一位学校的行政人员担任该委员会的秘书。

在耶鲁大学，董事会是最高权力机构，制定学校的大政方针，并监督校行政领导实施的过程和最后结果。耶鲁大学的传统之一是教授治校。建校初期，经过几代校长的努力，耶鲁逐渐形成了董事会不具体参与校务管理、而由教授会治校的法规。体现教授治校的基本机构是大学评议会和文、理科教授会。大学评议会是耶鲁大学校长的咨询机构，其成员主要由校友组成，成员经校长提名，由董事会任命。评议会每年开会两次，其主要职能是就某些特殊事宜向校长提供谘政建议。文、理科教授会由耶鲁学院和文、理研究生院的全体教师组成，由两院院长和教务长分别担责。文、理科教授会的主要职能是：教师岗位和教学任务的分配；各个学系的预算和管理；对大学政策贯彻与执行的监督。[①] 经过多年的探索，经耶鲁大学董事会的同意，耶鲁大学每个学院都有了教授会。学院的教授会有权制定学院的教育政策，开展教学、科研活动工作，向院长推荐系主任人选。虽然耶鲁大学看似实行的集中式官僚管理，但其教授有职有权。在耶

---

① 参见 Yale Reaccreditation. http://www.yale.edu/accreditation/1999/accred/standards/s1.html。

鲁大学，教授就是学校的主人，既是管理者，也是教学者、研究者。这种教授治校的传统使耶鲁没有庞大的脱离教学的行政人员队伍，也没有专门的行政大楼。在当时的美国流传着这样一句话："普林斯顿董事掌权，哈佛校长当家，耶鲁教授做主。"因而教授会的权力不可轻视。但耶鲁董事会还是保留最终的决定权（终审权），诸如对终身教授的审批。这样，大学事务的实施、监督分别由不同人士承担，避免造成权力的失衡。

耶鲁董事会并不过问学校的具体事务，权力都下放到以校长为代表的行政人员和教授手中，董事会只负责制定学校的大政方针，对学校的未来发展做出规划等。通常新进的董事会成员都要参加由董事会组织的正规的培训，这是董事会向新成员介绍董事会的工作以期他们尽快地适应并投入到该工作中的必要环节；董事们均有一份职务说明书，明确各董事会成员相应的职责，每年他们都要通过不断地自我评审，主动考虑如何更好地支持耶鲁的发展。董事会还制定一个正式的董事会各委员会年度议程，每年九月由各委员会全体成员讨论相关事务，而且这些事务需要董事会成员在未来的一年内加以关注。每个周末，董事会成员们都要召开一次"教育会议"，就大学当前所面临的重要问题进行讨论，以便他们能有机会对学术上的事务有更深的了解。

根据 2006 年通过的耶鲁宪章规定，校长和其他董事会成员每年必须召开至少六次正规会议。校长负责召集开董事会的特别会议。如果校长不在，则由秘书召开，一切按照宪章的规则进行。每次会议的通知必须由秘书在开会日期至少五天前用邮件、传真或其他电子手段传送到每个成员手中，而且每次特别会议的通知中都必须包含一个主要的待讨论的问题。每个成员必须出席会议。

由耶鲁发展起来的一院制的董事会制度至今已有 300 多年的历史，它经受了历史的考验，对美国私立高等教育的发展产生了深远的影响，也成为世界私立大学治理体制的示范和标杆，成为各国私立大学采用的统一形式。

2. 美国私立大学与政府的关系

美国建国以前建立的私立大学，在建国以前已经初步形成了治理的模式。建国以后，联邦宪法对教育未做出任何规定，联邦政府没有设定管理教育的权限，而是把对教育事业的管理权交给各州议会和政府。州政府根据宪法和其他法规，据本州的实际情况，通过管理组织的等级形式即立法、州行政部门代理机构或协调委员会、院校管理委员会等，实施对本州高教事业的规划与管理，根据本州的实际情况来建立自己的大学体系。联邦政府和国会一般只是通过立法手段，财政资助和签订科研合同等渠道对大学施加影响。而在治理方面，更确切地说，私立大学在法律允许的范围内活动，不受政府部门的控制。1819 年，美国联邦最高法院裁决，私立大学的存在与发展归根结底同样是符合美国社会公共利益的，私立大学的董事会是该校唯一的法定的权力机构，这就从法律上确定了私立大学的主要治理权。

当然，政府特别是州政府，对于私立大学的治理也不是说完全没有治理权限的，作为大学，政府掌握着私立大学设置权和经费资助权，美国也不例外。首先，举办高等教育本身是一件事关社会各方利益的大事，设立私立大学必须得到政府或者政府委托机构的许可或备案（取得办学特许状）。日常事务、质量评鉴和经费资助等，则是通过政府或者政府委托的机构进行评估后才能获得。法规是州政府管理其公共机构最为熟悉和满意的一种工具，公立大学自然必须遵守州政府管理的法规，它也许是州政府影响大学行为最为无所不在的政策工具。但作为管理公共机构的法规，面临着各种各样的需求，对大学治理的疏忽和限制就会存在。除法规外，州政府的拨款成为最终最为强大的干预私立大学事务的工具。因为拨款是涉及对大学特种行为的刺激和禁止的唯一有效的工具，借以引导或影响私立大学的内部决策、办学行为或发展趋势，并且拨款问题可以得到有规律的复查（通常一年一次）；当私立大学获得的拨款成为学校主要的资金来源时，实际上它的"私立"性质是淡化的甚至是模糊的。诸如哈佛、斯坦福、耶鲁等大学，在美国本地实际上是很少有人计较它的私人属性。正因为如此，美国有一批建校较早的私立大学能从政府财政中获得较多的补助，成为美国高等教育系统中的强校和名校，甚至是世界名校，其质量和水平并不逊于公立大学，它们对国家的教育发展，人才的培养以及国家文化的传承与创新都起着非常重要的作用。当然，多数私立大学并得不到政府很多的直接的资助，只能立足社区，面向市场，艰难生存。由此可见，尽管早期法律反对联邦政府卷入私立大学事务，但联邦政府和州政府还是通过议会制定一系列政策和立法等手段，竭力将治理权力扩展到规制私立大学行为和为大学提供的服务等领域，从而对决定私立大学的发展方向起着重要作用。

3. 美国私立大学治理体制分析

经过长时期的演变，美国私立大学已经形成成熟的治理体制。

（1）董事会是美国私立大学的最高权力机构

美国私立大学董事会负责大学的长远规划、发展战略、经费筹集、财政预算、任命校长等重大行政与学术事务。但董事会并不过问学校具体的日常事务，其制定的方针政策一般由校长去实施。美国的非营利私立高等学校中，除少数天主教会举办的学校直接向教会负责而不设董事会外，几乎所有的私立高等学校都设有董事会。

美国私立高校的董事会制度有如下主要特征：

一是董事会成员多元化。首先，美国私立高校董事会成员以社会知名人士为主，一般由原董事会选举或从校友、知名人士中产生。鉴于董事会成员最基本的职能就是筹措经费，学校一般选择热心教育事业、愿为高校发展做贡献且具备较强募集资金能力的人士担任董事。所以，美国私立高校董事会成员的职业构成中，工商界人士占绝大多数，此外，还有律师、政府官员、教师、学校管理人员及学生等。据统计，美国私立大学董事会中约50%的成员为校外工商业和企业的经理、主管、投资顾问或医生、律师等专业人士，属于美国社会中的精英分子或成功人士。其次，校友以校外人士身份成为母校董事会成员，积极参与母校行政、甚至学术事务的管理也是美国董事会制度的一大特色。[①] 总起来说，董事会是由外部人士组成的治理机构。这有效地避免了高校内部利益群体对高校事务的控制，使高校成为对社会而不是仅仅对内部人利益负责的机构。

二是董事会和董事权责分明。董事会是美国私立高校的法定代表机构，但作为董事会组成人员的单个董事（包括董事会主席），却不能在法律上代表高校的任何地位。尽管如此，每位董事都对高校负有忠实和关注义务等受托责任。一旦违背这些受托义务，就需要为自己的行为或董事会的决策承担个人责任。法律上对董事会和董事个人权威之间的明确区分，有利于在确保董事会集体决策权威的同时避免董事滥用职权。

董事会的主要职责有：①确定学校的性质、目标和任务；②任命校长，协助校长开展工作，并对校长的工作进行评价；③制订学校的长期发

[①] 黄福涛：《国际私立高等院校管理模式研究——历史与比较的视角》，《清华大学教育研究》1999年第3期。

展计划；④保障足够的资源；⑤审批教育计划；⑥沟通学校与社会的关系；⑦保障学校的自治；⑧裁决校内申诉；⑨评价董事会的工作。

三是清晰的治理结构。董事会一般设主席、副主席、秘书和司库各一人。其中，董事会主席是董事会的领导人、发言人，在许多活动中协同校长工作，是校长的顾问。但校长和董事会主席两职合一普遍受到限制。清晰的治理结构有助于对权力的问责。校长作为董事会在校内的代理人，以及其领导的相关行政管理人员，围绕大学的行政事务形成了专门的管理层。大多数董事会都下设各种委员会来处理各种具体事务。另外，还根据特殊情况建立临时性专门委员会。目前美国私立高校的董事会制度正朝着权利共享的多边治理方向发展。

由于学校董事会掌握大学的实权，美国各个私立大学因董事会人员构成或办学方针不同而呈多样化的特点，加之管理人士多来自校外，有可能使大学直接获得来自社会的各种信息，面向社会迅速作出反应，因而大学与社会联系更为紧密，办学体制也相对灵活。但过分强调面向社会服务又可能导致办学商业化、急功近利以及办学质量的下降。当然，美国私立高校董事会制度实行的也是集体决策制度，由整个董事会而不是董事会主席代表高校的最高决策权威。董事需要为决策负个人责任，他们更加审慎地运用自己手中的投票权，以避免受到来自法律的惩罚。集体决策相对于个体决策而言，更容易集思广益，也有利于避免一个人的独断专行和刚愎自用。

四是有力的法律法规保障。董事会一般都会根据学校的特许状制定一系列规章制度，使得董事会的各项活动均有法可依。美国私立高校董事会相关法律规定的实施，为其活动提供了法律依据和制度保障，保证了私立高校的相对独立性。学校内部，为了规范董事会的运作，美国私立大学都根据州立法机关颁发的特许状制定董事会章程或类似条例，对董事会的组织与工作进行规范。从这些章程或条例的规定看，董事会制度主要解决三类问题，即董事会的职责、董事会组成人员的选拔、董事会的组织结构及运行。

（2）校长是私立大学最高的行政负责人

"外行董事会"导致美国私立大学治理存在另一个很显著的特点，就是校长的职责。在董事会成员大部分是外行的情况下，校长在董事会与大学师生之间具有十分重要的作用。他由董事会聘任并向董事会负责，董事会一般把处理学校日常事务和行政管理权下放给校长。但他又要作为学校的代表对学校负责，对学校的教学、科研和学生事务管理等起到指挥和统领的作用。校长及其各行政部门的负责人执行董事会的决议，协调大学与外部各界人士以及大学内部各方面的行政与学术关系。虽然大学校长往往都是搞学术出身，但随着环境的变迁校长职务已经越来越变成社会性、外交性、财政性和行政管理性的专业职务，校长作为大学的"企业管理家"将代替过去的那种纯"学术型"校长，这在历史悠久、规模较大的著名私立大学尤其如此。随着私立大学校长职务日趋专业化，校长参与董事会决策，拥有投票权的比例也相应提高。有的美国学者认为，私立大学校长很多都是拥有投票权的董事会成员，比例约占全部私立大学校长的2/3。校长既是董事会成员又是学校的代表，在其间起着桥梁作用。因此，校长有着非常特殊的地位和非常大的权力，其学术水平、行政管理能力和水平与所在学校的兴衰息息相关。正因为如此，美国私立大学都非常重视校长的选拔，形成了一整套大学校长的遴选方法。

美国私立高校董事会一般拥有学校发展重大事项的决策权。同时董事会章程一般都对董事会与校长的关系和各自的职责做出明确规定，即董事会负责制定政策，校长作为大学的行政首脑，在董事会制定的政策范围内行使"执行权"。

（3）大学评议会或教授会

大学评议会，又称教授会，是西方国家大学普遍存在的一项基本制度。评议会的历史源头可追溯到中世纪大学。当时的巴黎大学中，由各个学部的教师组成评议会，管理大学内所有的教学和行政事务。中世纪后，学生大学逐渐衰落，影响逐渐弱化，大学的管理权力全部转到了教师手中，"教授治校"的传统开始形成。

在美国，大学评议会的发展经过了漫长的制度化过程。大约在18世纪末，耶鲁学院第八任校长德怀特用校长特权成立了美国大学史上第一个评议会——由三名教授组成，与校长共商学校大事。哈佛大学于19世纪20年代效仿耶鲁成立了评议会。

美国私立大学治理结构一般包括校院系三级。治理的层次主要由三部分组成：一是主要由校外人士组成的董事会；二是以校长为首的行政体系；三是以教授（包括副教授和助理教授）为主体的评议会或教授会。

大学评议会或教授会是教师在学校层面参与学校重要学术问题决策的机构。一般来讲，大学评议会或教授会的职责主要包括决定课程计划，确定本科生和研究生的录取标准和学位标准，决定校内各种教学、科研设施的使用，制定教师人事政策，编制学术规划，等等。评议会或教授会通常都设立各种常设委员会，分别处理各种学术事务，如全校必修课委员会、学术规划委员会、科学研究委员会、教学工作委员会、教育政策委员会、研究生工作委员会、本科生招生委员会，等等。临时性的特殊问题，则组织特设委员会进行处理。①

（4）政府对私立大学的治理

关于政府在私立大学治理中的作用和地位，面上来看较为散弱。私立大学首先取得社会发展地位，因此也不存在对私立大学的"扶持"政策。但是美国已经建立了健全完善的大学资助制度，部分公共财政公立、私立一视同仁，这实际上支持了较有实力的私立大学的发展，甚至有力地支持了这些水平较高的私立大学的发展。政府主要用法律和经费资助的杠杆，实施对私立大学的治理。

董事会制度是美国私立大学发展的特色和基石，也是美国大学发展的重要制度。在美国公立大学产生之前，私立大学已经有了150多年的历史，积累了丰富的办学经验，形成了较完备的管理制度。独立战争后，一批州立大学逐步建立起来。新创建的公立大学在管理体制上都不同程度地借鉴私立大学的办学经验，在内部治理方面，仿效私立大学实行董事会制度，由董事会制定学校大政方针。但是，与私立大学不同，公立大学董事会受州政府和州议会的影响颇大。为了加强对公立大学的管理，美国各州还建立了州一级的董事会。公立大学是公共事业，因此在董事会人员构成上更多地反映社会各界的利益，尽量吸引各方面人士参加董事会。政界、司法界、工商界占据了较多的席位，大学校长也开始参与董事会，并发挥越来越大的作用。20世纪中叶之后，教师、学生开始在一些学校的董事会中发挥力量。

第三节　日本私立大学治理

一　日本私立大学发展简史

日本私立大学发展起源于19世纪末。始于1868年的明治维新是日本

---

① 李巧针：《美国私立大学内部管理体制研究》，硕士学位论文，河北大学，2003年。

政治、经济制度转型的标志，同时也开创了日本现代意义上的高等教育。维新初期，日本社会崇尚西方文化，主张学术自由，西学、汉学、和学和神学并存，各种宣传和传授这些学术思想的机构在学术争鸣中相继产生和成长。同时，日本政府财政拮据，无力大规模投入高等教育，对民间举办高等院校采取不支持、不确认和不干涉的政策，以1868年成立的应庆私塾为开端的日本现代私立大学迅速发展起来。1872年日本已有9所私立大学。1877年东京大学（国立）的成立，尤其是1886年《帝国大学令》的出台，日本公、私立大学之间的差距开始拉大。《帝国大学令》决定，帝国大学以适应国家的需要，传授学术理论、技能艺术和探究学术理论为目的，培养政府官吏和社会精英，而私立大学不具有这样的职能，它不仅没有得到政府的确认，而且只能从社会的实际需要出发，培养一般的专门技术人才，适应国民求学之愿望，唯有如此，私立大学才能获得支撑办学的基金，得以生存和发展。1903年，政府又颁布《专科学校令》，承认私立高等专门院校的私立，而不承认大学的私立，规定"专门学校是一种传授艺术及科学的场所"，只能拥有单个学科专业。这与帝国大学"可以拥有多规格、多层次和多学科的综合大学"、兼具"教育和研究"职能形成鲜明的对照，也由此造成帝国大学资金充沛、而私立大学则生存困难的局面。不仅如此，为了强化政府对私立大学的控制，确保帝国大学的质量和地位，政府还同时规定，帝国大学的教师不得到私立大学讲课，使得私立大学的教师聘请受阻。类似的政策还有：私立大学必须具有足够的资金，否则不得申报新的专业；必须接受政府的监督和干预，等等。这些政策对私立大学的发展起到了很大的制约作用，阻碍了私立大学的正常发展。显然，日本政府力图将政治生活中等级森严的官僚制度复制到高等教育系统，通过一系列倾斜政策来树立国立大学的权威，逐渐形成以国立大学为"塔尖"、广大私立大学做"基底"的金字塔结构。但是私立大学也不完全甘心于垫底塔基，它们通过各种路径力促发展，创造条件与国立大学竞争，并获得了成功。通过培养各种专业性和适应性人才，不仅为自己的生存开辟道路，而且逐渐壮实强大，早稻田大学、庆应义塾大学、上智大学、东京理科大学、关西学院大学、立命馆大学等私立大学也都是日本久负盛名的一流大学。在学校数和培养规模总量上逐渐达到或超过帝国大学，担负起企业人才培养的主要责任。

  日本政府限制私立大学发展的政策一直延续到1918年。时年12月，在早稻田大学等学生的"骚动"冲击和促进下,日本政府修正和重新颁布了《大学令》,规定"除帝国大学和其他官立大学外,根据本法规定,可设置公立或私立大学","高等教育除依靠国家举办外,也欢迎地方政府和团体以及私人办学",从而私立大学的法律地位才得到真正确认。

第二次世界大战结束以后,日本社会经历了由美国占领军主导的民主化改革,在民主理念涤荡日本高等教育界封建传统和保守观念的背景下,日本政府开始改变对私立大学压制、歧视的政策,从"严格控制"转向"私学自由""振兴私学",从而奠定了日本私立大学蓬勃发展的基础,私立大学得到进一步的巩固和发展。1947年日本政府公布的《教育基础法》明确指出:"法律规定之学校具有公共性质",提出"除国家或公共团体外,只有法律所规定的法人才能开办学校"。从而确认了私立大学的公共性质。1949年制定的(私立学校法)、1950年制定《私立学校法实施令》和《私立学校法实施规则》(1950),进一步肯定私立大学的公共性质,首次提出了作为学校经营主体的"学校法人"的概念,确保私立大学的自治权,承认私立大学的文凭证书,并废除了保证金制度。尤其值得关注的是,政府在相关法律法规中明确提出,"根据文部省及地方法程序,如果认为需要,政府可以资助学校法人,以便资助发展私立高等教育"。日本资助私立大学从此开始,私立大学的社会地位大大提升,生存环境大为改观,从此进入一个稳定快速发展期。20世纪60年代,世界高等教育规模扩张的浪潮从美国波及了日本。随着高等教育适龄人口的迅速增长,日本的高等教育入学率也开始迅速提高。20世纪70年代,日本的经济由高速增长期转向缓速增长期,为适应高等教育规模扩张进程中私立大学的快速发展,日本政府对教育进行了改革,对私立学校的态度大为转变,尤其是对私立大学采取积极振兴援助的政策,大幅增加对私立大学的补助,帮助解决私立大学由于经济的衰退而出现的财政危机。1975年政府专门制定了《私立学校振兴援助法》,1976年《私立学校振兴援助法实施令》等一系列的法律法规颁布,强化了私立学校的财政基础,形成了比较完善的私立学校法律体系,从法理上保障了私立高等院校的法律地位。[①] 进而提高了私立大学的经营水平,促进私立大学的健康发展。20世纪80年代

---

① 赵应生、钟秉林、洪煜、姜朝晖、方芳:《国外及港澳台地区私立高等教育发展的经验与启示——我国民办高等教育改革与发展探析》(五),《中国高等教育》2011年第15期。

以后，政府又提出了"以自立、互助，有效使用民间的活力"的基本方针，重新确立国家与地方、与社会的关系，借助民间的活力来发展社会事业，私立大学从此进入快速发展阶段，并初步形成了日本私立大学发展的新格局。

日本私立大学的发展成长，有几个因素和启示：一是随着经济和社会的发展，对人才的需求拉动了私立大学的发展。尽管政府想方设法加以限制，然而社会需求政府却难以满足，因此私立大学可以在市场中获取营养和资金，获得发展条件和机会；二是在社会适龄青年大幅增长、大学就读机遇得不到满足的情况下，私立大学更是适应就读要求，承担起帝国大学难以承担和满足社会需求的职责，从而获得了难得的发展机遇；三是政府的法律法规，最终将回归社会的选择。但这些法律法规顺应社会潮流和发展趋势时，私立大学便可以获得更大的发展。

从20世纪60年代开始，日本高等教育的毛入学率一直处于上升的状态，图4-1中最上面的曲线表示日本高等教育的毛入学率，其他的曲线

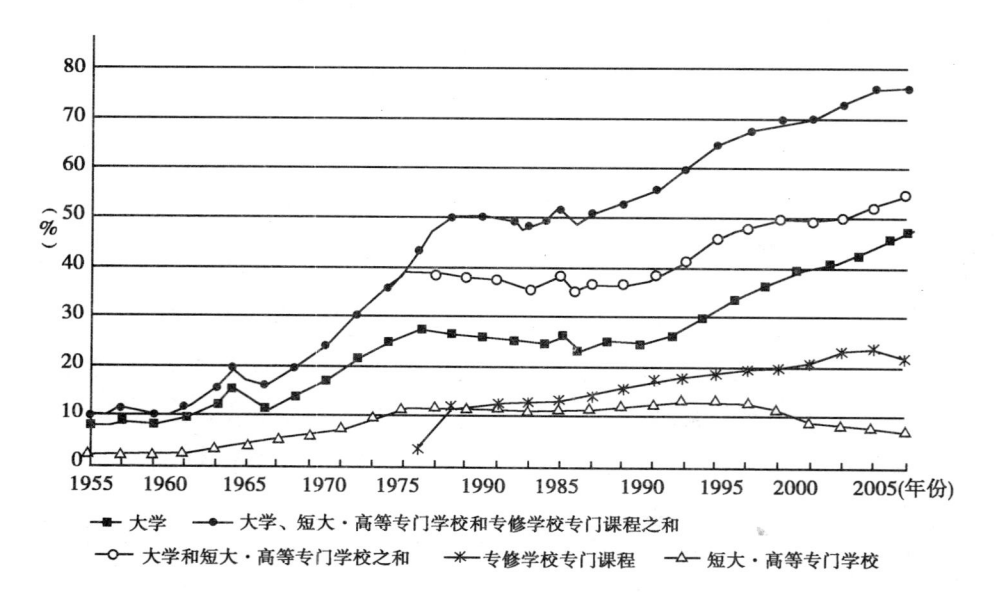

图4-1 日本高等教育毛入学率的变化状况

说明：大学是指四年制的大学，短大是指短期大学（以下同）。

资料来源：王幡、刘振敏：《浅析私立大学在日本高等教育发展过程中的作用》，《北京城市学院学报》2010年第1期。

分别表示各类机构的入学率,即四年制大学、短期大学和高等专门学校、专修学校专门课程,以及大学和短期大学及高等专门学校三者的入学率。日本大学和短期大学数、日本大学和短期大学学生人数的公、私立比例见表4-3和表4-4。

表4-3　　　　日本大学和短期大学数以及构成比率

		私立(比率)	国立(比率)	公立(比率)	总数
2006年	大学	553年(76.2%)	87所(12.0%)	86所(11.8%)	726所
	短期大学	436所(89.3%)	10所(2.0%)	42所(8.6%)	488所
2001年	大学	478所(73.7%)	99所(15.3%)	72所(11.1%)	649所
	短期大学	497所(86.9%)	20所(3.5%)	55所(9.6%)	572所

资料来源:根据《文部科学统计要览》2001年版、2006年版整理。
王幡:《从经营状况看日本私立大学的生存与发展》,《北京城市学院学报》2009年第3期。

表4-4　　　　日本大学和短期大学学生人数以及构成比率

		私立(比率)	国立(比率)	公立(比率)	总　数
2006年	大学	2112291人(73.7%)	627850人(21.9%)	124910人(4.4%)	2865051人
	短期大学	203365人(92.7%)	1643人(0.7%)	14347人(6.5%)	219355人
2001年	大学	2008743人(73.3%)	624082人(22.8%)	107198人(3.9%)	2740023人
	短期大学	298847人(91.2%)	7772人(2.4%)	21061人(6.4%)	327680人

资料来源:根据《文部科学统计要览》2001年版、2006年版整理。

研究表明,日本私立大学发展进程经历了三个时期:[①]

第一,"大扩充时期",从1960年到70年代中期,这是日本经济高速增长的时期。在此期间,日本的四年制大学入学率由8.2%增长为27%,如果将短期大学包括在内则由10.3%增长到近40%,扩大了约4倍。私立大学为日本高等教育实现从精英阶段向大众化阶段的过渡做出了重大贡献。

第二,"停滞时期",从70年代中期至1990年前后,这一时期,由于私立大学的大幅增加,四年制大学的入学率停滞不前,甚至出现略微的下降,由1976年的27.6%降低到1990年的24.5%。此阶段,政府认识

[①] 王幡、刘振敏:《浅析私立大学在日本高等教育发展过程中的作用》,《北京城市学院学报》2010年第1期。

到发展和扶持私立大学发展的重要性，主动介入私立大学的发展，仅1970年，政府就向私立大学提供了132亿日元的资助。1975年政府更是颁布《私立大学振兴助成法》，以法律形式规定政府每年向私立大学提供一定数量的资助，并允诺逐年提高资助标准。在这个时期，大学以外的高等教育机构得到了扩充，而且新创办的专修学校的入学率大幅度上升，1990年达到16.9%。因此，高等教育的毛入学率由43.2%提高到53.7%。

表4-5　　　　　　　　日本国立大学与私立大学的教学条件

年份	师生比		生均校园面积		生均建筑面积		生均经费	
	国立	私立	国立	私立	国立	私立	国立	私立
1960	8	26.4	6.7	0.1	32.2	9	169	55
1965	8	29.3	5.4	0.1	31.6	7.8	262	104
1970	8.4	30.7	4.1	0.1	32.7	8.3	415	152
1975	8.5	31.5	3.6	0.1	31.8	9.2	881	360
1980	8.5	27.9	3.2	0.1	34.7	11.4	1168	704
1985	8.7	24.6	3.0			13.3	1426	1062
1990	9.6	24.4	2.5	0.1		14.1		

资料来源：日本文部省：《学校基本调查》《私立学校财务状况调查》，见陈永明《日本私立学校》，山西教育出版社1996年版，第209页。

第三，"再扩大时期"，从1990年前后至2007年，这一时期日本的高等教育毛入学率又开始提高。四年制大学入学率由25%左右上升到了2007年的47.2%，并且高等教育毛入学率由50%多上升到了70%以上。可以说，这一时期日本的高等教育完全进入了普及阶段。

在1960—1976年这16年间，日本高等教育的发展速度最快，大学的数量几乎增加了一倍，从525所增加到934所，学生数量由70万增加到210万。其中学生增加总数的83.9%、高校增加总数的94.4%属于私立高校。20世纪70年代中期高等教育毛入学率达到了37%，远远超过了马丁·特罗所设定的精英阶段与大众阶段的界限——15%的指标。根据日本文部科学省统计，2008年日本共有4年制本科大学755所，其中国立大学86所，地方公立90所，私立大学589所，私立大学占78%；另外还有

2 年制的短期大学 417 所，其中国立 2 所，地方公立 29 所，私立 386 所，私立大学占 92%。① 在校生方面，根据 2005 年的统计显示，私立大学在校生人数 211 万，占在校大学生人数的 73.8%，即在校大学生中约有 3/4 在私立大学学习。目前，日本私立大学比例基本稳定。在日本私立大学中，既有享誉世界的名牌大学，如早稻田大学和庆应大学，也有普通四年制本科大学、短期大学、高等专科学校和专修学校。在大学、短期大学和专修学校这三种类型中，无论是学校数量还是在校学生人数都占据了日本高等教育的绝对多数。日本是世界上最早实现高等教育大众化的国家之一，其私立大学在国家的高等教育发展中起着重要作用，承担着日本高等教育普及化的主要任务。日本的私立大学的发展受到了政府以及社会在政策、经济、文化等方面的支持和帮助。因此，借鉴日本私立大学治理，特别是其中有关私立高等教育的立法、私立大学的资金来源、私立大学的内部治理体制以及私立大学的评价体系等，对于促进我国的民办高等教育的发展，提高我国民办大学的办学质量有着重要意义。

二　日本私立大学治理

在诸多发达国家中，日本是私立大学比重最高的国家之一。美国私立大学虽然学校数比重较高，大致占到高校总数的 3/4，但是私立大学总体规模和校均规模偏小，私立大学在校生数只占到全国在校大学生的 1/4 左右。然而自 20 世纪 70 年代以来，日本私立大学的学校数与在校学生数始终占大学与学生总数的 70% 以上，私立大学成为高等教育大众化的主力军。

日本高等教育制度的基本特征之一是依照法律法规发展高等教育，这在私立大学治理上体现得尤为明显。为了尊重私学教育的自主性和独立性，同时发扬私学教育的公益性与公共性，日本的《私立学校法》创立了学校法人制度。《私立学校法》成为战后包括私立大学在内的日本私立学校办学、发展的基本法律根据。

在日本，私立学校是由私人的捐赠财产等设立起来的，实施"自主性、独立性、公共性、公益性"的治理原则。"自主性"的主要内涵为：

---

① 严峻嵘：《日本教育面临百年危机解读日本大学首次倒闭潮》，搜狐出国 http://goabroad.sohu.com/20090710/n265124576.shtml。

站在国家和地方的立场，对于私立学校的自治要给予尊重，尽量回避参与学校自治；"独立性"则是站在私立学校的立场，积极主张私学教育的意义，排斥来自国家和地方的干预。"公共性"是指私立学校是日本学校教育体系里的重要一环，对于在私立学校中接受教育的大多数学生的利益来说具有至关重要的意义（比如说，从事电力、运输和通信等事业的主体多是营利性法人，但是它所从事的事业却常常带有很强的公共性）；而"公益性"和"公共性"是相似用语，日本民法第34条明确指出了公益法人的性质，不以营利为目的，主要以公共利益为目的，具体地说公益性法人不进行收益分配，解散后剩余财产也不归还和分配。学校法人是公益性法人。既要尊重私立学校的自主性，又要发扬私立学校的公共性，这二者的有机协调被认为非常重要。因此解决这对矛盾就成了日本《私立学校法》的立法之本。也正是由于制定了《私立学校法》，规定了私立学校的治理结构，从而协调了私立学校的公共性和自主性。①

日本私立大学举办模式为学校法人（也称财团法人）举办。根据日本《私立学校法》第三条，创立私立学校首先必须设立举办机构——学校法人。但是由于学校法人不同于一般的财团法人，战后制定的《私立学校法》规定了学校法人和私立学校是两个不同组织，学校法人是权利的主体（例如，学校的所有权属于学校法人，对外签订合同的主体是学校法人），而私立学校则是进行教育活动的机构，并非权利主体。根据日本《私立学校法》，学校法人的治理结构主要由决策管理机构、监督机构和咨询机构组成。

1. 理事会是决策机构

日本私立大学内部决策机构是理事会。《私立学校法》中虽然没有规定在私立大学中必须设置理事会，但是实际上私立大学都设有理事会，这可能是受美国私立大学的影响。实际上理事会就是学校法人的决策机构，体现举办者的意志和理念。《私立学校法》第36条规定：如果在学校法人规章中没有特别提示，学校法人的业务则须过半数的理事来决定。为体现学校法人比一般财团法人拥有更强的公共性，《私立学校法》从第35条到第40条对学校法人的成员制定了一些相关规定，以努力防止少数理

---

① 王彦风：《日本私立大学管理机构及决策方式》，《北京城市学院学报》2005年第3期。

事专断，或成员家族化，以及教育相关者的意愿不被重视等问题的出现。同法第 38 条规定了理事的产生范围：①私立大学的校长；②根据学校法人规章从评议员中选出；③在上述两项以外，根据学校法人规章从有学识的经验者、学校创建当初的功绩者、宗教团体的成员中选出。理事的人数应在 5 人以上，可视学校规模大小而定。同法中没有设定理事的任期，在日本的私立大学中，4 年任期最常见，满期之后可以再选。理事会拥有学校法人的代表权（可以根据学校法人规章加以限制）。同法第 35 条第 2 项里规定了理事中的 1 人，根据学校法人规章成为理事长。理事长对外是学校法人的代表，对内掌管学校法人的事务，理事长以外的理事一般只限于参加理事会的决议活动。

一般常见的理事长选出方式有：在理事之间互选；相关法人成员自动成为理事长；校长自动成为理事长等几种方式。根据《私立学校法》理事长行使以下权力：①召集评议员会；②向评议员会提出议案，并听取评议员会的意见；③对评议员会作出决算报告。而实际上，理事长主要通过主持召开理事会，决定学校法人的业务才是理事长最重要的工作。理事长的任期同样在《私立学校法》中没有明确规定，但由于是在理事中选出，所以任期同理事相同。理事长因故不在期间由其他理事代理执行理事长职务。为防止成员家族化，根据《私立学校法》第 38 条的 4 项规定：学校的成员（理事和监事）之中，3 辈以内的亲属不得超过 1 人（比如，如果夫妇是理事的话，那么他们的儿子就不能成为理事或者监事）。这条规定被认为从人事的角度上保证了学校法人的公共性。

2. 校长是最高领导

如果在相关学校法人规章中没有特殊规定的前提下，根据《私立学校法》第 38 条规定，私立大学的校长理所当然是学校的理事，因此私立大学校长具有理事的一切法律上的地位。另外作为私立大学（而不是学校法人）的最高领导，校长掌管校务，统领监督所属职员，对于学生的入学、退学、转学、课程单位的履修和毕业等给予认可。根据文部科学省的相关法律说明，学校是设置者（国家、地方团体和学校法人）举办教育的组织，接受设置者管理。一般来说，设置者通过设置管理机关来治理学校，国、公立大学的管理机关是文部大臣和地方教育委员会，私立大学则是学校法人的理事会。也就是说，理事会作为学校法人对私立大学校长进行指挥和监督。现实中，理事会多从有利于教育和经营角度出发，除了特别重要事项以外，对校长委以相当大的权限，但是显然比美国私立大学校长的权力受到的制约要多得多。私立大学校长的选任没有特殊的法令规定，由各私立大学的学校法人自行规定。

3. 监事负有监督职责

日本私立大学的监督工作是由监事来执行的。虽然没有专门设立监事会，但是根据《私立学校法》第35条第1项，学校法人必须设置2人以上的监事。监事同理事一样属于学校法人的成员。普通财团法人可以任意选择是否设置监事一职（民法第58条），而作为公共性很强的学校法人则必须设置监事一职。监事具有如下5大职责。①监察学校法人的财产状况；②监察理事的业务执行状况；③在上述监察过程中，发现不当问题的时候向主管部门（文部科学省）或评议员会提出报告；④为做上述报告而需要召集评议员会时向理事长提出请求；⑤对于学校法人的财产状况和理事的业务执行状况，向理事阐述自己的意见。监事不能是学校法人的理事或者学校法人的职员（如校长、教员等），同理事一样，对监事也有同样的亲族限定，即在学校法人的成员中，3辈以内的亲属不得超过1人。监事的任期规定和理事的相关规定相同。

4. 评议员会是咨询机构

评议员会是学校法人的合议制咨询机关。《私立学校法》第42条2项指出，根据相关的学校法人规章，评议员会也可以变成学校法人的决议机关。和监事一样，评议员会也是学校法人的必设机关，并且人数要超过理事会人数的两倍以上（比如，理事会的人数为5人时，评议员会的人数就要在11人以上），这同样是为了提高学校法人的公共性而做出的规定。评议员由以下人员担任。①符合学校法人规章的学校法人的职员，被称为1号职员评议员；②毕业于该学校法人设立的私立学校、年龄在25岁以上、符合学校法人规章的毕业生，被称为2号毕业生评议员；③以上两条以外，符合学校法人规章者，被称为3号学识经验者评议员。1号职员评议员可以是校长和教员等职员，是为向评议员会反映教职员工的意见而设定的；2号毕业生评议员是代表受教育者而设定的，因年龄被限制在25岁以上，所以新成立的学校法人可能没有毕业生评议员；3号学识经验者评议员多由理事会成员参与其中，评议员会是咨询机关，所以对评议员的选任没有严格的要求，也没有亲族限制，理事同时可以兼任评议员。由于评议员会人数是理事会人数的两倍以上，所以如果评议员会成为决议机关，即使理事会成员都是评议员也可以保证合议制机关——评议员会有效行使职能；同法第 41 条规定，理事长负责召集评议员召开评议员会，评议员会设有议长，按相关学校法人规章选出议长。实际上，由理事长直接任议长或评议员之间互选议长的方式占大多数。

评议员会有如下四方面职能：①理事长在以下 6 种情况时必须事先听取评议员会的意见。a. 预算、收支借入和处理重要资产的事宜；b. 学校法人规章的变更；c. 合并；d. 获得三分之二以上理事同意的事业终止（评议员会的决议不包括在内）或被认为不可能成功的事业终止；e. 和以赢利为目的的事业有关联的事宜；f. 符合学校法人规章，和其他学校法人业务的重要事项发生关系时；②在每个会计年度终了后的 2 个月内听取理事长的决算报告，并提出意见；③在监事发现不当问题时，接受监事提出的报告；④对于学校法人的业务状况，财产状况以及成员的业务执行状况，评议员会对成员讲述意见，回答成员的询问，接受成员的报告。一般来说，评议员会作为咨询机关，在法律上理事会可以不受评议员会的约束，但如果学校法人规章规定了评议员会有决议机能时，评议员会的决议就不仅仅停留在咨询的意义上，更成为代表学校法人的一个重要决议。

5. 教授会履行教务决策

日本《学校教育法》规定，与公立高校一样，日本私立大学普遍设立设置教授会。教授会是由教授、副教授以及其他教职工组成。在日本《学校教育法施行规则》中规定，对于学生的入学、退学、转学、留学、休学、进学以及课程履修和毕业等要经过教授会的审议，最后由校长决定。由于领导体制不同，公、私立高校教授会的作用也有所差异。私立大学教授会和理事会的关系主要表现为以下几个方面：①私立大学教授会的审议事项是学校法人的内部问题，当教授会的决议和理事会的决议发生矛盾时，理事会的决议优先；②教授会是学校理事会的辅助机构，理事会的决议和学校法人的行为，即使没有经过教授会的审议也不影响其法律效力。但是决定关于大学的重要事项时，应该参考教授会的意见；从以上内容可以看出，教授会是私立大学的职能机构之一，它的职能主要是对私立大学的教学相关事务进行审议。

以上分析可见，日本私立大学普遍实行理事会、评议会和监事三权分立的横向治理体制。从法律规定来说，理事会可以统揽学校事务，但实践中理事会主要是提出学校发展的规划和计划，而由评议会审议和做出决定，监事则对学校财产及理事工作进行监察，三方彼此牵制，这是日本国家立法、执法和司法三权分立制在私立大学权力构成上的典型体现。私立大学的校长基于独立的办学精神在理事会领导下开展大学的营运管理。从治理类别上看，日本私立大学大致可划分为两类。一类为经营教学分离型，理事长和理事会具有整个学校的决策权和经营执行权，校长具有教授会的营运权和教学执行权。这类学校内部组织相对复杂和完备，牵制因素较多，但可减少问题的发生，有助于保持私立大学的自主权和公共性。另一类为经营教学一体型，此类学校一般由理事长兼任校长，具有经营和教学的双重执行权。当然，无论经营权还是教学运营权都不是绝对的，它必须受制于理事会的裁决权、监事的监督权和评议会的评议权。私立大学校长在理事会、监事、评议会等机构依法确立并行使各自权力的基础上，实行自主经营管理。包括自主确定招生规模与学费，根据社会需要自主设置专业和确定教学内容，自主聘任教师和管理人员，自主进行科学研究等，体现出充分的自主性。当然，由于有法律做后盾，日本私立大学理事长的权限变得越来越大的问题表现得日益突出，在现有法律框架里又无法加以限制。在经营教学分离的治理体制下，由于《私立学校法》对学校法人的业务规定不够明确，学校法人无理介入私立大学教务的例子屡见不鲜。也就是说，现有法律框架存在诸多漏洞，存在导致学校私有化的因素，不利于保证私立大学的公共性。与此同时，日本也有一部分私立大学是家族举办，《私立学校法》虽然限定了家族成员的权利支配，但是在实际中还是存在许多的无奈。

6. 政府通过法律治理

与美国政府对私立大学治理相似，政府主要通过法律和相关政策对私立大学进行治理。日本的《私立学校法》制定于1949年。60年来，该法进行了十多次修改，并先后制定了与之配套的其他法规，从而使之日趋完善。

日本《私立学校法》确立了战后日本发展私立学校的三原则：一是私立学校公共化。私立学校虽系私人设立，但就其办学的目的和任务来说，同国、公立学校一样，都具有公共性，都同样是为"全社会"服务的。私立学校的开办者不得因学校为私立而影响或改变其公共性。同时，私立学校同国、公立学校具有同等的地位，而非国、公立学校的补充，私立学校须同国、公立学校一样遵守各项有关的教育法规。二是私立学校行政自主化。废除战前那种由国家统治私立学校的旧体制，把私立学校的开设、管理作为公民实现宪法赋予的教育权的一种权利而由法律确定下来。私立学校享有充分的自主权,教育行政部门须尊重私立学校的自主性,并确保私立学校的自主权。三是私立学校经营主体学校法人化。为消除战前私立学校由作为民法法人的财团法人开办所带来的弊端,1947年制定的《学校教育法》规定私立学校须由作为特别法人的"学校法人"来开办,以增强和确保私立学校的公共性和公益性。《私立学校法》,从某种意义上说,是一部学校法人法。保障私立学校的公共性、自主性和民主性是《私立学校法》的核心。它促使私立学校纳入国家的教育计划,各种类型的私立学校达到国家要求的水平,并保持持续发展的状态,保障了私立学校的健康发展,从而成为日本各级各类私立学校发展的基本法。值得一提的是,日本政府对私立大学的资助,总体来说比较制度化,既有不分公立、私立、全凭办学实力的竞争性项目,也有作为基本补助、通过一般考核提供的普惠性的资助,使得大多数私立大学都能得到公共财政的支持,维持了私立大学的平稳发展,避免一般私立大学发展大起大落的风险。《私立学校法》公布后,日本政府又相继制定了《关于给予私立大学研究设置国家补助的法律》《日本私学振兴财团法》《私立学校振兴助成法》等有关私立学校的法律,文部省也为执行《私立学校法》于1950年下发了《私立学校法施行令》和《私立学校法施行规则》。这些法律、法令有效地监督和指导私立大学的办学与发展。

第四节 韩国私立大学治理

一 韩国私立大学发展简史

韩国是世界上私立高等教育最为发达的国家之一。从韩国高等教育发展的历史可以看出,其高等教育首先是从私立大学(包括教会和私人创办的学校)发展起来的,而且一直以私立高等教育占绝对优势。从一定程度上说,韩国高等教育史其实就是一部私立大学发展史。私立大学也是韩国实现高等教育大众化和普及化的中坚力量。1980年韩国高等教育毛入学率达到14.7%,初步实现高等教育大众化;1995年高等教育毛入学率达到52%,成为世界上第一个实现高等教育普及化的国家。在韩国高等教育大众化进程中,私立大学发挥了主力军的作用。

韩国也是近代高等教育的后发国家。1948年大韩民国成立时仅有高等学校31所（含国立、私立高校），在校生2.4万人。第二次世界大战结束时，韩国社会动荡、经济混乱、高等教育十分落后，政府无暇顾及高等教育的发展，采取了"放任自由"的高等教育发展政策，宽松的环境极大地激发了民间兴办高等教育的热情，有力地促进了韩国高等教育的发展，尤其是私立大学的发展。1945—1959年，韩国的高等教育学生数增长了10.4倍。[①] 20世纪60年代，韩国为适应以轻工业产品出口加工为主的外向型经济发展的需要，新建了一批以培养产业技术人才为目标的五年制高等专科学校和两年制的初级学院。同时根据市场的需求，调整高校的科类结构，缩减文科，增加理科。另外颁布了《私立学校法》，加强了私立高等教育办学的规范。1970—1980年，韩国高等教育学生数扩大了3倍多，年均增长12.4%，1980年高等教育毛入学率达14.7%，进入大众教育阶段。[②]

韩国高等教育系统是私立高等教育主导型国家。截至2005年，韩国共有各级各类高等院校1429所，在校生3597364名。其中包括大学173所（国立24所、公立2所、私立147所），在校生1859639人；研究生院1051所（国立164所、公立14所、私立873所），在校生282225人；专门大学（大专）158所（国立7所、公立8所、私立143所），在校生897589人；产业及技术大学19所（国立8所、私立11所），在校生188855人；11所教育大学（均为国立），在校生25141人；另有一所放送通讯大学（国立大学），在校生290728人，远程教育大学15所（在校生53156人）以及企业大学1所（在校生31人）等（相关数据见表4-6、表4-7和表4-8）。韩国每万人大学生占571人、成人人口中大学毕业生占17%，其中，25—34岁占23%、35—44岁占19%、45—54岁占11%、55—64岁占8%。[③]

---

① 孙启林：《战后韩国教育研究》，江西教育出版社1995年版，第349页。
② 谢作栩：《美、英、日、韩四国高等教育大众化发展道路的比较》，《人大书包复印资料 高等教育》2001年第8期。
③ 中华人民共和国驻大韩民国大使馆教育处：《韩国教育概况》，中国留学网（http://www.cscse.edu.cn/publish/portal24/tab1092/info7550.htm）。

表4-6　　　　韩国各类办学性质高等教育机构变化趋势　　　　单位：所

年度	高等教育机构总计			普通大学			产业大学			专科大学		
	合计	国·公立	私立	合计	国·公立	私立	合计	国·公立	私立	合计	国·公立	私立
2007	408	54	354	175	25	150	14	6	8	1148	11	137
2006	412	56	356	175	25	150	14	6	8	152	13	139
2005	419	60	359	173	26	147	18	8	10	158	14	144
2004	411	61	350	171	26	145	18	8	10	158	15	143
2003	405	623	43	169	26	143	19	8	11	158	16	142
2002	376	62	314	163	26	137	19	8	11	159	16	143
2001	374	61	313	162	26	136	19	8	11	158	15	143
2000	372	62	310	161	26	135	19	8	11	158	16	142
1990	265	55	210	107	24	83	6	3	3	117	16	101

注：高等教育机构包括专科大学、师范大学、普通大学、产业大学、电视通信大学、技术大学、远程大学、企业经营大学、研究生大学等。

资料来源：中华人民共和国驻大韩民国大使馆教育处：《韩国高等教育机构基本数据统计资料》，中国留学网（http://www.cscse.edu.cn/publish/portal24/tab1092/info9795.htm）。

表4-7　　　韩国各类办学性质高等教育机构学生人数变化趋势1　　　单位：人

年度	高等教育机构总计				普通大学			
	合计	国立	公立	私立	合计	国立	公立	私立
2007	3558711	860548	49221	2648942	1919504	386149	22312	1511043
2006	3545774	862835	48730	2634209	1888436	383267	21989	1483180
2005	3548728	871354	48132	2629242	1859639	379254	21414	1458971
2004	3555115	872211	48835	2634069	1836649	376413	20939	1439297
2003	3558111	886079	48801	2623231	1808539	372605	20565	1415369
2002	3577447	934886	48363	2594198	1771738	366900	20399	1384439
2001	3500560	923179	46896	2530485	1729638	361678	20115	1347845
2000	3363549	899020	44031	2420498	1665398	352733	19345	1293320
1990	1691681	490839	6106	1194736	1040166	249026	5722	785418

注：高等教育机构包括专科大学、师范大学、普通大学、产业大学、电视通信大学、技术大学、远程大学、企业经营大学、研究生大学等。

表4-8　　　韩国各类办学性质高等教育机构学生人数变化趋势　　　单位：人

年度	产业大学				专科大学			
	合计	国立	公立	私立	合计	国立	公立	私立
2007	169862	83868	—	85994	795519	7757	22615	765147
2006	180435	87374	—	93061	817994	10911	22642	784441

续表

年度	产业大学				专科大学			
	合计	国立	公立	私立	合计	国立	公立	私立
2005	188753	90324	—	98429	853089	13405	22748	816936
2004	189035	86892	—	102143	897589	14721	24026	858842
2003	191455	87377	—	104078	925963	14423	24614	886926
2002	187040	85956	—	101084	963129	14225	24620	924284
2001	180068	83967	—	96101	952649	13775	23765	915109
2000	170622	81186	—	89436	913273	15302	22029	875942
1990	51970	25069	—	26901	323825	26959	—	296866

注：高等教育机构包括专科大学、师范大学、普通大学、产业大学、电视通信大学、技术大学、远程大学、企业经营大学、研究生大学等。

韩国私立大学发展大致经历了五个阶段：

第一个阶段（14世纪末至第二次世界大战结束），私立大学初创时期。

韩国早期的高等教育起源于古代王朝高丽时期的大学——成均馆，成均馆是统一新罗时期的国学，高丽时期的国子监，也是最初的国家高等教育机关，后来由官办学府转为私立大学——成均馆大学。其他知名的私立大学还有：延世大学，起源于1885年，其前身是延禧大学校和广慧院以及世博兰斯医学校，1957年1月，延禧大学校和世博兰斯医学校正式合并，从原校名中各取一个字，命名为延世大学；1886年5月31日由一位美国牧师之妻史克兰顿（M. F. Scranton）在汉城创办的"梨花学堂"，后改名为梨花女子大学（Ewha University）；始建于1905年的高丽大学，其原名为普成大学。这些大学后来都成为韩国享有很高声誉的大学，甚至排名在世界大学的前列而闻名于世。

第二个阶段（1948—1960年），私立大学的自由发展期。

1948年8月15日，大韩民国政府成立（此为第一共和国的开始），当时41所大学中私立大学占绝大部分。1949年实施的"农用土地改革法"，鼓励土地所有者创建学校以保住土地。许多大地主建立学校或把土地捐给学校，3年内就建立了23所。1950年朝鲜战争爆发，韩国政府延期征召大学生服兵役，从而促进高等教育发展。到1955年，韩国共有71所高校，其中私立58所（占总数的81.69%），国立8所，公立更少，只有 5 所。至此，韩国的高等教育体制出现了国立、公立和私立三分天下的高等教育发展格局，并一直延续至今。

第三个阶段（1961—1979 年），私立大学的整顿与发展时期。

1961 年春朴正熙军人政权上台后，在加强政治经济控制的同时，开始注意对高等教育的控制和管理，并取得一定成效。

首先，制定一系列法律法规，加强对高等教育的宏观控制。朴正熙执政伊始便推出了《大学整备方案》，并修改增订了《教育法》中有关高等教育的内容，此后又颁布了《私立学校法》（1963 年）、《教育振兴法》（1963 年）、《产业教育法》（1963 年）、《大学定员令》（1965 年）、《科学教育法》（1967 年）、《职业训练法》（1968 年）、《私立高等学校财务政策》（1969 年）等一系列教育法规。其中，《私立学校法》和《产业教育振兴法》，明确规定由政府补助私立学校设备费，但在许多方面要接受政府的统一指导。20 世纪 60 年代是韩国高等教育事业边整顿边发展的 10 年。1965 年时全国已有私立大学校 113 所，占全部大学（164 所）的近 70%，是 1955 年的近两倍。

其次，建立教育改革审议会，推动高等教育改革。自 20 世纪 70 年代起，韩国的高等教育进入改革期。1971 年，政府成立了教育改革审议会；次年政府根据审议会拟定的六点基本改革要点正式提出了高等教育改革方案，比如，进一步明确高等教育要为国家和社会培养各类高级人才并开展社会发展所需的科学研究，放宽高校学生定员额度以扩大受高等教育机会，加强研究生教育，建立定期评估制度以保证教育质量，推动高校自治化，增加高等教育投入，特别是对私立高校实行公费补助，加强大学与地区的合作。其间，还颁布了《私立学校教师退休实施法》（1973 年）和《私立学校教师健康保险法》（1977 年），以鼓励私立学校教师安心教育事业。

第四个阶段（1980—1990 年），私立高等教育的大发展时期。

此时正值韩国第五、第六共和国时期（先后由全斗焕和卢泰愚执政），全斗焕政府 1980 年 7 月 30 日开始继续实施高等教育改革计划，加大高等教育改革力度：其一，为了给高等教育规模的扩张提供较为充足的经费，1981 年韩国政府颁布并实施了《教育税法》，将教育税确定为 11.8%，教育经费较以前有大幅度增长。其二，扩大大学定员额度（每年新生都有大幅度增加），实行大学毕业定员制。1981—1987 年推行的这一新政策允许学校在毕业定员人数之外增招30%的学生。韩国政府施行大学毕业定员制的目的在于：扩大高校定员，确保大学毕业生质量，取消泛滥成灾的升学补习班，促进私立大学的发展，尽早实现教育正常化，满足多数青年的求知欲，稳定动荡的政局。其三，改革入学考试制度：取消由高校举行的入学考试制度，代之以大学全国统一录取考试并参阅高中毕业成绩。其四，授予私立名牌大学在各地设立分校的权利。通过一系列措施，私立大学得到快速发展。截至1985年，韩国的私立大学206所，占整个国家全部高校（256所）的80%，比1975年增加69所，而国立高校只有49所，公立仅有1所。

第五个阶段（1991年以后），私立高等教育改革深化期。1992年12月18日，金泳三当选韩国总统，开创了文人执政的新时代（此为第七共和国），韩国大学教育委员会和1994年2月正式成立的"总统教育改革委员会"，为推动高等教育改革特别是大学自治做了许多有益的工作。特别是1994年确定的高等教育工作目标和1995年5月31日在《教育改革新方案》中提出的高等教育的任务，归纳起来，大致有以下六点：①改革大学入学考试制度。②采用学分库制和最低专业学分认定制。③大学向多样化和个性化发展。④大学定员及学校事务管理自律化。⑤加强大学评估、财政支持。⑥使国际教育生动化。1999年春教育部制订、政府2000年批准启动的"面向21世纪的智力韩国"（即Brain Korea21，BK21）战略计划，共有14所大学入选世界一流大学研究生院重点建设规划，其中9所是私立大学，分别是：浦项科技大学、延世大学、高丽大学、亚洲大学、成均馆大学、梨花女子大学、汉阳大学、明知大学、庆熙大学。随后，这些私立大学纷纷提出各自的发展战略目标，加大发展力度。高丽大学提出了"高丽大学向世界腾飞"的口号，其全球化发展目标是跻身于世界大学百强。成均馆大学制定的2010年发展目标是："聘用一流教师，提供一流教育，开展一流研究，创办一流大学"。延世大学确立的"21世纪计划"，是通过国际化、数字化、专业化战略在2010年进入世界百强行列，汉阳大学于2000年发表"新千年宣言"，2001年制定新的"中长期发展规划"即"汉阳大学2010年之梦"，确立了百年校庆时（2039年）跻身于世界大学百强行列的目标。目前，韩国许多私立大学已经跻身一流大学行列。据2010年相关机构排名，高丽大学、延世大学、成均馆大学、梨花女子大学等已经是韩国前十名的名牌大学。强校工程建设提高了韩国私立高校的整体办学层次,许多私立大学在办学水平上能与国立、公立大学相媲美。一些历史悠久的私立大学质量甚至超过了国立、公立大学。表4-9显示,2008学年韩国由私立大学培养的研究生人才达到了全年总数的70%还多。可见,韩国私立四年制大学和研究生院办学质量并不比国立、公立大学差,其水平可与国立、公立大学相媲美。形成了韩国私立大学的一大特色。

表4-9　2008学年韩国获得研究生学位的大学分类学生数量表

	总数	比例(%)	硕士学位	比例(%)	博士学位	比例(%)
总数	301412	100	252010	100	49402	100
国立	85306	28.3	70417	27.9	14889	30.1
公立	4378	1.5	3711	1.5	667	1.4
私立	211728	70.2	177882	70.6	33846	68.5

资料来源:2008 Brief Statistics on Korean pdf [EB/OL]. http//:eng kedi kr/2009-03-18。

二　韩国私立大学治理

现有韩国私立大学治理的研究成果很少。实际上,所有良好的品牌学校都有其独到的治理体制。与日本等国家私立大学发展一样,韩国私立大学的治理,吸收了西方私立大学的治理经验,并形成了自己的特色。

韩国《私立学校法》[①]是韩国私立大学发展与治理的法律基础。根据这一法律,韩国举办私立大学的体制与日本大致相同。举办私立大学首先必须设置学校法人,"学校法人是指只设置经营私立学校而建立的法人"。如果不是学校法人不能设立经营私立学校。学校法人必须由7人以上的理事会和2人以上的监事会组成。理事会的职能包括负责学校法人的预算和结算,财产的取得、分配和管理,学校法人的合并与解散,人事任免(含私立学校的校长及教职工任免)等。法律规定"理事长为学校法人代表,主管学校日常工作",可见,理事会的职权是比较强大的。按照《私立学校法》,韩国私立大学普遍设立监事会,并规定了监事会的五项主要职责:监察学校法人的财产状况及财务工作;监察理事会的日常工作;发

---

① 韩国《私立学校法》,奋斗在韩国网(http://bbs.icnkr.com/thread-196172-1-1.html/)。

现问题及时向理事会和教育管辖部门报告；根据需要有权要求召开理事会；有义务随时向理事会或理事长汇报工作。在理事会和监事会的构成上，规定理事之间亲戚关系者不得超过其成员的1/3，理事长不得兼任有关学校法人设置、经营的私立大学校长，也不得兼任监事或有关学校法人设置、经营的私立学校的教员或其他职员。理事长和理事都不得从学校领取报酬，对捐出资产办学的理事长或理事，如果发生生活困难，学校可以在盈利范围内向其支付生活费、医疗费、葬礼费。监事不得兼任理事长、理事或学校法人的职员（包括有关学校法人设置、经营的私立学校的教员及其他职员）。可以看出，韩国私立大学内部管理构架与日本相似，其理事会的职权有过之而无不及。

根据《私立学校法》和后续相关规定，"私立学校实行理事会领导下的校长负责制，私立学校设立者不干涉学校的日常管理"。私立大学的校长等领导成员由设置、经营有关学校的学校法人或私立学校经营者根据章程规定任免，或者选举产生，并须得到管辖厅的批准。采用校长选举制的私立大学，大都是由"候选校长推荐委员会"在全校组织"候选校长"的选举工作，最后将选举结果上报理事会。该选举结果，仅仅是主要参照依据，而校长人选的最终决定权在该校理事会。在多数情况下，选举结果直接左右着理事会的决策。还有很多私立大学的校长产生办法就直接采用任命制。校长主要主持学校教学工作和常规工作。与公立大学不同，私立大学的校长任期，可以由学校法人或法人的私立大学经营者根据章程制定，不一定设定任期。但一般来看，品牌学校大多实行较为严格的任期制。

在韩国私立大学里，值得一提的是学校的最核心部门——"企划处"。韩国媒体称它们是"权力集中的'无所不能'的企划处"。企划处集中掌握着全校的预算等大权。企划处的处长是理所当然的该校的"二把手"。此外，韩国私立大学的中层管理机构领导一般是一正一副，教学机构的领导，一般也只设一个院长，不设副院长，人员比较精干。

第五节 台湾地区私立大学治理

一 台湾地区私立大学发展简史

我国台湾地区私立高等教育从1950年的1所学校起步，经历了"两起两落"过程,即兴起扩张、整顿调整,跨越式发展和再度调整等四个阶段。

第一阶段,兴起扩张阶段(20世纪50—60年代)。

1949年国民党当局迁台,大批党政军人员及其眷属涌入,原有教育资源远远不能满足社会需求,于是各种私立学校开始发展起来。另外,在鼓励出口、发展劳动密集型产业的经济社会发展背景下,各种专门人才需求增加,中学毕业生逐年增加,而当局财力无法支撑社会对高等教育的需求。1950年私立淡江英语专科学校(淡江大学前身)宣布成立,为岛内第一所私立大学。1954年,台湾当局提出"鼓励民间捐资兴学",修订《私立学校规程》,简化私立学校的申请立案手续,鼓励私人兴学。1955年元月核准私立东海大学及私立中原理工学院等立案。1955年颁布了《私立学校奖助办法》。此后又陆续颁发了《补助私立专科以上学校充实重要仪器设备配给款要点》《私立学校施行法细则》《各级各类私立学校设立标准草案》等规章,逐年提高对私立大专院校的奖助,指导私立院校健全发展计划,帮助私立大学改善师资、充实设备、兴建校舍。1963—1971年,台湾私立大学快速增加,由原来的15所猛增到65所,平均每3个月增加一所。办学层次几乎都集中在专科。截至1972年,台湾地区已有68所私立大学(其中大学3所、独立学院9所、专科学校56所)。由此可见这20多年来台湾私立高等教育发展速度快、规模大。

第二阶段,整顿调整阶段(1972—1985年)。

20世纪70年代初,由于私立大学增长过快,疏于管理,导致质量下降,遭到了社会的抨击。学校发展过热,法制不健全,办学不规范,师资、设备等办学条件不具备,数量与质量的矛盾等情况变得十分突出,台湾教育行政部门因此开始对私立大学严加整顿,放缓建校速度,专注质量调整成为此时期的主旋律。20世纪70年代初能源危机对岛内加工出口工业带来冲击,台湾经济面临重大转折,当局在经济发展战略上进行了调整,客观上为高等教育调整和优化提供了机遇。1972年8月10日台湾当局颁布《暂缓接受私立学校申请条例》,决定大专学校应求质之改进,不作数量扩充,暂缓接受筹设私立学校申请,冻结私立大学的筹设与申请,并着手研究制定保证私立教育健康发展的法律规范。1974年台湾颁布《私立学校法》,同年又组织专家对私立大学的设置、经费、行政组织等进行评估,借以改进私立大学设置标准。此后,台湾当局相继颁布和修订

《私立学校法施行细则》《各级各类私立学校设立标准》《私立学校建立会计制度实施办法》《公私立学校奖助办法》《补助私立专科以上学校充实重要仪器设备配给款要点》等法规，帮助私立学校改善办学条件，引导私立大学健康发展。1985年台湾重新开放设立私立大学申请。在一系列法规、政策引导下，台湾私立大学发展逐步走上了健康轨道。1972年8月以后台湾当局除了在1979—1980年，淡江、中原、辅仁、逢甲等4所私立学院升格为大学外，台湾私立大学在数量上基本没有增长，仅以增加专业或者增加班级的方式扩充，其注意力主要放在调整系所、提高科技类（理工科）专业比例方面。

第三阶段，跨越式发展阶段（1985—2003年）。

20世纪80年代以来，台湾经济结构开始向技术密集型、资金密集型产业过度，第三产业也开始兴起。经济结构的调整，对劳动力素质提出了新的要求，台湾私立高等教育获得了新的发展空间，开始了跨越式发展。私立大学经过十几年整顿调整，办学质量逐步提升，运作逐渐制度化，法规逐渐完备，当局逐步重新开放私立学校的增设。1985年4月15日教育当局制定《开放新设私立学校处理要点》，初期准予筹设工学院、技术学院及医学院，以后又准予开放商业、护理类二年制专科学校及工业类五年制专科学校。1994年台湾当局成立"教育改革审议委员会"，两年内提出四份谘议报告书及总谘议报告书，为台湾的教育政策提供了很多建议。总咨议报告书中提出：以竞争代替管制，根据评鉴的结果，给予经费上的补助，是缩小公、私立大学资源差距的有效途径。随后，台湾当局进一步放松了对私立大学的限制。1996年，为确立私立大学分校设立的标准和程序，台湾"教育部"制定了《专科以上学校及其分校分部专科部高职部设立变更停办法》。1996年第六次"中华民国"教育年鉴提出：公立大学数量不宜再予扩充，以免造成资源紧缩压力，并影响私立大学发展的空间。同时，将鼓励各校自行调整内部系所，此外也鼓励部分规模过小、缺乏经营效率及竞争能力的学校与其他学校合并，大批私立院校升格为科技大学；建立多校区大学，使资源有效利用；私立大学应逐步走向市场，使社会资源投入高级人才的培育，减轻当局财政负担。2000年，台湾颁布《台湾教育经费编列与管理法》，强化了政府支持私立高校发展的公共财政投入责任。

第四阶段，再度调整阶段（2003年至今）。

2003年7月20日,台湾教育界、学界及文化界百余位学者专家发表《终结教改乱象,追求优质教育》("教改万言书")宣言,指出了当时台湾教育各类问题,认为"十年教改基本失败",并对未来教育发展提出了建议。就"教改万言书"提到当局"放任大专院校拼命改制扩张、大学数量增加、出生人口下降衍生招生不足、人均经费补助相对减少、教育品质下降"等诸多问题,台湾教育当局在回应与说明中提出,"将研订相关措施暂缓私立大学院校的筹设","利用评鉴加强奖补助之改进及研修私立学校法草案增列退场等机制",台湾私立高等教育进入新一轮的质量高速阶段。

20世纪80年代末,台湾地区高等教育就实现了大众化,如今已迈入普及化教育阶段。统计资料显示(见表4-10),2011—2012学年度台湾有163所高等院校,其中私立高等院校有109所,占台湾高校总数的66%。普通高校在校生135.2万人,其中私立高校在校生有91.5万人,占台湾高校在校生133.6万人的67%。私立大学及在校生数基本达到三分天下有其二的比重。

表4-10　　　　　　2011—2012学年度台湾高等教育基本数据

项目		校数	学生人数
大专校院	总数	163	1352084
	公立 Public	54	436861
	私立 Private	109	915223
大学	总数	116	1132540
	公立 Public	46	407041
	私立 Private	70	725499
学院	总数	32	118244
	公立 Public	5	19121
	私立 Private	27	99123
专科学校	总数	15	101300
	公立 Public	3	10699
	私立 Private	12	90601

注:截止时间为2012年2月8日。
资料来源:《台湾大专院校概况》,http://www.edu.tw/statistics/index.aspx。

目前,台湾私立大学的发展各具特色。如中国文化大学以弘扬中国文化为宗旨,学校"倡导音乐、美术、戏剧、体育(含舞蹈)及大众传播等学科，以期开展中国文艺复兴之机遇"。大同大学的显著特色之一是首创"建教合作"，学校与大同公司密切合作，强调理论联系实际，通过理论、经验、实践、技术交流，充实教学内容，培养出"学以致用"的人才；二是推行"重质不重量""小规模，大效果"的精英教育理念。中原大学于1953年由笃信基督的热心教育人士张静愚等筹设，提倡天、人、物、我的"全人教育"理念。成立于1996年的南华大学由佛光山星云大师创办，秉承中国古代书院传统，重建人文精神，提出π型教育计划，大力推进通识教育，以中外经典教育著称，培育完善人格。

台湾私立大学主要由企业、宗教团体、社会知名人士创建。（1）企业办学。如远东集团通信事业蓬勃发展，其创办的元智大学将通信作为重点研究领域，并成立通信科技中心，双方合作研究多项计划，有效利用学校和集团资源。（2）宗教团体办学。这类学校的教育宗旨、教育理念皆体现宗教教义。最早建立的几个私立院校多是在宗教教会的支持下兴办的。如东吴大学为美国基督教在中国建立的教会大学；静宜大学的前身为天主教英语补习学校；辅仁大学是直属罗马教廷教育部的天主教大学。（3）社会知名人士办学。知名人士包括国民党高官、专家学者等。如实践大学由台湾地区前"副总统"谢东闵先生创办。

经过60多年的建设，台湾地区私立大学质量大幅提升。在地区名牌高校的行列中，不乏私立大学的校名。辅仁大学、淡江大学、东吴大学、逢甲大学和东海大学都是名扬岛内外的名牌大学。

二 台湾地区私立大学治理

台湾地区有比较完善的关于私立学校的法规和制度。根据1974年颁布、经历10次余次修订并于2011年12月28日公布的《私立学校法》，发展私立教育的根本目的，是鼓励私人捐资兴学，增加国民就学机会。私立大学都是属于捐资办学性质，因此台湾私立大学都是非营利性组织，依法（民法）明定为"财团法人"。明确"各级、各类私立学校之设立，除法律另有规定外，应由学校财团法人（以下简称学校法人）申请之。前项学校法人，指以设立及办理私立学校为目的，依本法规定，经法人主管机关许可设立之财团法人"（第2条）。"自然人、法人为设立私立学校，得依本法规定，申请法人主管机关许可，捐资成立学校法人"（第9条），这就从学校举办形式上，杜绝了营利性私立大学的产生。

台湾私立大学治理借鉴了美国私立大学管理模式，同时又吸收了日本、韩国私立大学管理的经验。台湾《私立学校法》规定，私立学校之筹设，创办人首先要进行财团法人登记，在完成财团法人设立登记并领得登记证书后，再由董事会按照设立标准，提出筹设学校计划，连同捐助章程，报请教育行政机关提出立案申请审核许可。筹设学校计划，要写明办学目的、学校名称、学校经费、校地面积，要写明资金来源、投资人姓名、所捐财产数额及相关证明文件，要写明学校经费预算及创办人相关资料。创办人要按《私立学校法》规定的要求组建学校董事会。

根据《私立学校法》规定，私立大学要受教育行政主管机关监督。私立高等职业学院由台湾教育部门职技司负责管理，私立大学由高等教育司负责管理。

在内部治理方面，台湾私立大学实行董事会领导下的校长负责制。台湾私立大学要求设立"学校法人董事会置董事七人至二十一人，并置董事长一人，由董事推选之；董事长对外代表学校法人"（第15条）。这一体制与日本和韩国的私立大学有些相似。而"董事相互间有配偶及三亲等以内血亲、姻亲之关系者，不得超过董事总额三分之一"的规定（第16条）与日、韩《私立学校法》如出一辙。相应地，这类私立大学董事会的职权都比较大。学校法人应设立董事、监察人，其第一届董事、监察人，除由创办人担任外，其余由创办人于法人主管机关许可设立后三个月内，依捐助章程所定董事、监察人总额，遴选适当董事、监察人，报法人主管机关核定。第一届董事、监察人于核定后三十日内，由创办人聘任，并召开董事会成立会议，推选董事中一人为董事长（第12条）。这就规定了董事会的组织方法。从人员结构来看，董事会一般由投资人、社会名流等组成（不包括教师和校长）。董事会的主要职责是审议学校发展的重大事件、筹款以及聘任校长，一年召开1—2次会议。董事会之决议，应有董事总额过半数之出席，以出席董事过半数之同意行之。但董事之改选和补选、董事长之选举和改选及补选、校长之选聘或解聘等重要事项之决议，应有董事总额三分之二以上董事之出席，以董事总额过半数之同意行之。

与其他国家和地区私立大学相比，台湾地区私立大学内部治理有几个特点：

一是回避制度十分严格。学校法人之董事长、董事、监察人不得兼任所设私立大学校长及校内其他行政职务；学校法人之董事长、董事、监察人及校长之配偶及三亲等以内血亲、姻亲，不得担任所设私立大学承办总务、会计、人事事项之职务。违反规定之人员，学校主管机关应命学校立即解职；学校法人及所设私立学校创办人、董事、监察人、校长、职员及兼任行政职务教师执行职务时，有利益冲突者，应自行回避，并不得假借职务上之权力、机会或方法，图谋其本人或第三人之不正当利益。

二是加强了教师权益保护。教师代表在学校发展中更多的发言权。《私立学校法》对董事会提出了"法人或学校主管机关为审议学校法人及所设私立学校之设立、改制、合并、停办、解散及其他重大事项，应遴聘学者专家、社会人士、私立学校教师代表、学校法人代表及有关机关代表15—25人组成私立学校咨询会，提供咨询意见，其中私立学校教师代表及学校法人代表合计不得少于全体委员总数2/5。前项私立学校教师代表、学校法人代表，应由各相关团体推荐之代表中遴聘之"的条款（第四条）。从而赋予教师代表在学校发展中更多的发言权，为教师利益保障提供了条件。

三是普遍设置了主秘制度。主秘相当于次于校长的行政长官，一般也是由出资或合资者本人或代表担任，其主要职责是协助校长处理内部行政事务。而副校长职务在许多私立大学则是可有可无的虚职，当然各校情况也不完全一样。

台湾私立大学也设立监事，法律要求"学校法人置监察人一人至三人，由董事会依捐助章程所定资格，遴聘适当人员担任"。其职权为财务之监察；财务账册、文件及财产资料之监察；决算报告之监察；其他捐助章程规定事项之监察。

台湾私立大学实行董事会领导下的校长负责制。《私立学校法》规定，私立学校置校长一人，由学校法人遴选符合法律规定之资格者，依照该法律规定聘任之。校（院）长由董事会选聘及解聘，并报教育当局审批。校（院）长为行政事务管理者，依照法律及学校章程主持日常行政工作，执行学校董事会的决议，并受其监督、考核，并于职务范围内，对外代表学校。根据学校章程通例，校长有权选聘教务、训导、总务主管人员及人事、会计主管，有权管理学校的人事、财务和教学事宜。可以看出，台湾私立大学校长权限比日本和韩国的要大得多，但责任也更大一些。当然，校长也必须受教育当局监督，学校的组织体制、招生计划、学费标准、课程设置等事项必须遵守教育当局的严格规定及各种法规条款。总的来看，台湾私立大学的内部治理综合了美国和日、韩私立大学的基本架构，有一种东、西方结合的元素，体现了台湾特色。

作为主管部门与私立大学的关系，大致情况与日本相似，主要通过设立和经费资助来影响私立大学的发展。台湾私立大学设立相对比较简单易办，当局通过频繁的评鉴和经费引导，质量有保障。台湾私立大学得到的公共财政资助与日本私立大学相当，为20%—30%，支撑了私立大学的发展。另外，台湾地区早期私立大学大都是私人投资兴办，这部分私立大学家族化治理问题同样存在。近年来，主管部门通过颁发法规来限制，取得一定的成效，如规定家族成员在董事会和学校行政中，仅能有一人担任主要职务等，但是私立大学情况比较复杂，也难以解决全部问题。

第五章　民办高校发展与治理的现状

有举办就有治理。中国民办高等教育发展史，同时也是民办高校治理的发展史。经过30余年的探索和引导，我国民办高等教育从无到有，从小到大，已经具有较大的规模，为社会主义现代化建设贡献力量。伴随着民办高等教育的发展，民办高校治理的相关立法工作也在展开。本章全面介绍我国民办高等教育的发展状况，阐述了民办高校治理的法理演变，为后续研究提供基础。

第一节　我国民办高校的发展回顾

研究当下民办高等教育的发展，需要从回顾民办高等教育发展起步乃至私立高等教育的发展史开始。研究历史本不是课题研究的目的所在。之所以采取这样的形式，诚如美国教育文化史家巴茨所言："其一是叫人看清过去用以解决问题的要素有哪些还存在于目前；其二是叫人看清不同时代和不同民族曾怎样解决类似目前出现的问题。"因为"理解现代社会和现代教育的最高明的渠道之一是从人类文化发展的历史长河来对教育进行展望"[①]。

一　中国私立高等教育办学历史回眸[②]

中华民族是世界上有着悠久历史的古老民族。现代考古学、人类学和历史学的研究成果表明，早在170万年以前，在这块广袤的土地上就生长、繁衍着我们勤劳勇敢的祖先，中华民族有文字记载的人类文明史就达

---

① 引自滕大春《美国教育史》，人民教育出版社1994年版，第631页。
② 根据徐绪卿《民办高等教育新发展中面临的问题》整理，见《人大书报复印资料·高等教育》2003年第1期。

5000多年之久。伴随着漫长的历史发展进程，中国的教育逐步兴起，与经济发展和社会进步共同发展，并逐步成为推动和促进经济发展和社会进步的重要因素。

与世界上许多国家一样，在中国教育发展相当长的时期里，官学和私学始终是教育的主要形式。自从私学产生以后，官学和私学就相互消长、相互并存。据研究，最早的中国私学出现在齐国和鲁国，时间约为春秋中期。不少学者认为，《庄子·天下》篇中提及的"晋绅先生"就是中国最早的私学老师。孔子、孟子、老聃、墨翟等都是古代著名的私学教育家。

"'高等教育'的概念出现的很晚，人类对于较高层次学校教育的需求却很久远，并促成古代高等教育的出现。"① 中国古代"大学"教育也很发达。《四书五经》中"四书"之首篇的《大学》，据认为是孔子讲授"初学入德之门"的要籍，至今已经具有2000年的历史了。古文献的记载和最新的考古发掘证明，中国在奴隶制国家的西周时期，就开始有了"小学"和"大学"的建制。西周的"辟雍"，为"天子"设立的大学，多少带有现在的"国立"性质，"泮宫"是诸侯国建立的大学，与国外的"州立"很相像，而"畴学"则是王宫中负责天文、水利、建筑、制造等各种技术部门官吏们的父子相传的教育形式。由于周天子与诸侯国势力的消长，"学在官府"格局逐渐被打破，典籍失散，文官出走，"天子失官，学在四夷"，导致学术下移，官学走向衰败。与此同时，中国古代私学兴起，它发端于春秋中叶，繁荣于春秋战国之交，鼎盛于战国中期。由于称雄争霸的需要，诸侯各国竞相纳贤，形成养士之风。"士"阶层的兴起极大地促进了高等私学的发展。受不同阶级利益的驱使和对学术价值的取向不同，诸多私学形成了"诸子百家"的不同流派，如儒家、墨家、道家、法家等，他们各自在培育众多的杰出人才的同时，明确提出了自己的哲学、政治和社会学说，出现了"百家争鸣"的繁荣的学术景象，也促进了私学的发展。在这样的背景下，齐国创立了私学会聚的"稷下学宫"，它是中国古代高等教育史上的重要里程碑，虽兼具公私性质，但是它对于私学的进一步发展具有重要意义，被英国学者李约瑟（Joseph Needham）称为"稷下书院"。战国时期兴盛的诸子百家不仅在培养人才和推动社会

---

① 潘懋元：《多学科观点的高等教育研究》，上海教育出版社2001年版，第26页。

政治、经济、文化繁荣方面贡献卓著，而且奠定了中国古代大学教育的理论基础。在中国教育发展史上，写下了光辉灿烂的一页。

封建时代，"大学"继续得到重视和发展。汉代产生了以培养国家行政官吏为主要任务的中央官学，称为"太学"。西晋之后，除保留太学以外，曾设国子学。隋唐时代，又建置了管理中央官学的行政机构国子监，这一建制一直延续至明清时期。与此同时，私立高层次教育也一直得到发展。尽管秦始皇时代的"焚书坑儒"对百家争鸣、众说纷纭的诸子私学来说是一个沉重的打击，但是汉代建国后采用黄老的"无为而治"思想，实行"修生养息"政策，私学又得到很快的恢复和发展，私学的规模、范围和教育质量、效果，都超过了中央政府设立的高等学府——太学。魏晋南北朝时期，统治者忙于应付战争，放松了思想和学术的控制，知识界的思想比较活跃，不少学者为了传播自己的学术观点，创立私学招收生徒，除了传授儒学之外，专业性的如研究天文、历算、庄老与图纬的私学也发展起来。隋唐时期官立高等教育比较兴盛，但教授经学的私立高等讲学场所仍然在各地设立，同时探讨佛学哲理的寺院讲学也遍及各地。宋代统治者实施重文政策，比较优待知识分子，对于不同政治主张和学术见解，采取宽容态度，一般都不加指责，从而促进了思想和学术的活跃。学者们对儒学研究的重点与着眼点和汉、唐不同，观点也有较大的差别，从而形成了各个儒学派别间的自由争论。正是活跃的政治思想与学术思想，促进了教育改革，推动了高等教育的发展，高等性质的私学也逐步演变成书院。一些深孚众望的学者在各地创办书院，建设独立的校舍，制定比较系统的教学计划与管理制度，以书院的院田维持常年经费，学生来书院求学，不仅免缴学费，还由书院供给食宿。一些著名书院既是教育场所，又是学术研究与自由辩论、交流的中心。书院制度兴盛，成为中国封建高等教育的重要形式。元、明两朝和清朝前期高等性质的私学，仍然采用书院形式。不过后来书院逐渐为官府控制，独立办学、自由讲学的风气已被严重削弱，而且只有少数讲求学术的书院才具有高等教育的特征。清末改书院为新式学堂，于是出现了私立高等学堂。高等私学作为封建社会高等教育的重要形式，它在整个封建社会的人才培养和文化繁荣中发挥了重要的作用。

严格意义上的中国近代高等教育是19世纪90年代后期伴随着民族灾难的日益深重而产生的。中国近代大学与世界大学同源。中国古代高等教育历史悠久，资源丰厚，但并不能否定，现代大学毫无例外都是起源于欧洲，并且在我国现代大学最关键性的转折是在清廷手中完成的。

第二次鸦片战争以后，中国进一步沦为半封建半殖民地社会，闭关自守的政策得到冲击并逐步改变。随着日益频繁的中外交往活动开展和洋务运动中仿造西方舰炮的军事企业对人才的需要，西方近代大学教育思想开始逐步传入我国，教会大学开始兴办。一部分知识分子和有识之士从国家繁荣兴衰的探索中，认识到发展近代大学的重要意义，开始了创建近代大学的有益尝试。

1. 甲午战后：中体西用

清末甲午战后，在内忧外患的严酷现实面前，中国社会到了变革图存之际，高等教育的变革首当其冲，废科举、兴学校成为当务之急。近代意义上的高等教育以洋务运动时期各类新式学堂的创办为契机，先后经历晚清、民国初期和南京国民政府三个时期逐步发展起来，形成了覆盖南北的大学群和知识共同体。

中国近代高等教育发轫于晚清的洋务运动时期。西方列强的坚船利炮打开了中国闭关锁国的大门，清朝统治者从"天朝大国"的迷梦中惊醒，兴起了一场"师夷长技以自强"的洋务运动。中国近代高等教育也伴随着洋务运动以及洋务学堂的兴办而开始。洋务派本着"中体西用"这一原则兴办了大批的同文馆、外国语学堂、军事学堂和专业技术学堂。著名的外国语学堂有京师同文馆（1863年）、上海广方言馆（1863年）、广州同文馆（1864年）、福建船政学堂（1866年）、天津水师学堂（1880年）、天津电报学堂（1880年）等。从1862年至1895年，清政府先后创办了23所洋务学堂。当然，洋务学堂虽然开启了中国近代教育和高等教育的先河，但它们只是中国近代新教育的萌芽，还不属于严格意义上的大学，可视为中国近代高等专门学校的雏形。

与此同时，外国教会在华机构借鉴西方现代大学的模式，也开始在国内开办大学。1879年，美国圣公会上海主教施约瑟（S. J. Sekoresehewsky）将原来的两所圣公会学校培雅书院和度恩书院合并而成，创办圣约翰书院，引入西方近代大学教学风格，并开始完全用英语授课，成为中国近代最早的教会大学，也是中国最早的近代意义上的大学，当然，这是一所外国人在中国举办的近代大学。1905年，圣约翰书院正式升格为圣约翰大学，并在美国华盛顿州注册，后发展成为拥有文、理、工、医、农五个学院 16 个系的著名大学,并于 1947 年向国民政府注册。1952 年全国高校院系调整时圣约翰大学并入在沪其他高校。

2. 清末民初:学堂兴起

甲午战争惨败后,伴随着民族危机的日益加深和民族资本主义经济的发展,资产阶级的启蒙思想应运而生,维新运动登上了历史舞台,中国第一批真正意义上的大学应运而生,这些大学均以"学堂"冠名。第一所正式的新式高等学堂是 1895 年天津海关道盛宣怀奏请设立的"天津西学学堂"的头等学堂(头等学堂为大学本科,二等学堂为大学预科)。天津海关道盛宣怀在洋务运动的实践中感悟"自强首在储才,储才必先兴学",1892 年开始筹备办学。三年后,即 1895 年(光绪二十一年),他向李鸿章禀请具奏。由于李鸿章调入内阁办事,盛宣怀又于 1895 年 9 月 19 日(光绪二十一年八月一日)通过新任直隶总督兼北洋大臣王文昭上奏光绪皇帝,要求设立一所新式学堂。1895 年 10 月 2 日(光绪二十一年八月十四日)光绪皇帝在奏折上御笔朱批"该衙门知道,钦此"。"天津北洋西学学堂"(1896 年更名为北洋大学堂,后天津大学的前身)正式创建。北洋大学堂以"科教救国,实业兴邦"为宗旨,以美国哈佛大学、耶鲁大学为蓝本,进行专业设置、课程安排和学制规划,以培养高级人才为办学目标。它的创办标志着第一所国人举办的近代大学的诞生,为我国现代大学初创时期体系的建立起到了示范作用,更重要意义在于:它结束了中国延续长达一千多年封建教育的历史,开启了中国近代高等教育的航程。

1898 年戊戌变法,经光绪皇帝下诏,京师大学堂(今北京大学前身)在孙家鼐的主持下在北京创立。除了官办的以外,也有一些国内外实业家,包括具有变法革新和图强救亡新思想的开明人士、深受教会影响的知识阶层、归国留学生和受西方文化影响的新式知识分子,出于反帝爱国的根本,开始积极筹资举办近代高等教育,成为中国最早的具有现代意义上的私立大学的鼻祖。盛宣怀认识道,"窃世变日棘,庶政维新,自强万端,非人莫任。中外臣僚与夫海内识时务之俊杰,莫不以参用西制,兴学树人为先务之急"①。1900 年"天津北洋西学学堂"停办,1903 年复校后

---

① 交通大学校史编写组:《盛宣怀,筹集商捐开办南洋公学折》,西安交通大学出版社 1986 年版,第 33 页。

更名为北洋大学堂。

1896年盛宣怀管辖下的轮船招商局和上海电报局以商户捐款和每年规银10万两创办上海南洋公学（后为交通大学沪校前身），被认为是中国近代第一所私立大学。1902年由著名爱国教育家马相伯捐出全部家产土地3000亩、现洋4万元创办震旦学院（后复旦大学的前身）。1905年，日本政府颁布《关于许清国留学生入学之公私立学校之规程》，对中国留学生提出苛刻条件，一些留学生愤而回国。为解决部分归国留学生的就学问题，资产阶级革命派姚宏业、孙镜清等人四方奔走，劝募经费，在上海创办中国公学。由于经费困难，学校难以开张。在四川学生郭果能、孙境清、于右任等筹款万金，加上郑孝胥捐款千元，1906年3月，学校正式开办。

与洋务学堂相比，这一时期的高等学堂在体制规模、课程设置等方面都有了很大扩展。1902年设立山西大学堂，这是中国第一所省立大学，以后各省相继仿效。1911年设立了留美预备分校"清华学堂"，1925年该校大学部成立，1928年改名为国立清华大学。截至1911年，清末的高等学校，除了清华大学堂、北洋大学堂外，还有各省设立的高等学堂27所。

除公立高等教育机构外，清末高等教育还包括私立高等教育机构，如中国公学（1905年立）、复旦学院（1905年立）；另有教会高等教育机构，如1864年美国北长老会传教士狄考文创办登州文会馆，1876年改称"文会馆"，1881年开设大学预科，1882年纽约长老会总部批准以tengchow College（登州学院）为学校英文名称，以"文会馆"作为中文名称。登州文会馆1882年开始提供大专课程。到1911年，全国共建立起10多所教会高等教育机构。

这一时期，外国教会在华办学也不少，尤其是美国教会相关机构，主观上来说通过举办大学培养教会代言人。

表5-1　　　　　　　　中国14所基督教教会大学演变

大学名称（创办时间）创设教会	创立时名称和大学时间	现址单位
汇文书院（北京，1888）美国美以美会	燕京大学　1919年	北京大学

续表

大学名称（创办时间）创设教会	创立时名称和大学时间	现址单位
蒙养学堂（1864年）美国长老会（狄考文）	齐鲁大学 1917年	山东大学
金陵女子学院（1913年）美国浸礼会等	同名 1930年	南京师范大学
汇文书院（南京，1888年）美国基督教（传教士傅罗）	金陵大学 1910年	南京大学
存养书院（1781年）美国监理会	东吴大学 1901年	苏州大学
圣约翰书院（1879年）美国圣公会	圣约翰大学 1906年	华东政法大学
浸礼大学（1908年）美国浸礼会	沪江大学 1915年	上海理工大学
崇信义塾（1845年）美国长老会	之江大学 1910年	浙江大学
福建协和大学（1911年）美国公理会等	同名 1911年	福建海王福药制药有限公司
华南女子文理学院（1908年）美国美以美会	同名 1922年	福建师范大学
格致书院（1888年）美国长老会	岭南大学 1918年	中山大学
文氏学堂（1871年）美国圣公会（主教文氏）	华中大学 1924年	湖北中医药大学
华西协和大学（1910年）美国美以美会等	—	四川大学
北京协和学校医（1906年）英国伦敦会	协和医学院 1915年	—

资料来源：根据曲士培《中国大学教育发展史》（山西教育出版社1996年版）等资料整理。

表5-2　　　　　　　　　所天主教大学今昔

大学名称及创办时间	所在城市	现址单位及创立时间	校史追溯
辅仁大学（1925年）	北京	北京师范大学（1902年）	不涉及
震旦大学（1903年）	上海	上海交通大学医学院（1952年）	不涉及
天津工商学院（1921年）	天津	天津外国语大学（1964年）	否

资料来源：根据相关资料整理。

3. 五四之后：大学形成

中国现代大学是在向日本学习的过程中开始创建的。日本向西方学习，使明治维新改革获得了巨大的成功，对中国具有巨大的震撼和极大的诱惑作用。声势浩大的留日、学日活动迅速开展起来，而其成果很快就被清政府以《壬寅·癸卯学制》的形式确定下来。新学制几乎是日本学校教育制度的翻版，与日本学制所区别的只是名词的不同。这一学制虽然仍以"中学为体，西学为用"为立学宗旨，但教育体系完全不同于封建旧制度，中国近代意义上的高等教育制度开始成型。为保证新学制的实行，1905年8月清政府宣布废除科举考试，这样长达1300年之久的科举制度寿终正寝，中国近代高等教育进入了新的发展时期。

中华民国政府成立以后，非常重视现代高等教育的发展，并积极鼓励私立大学发展，教育部专门颁布了《私立大学》。外国教会抓住机会，抓紧举办教会大学，天主教和基督教在中国设立教会大学始于清朝末年和民国初年，最初在中国创办学校，仍然是设立书院，后来才由书院发展为大学。除了前面提及的圣约翰大学（上海）以外，最有影响的教会大学还有：基督教于1911年在南京创办私立金陵大学，天主教于1914年在北京设立"辅仁社"，1922年发展为私立辅仁大学。1917年在济南创办私立齐鲁大学，1919年在北京组建私立燕京大学等。尽管教会大学的办学目的是为了培养神职人员、宣传宗教教义，其中不乏对我国进行文化侵略和控制，但是，在当时的历史条件下，教会大学在体制、机构、计划、课程、方法乃至规章制度诸多方面，更为直接地引进西方近代大学模式，从而在中国高等教育近代化过程中起着示范与启迪作用，在高等教育发展史上也产生了颇为深刻的影响。

而教会大学的创办也推动了国人举办私立大学的热情。1919年近代著名的教育家严修和张伯苓先生在天津创建南开大学。1921年著名爱国华侨陈嘉庚认捐开办费100万元，经常费300万元，分12年支付，创办厦门大学。这些大学都是我国历史上较为著名的私立大学。

20世纪20年代前后中国大学兴起了一股仿美热潮。一方面，1872—1881年中国首批留美幼童归国，宣传了美国的先进文化思想；另一方面，民国建立后，中日关系开始淡化，"二十一条"的无理要求恶化了两国关系，留日生数量大为减少。同时，美国的庚款方案掀起了中国学生的留美热潮。仿美运动形成了1922年制定的"六三三四"新学制，1924年又颁布的《国立大学校条例》，规定大学采用选科制，实行教授治校，培养社会需要、重个性发展的资产阶级新人。

从19世纪90年代到20世纪50年代的60年间，中国近代私立大学始终是国家高等教育的重要组成部分。据统计，1931年全国共有专科以上学校105所，分大学、独立学院和专科三大类。在41所大学中，国立13所，省立9所，私立19所，私立大学占大学总数的46%；在34所独立学院中，国立5所，省立11所，私立18所，私立学院占学院总数的

53%；在30所专科学校中，国立2所，省立13所，公立5所，私立10所，私立专科学校占专科学校总数的33%。在整个高等教育机构中，私立者占45%；而私立学校的学生人数则占高等学校学生总数的49%。至1947年，全国共有专科以上学校207所（包括大学、独立学院和专科学校三类），私立者79所，仍占39%以上。1947年国立大学学生81153人，教师12755人，职员8955人，职员与学生之比为1∶9，师生比为1∶6.3；与此同时，私立大学（包括教会大学）学生58156人，教师5102人，职员2598人，职员与学生之比为1∶22.4，师生比为1∶11.6。[①] 可以说，私立大学不仅在体制上一直得到保证，而且事实上成为中国近代高等教育的半壁江山。这些大学为国家和民族的发展培养了大批优秀的人才，它们在中国高等教育发展进程中做出过重要贡献。

根据新中国成立后的1950年统计，全国共有高校227所，其中私立高校65所，占高校总数的39%。[②] 在校生来看，全国专科以上高校在校生62935人，私立高校为23770人，占在校生总数的1/3以上。[③]

研究表明，我国古代各个历史时期都设有不同形式的私立高层次教育机构。我国近代高等教育的起步和发展，是公立大学和私立大学共同推动的。值得注意的是，虽然中国古代高等教育没有直接产生近代高等教育，但是古代大学教育和近代高等教育之间，存在着难以割绝的历史联系。其一，两者都是社会发展不同时期国家最高层次的教育，为社会培养高层次的专门人才，在本质上是相通的；其二，中国近代大学终归是在古代大学教育这个基点上通过吸收西方现代大学理念改造和发展起来的，带有深刻的中国古代高等教育文化的烙印。

二 我国早期民办高校的恢复办学[④]

在民办高等教育研究中，对于我国民办高校的办学起步时间，实际上是公说公的、婆说婆的。许多学校都在宣称自己是最早的民办高校。本研

---

① 台湾"教育部"：《中华民国教育年鉴》（第二次中国教育年鉴），台北宗青出版社1991年版，第6—9页。

② 瞿延东：《我国民办教育的发展与管理》，中国财政经济出版社2002年版，第374—375页。

③ 《中华人民共和国各大城市私立学校学生人数统计表》，《人民教育》1950第2期。

④ 此内容应相关部门的要求而整理。

究调研中也掌握了大量的资料。本节部分内容虽与前面有些微交叉，但是作为不可多得的资料，还是希望与同人共享。这里还是将早期民办高校①恢复办学细分为三个时期。

1. 早期"民办高校"，大多是民办高等教育机构

我国民办高校恢复办学是在改革开放初期开始的。1977 年恢复高考，全国百分之四、五的高考录取率，出现了"千军万马过独木桥"的壮观景象。改革开放和社会主义现代化建设对人才的巨大需求和人民群众接受高等教育的强烈渴望，引发人们深思，也激发了一些知识分子的办学热情。一些有识之士从举办技术培训班、高复辅导班、夜校等起步开始办学。

最早的民办高等办学机构，当属北京自修大学（1977 年）、长沙中山专修学院（1978 年）、杭州钱江业余大学（1979 年）、湖南九嶷山学院（1980 年）、中华社会大学（1982 年）等一批学校。这些学校大多是由民主党派或社会著名知识分子举办，但是缺乏资金，又没有及时与社会资本合作，最后都没有单独建校进入普通高校行列。

北京自修大学成立于 1977 年，由著名教育家刘季平先生、著名教育艺术家李燕杰先生等创办，刘季平先生（曾任教育部代部长、北京图书馆馆长）担任北京自修大学首任校长，1984 年，邓小平同志亲笔题写校名。

湖南长沙中山业余大学，前身为韭菜园青年文化补习班，创办于 1978 年 10 月，当年招 188 名学生，后日渐发展。1983 年 10 月由民革湖南省委接办，改用长沙中山专修学院校名，组成董事会，已故省政协主席程星龄任董事长。学校几经改名，至今仍在举办自学考试助考班。

1979 年 4 月，在浙江省副省长汤元炳的倡导下，中国民主建国会浙江省委员会和浙江省工商业联合会响应中共中央"广开学路，多方办学"的号召，由工商企业家詹少文等 4 人捐资 10 万元人民币，借用杭州开元中学的部分校舍，创办杭州钱江业余补习学校，浙江省工商业联合会第五届主任委员（会长）詹少文任校长。经浙江省人民政府浙政发〔1982〕47 号文批准，1982 年杭州钱江业余学校开始举办大专班，并由省高教局

---

① 这里将改革开放开始至 1997 年以前创办的民办高校成为"早期的民办高校"。

按程序上报教育部备案，在校生一度突破万人。杭州钱江业余学校如今仍在举办自学考试助考班。

原国家学部委员、北京农业大学第一任校长乐天宇教授1980年自筹资金回到家乡湖南创办"九嶷山学院"，得到许多老领导的支持。乐天宇教授任董事长、院长。1985年时任团中央第一书记的胡锦涛同志曾经给学生写信，鼓励师生艰苦创业、勤俭办学。1999年"九嶷山学院"更名为"零陵九嶷山专修学院"。2005年3月经省人民政府批准设立"湖南九嶷职业技术学院"。2010年5月，经省政府批准湖南九嶷职业技术学院由民办转为公办。

中华社会大学是1982年3月经原北京市成人教育局批准成立，由聂真、张友渔，刘达等著名教育家创办。学校实行董事会指导下的校长负责制，原国家教委副主任柳斌任董事长。彭真委员长为"中华社会大学"题写校名。在中华社会大学开办之初，陈云、彭真、薄一波、邹家华、钱伟长、宋健、余秋里、肖克、袁宝华、高扬文等党和国家领导人及社会知名人士都先后题词祝贺或勉励，把中华社会大学的创办看作我国教育领域里解放思想的一次尝试、一个标志。由于缺乏资金来源，中华社会大学办学艰难。1996年3月16日，国务院办公厅曾发出《关于一次性拨款资助中华社会大学建校资金等问题的函》，"经商有关部门并报请国务院领导同志同意，现就一次性拨款资助中华社会大学建校资金等问题函告如下：一、由财政部从中央预备费中拨款2000万元、国家计委拨款800万元、国家教委拨款20万元，合计2820万元，作为国家对中华社会大学建校资金的一次性资助。国家拨款2820万元所形成的资产属国家所有。二、国家教委和北京市人民政府应加强对中华社会大学的管理。要指定专人加入该校董事会，参与其重大问题的决策；要按照有关规定，严格监督管理该校的国有资产，防止国有资产的流失；要采取适当措施，逐步使该校办成一所高等职业学校，为社会培养更多的适用性人才"[1]。2002年12月，经北京市政府批准，中华社会大学改名为北京经贸职业学院，开始从事普通高等教育，承担高等职业技术教育。

---

[1] 国务院办公厅：《关于一次性拨款资助中华社会大学建校资金等问题的函》，国办函〔1996〕19号，国务院办公厅官网http://www.gov.cn/xxgk/pub/govpublic/mrlm/201011/t20101114_62666.html。

厦门大学副校长邬大光教授认为："我国民办高等教育的复兴究竟从何时算起，众说纷纭。有的认为其起点应从1978年10月湖南长沙中山业余大学创办补习班开始，有的认为应该从1982年3月北京创办的中华社会大学开始。目前比较公认的看法，是把长沙中山业余大学作为我国改革开放后民办高等教育的雏形，把1982年创办的中华社会大学作为民办高等教育诞生的标志。其实，无论是湖南长沙中山业余大学，还是中华社会大学，都只能说是'助学机构'，而非严格意义上的学历教育。"①

2. 民办普通高校的恢复办学

我国民办普通高等教育是在1984年前后起步的。1982年新宪法颁布，肯定和鼓励了社会力量办学，鼓舞了一批社会人士举办高等教育的热情。1984年前后，各地陆续审批了一批民办普通高校筹建，尝试开放普通高等教育。获得批准的学校，有浙江树人大学、中华高等美术专科学校（浙江）、西安培华女子学院、凉山大学、福建华南女子职业学院、邕江大学，等等。由于国家尚未出台社会力量举办民办高等学历教育的相关文件，因此出现了一部分学校以筹建身份试办，一部分学校以公办的"帽子"举办。

1984年5月4日，陕西省政协五届二次会议上，西北工业大学教授沈慧俐在小组发言时，提出"在陕西举办一所女子大学"的倡议。当即得到十多位委员的附议。由于此提议在一年前的政协会议上已经有人提过，因此"旧案新提"得到省政协领导的重视，经专门会议确定，沈慧俐等奉命成立核心团队，开始西安培华女子学院的筹建工作。在筹建学校过程中，经人介绍，沈慧俐邂逅了西安市第十三中学校长姜维之，经协商确定由该校提供临时校园，并吸收姜维之为学校筹建核心成员。学校申请报告7月成文，8月13日即获得陕西省政府批准筹建。1991年学校纳入国家计划招生，1994年，教育部启动民办高校审批以后，对部分早期成立的民办高校实施备案。据培华学院大事记记载，学校此时备案。

1984年，民盟中央和四川省民盟负责人费孝通、楚图南、钱伟长、彭迪先、潘大逵等85位知名人士发起筹建凉山大学，7月23日经四川省人民政府批准建校。学校由民盟四川省委和凉山彝族自治州政府创办，为

---

① 邬大光、卢彩晨：《艰难的复兴 广阔的前景——我国民办高等教育30年回顾与前瞻》，《中国高教研究》2008年第10期。

一所"民办公助"性质的以工科为主的普通高校。1986年经原国家教育委员会认可，正式纳入全国普通高等学校序列。

1984年8月，浙江省政协部分常委倡议筹办浙江社会大学（今浙江树人大学），中华国际技术开发公司浙江省分公司筹办中华高等专科学校，这是新中国成立后浙江省最早的民办全日制普通高等学校。这两所大学经省政府批准开办，参加全国高等学校统一招生，学生自费走读，国家承认学历，毕业生不包分配。浙江树人大学的办学情况前已所述。中华高等专科学校举办三届以后因条件欠缺，整顿后仍达不到开办条件而停办。

1984年10月，旅居海内外的老校友在余宝笙博士的带领下以华南女子文理学院暨附中校友会的名义复办了福建华南女子职业学院。

邕江大学成立于1985年12月15日。它的前身是振中外语学院。中国国民党革命委员会主席朱学范为名誉校长，原中国国民党革命委员会广西区委会主委黄启汉为第一任校长。邕江大学是广西壮族自治区人民政府批准，在国家教委备案，由中国国民党革命委员会广西区委会主管的普通高等学校。

在新宪法和中共中央《关于教育体制改革的决定》精神鼓舞下，1984—1985年前后成为民办普通高校建校的小高潮期。当时的形势和社会环境也不宽松，国家还没有批准民办高校的标准和案例。因此这些学校大多是混合型的，公办民助、民办公助的都有，一般不明确"民办"身份。并且大多由民主党派或者政协举办，官方色彩较浓，办学性质不透明，许多学校开办之初都不同程度得到政府的支持。如北京城市学院（前为北京海淀走读大学）审批时是用"区办校助"的名义，"区办"指海淀区政府举办，"校助"指清华大学等高校协助。由于政府缺乏资金，办学主要以学费为经费来源，因此政府性质渐淡，从学校提供的资料来看，什么时候开始进入"民办"序列，也没有文件标明。

3. 民办高校设置合法化

如果说1992年以前的民办高校，大多具有自发性质的话，那么，1993年国家教委下发的《民办普通高校设置暂行规定》，就是改革开放以后民办高校办学合法化的第一个文件。

1992年，在邓小平南方谈话精神鼓励下，国内许多地方都在酝酿民办普通高校建校工作。黑龙江省教育厅原副厅长孟新等在黑龙江筹建东方大学，获得省政府同意后，1993年以与他校合作办学名义招生。上海交大科研处原副处长袁济等一批上海交通大学、北京大学、清华大学教授发起筹建杉达大学，意为综合交通大学、清华大学和北京大学三所大学的资源优势，当年获得批准筹建。1992年南京大学、东南大学等高校的一批退休教授和管理人员发起并创办三江大学，1993年6月江苏省政府同意筹建并试招生。1991年，四川天一集团创办了天一学院。早期以办高复班和自考班为主的黄河科技学院，也开始积极筹建普通高等教育。

1990年4月，原华南师范大学日语专家侯德富教授首先提出了利用离退休专家教授和教育界同人开展办学活动的建议。1992年10月19日，广州市教育委员会穗高教〔1992〕37号文件《关于同意广州私立华联大学进行筹建的批复》下达，由此，"华联实用外语科技职业学校"更名为"广州私立华联大学"，开始正式筹建。经广东省人民政府批准（粤府函〔1994〕113号）、国家教委备案、具有学历教育招生资格的省属普通高等学府。这是迄今为止全国唯一以"私立"冠名的民办普通高校。南华工商学院是广东省总工会于1993年报广东省人民政府批准（粤府函〔1993〕350号），经国家教育部备案（教计厅〔1994〕9号），在广东省总工会干部学校基础上建立的全日制普通高等院校，学院行政主管部门是广东省总工会，业务主管部门是广东省教育厅，实行党委领导下的院长负责制。学院是广东省唯一的"国有民办"新机制的普通高等院校。

可以看出，以上这些学校基本性质与1984年前后建立的民办高校差不太多。大多数是白手起家、缺乏投资，由一些退休教授或干部办学，有一些官方背景，得到政府的支持。许多学校甚至董事长都是省政协在职或退休领导担任。如浙江树人大学、黑龙江东方学院和上海杉达学院、南京三江学院的董事长都是当地政协的领导，政协由于得天独厚的资源优势，又与政府之间有着良好的关系，在学校创办初期发挥了积极作用。1991年，四川天一集团总经理蔡文彬开始筹建天一学院，但是企业或个人介入办学，尤其是全日制的普通高等教育，总体来说还比较少。

在各界的大力推动下，国家教委根据各地民办普通高校的发展情况，1993年8月17日出台了《民办普通高校设置暂行规定》（教计〔1993〕129号），全文7章35款，明确了民办高等学校的界定、设置标准、申报材料、审批流程和相关管理，等等。要求各地尚在筹建中的民办高校，按照本规定审批。1993年10月，国家教委高校设置委员会在长沙召开会议，审查了各省市申报的民办高校，最后同意建校具有独立颁发大专文凭资格的民办高校 4 所，分别为民办浙江树人大学、民办黄河科技学院、民办上海杉达学院和民办四川天一学院。民办黑龙江东方学院和民办江苏三江学院因相关条件未达标准，次年重新申报才获得批准。这 6 所学校是《民办普通高校设置暂行规定》颁布后最早获得批准的，并且按照文件精神，其校名前面一律冠以"民办"字样，因此也被研究界称为"国家改革开放以来首批获得批准的具有独立颁发大专学历文凭资格的民办高校"。对于部分早期民办高校（如西安培华女子学院、四川凉山大学、福建华南女子职业学院、内蒙古丰州职业学院、广西邕江大学等），考虑到已获得省政府正式批准试行招生多年，经省政府报国家教委同意备案，进入国家大计划招生。

　　早期的部分民办高校，除了进入民办普通高校以外，也发生了一些变化。凉山大学 1992 年以后其行政归属为凉山州政府。2001 年 2 月，凉山州政府决定将凉山州商业技工校并入凉山大学。2002 年 6 月 5 日，国家教育部明确凉山大学为公办省属普通高校。2003 年，凉山大学与西昌农业高等专科学校、西昌师范高等专科学校、凉山教育学院合并组建西昌学院，圆满地完成了它的历史使命。邕江大学开办时广西壮族自治区政府安排了 60 万元开办费，办学条件十分简陋。后来因为没有固定的办学地点，学校先后在广西邮电学校、广西华侨学校、区总工会干校、南宁供销技校、广西社会主义学院、南宁市第五医院租用校舍设置教学点，直至 1990 年邕江大学才搬到北湖的石头岭上。2009 年 7 月起，学校由南宁威宁资产经营有限责任公司与民革广西区委合作共办。2012 年 11 月 23 日，教育部正式下文批准南宁学院升格为本科高校并更名为南宁学院。

　　1991 年，四川天一学院在成都筹建。举办者蔡文彬，1942 年生于河南许昌，1963 年考入成都电讯工程学院（即电子科技大学前身）通信专业。"文化大革命"开始后，他担任成都电讯工程学院"东方红"造反兵团负责人，并成为"成都地区革命造反派联合总部"负责人之一。1968 年 5 月四川省革命委员会成立，26 岁的蔡文彬任副主任。1973 年 6 月，任共青团四川省委书记。1982 年下派邛崃任县委副书记，后任四川省体改委研究员、国家体改委研究员。1991 年蔡辞职"下海"创业。1992 年创建成都天一集团公司，以房地产开发和投资高等教育为主要业务，并创办天一学院。1993 年 12 月，天一集团为解决其属下天一学院教育用房，与工商银行广场支行合作开始在人民南路修建约 5 万平方米、建筑高度

118 米的"天一教育大厦"。1994 年年初,民办天一学院获得国家教委批准,而天一教育大厦却因资金没有到位和双方在建设过程中的多年官司成为烂尾楼,公司随后也陷入资金困境,1998 年以后蔡退出举办,学院由负责人冯蜀龙主持艰难运作。2004 年 5 月学院引进新的举办者——欧亚学院董事长胡建波。2008 年美国劳瑞德投资咨询(上海)有限公司加盟,成为劳瑞德国际大学联盟成员。尽管学校举办者几经变迁,但是学校办学空间一直没有解决。2010 年,华西希望集团下属的希望教育产业集团参与并控股,并着手建设占地 500 亩的金塘校区,2012 年投入使用。2014 年又在绵竹市东城新区文化教育产业园投资兴建 500 亩的绵竹新校区,从此开始学院新的发展路程。四川天一学院是国内少数迄今为止校名还带着"民办"帽子的民办高校,全称为"民办四川天一学院"。

表 5 – 3　　　　　　　　　　早期民办普通高校设置基本情况

	校名	日期	说明
1996 年 1997 年 备案	海淀走读大学(1984 年为区办校助)	03.06	先期为公办民助,后为民办,2003 年改名北京城市学院
	内蒙丰州职业学院(1985 年)	不详	
	仰恩大学(1992 年)	03.24	民办本科,1992 年从华侨大学独立分离
	福建华南女子职业学院(1984 年)	11.16	校友办学
	私立华联学院(1994 年)	05.04	
	南华工商学院(1994 年)	02.25	
	邕江大学(1985 年)	12.25	现改名为南宁学院
	凉山大学(1984 年)	07.23	已并入西昌学院
	西安培华女子大学(1984 年)	08.06	现培华学院。早期为省内筹办,后直接进入国家大计划
1996 年 1994 年 批准	民办浙江树人学院(1994 年)	03.24	1984 年开始普通高等教育办学,当年招生,1994 年获国家批准,2003 年升格本科
	民办黄河科技学院(1994 年)	02.17	1984 年开始高复办学。1994 年获国家批准,2000 年升格本科
	民办杉达学院	02.17	1992 年省内办学,次年招生,1994 年获国家批准,2001 年升格本科
	民办四川天一学院	03.14	1991 年,四川天一集团创办天一学院。1994 年获国家批准。现为华西新希望教育集团控股

续表

	校名	日期	说明
1995年批准	民办三江学院	04.04	1992年省内办学，次年招生，1995年获国家批准，2001年升格本科
	民办黑龙江东方学院	04.01	1992年省内办学，次年招生，1995年获国家批准，2003年升格本科

资料来源：根据调查资料和文献整理，个别数据可能有出入。

三 我国民办高校发展的现状

在经历了30年的艰难探索以后，借助于国家实行积极发展高等教育决策和实行高校扩招的机遇，民办高校快速成长和崛起，在服务建设小康社会和和谐社会的伟大进程中发挥积极作用。

1. 民办高校的数量和规模

在政府一系列政策的鼓舞下，民办高等教育得到较快发展。一是民办高校数量继续增加。据教育部提供的数据[1]，截至2015年年底，全国有经批准的民办高等教育机构1547所，其中具有独立颁发大专文凭资格的民办普通高校已有459所，民办性质的独立学院275所，两者之和734所，约占全国普通高校学校总数2358所的29.93%。另外还有民办高等教育机构813所。二是在校生大幅增加，2015年年底，全国民办高校在校生（注册生）610.9万人，其中275所民办普通高校的计划内全日制在校生达到351.48万人，独立学院计划内全日制在校生259.42万人，在校生已经占到全国普通高校在校生2625.3万人的23.27%。全国有20个省市的民办高校在校生比例超过20%。比例最高的浙江省已超过30%，基本实现三分天下有其一，20余个省市民办普通高校在校生比例超过20%，显示我国民办普通高校经过近20年的努力，已经具备了一定的办学能力。三是其他民办高等教育机构数和在校生呈现逐步减少趋势，许多原来办学条件较好的"专修学院""进修学院"都先后加入民办普通高校的行列。由于高等教育逐步进入大众化，高考录取率逐年提高，上大学的机会大幅增加，其他形式的民办高校生源相应减少。与2005年相比，民办高等教育机构数从1200多减少为800多，萎缩1/3，在校生从200万人左右减少

---

[1] 教育部：《2015年全国教育事业发展统计公报》，《中国教育报》20016年7月6日。

到 77.74 万人，大致减少 2/3，显示在大众化条件下办学资源的紧张状态已经得到缓解。四是民办普通高校的本科院校有了一定的发展。迄今为止全国民办本科高校为 417 所，其中独立学院 275 所，独立设置的民办本科院校 142 所，不包括中外合作办学机构。有 5 所民办本科院校获得服务国家特殊需求的硕士专业学位研究生培养试点工作，在校研究生 509 人，体现了国家发展民办普通高等教育的决心和导向。

2. 民办高校的主要办学类型①

经过 20 多年的发展，中国民办高等教育多样化快速发展，已经达到一定的规模，形成自身独有的特征。从办学形式和内容来说，民办高校具有自考助学形式、高等教育学历文凭考试形式、传统普通高校办学模式、独立学院和中外合作办学等，形成多样化的办学体系。

（1）高等教育自考考试助学形式。20 世纪 80 年代初，针对我国高等教育资源十分紧缺的现状，为满足社会对人才的需求和人民群众上大学的愿望，我国创立了高等教育自学考试制度，给未能步入普通高校的有志青年和从业人员提供自学成才的深造机会，为广大社会青年提供、创造学习的园地。由于自考是国家认定的面向社会高等教育学历资格的考试，具有权威性、公正性，产生了极大的社会吸引力，从而也带动了一批以自学考试辅导为初衷的民办高中后教育机构迅速发展。承担高等教育自学考试助考辅导的学校多由省、市、区审批，统称为非学历高等教育机构。由于学校的学员入学不受国家招生计划的限制，宽进严出，培养与考试相分离，所以形式灵活，质量保证，在社会上产生了良好信誉。而这些民办高校的助学，使自学与辅导相结合，提高了学习的效果和考试的合格率，受到学生的青睐。

（2）高等教育学历文凭考试形式。1993 年颁布的《中国教育改革和发展纲要》提出，对于那些不具备颁发学历文凭资格的民办高等学校和教育机构，可由国家组织学历文凭考试。这项工作从 1993 年在北京开始试点，逐步走向全国。

高等教育学历文凭考试的办学思路是把允许办学和认可水平分开，降低民办高校的准入门槛，但是要保证基本的办学质量。即省市区可以批准

---

① 徐绪卿：《新时期中国民办高等教育发展研究》，浙江大学出版社 2006 年版，第 27 页。

民办高校办学，办学准入条件适当降低，但这些学校是否达到国家认可的办学质量标准，所培养的学生需要通过国家组织的统一考试加以鉴定。取得学历文凭考试资格的学生，修完教学计划规定的全部课程和实践性教学环节，参加国家组织的考试成绩合格并经思想品德鉴定合格，由省考办核发国家承认的高等教育自学考试专科毕业证书。

高等教育学历文凭考试是学校办学与国家考试相结合的一种教育形式，它有别于传统学校教育又不同于完全的自学考试。它力图试验一种国家考试为导向，民办高等教育机构为依托，宽进严出、教考分离为特点的办学模式。在学校总体水平尚未达标时，为保护办学者、上学者的积极性，为坚持国家宏观教育质量的标准，采取国家、省级、学校三级考试的办法，对学生及学校教育质量进行客观评价，三级考试合格者，国家承认其学历。学历文凭考试的层次主要是高等专科，但是也有一部分省市开展本科教育试点。2004年，鉴于高等教育资源供求矛盾缓解的实际情况，教育部发文取消高等教育学历文凭考试，2005年起停止招生，学历文凭考试终结。

（3）传统普通高校办学模式。1993年8月，原国家教育委员会发布《民办高等学校设置暂行规定》，其中明确规定："国家鼓励设置专科层次的民办高等学校。设置本科层次的民办高等学校，其标准需参照《普通高等学校设置暂行条例》的规定执行。"并指出："民办高等学校及其教师和学生享有国家举办的高等学校及其教师和学生平等的法律地位。民办高等学校招收接受学历教育的学生，纳入高等教育招生计划。学生毕业后自主择业，国家承认学历。"

2000年1月，国务院办公厅下发《关于国务院授权省、自治区、直辖市人民政府审批设立高等职业学校有关问题的通知》，其中包括审批独立设置的高等职业学校、省属本科高等学校以二级学院形式举办的高等职业学校和社会力量举办的职业学校。同年三月，教育部颁发《高等职业学校设置标准》（暂行）。审批权的下放，使民办高等职业学院的数量发展加快。

（4）独立学院。随着高校扩招的展开，原有高等教育资源逐渐饱和。某些经济发达的地区，在加快高等教育发展的过程中，出现了公办高校"二级学院"的办学模式。我国公办高校的办学优势明显，"二级学院"的办学形式，结合了公办高校的智力优势、品牌效应（即多年来凝结的社会信赖感），具有较强的竞争优势，客观上形成与民办普通高校竞争的强大对手，因而引起一些议论。但是，对老百姓的上学需求、对高等教育办学资源的增加，客观上起到了较好的效果。

2003年，教育部下发《关于规范并加强普通高校以新的机制和模式试办独立学院管理的若干意见》（教发〔2003〕8号文件），第一次提出了"独立学院"的概念，指出："本文所称独立学院，是专指由普通本科高校按新机制、新模式举办的本科层次的二级学院。一些普通本科高校按公办机制和模式建立的二级学院、'分校'或其他类似的二级办学机构不属此范畴。"根据文件精神，"独立学院"有三大特征：一是实行新的机制办学。独立学院从本质上分是民办高校，其投入主要由合作方承担或者以民办机制共同筹措，收费标准也按照国家关于民办高校招生收费的相关政策制定。二是实行新的办学模式。在办学和管理上首次提出"五个独立"，即独立学院校本部相对独立、有独立的法人资格、独立颁发学历证书、有独立的校园、实行独立的财务核算，从而赋予了独立学院确切的内涵。三是实行新的管理体制。独立学院的管理制度和办法由申请者和合作者共同商定，双方的责、权、利关系通过签署具有法律效力的协议来规范和体现。另外，独立学院实行董事会领导下的院长负责制，校董会的组成及人选由双方商定，院长由申请者推荐、校董会选举。这些特征已初步具备了民办高校应有的基本要件。2008年教育部颁布"26号令"，对已经设立的300多所独立学院提出了一个5年的考察验收期。在此期间，独立学院将面临五种选择：或者以独立学院的形式继续办学，或者"回归"申办普通高校，或者转设为民办普通高校，或者并入其他民办院校，或者被终止办学资格。迄今为止，全国先后已有60所左右独立学院转设。

（5）其他办学形式。这里主要包括中外合作办学等方式。目前此类学校不多，影响面也不大。《中华人民共和国中外合作办学条例》指出，"中外合作办学机构设立、活动及管理中的具体规范，以及依据《中外合作办学条例》举办实施学历教育和自学考试助学、文化补习、学前教育等的中外合作办学项目的审批与管理，适用本办法。"随着我国加入WTO的深入和该条例的实施，各种中外合作办学形式今后必将逐步增加。对于中外合作办学的高等学历教育机构，政府一般作为相当于民办普通高校进行统计和管理。

3. 民办高校的办学层次结构

迄今为止，民办高等教育的办学层次还是以高等专科教育为主。在2015年全国734所民办普通高校中，独立学院275所，当然都是本科的，而独立设置的民办本科院校只有142所，余下317所全部为专科教育，其中绝大部分为高等职业技术学院。

对于民办普通高校举办本科教育，教育部门从民办高校的实际情况和社会对民办高校的认同度出发，一直非常谨慎。1994年，福建仰恩大学从华侨大学的独立学院分离出来，作为独立的民办普通本科高校，此后几年中就再也没有批准。进入新世纪，发展我国民办高等教育的办学环境逐步好转，在各方面的大力呼吁和努力下，民办高校升格本科终于得到突破。2000年，教育部批准黄河科技学院正式升格本科，成为全国首所独立建校的民办本科院校。2002年杉达学院、三江学院又被批准为本科院校。为配合《民办教育促进法》的颁布实施，2003年教育部批准浙江树人大学等5所民办高校升格为本科院校，至此我国共有9所民办高校具有独立颁发大学本科学历文凭资格。2005年教育部批准16所民办高校升格本科，2006年上海市实行自行设置本科院校试点，建桥学院纳入试点升格本科，2007年河北传媒学院正式升本。2008年教育部批准13所民办高校升本和设置。此后几年，教育部还在继续审批民办高校升本和独立学院转设工作。迄今为止我国共有142所民办本科院校，独立学院还有275所。总的来说，我国民办高校的本科办学还会继续增加。

2011年国家学位办选择一批"特殊需求的项目专业硕士"试点，有83个单位申报，最后批准52家。其中北京城市学院、黑龙江东方学院、河北传媒学院、西京学院和吉林华桥外语学院等5所民办高校申报全部获批，虽然数量稀少，但是还是给了民办高校极大的信心和鼓舞。当然，从当前我国民办高等教育的发展现状和政府的政策来看，民办高校提高办学层次还有相当长的路子要走。

近年来，随着本科高等教育自学考试的开展，在部分专修学院等民办高等教育机构中，也开展了一部分本科高等教育，但是由于此项工作开始时间不长，工作经验不足，专业面也有待于拓宽，师资队伍也有待于建设，因此，这部分工作总体来说开展得不多。

我国民办高校办学层次太低，制约了民办高等教育发展的空间和力量的壮大，不符合国际私立高等教育发展的规律，也难以使民办高等教育的发展地位得到巩固，不利于民办高等教育的长远发展。

四 我国民办高校发展的意义

按照新政治经济学的观点，完全由政府提供公共教育会产生政府失灵。①"阿罗不可能定理"也认为，政府很难在单一的社会利益目标下满足为数众多的个体对于教育的需求，也即政府办学目标往往不能满足社会和个人的真正需要。此外，政府完全垄断公共教育的供给，加上政府对各个学校支持力度不一样，导致优秀教育资源成为一种垄断供给的产品，教育领域中的竞争程度弱化不利于教育系统自身的发展。而且单一的由政府提供教育服务也会受制于财力的限制而不能满足社会的需要。当前我国高等教育发展的目标是要提高教育组织内部的竞争性，从多渠道筹集教育投入资金，以多样性的教育服务满足社会不同个体的需要。这种制度演化并非内部解决所能为，需要从外部变革开始，这就要改变我国高等教育由国家一手包办的局面，从外部引入民办高校来促进竞争。② 因此民办高校与公办高校一样，是我国高等教育体系中的重要组成部分。发展民办高等学校，是国家高等教育发展的重要决策，是高等教育体制改革的重要成果，意义重大：

第一，新增了高等学校数量，扩大了我国高等教育的规格和品种，增加了学生读大学、选择大学的机会，在一定程度上缓解了现代化建设对人才的需求与现有高等教育规模制约的矛盾，满足了人民群众接受高等教育的强烈愿望，为社会培养了大批经济建设和社会发展需要的人才。"文革"结束以后，百废待兴。一方面，社会经济复兴亟须大批人才；另一方面，由于多年积累，大批社会青年渴望上学。而国家经济落后，高校资源稀少，多方面的原因促成社会资源投资和参与举办高等教育。目前，民办普通高校总数已占我国普通高校总数的30%左右，民办普通高校在校生占全国普通高校在校生的1/4左右。按照目前我国高等教育毛入学率的测算，民办高等学校和民办高等教育机构在校注册生占30%以上，在毛入学率计算中所占的比重可能达到20%—25%。可见，民办高校的兴办，大大缓解了人民群众上大学的需求，同时增加了高等教育供给方式的选择

---

① 张学敏：《论教育供给中的政府失灵》，《高等教育研究》2004年第1期。
② 赵旭明：《民办高校治理研究》，博士学位论文，中共中央党校，2006年。

性和灵活性，为更多的青少年提供了接受教育、选择学校、师资和学习内容的机会。由于高教资源的增加和丰富，高等教育逐步向选择性教育形式过渡，为促进以人为本为核心的个性化培养和人的发展创造了条件。

  第二，改变了我国高等教育投资长期以来由国家财政独家承担的局面，拓宽了高等教育资金来源的渠道，减轻了国家财政负担，增加了高等教育的投入和资源供给，缓解了高等教育供求关系严重失衡的矛盾。通过举办民办高校，有效地增加了教育投入，补充了财政不足，吸纳社会资金，促进资源共享，对优化教育资源配置起到了一定的调节作用。据不完全统计，从1993年以来，我国民办高校已经培养了数以千万计的各类大学生，在政府投入十分困难的情况下，民办高校的加盟大大拓宽了高等教育经费的渠道，推进了高等教育投资体制的改革。目前估算，民办普通高校和独立学院的资产已经达到2000多亿元。据权威人士提供的信息，目前维系中国高等教育正常运转的经费大约需要4000亿元，而国家现有的实际投入只有800亿元，高校现在向银行借贷的总金额已经超过了1000亿元，差额部分就是各高校靠收学费填充的[①]。潘懋元先生曾经撰文指出，"改革的成效，从2005年的统计数据就可以看出：2005年，高等教育经费支出2117亿元中，政府财政拨款885亿元，占当年高教经费的42%，而非财政经费高达当年高教经费的58%。非财政经费包括了学杂费、校办产业、社会捐集资、银行贷款、设立教育基金等收入。近年来办学成本还在不断增加。由此可见，多种渠道的高等教育筹资体系已经初步形成。据此，我们也可以设想，如果投资体制改革没有取得突破，仍然是只依靠政府投入来办教育，今天我国的高等教育规模，只能有当前的一半左右，不但高等教育的快速发展不可能实现，而且设备更新、校舍扩建、待遇提高等，都难以实现"[②]。随着高等教育规模的扩大，世界性的教育财政危机始终伴随着高等教育的发展而存在。即使是在发达国家也不例外。我国目前支撑着世界上最庞大的高等教育体系，仅仅依靠政府财政的力量是远远不够的。因此，举办民办高校对我国高等教育投资体制改革的推动作用是巨大的，对于高等教育的长远发展也具有重大的战略

---

  ① 谢湘、刘万永：《大学学费是以何标准计算的》，中青网（http://edu.people.com.cn/GB/1053/3677455.html.）。
  ② 潘懋元：《民力民智推进高教事业大发展》，《中国教育报》2008年6月2日。

意义。

第三，推出了新的办学机制，激活了高等教育的竞争，增强了高等教育的活力，促进了高等教育的改革、发展和效率的提高。原有公办高校办学的弊端，集中表现为一切都由国家包下来，一切都由政府统起来的一种封闭半封闭的办学体制。新时期高等教育体制改革，包括办学体制、管理体制、招生就业体制、经费筹措体制、校内管理体制的改革。"通过五大体制的改革，改变了我国大学按科类设置的状况，使一部分学校的科类更加综合，为我国高等学校培养高水平、高素质的人才，为出高水平的科研成果打下了基础。实行办学体制改革，使我们发展了民办高等教育。实行管理体制改革，使我们的高等学校加大了办学自主权，各地市基本上实现了建有一所高等学校的目标，大大增强高等教育为地方和区域经济、为社会主义市场经济服务的能力；也使我们基本结束了行业办学的局面，使所有的大学都面向地方、面向区域、面向社会办学。实行经费筹措体制改革，使我们实现了多种渠道即'财、税、费、产、社、基'多渠道筹措资金，特别是经过多年的努力，实现了大学生缴费上学，大大增加了学校的办学容量，改善了学校的办学条件。实行招生就业体制改革，使我们实现了面向社会双向选择的就业体制，招生的改革也进行了多种探索。实行学校内部管理体制改革和后勤社会化改革，使学校各类人员的积极性有了提高，高等教育健康可持续发展有了保障。总之，体制改革使我们的高等教育适应了社会主义市场经济，为规模的发展和质量效益的提高打下了基础、创造了条件。"[①] 值得指出的是，高等教育五大体制改革，民办高校始终站在改革的前列，许多改革的具体举措是民办高校首先提出并实施的，很多政策是根据民办高校的探索试验情况提炼的，在高校体制改革中，民办高校起到了良好的试验田的作用，为高等教育体制改革积累和提供了经验。另外，民办高校的参与，激活了高等教育内部的竞争，推动了高等教育的改革，促进了高等教育系统质量和效益的提升。

可以想见，随着改革开放的深化和民办高校的发展壮大，民办高等教育将在我国高等教育体系中扮演越来越重要的角色，成为推动高等教育大

---

① 周远清：《把高等教育科学研究做强》，《中国高教研究》2008年第3期。

众化的重要力量。民办高校只要抓住机遇，加快学校各方面建设，加强内部管理，不断提高办学水平，必将会有广阔的发展空间和美好的发展前景。

第二节　民办高校治理的法理演变

治理的基础条件就是法律。研究民办高校治理，不能不研究民办高校治理的法理问题，包括相关法理的演变、现有法律框架和未来走向等。

根据《中华人民共和国宪法》和《中华人民共和国立法法》的相关规定，我国实行统一的、分层次的立法体制。在国家层面，全国人民代表大会及其常委会行使国家立法权，制定法律。国务院根据宪法和法律制度规定制定行政法规，按照2001年11月国务院发布的《行政法规制定程序条例》第4条规定，我国行政法规的名称为"条例""规定""办法"等。国务院各部委根据法律和行政法规制定规章。在地方，省级人大及其常委会可以制定地方性法规，民族自治地方的人大有权制定自治条例和单行条例；省级人民政府所在地的市和经国务院批准较大的市人大及其常委会可以制定地方性法规；省级人民政府及省级人民政府所在地的市和经国务院批准较大的市人民政府，也可以制定规章。

民办高校从恢复办学到至今，经历了从最初的自发探索和行政法规指导相结合，逐步向立法、规范和专门立法发展的过程。许多文件实际上主要是针对民办高校治理开始的，文件的制定单位大多为教育部和省级人民政府及相关教育机构。

严格地说，迄今为止我国还没有就民办高校办学和治理问题的专门立法。有关民办高校治理的相关法律法规，除了《民办教育促进法》和《民办教育促进法实施条例》对所有民办学校的相关情况做出规定以外，主要散见于中共中央、国务院的一些重大改革文件中和国务院、教育部及各省市人民政府的一些"暂行规定"等文件中。尤其是在民办高校发展的萌芽阶段，处于改革的初期，对一些学校的办学行为带有较浓的"试验"性质，在全面改革"摸着石头过河"的背景下，存在的问题对学校发展和社会影响不大，用一般的法规代替法律是一个普遍的现象。这里，我们还是以民办高校发展进程作为主线,并将其划分为五个阶段①,来透视和梳理民办高校治理相关的立法进程。

第一,发展萌芽期(1978—1983年)。这一时期,民办高校处于恢复发展的讨论酝酿阶段,有一批民办高等教育机构相继诞生,但是民办普通高校尚未获得批准建校。所谓的民办高校尚无实施高等教育实质性的办学内容。法律法规也几乎处于空白状态。

在中国,私立大学是随着近代高等教育的诞生而产生的。厦门大学、南开大学、复旦大学都是历史上名赫一时的私立大学。1949年10月中华人民共和国成立,鉴于高等教育资源的稀缺和人才的紧缺,政府继续发挥私立大学的作用,以满足国家建设需要。中央人民政府教育部曾于1950年8月14日颁布了《私立高等学校管理暂行办法》,涉及学校的设置、举办主体、申报事项、校长任免、财产管理、停办等事宜。但是由于国家政治体制和经济体制发生了巨大的变化,私立大学客观上失去了生存和发展的经济基础,在管理体制、生源组织、经费筹措等诸多方面遇到了具体困难,私立大学渐成萎缩之势。从1951年起,全国范围内开展了有计划、有重点的院系调整,至1952年私立大学全部调整为公立。至此,中国的私立大学完全匿迹于高等教育舞台。

"文革"结束后,为满足经济和社会发展对人才的急需,国家很快恢复了高考制度,高等学校开始恢复招生,高等教育开始了艰难的恢复发展。举办高等学校需要巨额资金,而国家财力有限,现有的高等学校经费都很困难,更不要说建设新的大学。从人才需求方面看,随着改革开放的展开,经济建设发展的需要,许多部门和行业普遍出现了人才严重短缺的局面;从老百姓上学的需求方面看,由于"文革"中大学停招,多年的积累导致考生众多。1977年冬天国家恢复高考,有570多万人参加考试,并且是经过了"区"级(介于县和乡之间的行政区,机构改革后撤销)预考。很多人并没有参加正式考试,实际上报考的人数还要多,而录取人数只有区区20万余人。1978年夏季又有590万考生走进考场。"千军万

---

① 关于中国民办高等教育恢复和发展进程的阶段划分,研究者从各个角度提出了"三分法""四分法""五分法"和"六分法"。这里根据笔者的研究,将其划分为五个发展期,主要线索是政府对于民办(高等)教育的政策、态度和实践发展。见徐绪卿《新时期中国民办高等教育理论研究》,浙江大学出版社2010年5月版。

马过独木桥"的壮丽景观是当年参加高考的真实写照。尽管录取的概率很小,广大社会青年还是抱着极大的热情,想方设法争取升学机会。建设人才的紧缺匮乏,社会求学热情高涨,呼唤着民办高校恢复办学。

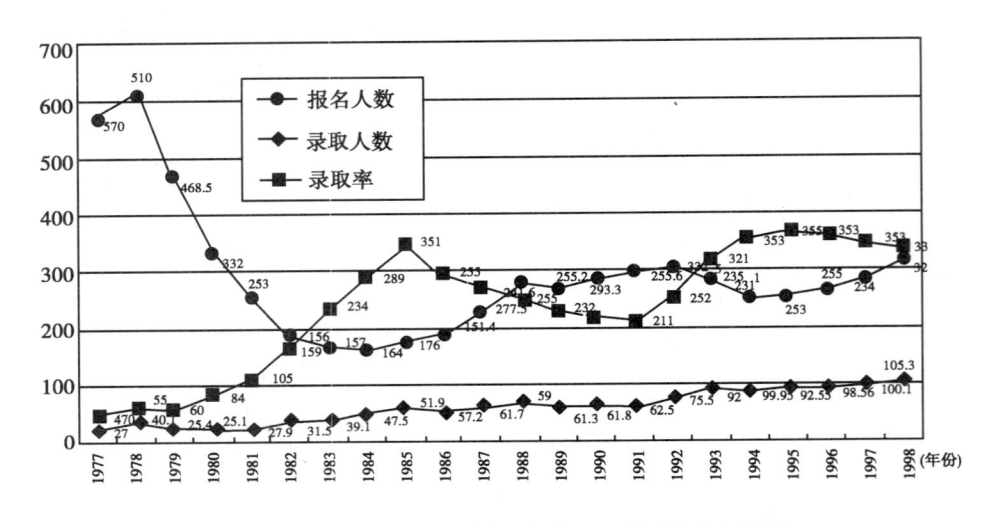

图 5-1 1977—1998 年全国高考报名、录取情况和录取率

民办高校的起步发展是与我国改革开放的伟大进程相同步的。1978年年底,党的十一届三中全会召开,恢复了实事求是、解放思想的思想路线,决定把全党工作的重点转移到经济建设上来,并逐渐形成了改革开放的伟大决策,标志着我国社会主义现代化建设进入一个崭新的历史时期。与改革开放进程相一致,会议精神也预示着教育战线拨乱反正的展开。思想解放带来了教育观念上的转变,激发了一批对高等教育满腔热情的老知识分子和有识之士的办学灵感。他们租借场地、聘用教师、自筹资金,从"小打小闹"开始,办起了民办高校,为国家经济建设和社会发展培养人才,从此揭开了中国民办高等教育恢复发展的新篇章,我国民办高校开始走上艰难的恢复发展进程。

体制改革的过程是一个漫长而艰难的过程。在民办高校恢复办学初期,教育体制还是一个非常严格、铁板一块的计划体制,民办高校举办、审批、管理都没有相应的法律依据和空间。由于高教资源由国家集中掌握,高等教育学历教育发展控制严格,民办普通高校的审批始终大门紧闭,没有获得建校许可,这一时期产生的都是民办高等教育机构,但由于需求拉动,各种名目繁多的"进修大学""专修大学""业余大学"等机构如同雨后春笋，快速涌现。虽说是"大学"，但是办学内容主要还是各种针对高考落榜生、城市待业青年和错过接受高等教育机会的青年举办的高考复习班和业余课程进修。办得较早的有的长沙中山业余大学（1978年）、浙江钱江业余大学（1979年）、北京自修大学（1977年），北京中华社会大学（1982年）等。1980年，国务院批准教育部《关于高等教育自学考试试行办法》的报告，在全国启动了自考工作，需要一批机构承担自学考试的辅导工作，后来这些学校根据需要和政府安排，逐步过渡到组织高等教育自学考试助考和学历文凭考试。

由于政府有意开始发展民办高等教育，允许、默认社会力量办学，政策管理相对宽松。虽然在实践中经常出现矛盾和冲突，这些矛盾和冲突一部分是与旧体制的不协调产生的，也有一些是办学者的不规范行为而引起的。但是，鉴于整个社会的改革探索环境，政府没有因此大动干戈，针对出现的问题，主要采取小改小补的办法来解决，就事论事，便于创建宽松的环境。在这样形势下，民办高等教育机构得到较快的发展。据统计，经当地教育部门批准的"民办高校"达到近450所。[①] 可以看出，在发展初期，"民办高校"办学空间非常狭窄，办学内容单纯，办学形式还不稳定，经常有名无实。

民办高等教育机构虽然没有颁发大专以上学历文凭资格，办学规模也不大，办学内容还算不上真正意义上的"大学教育"，但是其产生具有历史性的意义。一方面，这种办学形式作为资源紧缺的普通高等教育的补充，客观上满足了当时众多考生的需求，并且由于许多考生已经参加工作，这种灵活的学习方式更受欢迎。从社会对人才需求的角度来看，由于人才紧缺，学以致用，弥补了高等教育滞后发展的人才缺口，也培养了一批社会紧缺高层次专业人才。另一方面，正是由于这一批"民办高校"的产生和探索，冲破了当时的环境束缚，推进了办学体制的改革，进行了社会力量举办高等教育的有益尝试，孕育了民办普通高校的发展。因此其影响是不容小觑的。

在这一阶段，就管理而言，国家层面没有法律可循，基本上借用公办学校管理办法。一些地方政府针对本地实际情况，制定了一些暂行条例。

---

① 瞿延东：《我国民办教育的发展与管理》，中国财政经济出版社2002年版，第374页。

如北京市人民政府颁发了《北京市私人办学暂行管理办法》（京政发〔1981〕42号）、河北省人民政府颁发的《河北省私人办学暂行办法》（冀政〔1982〕217号）等。针对民办学校办学中出现的问题和矛盾，出台一些针对性极强的文件（暂行规定、试用办法）适当指导。由于文件本身针对私立学校，而社会力量办学中，真正"私人"办学的十分稀少，因此对于民办高校关联度不大。高等教育是政府严格管制的领域，法律还不允许社会力量举办。1986年6月颁发的大连市人民政府《关于社会力量办学管理办法》中明确指出"社会力量举办的各类学校（班），应以业余学习为主，一般不得占用学员工作时间，必须占用的应经主管部门同意。校（班）名，应与办学性质、规模相称，不得以'中等专业、学校''专科学校''学院''大学'为校名"。在其他省市当时的相关文件中，有的明确规定不得举办全日制的中专和大专院校，因此民办高校所谓管理也没有"对象"。

在民办高等办学机构的内部管理方面，政府没有明确作出规定，大部分学校主要还是沿用或者借用国外私立大学或以往私立学校的管理办法，实行董事会领导下的校（院）长负责制。

1982年颁布的《中华人民共和国宪法》，是最早在法律上明确民办教育发展地位的法律。《宪法》第十九条规定："国家鼓励集体经济组织，国家企事业组织和其他社会力量依照法律规定举办各种教育事业。"国家的根本大法给予社会力量办学合法地位，为民办高等教育的发展扫清了障碍。但是法律的理解和贯彻需要一个过程，而粗线条的合法化给民办高等教育留下的发展空间也不宽敞。从文本上看，也没有直接提及社会力量可否举办高等教育，更不可能涉及诸如民办高校如何治理这样相对微观的问题。有关部门也没有出台相应的配套文件，所以民办高校管理还是处于"无法无天"、自生自长、经验管理的"自为"状态。

第二，发展起步期（1984—1991年），民办高校处于恢复发展的起步阶段，其标志是开始了民办普通高校办学的尝试。民办高等教育机构继续快速发展，由于其生源、条件、资金、师资、收费和质量等问题和矛盾突出，政府开始意识到管理的重要性，开始了管理的探索。毫无疑问，这些规范和管理措施都是单方面的，完全符合"统治"或"管理"的口径。

1984年对于我国民办高校的发展具有深远意义。这一年全国许多省市根据当地实际情况，尝试性地筹建了一批民办普通高校，实行省（市）

内招生和承认大专学历文凭、自筹资金、自主办学，毕业生不包分配，自主择业。与当时社会上普遍存在的姓"社"姓"资"政治环境相关，政府发展民办普通高校的政策谨慎有余，很不明晰，以致审批的学校多以"公办民助"或"筹建"的名义居多。如北京城市学院（前身为北京海淀走读大学，1984年），成立之初就是"区（海淀区政府）办民助"的名义和形式获批的。西安培华学院（前身为西安培华女子学院，1984年）也有类似的情况，举办初期性质不明确，实际上还是偏重于公办的成分。福建华南女子学院（1984年）审批时也不明确是否"民办"。而浙江树人大学（1984年）虽明确"民办"，但只能以"筹建"和"地方粮票"形式获得批准。另外，还有浙江的中华美术专科学校（1984年）和浙江东海学院（1984年）、广西邕江大学（现南宁学院，1985年）等，这一时期全国有30余所这样的民办高校。这些学校的共同特点是，它们都是获得地方政府批准具有独立颁发学历文凭资格的普通高校，举办的都是国家计划内的普通高等教育，标志着政府开始对社会力量办学开放普通高等教育，因而具有特殊的意义，也从此正式开启了民办普通高校的办学历史。如此多的学校发展，国家教育部门不可能不知晓，显然是采取一种探索、试验性的宽容态度。此后，每年都有一些民办普通高校筹建，其中也有因条件不符合后来被停办的。如浙江东海学院和中华美术高等专科学校都被停办，真正从那个时候生存下来的民办普通高校仅有10余所（见表5-4），足以说明办学之艰难。

表5-4　　　　　早期10所民办高校办学者的简况

学校名称	主要办学者	人员来源	创建年份	首届董事长（理事长）	人员来源
西安培华女子学院（现为"西安培华学院"）	姜维之等	长春统计学校	1984	王宏基	西北工业大学
浙江树人大学	政协常委	浙江大学等	1984	王家杨等	省政协
海淀走读大学现为"北京城市学院"	傅正泰等	清华大学	1984	刘达	清华大学
邕江大学	黄启汉	民革南宁委	1985		民革南宁委
华南女子职业学院	余宝笙	福州师大	1985	陈钟英	民盟省委副主委
青城大学现为"丰州职业学院"	李树元	内蒙古民盟	1984	胡钟达	区人大常委

续表

学校名称	主要办学者	人员来源	创建年份	首届董事长（理事长）	人员来源
黄河科技学院	胡大白	郑州大学	1994	胡大白	郑州大学、个人举办
上海杉达学院	袁济等	上海交大等	1992	李储文	市政府外事顾问
黑龙江东方学院	孟新等	省教育厅、哈工大	1992	黄枫	省政协、教育厅
江苏三江学院	陶永德等	东南大学	1993	钱钟韩	南京工学院

资料来源：根据相关学校历史资料整理，主要办学者可能是第一任校长，创建年份以政府批准或招收全日制学生开始。

早期的民办普通高校，大多由公办高校的退休教师等公职人员发起（虽然有的用民主党派、工会或国有企事业单位的名义）并具体承办。他们利用自身多年的教育教学管理经验，或者利用多年工作所拥有的社会资源办学。办学初期民办高校办学规模较小，生源与公办高校之间差距不大，因而教学组织、教师聘用都采用面向公办高校的退休、闲余教师和工作人员。早期的民办高校几乎全是非营利性的，内部管理矛盾并不突出。比如，浙江树人大学筹建当年设外贸英语和风景园林两个专业，计划招生100人，实际招收仅89人。北京城市学院1984年招生287人，算是比较多的了，但是与今天的动辄数千人甚至上万人的招生规模相比，应该说还是很小的。

立法和规章是民办高校治理的依据，而这一工作是在新体制与旧体制的碰撞中开始的，是在不断探索中逐步积累提高的。这一阶段，整个国家许多改革都是"摸着石头过河"，政府鼓励"改革"，着力帮助解决发展进程中所产生的一些现实问题。随着民办高等教育机构的快速增加和规模的扩大，办学诉求和动机的多样化，一部分学校办学不规范行为和内部管理问题逐步凸显。由于立法和政策的缺失，政府部门管理无据可依，因此逐渐陷入"头痛医头，脚痛医脚"、手忙脚乱而疲惫不堪的状态，经常为民办高校发展中出现的新问题而找不到解决依据而被动，办学实践对法律法规的制定产生了强大的需求，社会上呼吁政府加强社会力量办学管理和指导的声音渐强。早在1982年国家教委就组织起草了相关文件，1984年基本成文后，曾于10月19日以（84）教成字039号文"报请颁发《关于社会力量举办高等学校和中等专业学校试行条例》"上报国务院办公厅，但是这件事情没有办成。① 1986年年初，国家教委办公厅以（86）教高三厅字001号的文件《关于建议国务院法制局尽快制定〈关于社会力量举办高等学校和中等专业学校试行条例〉并报国务院批转试行给李鹏同志的报告》再次上送催办并得以转发。文中提出"有的学校，师资、经费、设备等条件均不具备，就仓促上马，办学中困难重重；有的办学人员不学无术，教学质量低劣；有的利用办学诈骗钱财，奸污女生；有的流窜办学，一个人办三所'大学'（捞到学费就跑掉）；甚至还有利用办学进行封建伦理宣传的"②。这些情况引起了政府主管部门的高度关注，民办高校管理开始进入政府高度关注的领域。

《关于社会力量举办高等学校和中等专业学校试行条例》是第一个在国家层面试行的与民办高校相关的法规，尽管出台仓促，但其内容和框架初步奠定了我国民办高等教育政策的基本框架，表明了国家对民办高等教育的基本态度，也是我们目前能够找到的国家层面最早涉及民办高校管理的专门文件。后面我们还会分析，它实际上是1987年教育部颁布的关于社会力量办学的若干暂行规定、1997年国务院颁发的《社会力量办学条例》、2002年12月28日全国人大常委会审议通过颁布的《中华人民共和国民办教育促进法》和2004年国务院颁布的《民办教育促进法实施条例》等法律法规的渊源文件。在这个文件可以清楚地看出，管理问题已经引起教育行政部门的关注。管理部门已经认识道，"实践证明，只有积极性，没有必要的条件和领导管理条件，办学质量不能得到保证"③。总体来看，学校发展较快，管理亟待跟上，政策资源贫乏，制约事业发展。而绝大多数民办高校的关注点是在争取办学的合法性和学校规模的扩张方面，管理还不是学校非常急迫解决的问题。进一步说，民办高校与管理部门之间的诉求是有差异的，管理部门的重点是如何强化管理，规范办学行为，防止过分冲突发生。而民办高校关注的重点是规模扩张和身份合

---

① 杨金土：《职业教育30年波澜壮阔的重大变革》，中国网（http://www.china.com.cn/zyjy/2009-07/14/content_18133775.htm.）。

② 教育部：《报请国务院颁发〈关于社会力量举办高等学校和中等专业学校试行条例〉的请示》（84）教成字039号，1984年10月19日。

③ 国家教委：《对政协六届三次会议第270号"教育部应加强对社会力量的领导，取消对社会力量办学征收"管理费"的答复》（85）教办字099号。

法化。

根据改革开放以来民办高等教育发展的进程和问题,在总结经验的基础上,1987年7月8日国家教育委员会下发了《关于社会力量办学的若干暂行规定》(〔87〕教高三字014号),对民办学校办学的相关问题进行了较为系统全面的规定,连同后来出台的《国家教委关于社会力量办学几个问题的通知》(〔88〕教高三字016号)和《国家教委关于社会力量办学教学管理暂行规定》(〔88〕教高三字017号),对民办高校管理体制、分校招生、文凭发放以及教学管理等提出了较为系统的意见,客观上为民办高校的办学提供了管理依据。1989年9月,国家教委政策法规司正式将《民办学校法规条例调研报告》起草作为专项下达给厦门大学高教所,① 在当时政治环境下也足以体现出政府对于民办高等教育立法的重视和关注。

据调查,早期的这些民办高校,在办学不久多数都逐渐建立了学校董事会(理事会),在民办高校内部管理体制建设方面,做了一些有益的探索。但是在《国家教委关于社会力量办学几个问题的通知》1700多字、总共22条款的文本中,我们却始终没有看到民办高校内部管理的相关规定,这不能不说是一个遗憾。学术研究方面,还是有一些学者从研究角度预见或研究民办高校管理体制的重要性。如周大平就认为,许多民办大学目前还存在着一些不容忽视的问题,其中之一就是领导班子不健全、管理力量不够强。因此他认为要有一个适宜的条例,对民办大学的组织、管理、规划、预测等办学诸环节作广泛的调查和认真的分析研究,从中找出规律性的东西。在此基础上,扎扎实实办好一批试验点,总结经验、搞清问题,再转化为政策以指导面上工作。② 潘懋元教授在《光明日报》上发表的《关于民办高等教育体制的探讨》一文中,除了呼吁各界关注民办高等教育以外,还提出了"对民办高等教育,应当适时立法。立法的意义不在于限制,而在于扶持、引导"③ 的思想,很有预见性、前瞻性和高屋建瓴的学术眼光。这也是学术界最早正式提出民办高等教育立法的建议。厦门大学博士生魏贻通,甚至根据课题约定,牵头起草了《私立学

---

① 魏贻通:《民办高等教育立法前期研究》,博士学位论文,厦门大学,1994年,第1页。
② 周大平:《民办大学兴起之后》,《瞭望》1986年第4期。
③ 潘懋元:《关于民办高等教育体制的探讨》,《上海高教研究》1988年第3期。

校法》（拟写稿）和《私立高等学校条例》（拟写稿），开展了相关的探索。这些对于后来的民办教育立法工作，起到了重要的探索和推动作用。

民办高校恢复办学进程中，得到许多时任或离退休老领导、老干部的关怀和支持。他们利用自己丰富的管理经验和广博的人脉资源，为民办高校的办学东奔西忙。许多老同志为民办高校题写校名，体现了对民办高校办学的态度和支持，有的还用自己的威望和人脉为民办高校奔波，争取批文，精神可嘉。在当时民办高校办学政策不明朗，办学合法性难以解决的条件下，老领导、老干部的适度帮忙确实为民办高校解决了一些实际问题。但是，也有一些老干部老同志，对学校实际工作不甚了解，随意打招呼、批条子，干扰了管理工作。有的人没有高校工作的直接经历，不妥当地直接参与学校领导工作。甚至有的民办高校举办者利用老同志、老干部做招牌，在外面干起了学店勾当，大权独揽，管理混乱，严重损害了老干部的信誉和党的形象，阻碍教育部门的管理。有人甚至将老干部在民办高校兼职与腐败现象相联系，成为一些人攻击党和政府的把柄。有鉴于此，1989年10月10日国家教委专门发出《关于清理、整顿社会力量办学问题的报告》（（89）教成字008号文件），指出"（社会力量）所办高等学校教学和考试管理大多数不具备必要条件，招生不严，教学质量不能保证，不少学校还乱发文凭，损害了高等教育的声誉，也给劳动人事管理造成了混乱"等问题，要求"社会力量办高等学校的学历文凭必须确保其规格质量……未达到设置标准的学校，不能颁发毕业证书……学员要取得国家承认的高等教育毕业证书，应参加由国家考试机构组织的考试。对以办学为名牟取私利、擅自许诺或颁发毕业证书的，应追究责任，造成严重后果者，须追究法律责任"。根据出现的问题，报告明确："（一）社会力量举办的各级各类学校，不设名誉校长、顾问等虚设职位，可设董事会或理事会。（二）在职领导干部不应兼任社会力量举办学校的任何职务。已经兼任职务的，或辞去领导职务，或不再兼职。（三）已经离任的领导同志如担任学校的领导职务，应对学校的各项工作切实负起责任。（四）离、退休干部在社会力量举办的学校任职期间的各项生活待遇，按《中共中央、国务院关于严禁党政机关和党政干部经商、办企业的决定》（中发〔1984〕27号）中有关离、退休干部办学方面的条款办理。"可以看出，这个文件本身主要是针对民办高校中过多的老干部任职问题专门发布的，但是文件第一次提出了"可设董事会或理事会"的建议，从主管部门的角度提出了民办高校管理体制的雏形——董事会或理事会领导下的校长负责制。然而由于当时民办高校的发展还处于初步的探索和积累过程中，民办高校的主要任务是争取办学权、扩大学校规模，积淀学校发展基础，内部管理还没有引起广泛的关注，在立法方面也没有重大进展。

在国家教委颁布《关于社会力量办学的若干暂行规定》之时，一些地方政府根据本地具体情况已经制定了相应的管理办法，如海南、河南等地；有的地方政府将已经制定的试行办法根据国家教委的《关于社会力量办学的若干暂行规定》加以补充，如北京、上海等地。《〈北京市社会力量办学管理办法〉实施意见》对教育行政部门的审批程序做出了较为详细的规定。[①]《海南省社会力量办学管理的暂行规定》（1988年颁布）规定学校内部管理体制为校务委员会（小组）领导下的校长负责制。

总体来看，从1978年民办高校恢复办学到1991年的十多年中，民办高校一方面顺应市场需求，积极开展办学，通过各种形式的抗争，采取合法的或合理的手段，争取办学权和合法身份。另一方面，这种新的办学形式、办学行为与原有的旧体制、旧观念不断发生碰撞，包括许多"出轨""打擦边球"的行为，以争取更多更大的发展机会和空间，但是也给管理带来了许多难题和探索空间。在民办高等教育领域，立法还排不上位置，民办高校的政策总是在实践的牵引下被动"配套"，在办学行为与现有法律的碰撞中迂回前行，滞后于实践的发展。作为内部管理的问题被疏忽，民办高校找不到明确而详细的依据，缺乏一个明晰的政策导向和具体指导。

第三，发展探索期（1992—1998年），其标志是《民办普通高校设置暂行规定》的颁布，政府启动了民办普通高校正式审批制度，以"民办"冠名的普通高校开始出现，但政府仍持谨慎态度。民办高等教育机构继续快速发展。涉及内部管理体制的法规发文节奏加快，政府开始探索和重视内部管理。

1992年年初，邓小平发表南方谈话，提出"改革开放的胆子要大一些，敢于试验，看准了的，就大胆地试，大胆地闯"。"没有一点闯的精神，没有一点'冒'的精神，没有一股气呀，劲呀，就走不出一条好路，

---

① 姜言东：《京城民办学校面面观》，《中国教育报》1991年6月23日。

一条新路，就干不出新事业。"① 在南方谈话精神的鼓舞下，人们的思想观念得到进一步的解放。改革开放的深化，经济的发展和人民群众生活水平的改善，对人才需求更加迫切，上大学愿望更加强烈。政府因势利导，积极探索。1992年10月，江泽民在党的十四大报告中指出，"要鼓励多渠道、多形式社会集资办学和民间办学，改变国家包办教育的做法"。1993年年初，李鹏在八届人大所做的政府工作报告中进一步指出，要"积极探索建立以政府办学为主体、社会各界共同办学的新体制和多种办学模式"。高层领导对于发展民办高等教育给了高度关注，多次发表讲话，表达政府的认识、态度和决心。1993年《中国教育改革和发展纲要》颁布，明确提出了发展民办（高等）教育的"积极鼓励、大力支持、正确引导、加强管理"的十六字方针，提出"改变办学体制。改变政府包揽办学的格局，逐步建立以政府办学为主体、社会各界共同办学的体制"。"国家对社会团体和公民个人办学采取积极鼓励、大力支持、正确引导、加强管理的方针。"同时还在国家教委成教司附设了社会力量办学管理办公室，作为宏观管理全国民办教育的日常管理机构。在这一系列"政策利好"的鼓舞下，考虑到社会办学的积极性，同时也能保证办学质量，1993年国家在部分省市开展学历文凭考试试点工作。学校按所在省市教育行政部门规定的录取标准和教学计划招收学生，组织教学（规定课程的70%由考试机构组织考试，30%课程及实验课、实践教学环节由学校组织考试），成绩考核合格，颁发由主考单位和助考单位联合签章的毕业证书，国家承认其大专学历。这样，使得民办高等教育机构的办学逐步走向正轨。由于政策环境宽松，学校发展较快。至1999年，民办高等教育机构已经达到1277所，在校生148.8万人。其中高等学历文凭考试学校370所，在校生29.7万人，约占全国全日制高校在校生的7%。②

在这一时期，民办普通高校仍沿着谨慎、试点的方向缓慢发展。1993年8月17日，国家教育委员会下发了《民办高等学校设置暂行规定》（教计〔1993〕129号），第一次提出了"民办高等学校"的概念，明确了民办普通高校的设置条件和程序，从此社会力量举办的普通高等教育机

---

① 《邓小平文选》第3卷，人民出版社1993年第1版，第372页。
② 瞿延东：《我国民办教育的发展与管理》，中国财政经济出版社2002年版，第374—375页。

构有了一个新的名称。文件肯定了"民办高等学校是我国高等教育事业的组成部分",确立了民办高校的办学地位,明晰了民办高校的设置标准,文件专门列有"管理"一章,明确管理体制、人力管理、招生体制以及办学职权等,使得十多年以来一直困扰的民办普通高校设置和管理工作终于有据可依,有章可循。更可喜的是,根据《民办高等学校设置暂行规定》的精神,当年10月国家教委第一次受理7所民办高校的办学申请,经教育部高校设置委员会投票同意,当年批准了4所民办普通高校(民办浙江树人学院、民办黄河科技学院、民办上海杉达学院和民办四川天一学院)。第二年又审批了上年审批未通过的两所学校(民办黑龙江东方学院和民办江苏三江学院,以上6所学校学界通称为"首批民办高校"),至此,以"民办"冠名的社会力量举办的普通高等学校正式问世。同时,国家对1984年以来各省市自行批准符合条件的部分民办普通高校实行备案制,使得部分筹建中的民办普通高校办学合法化。这一创举在中国高等教育发展史上具有划时代的意义,它表明中国政府正式开始向社会开放高等教育,从此民办高校开始重新登上国家高等教育舞台。当然,由于经济水平所限,社会投入不够,民办高校办学条件简陋。从六所民办高校审批过程来看,教育部门感觉到办学条件过分简单,担心难以保证办学质量。杉达学院、三江学院、东方学院和天一学院甚至还没有自己的校园,靠租借校舍办学。树人学院、黄河科技学院虽然有校园,但是太小,像树人学院只有17亩,是真正的"袖珍"大学。已经批准的民办高校条件不足,前期发展过程中暴露的问题比较多,主管部门更由此担心办学质量,在发展的速度和空间上持谨慎态度。1997年国务院颁发《社会力量办学暂行条例》,在明确"国家对社会力量办学实行积极鼓励、大力支持、正确引导、加强管理的方针"的同时,提出了"国家严格控制社会力量举办高等教育机构",使正在启动的民办普通高校审批几乎停顿。尽管1998年颁布的《高等教育法》重新提出"国家鼓励企业事业组织、社会团体及其他社会组织和公民等社会力量依法举办高等学校,参与和支持高等教育事业的改革与发展",标志着政府对民办高等教育严格控制的禁令开始解除,但由于缺乏相应文件支撑,民办高校发展实际上仍处于严格控制状态。从1993年《民办普通高校设置暂行条例》颁布开始审批民办高校以后,1994年获批4所,1995年2所,1996年和1997年停止了审批。直到1998年,加上各省市政府审批备案的在内,全国仅有民办普通高校 25 所，在校生 2.4 万人①。民办普通高校在艰难的探索中探索发展。

对于这一时期民办高校的管理，政府也开始关注和重视。民办高等学校绝大多数表现为自学考试或学历文凭考试机构，它们多且杂，办学动机各样，难以纳入统一管理，为此主管部门花费较大精力去"规范"，相关部门对民办高校的专门文件密度明显加大。至于民办普通高校，政府表现出对于管理问题的关注，同时也希望民办高校能积极探索，鼓励创新。当时的办学者主要是高校领导和政府官员，内部管理相对规范，学校数量少、规模小，管理问题还不是很突出。借鉴我国以往私立大学和国外私立大学管理的经验和模式，许多早期的民办高校，如浙江树人大学、黑龙江东方学院、上海杉达学院、江苏三江学院等，举办者大都是团队或合伙性质，并且成员都具有高校办学的经验，在学校审批成为民办普通高校以后就建立了董事会，更加重视民办高校的规范管理。许多民办高等教育研究者也呼吁，要建立健全董事会制度。而《民办高等学校设置暂行规定》本身是关于"设置"的内容，对民办高校内部管理体制问题始终涉及不多。

经过近 20 年的努力，我国民办高等教育已经有了一定的发展，亟须有较为全面、完整的法律法规来规范和指导。1997 年国务院颁发的《社会力量办学条例》，它是改革开放以来国家颁布的与民办教育发展直接相关的最高法规。它总结了改革开放以来我国民办教育发展的经验，对民办高等教育也提出了相关的规范要求，对于调动、保护和发挥社会力量办学的积极性，维护举办者、教育机构及其教职工和学生的合法权益，全面提高办学水平和教育教学质量，加强和规范对社会力量办学的管理，促进社会力量办学健康发展，都具有十分重要的意义。对于民办学校内部管理体制，《社会力量办学条例》也提出了相关的条款规定，如把校长或者主要行政负责人的资格证明材料作为学校申报的条件之一，初步规定了校长的任职条件和任职方式，提出了校董事会的职能和产生办法。这些规定，为后来制定《民办教育促进法》作了一个很好的探索和铺垫。当然，限于当时的条件和积累，这些规定本身还不完善，主要的还是探索性、推荐性和试验性的，不具有执行的刚性，但客观上为民办高校的管理体制形成提

---

① 瞿延东：《我国民办教育的发展与管理》，中国财政经济出版社 2002 年版，第 374—375 页。

供了依据和指导。

　　这个时期，一些地方法规开始涉及民办学校管理，并作了有益的探索。如1994年上海市出台的《上海市民办学校管理办法》就设有第三章《民办学校的管理》。该文件1997年12月14日以上海市人民政府第53号令的名义修正并重新发布。相对来看，1995年广东省出台了《广东省私立高等学校管理办法》较为完善，该文件设置了第三章《学校内部管理》，明确了"私立高等学校一般实行校董会领导下的校长负责制"，还设有《行政管理和监督》一章，明确"省高等教育行政部门对私立高等学校行使管理职权"，文件确定了管理部门的管理内容和权限。这些都为制定国家层面民办高校的管理制度提供了有益的尝试和经验。

　　1994年6月，厦门大学潘懋元教授的弟子魏贻通博士学位论文《民办高等教育立法之前期研究》通过了答辩，这是当时唯一的专门论述民办高等教育立法的博士论文，引起学界的关注。论文提道"1990年国家教委委托厦门大学高等教育科学研究所进行民办高等教育立法前期研究"，说明其研究得到国家教育行政部门的重视。特别是魏贻通博士起草的《私立学校法》（拟写稿），借鉴国外私立学校立法和管理的经验，提出了较为系统的民办学校政府管理的观点和想法。该文稿中还专门列有"关于民办学校的内部管理体制"一章，规定了学校设立者的职责与职权和学校校长的职责和职权。虽然现在来看显得简单和粗糙，但是基本代表了当时的研究水平。另外也有一些研究者开展了民办高等教育立法研究。潘懋元教授在1995年11月召开的亚太地区私立高等教育国际研讨会上宣讲的论文题目，就是"立法——私立高等教育发展的保障"，文中指出了民办高等教育立法的重要意义，分析了立法面临的若干问题，提出了立法的若干要点。对民办高等教育立法进行了较为全面的分析研究。学者曲铁华1993年就撰文认为：政府对私立学校还没有明确而系统的管理章程和办法，而且私立学校内部管理体制也不尽完善，有的私立学校校长、教师的职责、义务不明，有的学校没有董事会组织。鉴于这种状况，他提出要进一步完善私立学校的管理体制，尽快完善学校董事会制度，以理顺学校内部管理体制。[①]

[①] 曲铁华：《当前我国私立学校发展简述》，《东北师大学报》（哲学社会科学版）1993年第6期。

从 1978 年到 1998 年的 20 年里，民办高等教育发展经历了发展萌芽期、发展起步期和发展探索期等三个阶段。民办高校的办学轨迹与立法进程是相互交替、相互交融、相互推进的。立法的动力主要的是来自民办高等教育办学实践的需求。事业的发展推动了管理体制的改革和探索，突破原有各种限制，扩大已有法律空间，创新管理模式。民办高校与政府的关系在探索中不断深化。民办高校内部管理体制呈现出多样化的态势，校务委员会、董事会、理事会等名称各异，职责和权力范围各不相同。而就管理的法律法规来看，总是处于被动的地位，滞后于实践发展的要求。但是还是可以看出，在积极发展民办高等教育的基本精神下，政府在制定法律法规、规范民办高校管理方面，根据实践中出现的问题和民办高校的政策法规需求，不断探索，不断地创新和调适，逐步探索民办高校管理体制的框架，努力设计出法律轨道，从自发、松散的混乱局面中理出头绪，明确规范，逐渐主动。矛盾双方互相博弈，共同服务于我国民办高等教育发展的实践，推动我国民办高等教育立法的进展。当然，由于各种主客观条件和环境的限制，管理法规总是难以恰当而充分地满足办学者的政策法规需求，政策法规的导向与办学发展走向总是难以做到一致。"违规"行为仍时而发生，原有体制框架与实践的发展冲突且难以调和，部门法规终究不能替代法律。国家既然确定了发展民办高等教育的目标，就一定要有相应的法律作出规范。在社会各界的共同努力下，1998 年九届全国人大将民办教育的立法工作列入立法规划，从此启动了民办教育的立法工作。

第四，发展快速期（1999—2006 年），其标志是第三次全国教育工作会议的召开和《民办教育促进法》的颁布实施。民办普通高校审批速度加快，规模得到快速扩张，进入快速发展轨道。管理问题快速显现，民办高校管理体制立法取得重要进展。

1999 年第三次全国教育工作会议召开，描绘了 21 世纪初我国教育改革与发展的宏伟蓝图，向全党全社会发出了深化教育改革，全面实施素质教育的号召，标志着我国教育事业进入了一个崭新的发展阶段。会议通过的《中共中央、国务院关于深化教育改革全面推进素质教育的决定》提出："进一步解放思想、转变观念，积极鼓励和支持社会力量以多种形式办学，满足人民群众日益增长的教育需求，形成以政府办学为主体、公办学校和民办学校共同发展的格局。"会议期间，中共中央总书记江泽民在讲话中提出"要根据需要和可能，采取多种形式积极发展高等教育，特别是社区性的高等职业教育，扩大现有普通高校和成人高校的招生规模，尽可能满足人民群众接受高等教育的要求。也可以动员社会的力量办一点民办高校，作为现有高校的补充"。这是党和国家最高领导人首次直接提到举办民办高校的问题。国务院总理朱镕基在讲话中分析了我国经济和社会发展的形势，提出"这次会议的一个重要精神，是要进一步改变政府包办教育的状况，鼓励社会力量以多种形式办学，形成以政府办学为主体、公办学校和民办学校共同发展的格局。凡符合国家有关法律法规的办学形式，都可以大胆试验。在发展民办教育方面，可以迈出更大的步伐。要鼓励社会力量以各种方式举办高中阶段和高等职业教育，有条件的也可以举办普通高等学校。发展民间办学，吸引社会各方面力量共同办教育，才能实现大国办大教育"。在明确支持民办高等教育发展的同时，他还对加强民办教育管理提出了意见，认为"发展民办教育，关键在于加强引导和管理。各级政府教育部门对各类民办学校应按照办学资格和条件严格审批。民办普通高校的审批权在教育部，民办高中的审批权在省级政府，不能层层下放。国家要加快民办教育立法，促进民办教育健康发展。各级各类民办学校都要依法办学，不断提高办学水平。现在有些民办学校遇到不少困难和问题，有关地方和部门要主动及时地总结教训，切实帮助解决实际问题，把学校办好"。副总理李岚清在讲话中更是提出了"要进一步解放思想，转变观念，积极鼓励和支持社会力量多种形式办学，形成以政府办学为主、公办学校和民办学校共同发展的格局，逐步满足人民群众日益增长的教育需求"的发展目标。在推进高等教育大众化进程中，国家对社会力量举办民办高校有了坚定而明确的态度，从"严格控制"到"鼓励举办"，政策开始发生了较大的转变。从"对公办教育的补充"而改变为"与公办教育并重"，民办教育的发展地位逐渐提高。中共中央和国务院专门颁发文件，加上如此密集的高层领导发表讲话，直接推动了民办高校的发展进程。我国民办高校开始进入一个快速发展的通道。学校数量快速增加，总体规模和校均规模快速扩张，在高等教育中的比例快速提高。

第三次全国教育工作会议精神的贯彻，大大鼓舞和支持了社会举办民办高校的热情。与此同时，国家积极发展高等教育和实行高校扩招的决策，为民办高校发展提供了空间条件。在体制内高等教育资源逐渐饱和之时，国家加大了发展民办高等教育的力度，放宽了准入条件，下放了大专层次民办普通高校的审批权限，政策支持和优惠进一步得到落实，民办高校及时补充了资源的不足。民办高校的发展规模开始得到有效突破，并迅速得到有效巩固，在某种程度上掀起了民办高校发展的热潮，民办高校学校数和在校生数在整个高等教育中的比例迅速增加。经过几年努力，民办高校无论从整体还是校均的规模，都得到快速发展（见表5-5、表5-6和表5-7）。从建校数来看，1999年为15所，2000年为6所，2001年46所，2002年44所，2003年40所，2004年达到最高峰的53所。从校均规模来看，扩展速度也很快。短短五六年时间，校均在校生从1000余人发展到6000多人，万人大学不断涌现，民办高校进入一个快速发展的通道，在实现科教兴国、推进高等教育大众化的历史进程中开始发挥积极作用。

表5-5　　　　　1998—2007年民办普通高校建校数增加情况　　　　单位：所

类别\年份	1998	1999	2000	2001	2002	2003	2004	2005	2006	2007
增加数	1	15	6	46	44	40	53	26	26	19
合计数	22	37	43	89	133	173	226	252	278	297

资料来源：根据相关资料由笔者整理。

表5-6　　　　　1998—2007年民办普通高校在校生数增加情况　　　　单位：万人

类别\年份	1998	1999	2000	2001	2002	2003	2004	2005	2006	2007
增加数	0.6	1.8	2.8	7.2	20.1	49.5	58.5	70.53	67.87	69.2
合计数	2.2	4	6.8	14	34.1	83.6	142.1	212.6	280.5	349.7

资料来源：根据相关资料由笔者整理。

表5-7　　　　浙江省1998—2007年民办高校在校生比例增长情况　　　　单位：万人

年份	1998	1999	2000	2001	2002	2003	2004	2005	2006	2007
总在校生数	11.35	15.13	21.24	29.31	39.31	48.46	57.28	65.13	71.99	77.8
公办高校	11.16	13.73	18.63	21.41	33.94	36.43	42.78	48.91	49.2	52.33
民办高校	0.19	1.39	2.61	7.9	5.37	12.03	14.5	16.22	22.79	25.47
民办比例（%）	1.7	9.19	12.59	26.95	13.66	24.82	25.31	24.9	31.66	32.74

资料来源：根据历年浙江省教育发展统计资料整理。

我国民办高等教育快速发展是在经济集聚条件尚不具备、政府政策创造的突发机遇背景下展开的，许多民办高校准备不足，条件简陋，仓促上马。在高教资源匮乏的时代，为社会提供了可贵的接受高等教育的机会。但是，随着大量民办高校的产生，能不能保证质量、有没有管理能力受到质疑。民办高校的快速发展，难免会出现一些效益优先、规模至上、关系不顺、管理不善的学校，在此期间甚至发生了几个大的群体事件，给民办高校带来负面影响，也影响了相关地区的稳定，引发国家高层的重视。国家加快了民办教育的立法进程。1999年全国人大教科文卫委员会会同政府有关部门组成了民办教育立法领导小组，正式开始了《民办教育促进法》的起草工作。2001年12月21日，《民办教育促进法（草案）》经九届全国人大教科文卫委员会第46次全会审议通过，被提请九届全国人大常委会（以下简称人大常委会）审议。此后，经历了全国人大常委会的四次审议，2002年12月28日，第31次人大常委会会议通过了《民办教育促进法》，并决定于2003年9月1日起施行。为贯彻实施《民办教育促进法》，推进民办教育的健康发展，规范政府管理和民办学校办学行为，2004年2月25日国务院第41次常务会议审议通过了《民办教育促进法实施条例》，标志着我国民办教育的立法达到了一个新的阶段。

　　《民办教育促进法》的重点在于促进，对于民办教育的性质、在国家教育体系中的地位，再次做了明确和强调，力图为民办教育发展创设良好而宽松的发展环境。当然，为了民办高等教育的健康可持续发展，政府也不能在管理方面无所事事，无所作为。与以往的法规不同，《民办教育促进法》借鉴世界私立大学发展的经验，虽然没有提出治理的概念，但是其中的条款和规定，注重利益相关者参与，体现了共同治理的要求。《民办教育促进法》专门设有一章《管理和监督》，明确政府和教育部门的管理责任，并专门设有《法律责任》一章，对于民办学校违规的办学行为和教育管理部门的不作为，给予法律惩治。而在内部管理方面，《民办教育促进法》及其实施条例也提出了一些基本的思路和规定，以国家制度的形式引导民办高校内部管理体制的框架的构建。一是明确规定了民办学校的决策机制，《民办教育促进法》第十九条规定："民办学校应当设立学校理事会、董事会或者其他形式的决策机构。"从《社会力量办学条例》的"可以"到《民办教育促进法》的"应当"，表明国家层面基本认可了民办高校"理事会、董事会或者其他形式的决策机构"体制，进一步提高了其实施的必需性和强制性。对于民办学校法人也做出了明确的安排,"民办学校的法定代表人由理事长、董事长或者校长担任"。对于民办学校的董事会组成人数也作了初步的规定,"学校理事会或董事会由五人以上组成",并对学校理事会或董事会的职权范围做出更具体的规定,包括:聘任和解聘校长;修改学校章程和制定学校的规章制度;制定发展规划、批准年度工作计划;筹集办学经费,审核预算、决算;决定教职工的编制定额和工资标准;决定学校的分立、合并、终止;以及其他重大事项。从而从国家法律的高度,确定了民办高校内部的决策体制。二是具体规定了民办学校校长的管理职责与权限,包括:执行学校理事会、董事会的决定;实施发展规划和拟订年度工作计划、财务预算和学校规章制度;聘任和解聘学校工作人员,实施奖惩;组织教育、教学与科研活动,保证教育教学质量;负责学校日常管理工作;学校理事会或董事会的其他授权。民办高校校长职权的确定,从法律上保证了民办高校校长能够独立行使办学权。至此,民办高等学校内部管理体制的国家制度框架初步清晰。

第五,发展提高(转型)期(2007年至今),其标志是2007年2月3日发布、10日起施行的教育部25号令的颁布实施。高等教育大众化不断深入,国家提出全面提高高等教育质量和建设高等教育强国的目标,民办高校发展开始转型,走内涵建设、规范办学之路。民办高校管理体制法规不断深化和完善,基本形成了民办高校管理的国家制度框架。

从发展环境来看,伴随着高等教育大众化的进程,我国高等教育资源快速增加,规模快速扩张。2001年高等教育毛入学率达到15%,跨入世界公认的大众化门槛。2005年,我国高等教育在学规模达到2300万人,成为世界上高等教育规模最大的国家。高等教育资源的快速增加,迅速缓解了高等教育的供需矛盾,满足了经济和社会发展对人才的需求。但是,规模的快速扩张也带来了资源的稀释和管理的难度,引发了对高等学校质量的质疑。国家顺乎民意,及时提出全面提高高等教育质量和建设高等教育强国的目标,引导高等教育发展开始转型,提高质量,鼓励特色,启动了高等学校教学工作质量工程,将高校发展的重点从规模扩张转变到内涵建设上来。整个高等教育系统已经进入发展转型,也促使民办高校开始内涵建设。与此同时,从2008年开始,长期以来实施计划生育政策带来的少子化进入一个新阶段,高等教育的适龄人口在2008年达到最高峰的

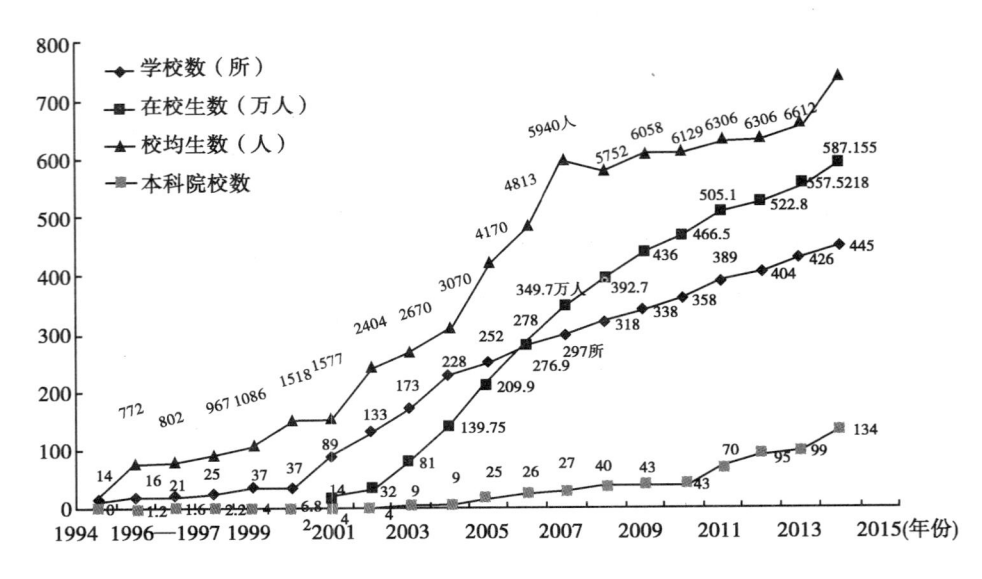

图 5-2 1994—2015 年民办高等教育发展相关数据

资料来源：笔者根据相关资料整理。

12487 万人，随后 2009 年开始将持续快速下降，高等教育规模快速扩张的条件不再，高等教育市场的主动权随着办学资源的快速增加不知不觉中逐渐从卖方（学校）转移到买方（考生），社会接受高等教育的观念逐渐理性，自主选择权逐渐增强，对高等学校办学质量提出了更高的要求。

在新的发展时期，国家实施了较为积极的民办高等教育发展政策，在发展空间方面给予民办高校发展提供更为宽松的条件，民办高校办学规模继续增长，当然速度大幅放慢。在校生万人、数万人的民办大学不断涌现，规模达 5 万多人的巨型大学也有好几个，民办普通高校在校生在全国高校中的比例开始突破 20%。这种发展速度和资源准备与投资能力和管理水平形成了巨大反差。加上部分民办高校功利主义抬头，部分民办高校出现了稳定危机。"据统计，仅 2006 年 10 至 2007 年 6 月，江西高校共发生学生群体事件近 60 起，其中相当一部分发生在民办高校。特别是 2006 年，个别民办高校相继发生因学籍、学历、收费等问题而导致的学生群体事件，且在事件性质、聚集规模、激烈程度和反复性方面，都要比以往严重"，"2006 年 10 月 21 日，江西某民办高校部分学生因学籍与学制问题与校方发生矛盾，在没有得到校方满意答复的情况下，数百名学生聚集在一起,出现了打砸教学楼、宿舍、食堂,砸汽车,焚烧窗帘被服等过激行为"。"除了控制较好的积极型事件和活动型事件以外,其他类型的民办高校学生群体性事件或多或少会对学校、社会造成一定的负面影响。它的发生不仅损害了民办高校自身的公众形象,降低了民办高校的公信力,还破坏了学校的正常教学和生活秩序,严重影响校园和社会的稳定"①,牵制了政府部门很大的工作精力,给地区稳定工作带来很大的影响,从而将民办高校的管理问题推到了社会舆论的风口浪尖,也引起了党中央、国务院的高度重视以及社会各界的广泛关注。政府开始高度警觉民办高校的管理问题,地毯式地排查民办高校发展中的稳定隐患,并着手起草相关规定规范民办高校管理。2006年12月21日,国务院办公厅专门下发了《关于加强民办高校规范管理,引导民办高等教育健康发展的通知》(国办发〔2006〕101号),要求"各级政府要按照党的十六届六中全会关于引导民办教育健康发展的要求,全面落实《中华人民共和国民办教育促进法》及其实施条例,把规范管理民办高校、促进其健康发展,作为当前的一项重要工作抓紧抓好"。事实证明,光谈发展,没有管理,没有稳定的秩序和规范,民办高校难以可持续发展。与此同时,中共中央组织部和中共教育部党组于同年12月31日专门下发了《关于加强民办高校党的建设工作的若干意见》的文件,就民办高校党的组织建设的重要意义、民办高校党组织的作用和职责、民办高校党组织自身建设等重大问题做出明确规定。2007年1月16日,教育部讨论通过《民办高等学校办学管理若干规定》(教育部25号令),对民办高校的政府管理、内部管理进行规范,特别提出要"建立民办高校督导员制度"。此后一段时间,各地纷纷响应,制定本地区贯彻落实国务院办公厅101号文件的实施意见。

这一阶段国家虽然没有就民办高校管理专门立法,但是针对民办高校管理出现的问题,政府密集地制定了相关的法规,使得民办高校管理工作得到重视,同时也促进了管理体制的探索和改革。政府进一步明确了"坚持依法治教,规范民办高校的办学行为,引导民办高校将发展的重点转移到稳定规模、规范管理、提高质量的轨道上来,积极构建政府依法管

---

① 陈美红:《新时期民办高校学生群体性事件防范问题研究》,硕士学位论文,江西财经大学,2009年。

理、民办高校依法办学、行业自律和社会监督相结合的管理格局"①。2010年颁发的《国家中长期教育改革和发展规划纲要（2010—2020年）》，提出要"完善民办学校法人治理结构。民办学校依法设立理事会或董事会，保障校长依法行使职权，逐步推进监事制度。积极发挥民办学校党组织的作用。完善民办高等学校督导专员制度。落实民办学校教职工参与民主管理、民主监督的权利。……切实落实民办学校法人财产权"。至此，法律法规层面的民办高校管理制度基本成型。

第三节　民办高校治理的法律框架

任何学校的治理结构都包括内部治理和外部治理两个层面的内容。就民办高校治理而言，内部治理涉及民办高校的内部组织机构设计、学校内部各个利益相关者包括投资人（举办者）、董事会、校长、教师、学生、家长之间的权利、义务的分配关系等，它解决的是民办高校的内部运行机制问题，关系到民办高校的运作如何能从激励和约束两个角度调动各方积极性，保障教学质量，维护各方利益。而外部治理则涉及政府和社会如何参与到民办高校的运作管理当中，比如政府与民办高校的关系应该如何定位，政府通过法律手段还是经济手段进行干预，国家的法律是否允许民办高校投资人取得合理回报，民办学校的产权在法律上有无明文的界定等等，这些都和民办高校的长期发展方向密切相关。②

我国民办高校是在改革开放以后发展起来的，是在社会主义现代化建设和高等教育大众化的急迫需求中崛起的。由于发展的时机和崛起的机遇，形成民办高校"先发展，后规范"的治理格局。尽管如此，民办高校的创办者和管理层，也在努力借鉴国外私立大学治理经验，坚持从国情出发，积极探索我国民办高校的治理之路，逐渐形成了中国民办高校的治理框架。

法律制度是民办高等教育健康发展的重要保证。目前，除《教育法》和《高等教育法》《职业教育法》之外，专门规范我国民办高等教育的法

---

① 教育部：《进一步加强民办高校规范管理》，新华网，http：//education. news. cn/2007 - 03/02/content_ 5794269. htm http：//news. xinhuanet. com/edu/2007 - 03/02/content_ 5794269. htm。

② 赵旭明：《民办高校治理研究》，博士学位论文，中共中央党校，2006年。

律法规和政策主要包括：2003年颁布实施的《民办教育促进法》、2004年实施的《民办教育促进法实施条例》、2006年国务院办公厅《关于加强民办高校规范管理，引导民办高等教育健康发展的通知》、2007年教育部《民办高等学校办学管理若干规定》、2008年《独立学院设置与管理办法》等。尤其值得欣喜的是，2016年下半年，国家密集出台了民办教育的相关法律法规：2016年11月7日，第十二届全国人民代表大会常务委员会第二十四次会议审议通过了《民办教育促进法》修正案，适应民办教育发展实际和国家对民办教育的要求，突出党的领导和分类管理；12月29日，中共中央办公厅印发《关于加强民办学校党的建设工作的意见（试行）》的通知（中办发〔2016〕78号），对民办学校党的建设作出新的部署；同日，国务院印发了《关于鼓励社会力量兴办教育促进民办教育健康发展的若干意见》（以下简称民办教育30条，国发〔2016〕81号），对民办教育改革发展作出全面部署；12月30日，教育部、人力资源和社会保障部、民政部、中央编办、国家工商总局联合下发关于印发《民办学校分类登记实施细则》的通知（教发〔2016〕19号），教育部、人力资源和社会保障部、工商总局关于印发《营利性民办学校监督管理实施细则》的通知，（教发〔2016〕20号），教育部、人力资源和社会保障部、工商总局关于印发《营利性民办学校监督管理实施细则》的通知（教发〔2016〕20号）。这些法律法规以及相关政策，其基本原则同样适用民办高校，相关通用条款和部分专门条款，构成了保障和规范我国民办高等教育发展的主要制度体系。

经过近30年的演变，民办高校治理的法律框架初步形成。大致要素是：

1. 政府主导治理

换句话说，在民办高校治理体系中，政府治理仍然是重要的治理。教育作为上层建筑的重要组成部分，政府不可能放任不管。早在1987年7月8日国家教委下发的《关于社会力量办学的若干暂行规定》（〔87〕教高三字014号）中，就提出："各级人民政府及教育行政部门应鼓励和支持社会力量举办各种教育事业，维护学校正当权益，保护办学积极性，在条件允许的情况下，尽力帮助解决办学中存在的困难，对办学成绩卓著者给予表彰和奖励。"在随后发布的国家教委《关于社会力量办学几个问题的通知》（1988年10月17日，〔88〕教高三字016号）中，进一步明确了"关于管理体制问题：社会力量办学属地方教育事业，主要应为本地区经济建设和社会发展服务，社会力量举办面向社会招生的各级各类学校（举办具有颁发国家承认学历证书资格的各级各类学校除外，下同）或教学管理机构，均须由其所在地教育行政部门根据国家有关规定和程序审批，并纳入地方教育行政部门统一管理"。"本规定所称教学管理指教育行政部门对社会力量举办的学校在培养目标、专业或课程设置、教学计划、教学大纲、教材建设、教师聘任、教学场所、学籍管理以及其他有关教学方面的指导和监督。""各级教育行政部门，应根据自己的管理权限，建立社会力量办学档案，掌握学校的基本情况，对学校的教学工作实施有效的管理。"在国家教育委员会1993年8月17日下发的《民办高等学校设置暂行规定》（教计〔1993〕129号）中，明确"民办高等学校由所在地方省级教育行政部门负责管理"。"省级教育行政部门要对民办高等学校的各项工作进行指导和监督，并定期或不定期对学校的教育质量进行评估检查。"

在政府对于民办高校管理的相关文件中，国务院1997年7月31日颁布的《社会力量办学条例》比较集中地得到体现。在这个以"中华人民共和国国务院令"第226号下发的法规中，明确"国务院教育行政部门负责全国社会力量办学工作的统筹规划、综合协调和宏观管理。国务院教育行政部门、劳动行政部门和其他有关部门在国务院规定的职责范围内负责有关的社会力量办学工作。县级以上地方各级人民政府有关部门根据省、自治区、直辖市人民政府规定的职责，负责有关的社会力量办学工作"。这里，对国家、省级和县级人民政府在发展民办教育中的责任作了划分和明确，对加强民办学校管理无疑是非常重要的。

《民办教育促进法》是迄今为止专门针对我国民办教育的最高立法，其中的一般规定也适合于民办高等教育。随后出台的《民办教育促进法实施条例》，对《民办教育促进法》相关规定进行了阐述和细化。这些规定大多在以前的文件中已经表达，并在民办高校办学实践中得到贯彻。

在民办高等教育的专门文件中，不能不提到几个重要的文件。一是《国务院办公厅关于加强民办高校规范管理 引导民办高等教育健康发展的通知》（国办发〔2006〕101号）。文件指出"近一段时间来，有些地方的民办高校相继发生因学籍、学历、收费等问题而导致的学生群体性事件，经过地方党委、政府和高校的努力，这些事件已经平息，正常的教学秩序已经恢复。这些事件的发生，既是民办高校发展进程中出现的问题，也是民办高校深层次矛盾长期积累的结果，集中反映了一些民办高校办学指导思想不端正，内部管理体制不健全，法人财产权不落实，办学行为不规范，也反映了一些地方政府对民办高校疏于管理、监管不到位。这些问题如不引起高度重视并及时解决，势必影响民办高等教育的健康发展和社会稳定"。文件针对部分地区一些民办高校管理中出现的问题，有针对性地提出整改意见和改革方向。同时下发的还有中共中央组织部和中共教育部党组《关于加强民办高校党的建设工作的若干意见》，就如何加强民办高校党建工作提出指导意见。

相对而言，目前我国法律法规中，政府管理部门的责任和义务，较为模糊，较为随意和不确定，并且管理几乎是单向的，带有强制性的，体现了政府在民办高校发展问题上的矛盾心理。民办高校在法律中的地位尚未真正确立，因此许多政策不稳定，或者不具可操作性。而对于民办高校来说，政府管理过于简单，没有顾及民办高校的多样性和复杂性，因此政策往往得不到落实。

2. 重视法人治理结构

迄今为止，这一工作进展较为顺利。从法律层面上，基本明确了民办高校内部管理体制的构架。

首先是明确学校理事会（董事会）为学校决策机构，依法行使决策权。从最初的各种零星管理文件到《社会力量办学条例》和《民办教育促进法》，经过实践的探索和理论的提升，各方基本形成共识，即民办高校实行董事会领导下的校长负责制。《民办教育促进法》对董事会专门做出了较为具体的规定：

第二十条 学校理事会或者董事会由举办者或者其代表、校长、教职工代表等人员组成。其中三分之一以上的理事或者董事应当具有五年以上教育教学经验。

学校理事会或者董事会由五人以上组成，设理事长或者董事长一人。理事长、理事或者董事长、董事名单报审批机关备案。

第二十一条 学校理事会或者董事会行使下列职权：

（一）聘任和解聘校长；

（二）修改学校章程和制定学校的规章制度；

（三）制定发展规划，批准年度工作计划；

（四）筹集办学经费，审核预算、决算；

（五）决定教职工的编制定额和工资标准；

（六）决定学校的分立、合并、终止；

（七）决定其他重大事项。其他形式决策机构的职权参照本条规定执行。

这是迄今为止最为全面的民办高校董事会组织的规定。尽管这些规定还是非常原则，但是还是有较强的可操作性。

董事会治理的架构是民办高校治理的核心。国务院印发的《关于鼓励社会力量兴办教育促进民办教育健康发展的若干意见》（国发〔2016〕81号）"第五部分加快现代学校制度建设"第十九条，提出要完善学校法人治理，"健全董事会（理事会）和监事（会）制度。"根据制度安排，董事会是学校最高决策机构，决定学校发展的重大问题，如办学方针、发展规划、校园建设、校长任命、经费筹措等，这些属于学校办学上层的问题，必须由董事会决策。就当前法律框架来看，尽管在一系列文件中都将民办高校的管理体制表述为"理事会（董事会）领导下的校长负责制"，但在实际工作中，大多数民办高校都是以董事会组织形式为主。有人认为，理事会和董事会只是名称不同，在性质、法律地位、人员组成和职能上没有原则区别①，况且董事会组织已经多年成为习惯，没有更改的必要。也有人认为，从严格的意义上说，董事会是企业引入的管理体制，更加适合于投资型股份结构、倾向于取得合理回报的民办高校，而理事会一般适用于捐资型或滚动发展、举办者不要求取得合理回报的民办高校，有一定的道理。近年来，已经有部分民办高校按照这一概念重新组织决策机构，如黑龙江东方学院、上海杉达学院和江苏三江学院已经从董事会改为理事会。但是，笔者分析，各级法律法规将理事会挂在第一的位置，可能还有深层次的原因，那就是国家长期以来鼓励公益性办学，鼓励捐资办学。当然这是联系性的猜测，不一定准确。但是从目前现实情况来看，民办高校大多采用的还是董事会名称。我国台湾地区私立大学一律都

---

① 全国人大教科文卫委员会教研室：《民办教育促进法学习宣传讲话》，中国青年出版社2003年版，第105页。

称作董事会，也不影响对私立大学的非营利性要求。说明不做区分也问题不大。

3. 校长依法独立行使学校的教育教学和行政管理权

与公办高校管理体制不同，现有法律法规规定，民办高校实施董事会领导下的校长负责制，校长对外作为学校代表，对内作为董事会决策的执行者和校内工作具体的设计领导者，对学校的教学科研、思政稳定、后勤保障等工作负有直接责任。《中华人民共和国高等教育法》已经规定，"国家举办的高等学校实行中国共产党高等学校基层委员会领导下的校长负责制。……社会力量举办的高等学校的内部管理体制按照国家有关社会力量办学的规定确定（第三十九条）"。这里明显留出了民办高校内部管理体制的设计空间。《民办教育促进法》规定：民办学校参照同级同类公办学校校长任职的条件聘任校长，年龄可以适当放宽（后来的相关文件规定不得超过70岁），并报审批机关核准。具体职责为：

第二十四条 民办学校校长负责学校教育教学和行政管理工作，行使下列职权：

（一）执行学校理事会、董事会或者其他形式决策机构的决定；

（二）实施发展规划，拟订年度工作计划、财务预算和学校规章制度；

（三）聘任和解聘学校工作人员，实施奖惩；

（四）组织教育教学、科学研究活动，保证教育教学质量；

（五）负责学校日常管理工作；

（六）学校理事会、董事会或者其他形式决策机构的其他授权。

校长是人才培养的灵魂，在保证人才培养质量方面应该为替国家负责。就民办高校内部而言，校长的六项法定职权应该是清晰明确的。而民办高校校长必须由审批机关核准，意味着校长可以独立而坚决地贯彻党的教育方针和各项方针政策，有利于保证校长的资质符合国家的要求，保证校长具有较高的素质，也有利于校长和董事会之间的矛盾缓冲，保持校长工作的相对稳定性。当然，校长负责制，并不意味着校长一言堂，"人事一张嘴、财务一支笔"并不符合高校管理的规律。作为一个有品位的校长，应该尊重民意，民主管理。特别是民办高校的内部管理，问题和困难都是过去很少碰到的，只有集中集体智慧，才能建设和谐向上的校园管理文化。

4. 民办高校党组织发挥政治核心作用

党的建设是我国社会主义制度下所有学校管理的重要方面。由于举办体制的特殊性，原有的《民办教育促进法》中没有提及党的建设，是因为法律本身的要求所致。实际上，从民办高校恢复办学开始，管理部门就一直强调要加强民办高校党的建设。先后下发《关于加强社会力量举办学校党的建设工作的意见》《关于加强民办高校党的建设工作的若干意见》等文件，特别是在《关于加强民办高校党的建设工作的若干意见》（教党〔2006〕31号）文件中，要求民办高校必须根据有关规定，建立健全党团组织。民办高校党组织应当发挥政治核心作用。针对民办高校的实际，专门就民办高校党建工作的现状和问题、现阶段民办高校党组织的作用和职责、全面加强民办高校党组织自身建设若干举措等问题，进行了全面地阐述和较为详细的规定，为民办高校党的建设提供了工作依据。十八大以来，中央高校重视党建和思想政治工作，对民办学校党建工作提出了新要求。2016年11月审议通过的《民办教育促进法》，第一章增加一条，作为第九条："民办学校中的中国共产党基层组织，按照中国共产党章程的规定开展党的活动，加强党的建设。"国务院印发的《关于鼓励社会力量兴办教育促进民办教育健康发展的若干意见》（国发〔2016〕81号）第二部分："加强党对民办学校的领导"，要求"切实加强民办学校党的建设。全面加强民办学校党的思想建设、组织建设、作风建设、反腐倡廉建设、制度建设，增强政治意识、大局意识、核心意识、看齐意识。完善民办学校党组织设置，理顺民办学校党组织隶属关系，健全各级党组织工作保障机制，选好配强民办学校党组织负责人。民办学校党组织要发挥政治核心作用，强化思想引领，牢牢把握社会主义办学方向，牢牢把握党对民办学校意识形态工作的领导权、话语权，切实维护民办学校和谐稳定"。我国是共产党领导的社会主义国家，在民办高校治理中应该具有党的建设和领导的位置。

除此之外，《民办教育促进法》还就教代会机构建设做出了规定。民办学校依法通过以教师为主体的教职工代表大会等形式，保障教职工参与民主管理和监督。民办学校的教师和其他工作人员，有权依照工会法，建立工会组织，维护其合法权益（第二十六条）。从法律上确定了教职工参与学校管理，维护自身合法权益的地位和权利。但总体来看，这一规定还比较粗，内容不具体，可操作性较弱。

5. 社会广泛参与

相对前面两个方面，这一问题显得过分软弱。从法律角度上说，虽然也偶尔提到培育民办高等教育的中介机构，但在实际工作中几乎没有得到重视和落实。因此，如何发挥社会各方面的力量支持、参与和监督民办高校管理，空间有待发掘，行动尚待落实。

第六章 民办高校的政府治理及机制创新

民办高校是国家高等教育体系中不可或缺的重要组成部分，鼓励社会力量举办高等教育，引导民办高校规范办学，提高办学质量和水平，满足广大群众接受优质高等教育的需求，服务国家经济和社会发展，促进民办高校健康稳定可持续发展，是各级政府义不容辞的神圣职责。我国相关法律已经明确政府对于民办高校的治理责任，规定相对齐全，比较而言，可操作性的规定还不多，工作机制不落实，影响了政府治理的实施。

第一节 政府治理的法理依据

一 政府对于民办高校治理的法理演变

在民办高校的外部治理中，政府无疑是最主要的治理主体。教育作为上层建筑的重要组成部分，而且是比较重要的组成部分，任何国家政府都不可能放任不管，民办（私立）教育也不例外，世界上无论哪个国家和地区，无论是公办还是民办（私立），政府都不会放弃应有的管理权限。

从民办高校恢复办学开始，政府如何管理就是一个严峻的问题。公有制为主体，私营经济不发达，民间资金匮乏，公办高校一统天下，在这样的条件下，民办高校如何发展和治理，政府如何确定治理的角色？应当承担什么治理任务？履行怎样的治理职责？这些问题本身就是一个值得探索和试验的课题。

在我国民办高等教育发展的过程中，主管部门始终牢牢掌握民办高等教育发展的主动权，边发展、边探索、边实践，逐渐明确政府治理的职责范围，逐渐积累和形成具有中国特色的民办高校治理体系。

民办高校发展伊始，政府就开始关注管理。早在1987年7月8日国家教委下发的《关于社会力量办学的若干暂行规定》（〔87〕教高三字

014号)中,就提出"各级人民政府及教育行政部门应鼓励和支持社会力量举办各种教育事业,维护学校正当权益,保护办学积极性,在条件允许的情况下,尽力帮助解决办学中存在的困难,对办学成绩卓著者给予表彰和奖励"。在随后发布的国家教委《关于社会力量办学几个问题的通知》(1988年10月17日,〔88〕教高三字016号)中,进一步明确了"关于管理体制问题:社会力量办学属地方教育事业,主要应为本地区经济建设和社会发展服务,社会力量举办面向社会招生的各级各类学校(举办具有颁发国家承认学历证书资格的各级各类学校除外,下同)或教学管理机构,均须由其所在地教育行政部门根据国家有关规定和程序审批,并纳入地方教育行政部门统一管理"。"本规定所称教学管理指教育行政部门对社会力量举办的学校在培养目标、专业或课程设置、教学计划、教学大纲、教材建设、教师聘任、教学场所、学籍管理以及其他有关教学方面的指导和监督。""各级教育行政部门,应根据自己的管理权限,建立社会力量办学档案,掌握学校的基本情况,对学校的教学工作实施有效的管理。"在国家教育委员会1993年8月17日颁发的《民办高等学校设置暂行规定》(教计〔1993〕129号)中,明确"民办高等学校由所在地方省级教育行政部门负责管理"。"省级教育行政部门要对民办高等学校的各项工作进行指导和监督,并定期或不定期对学校的教育质量进行评估检查。"

政府对于民办高校管理的相关文件中,国务院1997年7月31日颁布的《社会力量办学条例》比较集中地得到体现。在这个以"中华人民共和国国务院令"第226号下发的法规中,明确"国务院教育行政部门负责全国社会力量办学工作的统筹规划、综合协调和宏观管理。国务院教育行政部门、劳动行政部门和其他有关部门在国务院规定的职责范围内负责有关的社会力量办学工作。县级以上地方各级人民政府有关部门根据省、自治区、直辖市人民政府规定的职责,负责有关的社会力量办学工作"。这里,对国家、省级和县政府在发展民办教育中的责任作了划分和明确,对加强民办学校管理无疑是非常重要的。

《民办教育促进法》是迄今为止专门针对我国民办教育的最高立法,其中的一般规定也适合于民办高等教育。随后出台的《民办教育促进法实施条例》,对《民办教育促进法》相关规定进行了的阐述和细化,其中不乏对于民办教育政府管理的相关条款。在2016年11月7日新修订的

《民办教育促进法》中，仍专门列有第六章《管理与监督》：

第四十条 教育行政部门及有关部门应当对民办学校的教育教学工作、教师培训工作进行指导。

第四十一条 教育行政部门及有关部门依法对民办学校实行督导，建立民办学校信息公示和信用档案制度，促进提高办学质量；组织或者委托社会中介组织评估办学水平和教育质量，并将评估结果向社会公布。

第四十二条 民办学校的招生简章和广告，应当报审批机关备案。

第四十三条 民办学校侵犯受教育者的合法权益，受教育者及其亲属有权向教育行政部门和其他有关部门申诉，有关部门应当及时予以处理。

第四十四条 国家支持和鼓励社会中介组织为民办学校提供服务。

在《民办教育促进法实施条例》中，也有相关规定：

第三十条 实施高等学历教育的民办学校符合学位授予条件的，依照有关法律、行政法规的规定经审批同意后，可以获得相应的学位授予资格。

第三十一条 教育行政部门、劳动和社会保障行政部门和其他有关部门，组织有关的评奖评优、文艺体育活动和课题、项目招标，应当为民办学校及其教师、职员、受教育者提供同等的机会。

第三十二条 教育行政部门、劳动和社会保障行政部门应当加强对民办学校的日常监督，定期组织和委托社会中介组织评估民办学校办学水平和教育质量，并鼓励和支持民办学校开展教育教学研究工作，促进民办学校提高教育教学质量。

教育行政部门、劳动和社会保障行政部门对民办学校进行监督时，应当将监督的情况和处理结果予以记录，由监督人员签字后归档。公众有权查阅教育行政部门、劳动和社会保障行政部门的监督记录。

第三十三条 民办学校终止的，由审批机关收回办学许可证，通知登记机关，并予以公告。

这些规定大多在以前的文件中已经表达，并在民办高校办学实践中得到贯彻。

值得指出的是，根据法律规定，政府对民办学校不仅负有规范监督之担，而且应该承担奖励、扶持和支持之责。在《民办教育促进法实施条例》中，专门列有《扶持和奖励》（第六章）：

第四十四条 县级以上各级人民政府可以设立专项资金，用于资助民办学校的发展，奖励和表彰有突出贡献的集体和个人。

第四十五条 县级以上各级人民政府可以采取经费资助、出租、转让闲置的国有资产等措施对民办学校予以扶持。

第四十六条 民办学校享受国家规定的税收优惠政策。

第四十七条 民办学校依照国家有关法律、法规，可以接受公民、法人或者其他组织的捐赠。

国家对向民办学校捐赠财产的公民、法人或者其他组织按照有关规定给予税收优惠，并予以表彰。

第四十八条 国家鼓励金融机构运用信贷手段，支持民办教育事业的发展。

第四十九条 人民政府委托民办学校承担义务教育任务，应当按照委托协议拨付相应的教育经费。

第五十条 新建、扩建民办学校，人民政府应当按照公益事业用地及建设的有关规定给予优惠。教育用地不得用于其他用途。

第五十一条 民办学校在扣除办学成本、预留发展基金以及按照国家有关规定提取其他的必需的费用后，出资人可以从办学结余中取得合理回报。取得合理回报的具体办法由国务院规定。

第五十二条 国家采取措施，支持和鼓励社会组织和个人到少数民族地区、边远贫困地区举办民办学校，发展教育事业。

在《民办教育促进法实施条例》中，也专门列有《扶持与奖励》（第六章）：

"**第三十八条** 捐资举办的民办学校和出资人不要求取得合理回

报的民办学校，依法享受与公办学校同等的税收及其他优惠政策。

出资人要求取得合理回报的民办学校享受的税收优惠政策，由国务院财政部门、税务主管部门会同国务院有关行政部门制定。

民办学校应当依法办理税务登记，并在终止时依法办理注销税务登记手续。

第三十九条 民办学校可以设立基金接受捐赠财产，并依照有关法律、行政法规的规定接受监督。

民办学校可以依法以捐赠者的姓名、名称命名学校的校舍或者其他教育教学设施、生活设施。捐赠者对民办学校发展做出特殊贡献的，实施高等学历教育的民办学校经国务院教育行政部门按照国家规定的条件批准，其他民办学校经省、自治区、直辖市人民政府教育行政部门或者劳动和社会保障行政部门按照国家规定的条件批准，可以以捐赠者的姓名或者名称作为学校校名。

第四十条 在西部地区、边远贫困地区和少数民族地区举办的民办学校申请贷款用于学校自身发展的，享受国家相关的信贷优惠政策。

第四十一条 县级以上人民政府可以根据本行政区域的具体情况，设立民办教育发展专项资金。民办教育发展专项资金由财政部门负责管理，由教育行政部门或者劳动和社会保障行政部门报同级财政部门批准后使用。

第四十二条 县级人民政府根据本行政区域实施义务教育的需要，可以与民办学校签订协议，委托其承担部分义务教育任务。县级人民政府委托民办学校承担义务教育任务的，应当根据接受义务教育学生的数量和当地实施义务教育的公办学校的生均教育经费标准，拨付相应的教育经费。

受委托的民办学校向协议就读的学生收取的费用，不得高于当地同级同类公办学校的收费标准。

第四十三条 教育行政部门应当会同有关行政部门建立、完善有关制度，保证教师在公办学校和民办学校之间的合理流动。

第四十四条 出资人根据民办学校章程的规定要求取得合理回报的，可以在每个会计年度结束时，从民办学校的办学结余中按一定比例取得回报。

民办教育促进法和本条例所称办学结余，是指民办学校扣除办学成本等形成的年度净收益，扣除社会捐助、国家资助的资产，并依照本条例的规定预留发展基金以及按照国家有关规定提取其他必需的费用后的余额。

第四十八条 除民办教育促进法和本条例规定的扶持与奖励措施外，省、自治区、直辖市人民政府还可以根据实际情况，制定本地区促进民办教育发展的扶持与奖励措施。

相对而言，政府对于民办高校的规范措施执行较严，而对于民办高校发展的奖励和扶持政策执行较为随意。就笔者了解的情况，国家层面的奖励从没有实行过，省级层面实行的也很少，县级层面奖励的稍多一些，但是大多是针对中小学的。

不仅如此在新修订的《民办教育促进法》中，还就治理不善的反制措施做了规定，这在以前的相关法律中是没有的。《民办教育促进法》中规定：

第六十三条 县级以上人民政府教育行政部门、人力资源社会保障行政部门或者其他有关部门有下列行为之一的，由上级机关责令其改正；情节严重的，对直接负责的主管人员和其他直接责任人员，依法给予处分；造成经济损失的，依法承担赔偿责任；构成犯罪的，依法追究刑事责任：

（一）已受理设立申请，逾期不予答复的；
（二）批准不符合本法规定条件申请的；
（三）疏于管理，造成严重后果的；
（四）违反国家有关规定收取费用的；
（五）侵犯民办学校合法权益的；
（六）其他滥用职权、徇私舞弊的。

应该看到，政府对于民办高校的发展和治理，有一个逐步认识的过程。政府对于发展社会力量举办的民办高校，从增加高等教育的资源投入，缓解财政投入压力方面，可以自己感受到发展民办高校带来的好处。财政经费总是有限的。而要满足社会对高等教育发展的需求，可以说没有一国政府能够承担如此重大的任务。尤其是对中国这样一个经济尚不发达、人口众多、区域差异性大的国家而言，教育经费更是缺口巨大。无疑，各级政府对于发展民办高等教育，从大的方面着眼，都是欢迎的。但是，由于缺乏应有的顶层制度设计，由于30多年来严格的计划经济固有的制度框架，使得民办高校的办学行为难以理解和把握，体制创新缺乏制度创新的配套和配合，市场行为与管理规范常有冲突，有时这一冲突甚至非常严重，给具体工作部门带来了管理难度。从民办高校创办开始，这一矛盾就存在于各级政府的工作之中。如何化解这一矛盾，促进民办高校"规范"办学，一方面需要制定规范，另一方面需要双方沟通理解。有发展就需要有管理，如何学习和借鉴国外经验，结合本国国情，开展管理创新，是政府管理民办高等教育的首要任务。

政府对于民办高等教育的治理，既不能盲目照搬国外管理私立高等教育的经验，搞"拿来主义"，不能像过去管理公办高等教育一样管理，不分公、民办区别，搞一刀切，也不能按照行政管理理念，搞单向性的强制命令式的管理。并且由于民办高等教育独特的办学体制，必须从民办高等教育的实际设计治理理念和制度框架。在当今社会"服务"盛行的年代，在当下"治理"共识基本形成、国家层面要求推进国家治理体系和治理能力现代化的大背景下，政府应该端正态度，转变职能，深化改革，从管理走向治理。由"管理"到"治理"，只有一字之差，但含义更深刻、内容更丰富、要求更明确。这标志着由传统的高等教育管理体制向适应时代发展要求的现代治理体制转变，也就是要通过深化体制改革和管理创新逐步实现国家对民办高校治理的现代化。

二 政府对于民办高校治理的作用

传统的高等教育管理其本身也有值得改进和改革的问题，但是毫无疑义这一管理相对简单，相对封闭。政府办、政府管，主体突出，责任明确。对于民办高校，举办主体多元，办学内涵多样，政府难以做到一刀切，治理在这里显得格外重要。但是，在民办高校治理体系中，政府仍然是治理的引领者和主导力量，实施治理并不能降低政府对民办高等教育管理的责任，民办高校治理体系中的政府角色不应一味地弱化，相反，政府治理应当内生于民办高校治理结构之中。同时还不能以以往的经验和惯有制度来实施，这就需要重新认识和构建政府与民办高校之间的关系，凸显和发挥治理的功效和职能。

概括来说，政府在民办高校治理体系之中的作用，体现在以下几个方面。

（一）政府承担民办高等教育外部治理的主体责任

在传统管理领域，实施治理绝不意味着政府可以甩手不管当掌柜，放任自由，而是职能的转变和方式手段的转变。一方面，政府应该是民办高校坚定有力的支持者和鼓励者。事实证明，发展民办高教符合国家利益，应该成为国家发展的重要战略。近年来，国家为了鼓励民办教育的发展，做出了许多努力。许多地方人大和政府为鼓励民办教育的发展，也制定了一系列宽松的政策和法规。没有这些顶层的支持，民办高校不可能发展得这么快、这么好。另一方面，政府也应该而且必须对民办高校实施有效的管理，为其提供优惠的政策，依法行政，宏观上管，微观上放，为民办高校的发展创造一个良好的宽松的外部环境，为老百姓接受放心满意的高等教育尽力而为。应该充分发挥民办高校的自主性，使民办高校能够在政府领导下合理规划、协调发展、统筹兼顾、办出质量、办出特色。

（二）政府承担立法和政策制定责任

政府通过立法和制定相关政策、法规，协调和指导民办高校的发展，使之与社会经济发展相对平衡并确保民办高等教育事业在社会中应有的地位，引导和规范民办高校的办学行为，协调和保护各利益相关者权益的平衡并不受其他社会部门的侵害。

治理不是放任自由，而是有着一定的规范和框架的。这个规范只有政府牵头，按照法律的规定和政府工作的安排，兼顾各个利益相关者的诉求，科学合理做出制度安排。由于举办主体、资金来源、办学目标和办学动机不一致，民办高校内部更呈现出多样化的特征，各利益相关者有着不同的利益诉求，在学校治理方面就有着不同的要求。只有全面了解和掌握学校的情况，集中各方智慧，周密、合理、科学地安排治理框架，才能有效实施民办高校的治理。

（三）政府承担评估与监督责任

政府通过设立民办高校办学方向和办学水平的权威性评估机构，对民办高校的办学方向、办学质量进行制度化的监督和引导。政府通过组织各种社会力量对民办高校进行多方面的评估，促进社会评估机构的建立。同时，制定行业标准，设立准入制度，审批新成立民办高校。总之，政府在民办高校治理中充当的角色，就是民办高等教育事业的规划者、协调者和调控者，而不是民办高等学校的直接行政领导者。

（四）政府承担外部治理的协调责任

民办高校办学比较复杂。由于投入体制不同，民办高校治理，绝不仅仅是教育主管部门和学校之间的关系，还涉及一系列政府部门和社会界别。从国家层面来说，全国人大及其常委会作为国家立法机关，负有为民办高校治理立法之责；国务院作为中央政府，对民办高校的国家制度有责任做出相关规定，这里面许多具体工作是由国务院组成部门——教育部来承担完成的。除了教育部之外，国家发改委、中央编委、公安部、工商总局、财政部、国家税务总局、民政部等部门，都承担着民办高校治理的相关事项。如此庞大的机构体系，如此复杂的工作内容，有着大量的工作需要沟通和协调。而从社会层面来说，举办者、办学者、教职工和社会，各个利益相关者都有着自己的想法和要求。在民办高校治理系统中，显然这个协调工作只能由政府来承担。

第二节 民办高校政府治理的主要内容

一 民办高校发展国家制度的顶层设计

民办高校发展的国家制度，指的是在国家政权管辖范围内，举办民办高等教育所必需遵循的基本制度。毫无疑问，这一制度将代表国家意志，体现国家国情，符合国家高等教育发展战略，满足人民群众接受高等教育的需求。

我国民办高校是在特殊环境下恢复发展的，是在"摸着石头过河"的背景下壮大成长的。改革年代矫枉过正，先发展后规范也是常理，有利于事业冲破过去的障碍，得到较为宽松的发展环境。但是，时过境迁，民办高等教育已经发展到一定规模，社会环境也已发生了深刻的变化，如果再随性发展、任性自长，听之任之，那就可能形成新的障碍，制约事业的健康和可持续发展。优化顶层设计、加快政策转型，已成为民办高校新一轮发展的突破口。明确发展目标与发展模式，完善民办高等教育发展的国家制度，明晰发展导向，制定完善的政策体系，既是民办高等教育发展的迫切需要，也是高等教育深化改革的必然要求。

国家制度是民办高校治理的依据。根据我国的国情，借鉴世界各国发展私立教育的经验，民办高校发展的国家制度，至少应该包括这样几个内容。

1. 民办高校发展的国家地位问题

这一问题是发展民办高校的首要问题，也是民办高校治理的基础。发展民办高校，是克服财政支付的暂时困难？是短期策略？抑或是满足社会暂时的资源不足矛盾？还是作为国家重大的发展战略，满足人民群众选择高等教育的需求，营造高等教育发展生态，增加高等教育发展活力？从我国的基本国情出发，借鉴世界高等教育发展经验，我国政府已经明确，发展民办高校，是一个国家发展的战略定位。国务院办公厅关于加强民办高校规范管理引导民办高等教育健康发展的通知（国办发〔2006〕101号）中明确指出："近年来，我国民办高校发展迅速并取得很大成绩，成为高等教育事业的重要组成部分。"中共中央组织部、中共教育部党组关于加强民办高校党的建设工作的若干意见（教党〔2006〕31号）也指出："《中华人民共和国民办教育促进法》实施以来，民办高校快速发展，取得了很大成绩，成为社会主义高等教育事业的重要组成部分。"国家中长期教育改革和发展规划纲要（2010—2020年）明确指出：要"大力支持民办教育。民办教育是教育事业发展的重要增长点和促进教育改革的重要力量。各级政府要把发展民办教育作为重要工作职责，鼓励出资、捐资办学，促进社会力量以独立举办、共同举办等多种形式兴办教育（四十三条）"。

2. 民办高校发展的类型性质问题

这个问题的主要内涵是，在我国发展民办高等教育，是完全像日、韩等国家和我国台湾地区一样的纯公益性的？还是公益性为主、营利性为辅的？抑或是自由发展的？从世界各国的实践来看，教育的公益性规定占绝大多数。我国民办高校开始起步时仍遵照教育公益性的原则，坚持不以赢利为目的。考虑到民办高校发展的一些实际困难，《民办教育促进法》保留了"可以取得合理回报"的条款，为公益性办学留出了一个口子。由于"合理回报"实施操作的具体难度，鉴于"我国民办高校绝大多数是投资举办的"的现实和美国等国家营利性高等教育发展的经验，特别是在2010年《国家中长期教育改革和发展规划纲要（2010—2020年）》中提出"开展对营利性和非营利性民办学校分类管理试点"，从国家制度层面实际上已经默许了营利性民办高校的存在。在 2015—2016 年，全国围绕《民办教育促进法》中是否允许民办教育营利的立法问题，开展了多次讨论和审议。2016 年 4 月 18 日中央全面深化改革领导小组第二十三次会议审议通过了《关于加强民办学校党的建设工作的意见（试行）》《民办学校分类登记实施细则》《营利性民办学校监督管理实施细则》，会议提出"要建立营利性和非营利性民办学校分类登记、分类管理制度，提高教育质量"①。全国人大常委会通过的新修订的《民办教育促进法》已经明确：

>**第十九条** 民办学校的举办者可以自主选择设立非营利性或者营利性民办学校。但是，不得设立实施义务教育的营利性民办学校。
>
>非营利性民办学校的举办者不得取得办学收益，学校的办学结余全部用于办学。
>
>营利性民办学校的举办者可以取得办学收益，学校的办学结余依照公司法等有关法律、行政法规的规定处理。

至此改革开放以来伴随民办教育发展而来的关于是否允许民办学校营利与非营利的争论尘埃落定，国家允许举办营利性民办学校的制度已成定局。当然，就目前而言，我国民办高校发展的相关政策，包括分类管理的相关政策仍很缺失，有待于在实践中探索、试验和完善。

3. 民办高校发展的数量和层次问题

民办高等教育是我国高等教育重要组成部分，民办高校的办学资源也是我国珍贵的高等教育资源。与民办中小学不一样，民办高校的资源特别巨大，动辄数亿元甚至数十亿元。用好这些资源，发挥资源的最大效益，涉及资源的配置和筹划，也是政府的重要责任。耶鲁大学的 Roger L. Geiger 教授依据私立高等教育招生数与整个高等教育招生数的比例，将其分为普及型（大中型）、双轨型（平行型）和补充型（边缘型）等三种类型。在普及型国家，私立大学数量多，招生数量超过公立学校（私立占比为 70% 左右）；在双轨型国家，私立和公立高校的招生人数大致持

---

① 搜狐教育：中央深改领导小组第二十三次会议强调：支持和规范民办教育发展，http://learning.sohu.com/20160419/n444989714.shtml。

平（私立占比为50%左右）；在补充型国家，私立学校数量少、规模一般较小，招生人数受到国家控制，仅起补充作用。这种方法已逐渐为比较高等教育界人士所接受，确实能够在某种程度上反映各国私立高等教育的一些数量特征。当然，在高等教育扩张过程中，这种类型也不是一成不变的，一些国家的私立高等教育规模已经在不断扩大，招生人数也显著增加。这一趋势在主要发展中国家中尤为显著。在几十年前，在大多数国家中，私立高校不存在或者处于边缘位置。而今，在中东地区、非洲北部以及撒哈拉以南地区、东亚和南亚以及拉丁美洲这些地区的主要发展中国家，私立高校在入学比例上占据着主要地位或者处于快速增长的过程中。菲律宾、智利、巴西、马来西亚、格鲁吉亚等国私立高等教育机构占该国高等教育机构总数的比例更是超过80%，巴西、智利、马来西亚等国甚至高达90%以上。巴基斯坦、巴西、智利、菲律宾等国家私立高等教育所占入学比例均高于60%。我国民办高校大致发展到什么规模，允许达到什么样的层次，也需要政府做出规划和安排，以免出现供过于求，造成教育资源的巨大浪费，避免办学出现巨大风险。①

4. 制定民办高校发展的政策规范

法律和政策是民办高校治理赖以生存和发展的重要条件，也是民办高校实施治理的依据。制定民办高等教育发展的政策规范，既是民办高校办学的必备，也是政府不容推卸的职责。正是由于大量的法律法规，使得民办高校办学有法可依，有章可循，政府治理有根有据。我国民办高校是在公办高校一统天下的背景下发展起步的，是在法律法规一片空白的状态下发展的，特别需要法律法规的跟进和扶持。加快法律法规的完善，是我国民办高校发展的急需，在这一方面政府大有作为。这里说明一点，法律的审议和立法，从职责上说，属于全国人大及常委会的权限。但是，观察立法的流程不难发现，中央政府及主管部门也有着相当大的工作权力，至少是立法建议的倡导者和立法进程的重要参与者，具有巨大的工作空间。

5. 明确民办高校的治理体制

我国是共产党领导下的社会主义国家，对于大学的治理体制负有设计

---

① 陈武元：《论私立高等教育发展的制度环境——兼论中国民办高等教育发展的制度环境选择》，《教育发展研究》2008年第5—6期。

和规范的职责。外国私立大学的治理经验可供我们参考借鉴，但是必须从基本国情出发，设计具有中国特色的民办高校治理体制，而不能照搬照抄国外私立大学的治理体制。比如，政府管理民办高校的权限问题，民办高校治理的社会主体参与权问题等。还有学校党建和思想政治工作的要求等等，在早期的《民办教育促进法》等相关法律法规中没有体现，但是民办高校党建工作一直受到重视，而党委会的权限和职责却显得无章可循。现在，中共中央办公厅《关于加强民办学校党的建设工作的意见（试行）》的通知（中办发〔2016〕78号）已经下发，澄清了过去的一些模糊观点，但是具体执行中还需要进一步明确和落实。在民办高校，学生及家长有没有治理参与权，迄今为止也不明确。诸如此类治理中的要素，应该由政府作出统一规定，以避免操作中的随意性。

在我国民办高等教育发展的30多年中，国家主管部门一直在努力构建符合中国国情、体现中国特色的民办高等教育发展国家制度。但是迄今为止，实际上与目标相差甚远，我国还没有形成一个完整的民办高等教育发展的国家制度。尽管也有许多相关的文件下发，但是这些制度零散、繁杂，尚未形成系统，许多都是事业发展中"头疼医头、脚疼医脚"的产物，是民办高等教育发展实践中"指哪儿打哪儿"的产物，不系统、不全面、不完善，并且这些制度的执行刚性差，执行率低下，执行力不足，缺乏一贯的坚持。由此造成我国民办高校的制度设计"各吹各的号、各定各的调"的无序治理状态。在民办高校发展初期，民办高等教育整体规模较小，对整个高等教育的影响不大。但是，在民办高等教育发展崛起的今天，在民办高等教育机构三分天下有其一的背景下，这种情况再也不能继续下去了。加强民办高等教育发展的国家制度顶层设计，尽快明确我国民办高等教育发展的制度规范，很有必要，非常迫切。

6. 加快民办高校治理的顶层设计

在中共中央关于"十二五"规划的建议中，就已经提出要"以更大决心和勇气全面推进各领域改革，更加重视改革顶层设计和总体规划，明确改革优先顺序和重点任务，深化综合配套改革试验，进一步调动各方面积极性，尊重群众首创精神，大力推进经济体制改革，积极稳妥推进政治体制改革，加快推进文化体制、社会体制改革，在重要领域和关键环节取得突破性进展"。① 因此,"顶层设计"已经成为国家工作的重要原则,理应成为各项事业发展的指导。

"顶层设计",英文为 Top-Down Design,原是来自西方国家自然科学或大型工程技术领域的一种设计理念,意指在工程设计中,统筹考虑项目各层次和各要素,追根溯源,统揽全局,在最高层次上寻求问题的解决之道。"顶层设计"具有三大特征:一是顶层决定性。顶层设计是自高端向低端展开的设计方法,核心理念与目标都源自顶层,因此顶层决定底层,高端决定低端;二是整体关联性。顶层设计强调设计对象内部要素之间围绕核心理念和顶层目标所形成的关联、匹配与有机衔接;三是实际可操作性。顶层设计表述简洁明确,具备实践可行性,因此成果应是可实施、可操作的。我们这里所说的"顶层设计",意义有所延伸,是指对于一个大的事业的开展,能站在一个战略的制高点,从最高层开始,明晰目标、优选内容和确定路径,加强宏观指导,使所有的层次和子系统都能围绕总目标,产生预期的整体效应和效益,实现稳定健康和可持续发展。

近年来,"顶层设计"开始进入高等教育理论领域,在高等教育政策与决策、高校人才培养和战略规划等方面得到广泛运用。在"优先发展、育人为本、改革创新、促进公平、提高质量"的 20 字方针统领下,《国家中长期教育改革和发展规划纲要(2010—2020 年)》对我国教育事业的总体战略、发展任务、体制改革、保障措施等四个方面进行了通盘考虑,形成了涵盖教育改革发展各个环节的战略体系,这是从国家层面对我国教育事业进行的"顶层设计"的典型案例。由此可见,教育领域的顶层设计,实际上就是从教育的国家利益和国家意志出发,对教育发展的总体目标、总体性质、各个层次、各个要素进行统筹设计,提出要求,落实路径,通过各地区、部门、单位理念一致、功能协调、结构统一、资源共享,促使教育改革和发展目标的实现。

刘延东在贯彻落实全国教育工作会议和教育规划纲要座谈会上曾强调指出,贯彻落实教育规划纲要任务繁重复杂,必须加强顶层设计,全面规

---

① 《中国国民经济和社会发展第十二个五年规划纲要》(全文),http://ghs.ndrc.gov.cn/ghwb/gjwngh/P020110919590835399263.pdf,2013 - 08 - 10。

划部署,分步有序推进。① 她在 2011 年全国教育工作会议上的讲话中强调要"科学谋划,注重整体设计",她指出:"每项改革和发展任务都是一项系统工程,必须整体谋划和前瞻布局,这样才能事半功倍、少走弯路。'十二五规划'是今后 5 年国家经济社会发展的顶层设计,教育规划纲要是未来十年教育改革发展的顶层设计,在编制出台教育事业'十二五规划'和分地区、分领域规划时,要按照这两个规划的要求,把 10 年改革发展目标任务按时间节点规划好,形成清晰的工作指南。"② 这就告诉我们,在今后的教育事业发展中,必须加强顶层设计,统筹规划,保证各项工作的健康发展和目标实现。

从当下我国民办高等教育发展的内、外部来看,加强国家制度的顶层设计已经到了刻不容缓的地步。

我国民办高校已经进入一个新的发展时期。从 1993 年正式启动民办高校审批制度以来,短短的 20 多年间,我国民办高校从无到有,从少到多,从小到大,已经具有一定的规模,涌现了一批质量较高、声誉较好的民办高校。抓住《国家教育规划纲要》实施的大好机遇,一批民办高校自加压力,提出"高水平民办高校"的建设目标,在一批国家级质量工程项目中也能见到民办高校,重品牌、实内涵、抓质量、创特色已经成为部分民办高校的自觉行动。可以看出,民办高校已经成为国家高等教育体系中新的增长点,成为国家高等教育的重要组成部分,在推进高等教育大众化、多样化和选择性方面,担当了重要角色,发挥了积极作用,做出了巨大贡献。

但是,我们也要清醒地认识到,我国民办高校也面临着严峻的挑战,繁荣发展的背后掩盖着深层危机。根本原因在于:

第一,我国民办高校办学历史短,根基不牢。虽然在规模上有了一定的发展,机构和在校生占比持续提高,但是至今还没有产生与公办名校相比肩的民办名校,难以产生品牌效应;同时,社会对民办高等教育的认可和接受程度还比较低,时常因为个别民办高校的不端行为导致民办高校整

---

① 刘延东:《切实抓好全国教育工作会议和教育规划纲要学习贯彻》,新华网,http://news.xinhuanet.com/2010-07/16/c_111963319.htm。

② 刘延东:《坚持改革创新,狠抓工作落实,努力开创教育事业科学发展新局面》,《中国教育报》2011 年 2 月 24 日。

体形象受到损伤。民办高校的发展现状与国家提出的公、民办高等教育共同发展的要求相距甚远，还难以满足人民群众接受优质高等教育的需求，久而久之，不仅原有的发展成果难以巩固，而且在一些地区已经出现了规模下滑和比例萎缩的趋势。

第二，部分民办高校面临生存危机与挑战。民办高校在总体上还没有完全发展成熟的时候，高等教育迅即进入大众化甚至普及化阶段，许多民办高校的生存问题再一次被推到风口浪尖，经受严峻考验。随着大众化的不断深入，社会的高等教育需求发生了重要变化，正在从机会需求向质量需求转变。"这种质量需求可能会给民办高校粗放式发展模式带来挑战，可能会压缩民办高校的发展空间。"① 近年来高教适龄人口大幅萎缩，高考生源持续急剧减少，民办高校逐渐表现出社会需求的快速下滑，不少民办高校开始出现招生困难。"面对中国公办大学十年来的急速扩招和人口出生率的持续下降，民办高校倍感招生萎缩的巨大压力，中国民办高校在国家人口结构变化和教育事业发展的过程中最先感受到寒意。"② 有学者甚至断言，在不远的将来，"随着出生人口基数的下降，特别是随着18岁到22岁适龄大学生青年数量的减少，某些高校，特别是某些民办学校和独立学院离破产可能不遥远了"③。"这种'先天不足'和'长不逢时'导致民办高教发展面临深层危机。"④

第三，看似公平的制度安排实则隐含了不公平性。近年来，国家加大教育投入，设计了很多竞争性项目，在表面看似"公平"的评审制度安排中，隐含着对民办高校的歧视和不公，民办高校很难得到政策的阳光。一方面，政府财政性经费进入民办高校障碍没有理顺；另一方面，评审条件的限制实际上将民办高校排除在外。在全国和各省市设置的众多重点学科、重点专业、重点基地、重大专项等大量项目中，民办高校所占比例极低；在国家级的重点专业、重点实验室、重点实习实践基地，动辄数亿元、数十亿元的国家财政投入中，占普通高校1/3的民办高校，所占比例

---

① 张应强：《高等教育改革与我国民办高校的可持续发展》，《大学教育科学》2006年第6期。
② 王经国、顾烨：《民办高校破产危机吹响教育改革号角》，新华网，[EB/OL]. http://news.xinhuanet.com/politics/2010-04/01/c_1212966.htm，2013-09-10。
③ 顾海良：《未来十年某些高校破产》，《中国青年报》2010年3月24日。
④ 张应强：《体制创新与建设高水平民办大学》，《高等教育研究》2002年第4期。

少得可怜，有的项目根本就没有民办高校的份额。这种状况表明，如若任其发展，民办高校与公办高校的质量差距将进一步拉大，在原有政策优势逐渐弱化的趋势下，民办高校的发展环境将越来越严峻。

民办高校的成长之路，关键当然是依靠自身的努力。转变观念、苦练内功，提高质量、凸显特色，加强内涵建设，发挥体制优势，加强内部管理等，都是民办高校健康发展的重要路径。但是，从系统发展的视角看，民办高校发展的政策与制度环境不完善、不系统，顶层设计的缺失是重要的原因之一。

（1）我国民办高等教育政策缺乏一致性。一方面，国家顺应国际潮流，倡导发展民办高等教育，希望民办高等教育在未来的高等教育改革和发展中担当重任。另一方面，民办高等教育发展可供操作的政策却非常稀缺。例如，教育部第25号令《民办高等学校办学管理若干规定》指出，"民办高校的资产必须于批准设立之日起1年内过户到学校名下。本规定下发前资产未过户到学校名下的，自本规定下发之日起1年内完成过户工作"。这对于当时许多民办高校发展而言是难以做到的，甚至至今部分民办高校仍没有实现资产过户，虽然其中有很多利益因素在内，但恰恰反映出了该政策缺乏现实基础、可操作性差的过急问题。又如，2004年教育部门突然叫停学历文凭考试，影响了许多民办学校的生源，导致很多民办高校改变运行管理模式，带来了较大政策冲撞，政府政策不连续，民办高校意见很大，矛盾也很激烈。另一方面，由于缺乏国家层面制度的系统设计，教育、工商、财税、人事、劳资等部门，各自都有自己的政策，相互之间矛盾尖锐，国家给予民办高校支持政策的实惠难以落实，政策之间出现矛盾甚至冲突、部门之间扯皮推诿的情况难以解决。

（2）民办高等教育政策执行状况差。由于民办高校国家层面的制度架构还没有完全建立，一些已经出台的政策，也难以落实，久悬难决。例如，《国家中长期教育改革和发展规划纲要（2010—2020年)》提出要落实公共财政的资助政策，这对经费匮乏的民办高校来说当然是重大利好。但是时间过去七年了，这一政策始终没有见到下文。比如民办高校发展的性质问题，一方面文件规定说公益性质，另一方面又提出要分类管理，事实上默许和承认了营利性学校的存在。再如教育部26号令明确规定独立学院要做到8个独立，但是时至今日，期限已过，真正"独立"的院校又有多少？还有教育部门向民办高校派遣党委书记问题、民办高校监事会制度建立问题等，有的是一阵风，没有坚持，有的根本就没有实施过。民办高校的管理体制问题、民办高校政策体系问题、民办高校的财政支持问题等，几乎找不到到任何一个文件来系统阐述。虽然也有省市出台了一些地方性的支持政策，甚至是一些所谓的"试点地区"，但是由于缺乏国家层面的制度支持和依据，往往有始无终，短期效应，难以持续。

（3）民办高等教育发展，对政策的需求已经进入"全面、系统、完整"的阶段。这一阶段的政策诉求，有待于国家相关部门的通力合作，高度协调，否则都可能是一纸空文。民办高校发展中的教师队伍建设"编制"问题、"法人属性"问题、公共财政的支持问题、税收问题等，都由国家人力资源、民政部门、财政部门等掌管，教育部门无力解决。但是这些问题不解决，民办高校的发展环境就难以得到根本的改善，并将导致民办高校发展失去方向，失去发展的活力和能量。由于缺乏顶层设计，部门之间难以协调。同时，头疼医头、脚疼医脚的应急政策，滞后、被动，不但时限性差，而且也缺乏普适性。我国民办高校的发展，已经到了国家明确"顶层设计"的时候了，民办高校的健康发展急迫需要一个自上而下的顶层设计。现在和过去不一样，不能再靠"摸着石头过河"，"水深了"已经摸不着"石头"了。加快民办高校国家制度的顶层设计，已经成为民办高等教育发展的重要需求。

二 做好民办高校发展的国家规划

《礼记·中庸》说道："凡事豫则立，不豫则废。言前定则不跲，事前定则不困，行前定则不疚，道前定则不穷。"凡事豫（预）则立，不豫（预）则废，豫者预也，任何事情，事前有准备就可以成功，没有准备就要失败。说话先有准备，就不会词穷理屈站不住脚；行事前计划先有定夺，就不会发生错误后悔的事。民办高等教育发展也一样，需要有一个国家层面顶层的发展规划，以使民办高等教育发展符合国家高等教育发展战略，符合我国基本国情，符合老百姓接受高等教育的要求，引导和规范民办高等教育事业的健康和可持续发展。

规划引领未来，是"预"的重要形式。政府对民办高校治理的另一个职责，就是做好民办高等教育事业发展的国家规划，安排好民办高等教育发展的节奏，促进民办高等教育有序发展。

考察我国民办高等教育发展历程，在国家规划中对民办高校进行规划时间不长。2004年，国家开始制定"十一五"发展规划，教育部门也在制定国家教育事业"十一五"发展规划。在规划制定的小型研讨会上，笔者作为唯一的民办高校代表出席，并荣幸地承担了招标课题"十一五期间中国民办高等教育发展"的研究，这可能是民办高校国家层面规划工作的开始。国家"十一五"教育发展规划，首次将民办教育发展列入其中，要求"进一步贯彻落实《中华人民共和国民办教育促进法》及其实施条例，引导民办教育健康发展。依法落实对民办学校的有关扶持政策，特别是税收优惠政策，保障民办学校教职工在业务培训、职务聘任、教龄和工龄计算等方面与同级同类公办学校教职工享受同等的权利，落实民办学校学生在升学、评奖评优等方面与同级同类公办学校学生享受同等的权利。政府对为民办教育事业做出突出贡献的集体和个人给予表彰奖励"。同时也提出"各级政府要切实加强对民办学校的规范管理，落实民办高校督导制度，实行民办学校年检制度，确保民办学校法人财产权。加强对民办学校招生工作的督察和财务状况的监管，督促民办高校稳定规模、规范管理、提高质量。尽快形成政府依法管理、民办学校依法办学、行业自律和社会监督相结合的管理格局"。可以看出其中也涉及政府对民办高校的治理问题。在此后的教育规划中，或多或少都有关于民办教育发展的相关内容。尤其是在《国家中长期教育改革与发展规划纲要》（2010—2020年）中，专门列有《办学体制》一章，阐述深化办学体制改革、大力支持民办教育、依法管理民办教育三大问题，在其他章节中也对民办教育相关问题做了提及和强调，这是迄今为止在国家规划中对民办教育最周全的规划。在国家教育"十三五"发展规划中，继续强调"促进和规范民办教育发展"：

  推进民办学校分类管理。建立非营利性与营利性民办学校分类管理政策体系，实行差别化扶持，加强分类指导和规范管理，推动各类民办学校明确法人属性，明晰产权归属。建立健全政府补贴、政府购买服务、助学贷款、基金奖励、捐资激励等制度，引导社会力量举办非营利性民办学校。推动民办学校适应经济社会发展需要，更新办学理念，深化教育教学改革，提高办学质量。鼓励公办学校、民办学校开展人才交流和深度合作。保障民办学校依法自主办学，完善法人治理结构，健全收费制度、资产管理和财务会计制度，建立教育质量监测、财务监管、风险防控和退出机制，规范民办学校办学秩序，防范办学风险。

鼓励社会力量进入教育领域。拓展社会力量参与教育发展的渠道和范围。建立更加透明的教育行业准入标准，强化监测监管，鼓励社会力量和民间资本通过多种方式举办学校和教育机构，提供多样化教育产品和服务。发挥市场机制的作用，支持培育教育新业态，扩大教育需求与消费。研究制定相关规范和管理办法，鼓励教育服务外包，引导社会力量为学校提供信息化课程包、实训实习、教师培训、管理支持、质量监测、就业指导等专业化服务，作为政府教育服务的重要补充。

以上可以看出，民办教育，包括民办高等教育的发展，已经列入国家教育改革和发展规划中，在国家教育体系发展中具有重要地位。我国民办高等教育总体发展速度快，事业发展遇上了前所未有的好时机。但是，民办高校的各种类型以及在各个地区发展很不平衡，在发展中也面临着许多新问题，不仅将制约事业的发展，而且会带来一些风险。从国家层面来说，长远的发展规划不明确，社会难以持续地对民办高校投入，民办高校也难以作长远办学的计划，不利于社会树立举办民办高校的信心，不利于民办高校增加投入提高质量，不利于社会对民办高校的认可和支持。尤其是在国家发展规划和教育事业规划制定的背景下，更需要加快民办高校发展规划的制定。正如《国家中长期教育改革和发展规划纲要（2010—2020年）》所指出的，要"依法管理民办教育。教育行政部门要切实加强民办教育的统筹、规划和管理工作"（第44条）。

目前有关教育发展的市场信息渠道还不是十分畅通，政府掌握着权威信息。加强规划指导，促进民办高等教育健康发展，既是政府的义务，也是政府不可推卸的责任。本地区民办高校应该办多少？规模和类型应如何布局？这是只有政府规划才能解决的问题。政府在制定国家和区域规划时，应将民办高校发展作为教育事业发展总体规划的规定内容，协调各类高等教育的发展空间和服务面向。民办高校的整体布局要与区域高等教育的发展相适应，努力做到科学、合理，避免重复建校，造成资源和投资浪费。第一，同一地区同类院校设置不应过多，应该鼓励民办高校多样化发展，避免办学的雷同化和重复建设。第二，政府部门要根据区域高等教育发展的总体状况和发展趋势，调控民办高校的比例和发展规模，避免教育资源的闲置和浪费。第三，各校应有所分工，科类结构有所区别，以满足区域内各行各业对人才的需要。总之，在制定和实施整个地区高等教育发展规划时，必须适当考虑民办高校的相关因素。民办高校的发展应与公办高校保持合理的比例，民办高校自身的发展也应保持合理的规模，以保证资源的有效利用。

政府部门还要引导民办高校制定好学校的发展规划。帮助学校找准自己在国家和区域高等教育体系中的位置，根据不同定位明确各自的发展目标和思路，确定公立高校和民办高校各自不同的发展重点，协调高等教育市场和教育资源，既要避免重复建设和不良竞争，也要避免出现趋同化。各类高校要坚持正确定位，发挥自身优势，展开错位竞争。一个学校要有自己的优势，即使没有自己的整体优势，也可以在某些学科、专业上有自己的特色和优势。不同层次都有领头羊。为此，重点要督促学校制定好三个规划：一要科学定位，根据分层分类争创一流、形成特色的指导思想，搞好学校的事业发展规划；二要搞好学科建设和人才队伍建设规划；三要搞好校园建设规划，营造校园文化的园区载体。这三个规划是联系在一起的，这是学校领导的重任，也是教育行政部门需要督促学校做好的。

三 加快完善民办高校发展的政策

教育政策是党和国家为实现教育目标所制定的有关教育的谋略、法令、办法、方法、条例等的总称。理解这一定义，需要把握如下几个要点。第一，制定教育政策的主体是各级机关，上至中共中央、全国人大、国务院及相关部委，下至最基层的教育行政机构。第二，政策旨在解决存在于两个或更多所学校间的普遍性问题，根据袁振国的观点，"学校内部的决策主要是管理学研究的范畴"，而不是教育政策所要解决的问题。[1]第三，教育政策应该包括教育法规在内。除了教育法规之外，教育政策还包括各级政府机关所出台的规范各级学校办学行为的教育规划、通知、（部长）令、意见等文件。

---

[1] 袁振国：《教育政策分析与当前教育政策热点问题》，《复旦教育论坛》2003年第1期。

我国民办高校的快速发展对政府政策提出了改革的诉求，期望获得国家教育政策更有力的支持和推动。一直以来，我国的民办高校实践都走在政策和法规的前面，常常是实践中出现什么问题再制定什么法规，政策和法规的滞后制约着民办高等教育的发展。要改变这种情况，必须改革和完善现有政策法规体系，使民办高校发展政策具有前瞻性和引导性。我国已提出完善和规范以政府投入为主、多渠道筹措经费的教育投入体制，形成公办学校和民办学校共同发展的格局的目标。为了加快实现民办高校投资主体多元化、办学形式多样化、经营模式产业化的步伐，应尽快建立起充满生机与活力的民办高校政策体系。

当前民办高校发展的政策需求重点表现在以下几个方面。

(一) 关于民办高校的产权制度

产权是经济领域的概念，是指自然人、法人对各类财产的所有权、占有权、处置权、使用权、让渡权、收益权等，包括了物权、债权、股权、知识产权和人力资本产权以及其他无形财产权。这是一种广义的产权概念。

我们也可以将民办高校产权理解为包括民办高校的财产所有权、占有权、支配权、使用权、经营权、收益权、交易权、处分权等一束物、责、权、利的关系的总和，即是一系列权利与义务的法律关系总和。当然，民办高校的产权作为特殊的内容和表现形式，具有不同于一般产权的特点：第一，民办高校产权的内容具有多样性。不仅包括投资形成的财产所有权和收益权，还包括了其他更广泛的权利。第二，民办高校产权的主体具有多样性。学校举办者具有学校资产的所有权或控制权，但是按照有关规定，学校资产在学校存续期间归学校法人所有。因此，在学校存续期间，学校所有权与使用权是分离的，或者说不一定紧密联系在一起的。学校的学生、教师也拥有学校财产的使用权，校长和管理人员拥有对学校的管理权等。第三，民办高校产权的本质也是一种规定人们行为方式的社会关系。举办者、办学者、教职工、受教育者拥有不同的权利和不同的行为方式，从而对学校发展的影响也不一样。如果民办高校产权得不到明确界定，各方的权益得不到有效的明晰和保护，行为也得不到有效监督，就容易导致许多短期行为出现。只有合理界定产权，才能明确相关利益各方的权利与义务，规范并保护人们的行为，使人们形成长远的预期，从而促使民办高校持续健康地发展。第四，民办高校的产权是需要争取和保护的。

民办高校各利益主体权利的范围、大小与他们各自的争取和政府部门的保障有关,对于《民办教育促进法》中"民办学校与公办学校具有同等的法律地位"的规定及其落实,举办者、办学者等各方都需要不断地争取和做出积极努力。①

产权问题是民办高校发展和研究中的基本理论问题,也是国家民办高等教育发展制度框架的基本问题。汪家镠认为,"学校产权的归属是举办者普遍关心的问题,是立法必须要解决的一个重要问题。产权明晰,才能调动和保护投资人的积极性,保证民办学校正常运行,降低风险,有利于民办学校的稳定与发展"②。产权是内部治理权的依据所在。明晰产权,规范和维护各产权主体的利益和地位,不仅对民办高校治理结构的构建和规范影响重大,而且对整个高等教育的改革和发展也显得非常重要和紧迫。

从投资的寻利性和民办高校的办学实践来分析,在产权方面,举办者主要关心三个问题:一是出资人对其投入部分所形成的校产是否拥有所有权与收益权;二是出资人对办学增值的校产享有什么权利,包括投入增值和办学积累增值;三是民办高校停办以后的资产归属问题,投入的资产能否归还,增值部分可否分配。简言之,产权问题表现为"投入民办高校的资产和增值部分归谁所有;办学期间的积累和资产可否分配、如何分配;学校停办后资产如何清算,投资利益如何保护"等三个方面。

1. 关于投入民办高校的资产和增值部分归谁所有。从法律的角度上看,这个问题一直是明确的。现有法律规定,不管是捐资办学还是投资办学,学校开办后,投入的资金都是属于学校法人财产,归学校使用,任何人不得抽逃已经投入学校的资金。从投资者来说,投资民办高校形成的校产归学校法人所有,学校存续期间举办者不拥有学校的财产所有权和支配权。在监管体系尚未完善和落实的状态下,投资者对投入学校的产权普遍感到不放心,有顾虑。

对于办学后产生的其他资产(包括增值部分),现有法律法规规定下

---

① 沈美媛、张琦英:《探析民办高校产权及其对学校管理体制的影响》,《教育与职业》2006年第26期。

② 全国人大教科文卫委员会教育室:《民办教育促进法学习宣传讲话》,中国青年出版社2003年版,第23—24页。

与投资者毫无关系，基本割断了投资者对办学增值部分资产的拥有权，与投资企业相比相距甚远，与投资者的办学期望形成强烈反差。

2. 关于办学期间的积累和资产处理。这一方面，《民办教育促进法》确实是一个重大突破。第 51 条规定："民办学校在扣除办学成本、预留发展基金以及按照国家有关规定提取其他的必需的费用后，出资人可以从办学结余中取得合理回报。取得合理回报的具体办法由国务院规定"，而客观上从《民办教育促进法》颁布以后，所谓"合理回报的标准和办法"一直未面世，致使规定成为一纸空文。无法操作且合理回报本身的性质含糊，是属于营利性还是非营利性？不明确，按照相关解释，合理回报是属于"奖励性质"的，表明民办高校的出资人实际上拥有一种受管制的剩余索取权。但是现有的文件都表明，取得合理回报的学校都将作为"营利性学校"而编入另类，在税收、财务管理等方面与捐资办学有很大的区别，这似乎又是与法律初衷相悖的。有专家认为现有民办高校绝大多数属于投资办学，而"投资办学是为了获取收益，如果办学不能获得收益，便不可能有举办者将资本投入到高等教育中来"[①]。投入的资产不能有效的得到保护，增值的部分资产又不能真正取得"合理回报"，"导致不少民办高校的投资者由于对未来政策不明确，出现从学校大量抽逃资金的事件"[②]。

3. 关于民办高校停办以后的资产归属问题。这一问题《民办教育促进法》没有明确规定，第 59 条明确：民办学校终止并进行财产清算时，在清偿"应退受教育者学费、杂费和其他费用""应发教职工的工资及应缴纳的社会保险费用""偿还其他债务"后，"剩余财产，按有关法律、行政法规的规定处理"。文中只字不提投资者投入的资产返还问题，也没有明确规定清算后"剩余财产"的归属，即对出资人投入资产的最终归属没有明确的规定，而是含糊其辞、回避矛盾、能过且过。立法的空白、语词的模糊，增加了法律的不确定性，难以使举办者放心投入，很多民办学校的举办者宁可租房办学，也不肯投资于校舍等硬件的建设，致使办学条件的提高和改善缺乏巨额资金的支撑。

---

① 潘懋元、邬大光、别敦荣：《民办高教发展需要有更多的路径》，《中国教育报》2012 年 1 月 9 日。

② 朱永新博客．[EB/OL]．http：//zhuyongxin.blog.zj.com/d‐105309.html。

对于民办高校产权，由于新修订的《民办教育促进法》已经做出分类登记、分类管理的法律规定，此后举办的民办高校产权应该比较明晰。但是对于大量现存的民办高校产权处理，仍然是一个棘手的问题。

现行法律中对民办教育产权规定的不明晰，或者说仅仅有捐资办学模式的产权制度，为新的投资主体进入造成障碍，无法形成有效的激励与约束机制，降低了高等教育资源配置效率，对当前民办高校的发展有着重大的影响：

（二）关于公共财政对民办高校的支持

资金短缺，投入不到位，公共资金对民办高校的支持力度偏弱甚至缺失，是制约我国民办高校健康发展的重要原因之一。由于缺乏资金，大部分民办高校的办学条件远弱于公办高校，从而制约民办高校教学质量的稳步提高。"大学非大楼之谓也，大师之谓也"，民办高校的教学质量难以和公办高校相媲美，另一个重要的原因是民办高校的师资队伍弱。民办高校师资队伍弱的深层次原因还在于民办高校经费不足。在公办高校普遍实施绩效工资以后，绝大部分民办高校教师的薪酬水平处于相对偏低水平，而民办高校教师退休后的收入水平与公办高校教师之间的差距更大，教师待遇差异悬殊导致近几年许多民办高校中出现了一股不小的教师流失潮，少数民办高校几乎成为公办高校教师的"实训基地"。因此，加强财政资助，改善办学条件，稳定教师队伍，已经成为民办高校当前发展中亟待解决的重大问题。

我国公共财政在很长的一段时间内没有对民办高校进行补助，这固然有财力紧张的原因。但是经过30多年的改革开放，我国经济有了长足的发展，经济总量已经跃居世界第二，财政性教育经费支出占GDP比例达到4%的目标也已实现。因此，财力不足已经不能成为公共财政拒绝支持民办教育的理由。当然，公共财政支持民办高校也符合教育公平的原则。

《国家教育事业中长期改革和发展规划纲要（2010—2020年）》提出，要"健全公共财政对民办教育的扶持政策。政府委托民办学校承担有关教育和培训任务，拨付相应教育经费。县级以上人民政府可以根据本行政区域的具体情况设立专项资金，用于资助民办学校。国家对发展民办教育作出突出贡献的组织、学校和个人给予奖励和表彰"（第43条）。但是迄今为止，从国家层面，还没有出台任何有关落实的相关政策文本，因此需要政府加快制定相关政策。

（三）关于民办高校办学自主权

民办高校是面向市场办学的。为了适应市场的变化，服务社会需求办学，民办高校需要更多的办学自主权。这一方面是为了发挥民办高校体制机制的优势，促进民办高校本身的发展；另一方面也是为我国探索高等教育管理体制改革积累经验，促进整个高等教育的发展。当前尤其应该在如下三方面落实民办高校的办学自主权：

1. 民办高校的学费定价权。当下高等教育正在由卖方市场向买方市场转化，资源日渐丰富，市场逐渐成熟，学费收取成为市场竞争的一个内容。在这种情况下，应该给予民办高校较大的学费定价权。考虑到我国高等教育发展的实际，采用自主定价、政府备案的机制操作比较妥当。对于一些办学质量较高、社会信誉良好的民办高校，应该允许它们根据自身的办学成本适当提高学费水平。

2. 应该给予民办高校自主设置专业的权利。专业的特色，是办学特色的重要表现和基础，没有富有特色的专业和课程体系，学校就很难有自己的特色。目前我国民办高校和公办高校的专业设置都属于计划审批，而民办高校与公办高校专业产生和成长的机制却差异很大，实际上所受到的管制更为严格。要激活民办高校的体制机制优势，就应该适当"放手"，给予民办高校必要的专业设置权，使之能够根据市场需求来灵活调整专业，满足市场对人才的需求。考虑到这一政策的过渡性，可以考虑在一些办学规范的民办高校进行试点，给予一定的自主设置专业数量，以补充计划管理带来的不足。

3. 招生的自主权。在分配招生指标的时候，要统筹兼顾，适当留出民办高校的发展空间。虽然教育部多次明确规定这一要求，但是从实际工作来看，相关部门往往从定式思维出发，优先安排公办高校招生，而一些民办高校招生不足没有受到重视。近几年各地区在落实教育部关于"招生指标向西部倾斜"的工作中，许多南方省份教育主管部门没有考虑民办高校的实际，公办、民办高校"一刀切"统一安排西部招生指标，而实际上由于民办高校的学费相对于西部家庭而言非常昂贵，所以生源报名数和报到率都非常低，造成国家原本为西部考生优惠的招生计划付诸东流，而民办高校也浪费了可贵的招生指标。学生是办学的根本，一定数量的学生规模是民办高校正常运转的必要条件。由此我们建议政府应妥善处理民办高校的招生问题，给予更多的招生自主权。

（四）关于民办高校发展的其他政策

首先是民办高校教师待遇。民办高校教师在资格认定、职称评审、进修培训、课题申请、评先选优、国际交流等方面与公办高校教师享受同等待遇，在户籍迁移、住房、子女就学等方面享受与当地同类公办高校教师同等的人才引进政策，这些都要有政策文本作出规定。政府要制定政策，责成和督促民办高校依法依规保障教师工资、福利待遇，按照有关规定为教师办理社会保险和住房公积金，鼓励为教师办理补充保险。建立健全民办高校教师人事代理服务制度，为教师在公办高校和民办高校之间合理流动创造条件，鼓励高校毕业生、专业技术人员到民办高校任教任职。其次是保障民办高校学生权益。通过政策协调，使得民办高校学生与公办高校学生同等纳入国家助学体系，在政府资助、评奖评优、升学就业、社会优待等方面与同级同类公办高校学生享有同等权利。最后是完善民办高校税费政策。民办高校用电、用水、用气、用热与公办学校同价。捐资举办和出资人不要求取得合理回报的民办高校执行与公办高校同等的税收政策。民办高校向受教育者收取的学费、各种代收费用的项目和标准执行相关价格，也需要政策明确。

四 引导和规范民办高校的办学行为

举办民办高校的法律法规很不完善，民办高校办学又没有现成经验可供借鉴，因此民办高校办学就可能产生许多与现有法律矛盾的行为，甚至有可能产生一些"违法"行为，损害国家形象，损害师生权益，还可能给社会稳定带来不确定因素。另外，民办高校群体比较复杂，办学动机、办学目的多样，在充分肯定绝大多数民办高校真心办学、规范办学，办人民满意的高等教育的同时，也确实有一些人以办教育为名，行挣钱捞钱之实。过去这一方面已经具有不少的教训，值得重视和关注。因此，依照法律法规加强对民办高校办学行为的规范，引导和保证民办高校健康和可持续发展，也是政府不能放弃的职责。

当前民办高校中存在一些问题需要引起关注：

一是产权界定不清，责任不明，法人财产权不落实。有的民办高校在创办初期，预期规划尚未完全实现，因此对学校产权归属问题比较模糊和疏忽，没有作认真的考虑和界定，当时也确实没有相关的法律规范可依，致使产权问题至今没有落实，民办高校难以真正享受法人权益，一旦这些民办高校办学发生问题，政府将不得不承担相关后果。近几年，由于民办高校的法人财产不明确，引发许多相关的纠纷发生，分散了学校办学精力，影响了学校的稳定和发展。与产权明晰相适应，部分民办高校内部治理结构不健全，出资者与办学者之间职责不明确，一些民办高校至今还没有建立起系统、科学、严格的内部治理制度，家族化管理现象日趋严重。

二是规模扩张过快。我国民办高校绝大多数都有投资办学的动机。而由于资金来源单一，相当多的民办高校都走以学养学、滚动发展的发展道路，以扩张规模来提高效益已成为许多民办高校发展的主要途径。但是一些民办高校校均规模的过快增长，则超越了一些学校的资源配置、办学能力和管理能力。在高等教育大众化的进程中，有的民办高校忽视办学条件，一味追求规模。许多学校办学时间不长，而在校生已达数万人，2000年以前，全国没有超万人的民办大学，但是现在规模超万人的民办高校已达百余所，有的甚至达到数万人的在校生规模。就全国来说，我国民办高校在校生占比已经达到美国私立大学在校生占比。如此规模的快速发展，给办学质量、学校稳定和内部治理带来了相当的难度。

三是办学资金未到位，学校持续发展困难比较大。现阶段我国社会资金积聚不够，而举办高等教育需要特别巨大的资金投入，举办者往往对此准备不足，资金难以一步到位。目前许多大规模的民办高校不是依靠社会巨大投资来建设的，而是主要依赖于学费的积累。一些民办高校的办学者在办学初期就打算通过收取学费和贷款扩大基建，完善基本办学条件和维持日常开支，甚至期望通过积累归还贷款，达到"滚动发展"的目的，显然这一计划是不现实的。校园基本建设投入、教学仪器设备购置、维持学校正常运转等都是不小的开支，需要源源不断地投入。由于办学经费大量的被用于基建、归还贷款和完善办学设施，挤占了正常的教学开支，有的民办高校实际生均经费已不足千元。投入不足，办学条件不完善，优秀师资难以引进，质量难以提高。

四是一些民办高校的领导者和管理者，对高等教育发展的客观规律认识不足，办学思想缺乏科学的理论指导，功利思想抬头，淡忘了教育的公益性原则。个别学校举办者违规操作，抽逃和挪用办学资金，政府又没有及时发现和解决，致使办学难以为继，影响学校的正常运作和教学秩序稳定。一些民办高校办学行为不规范，影响民办高校的整体形象。如违规招生，花大价钱做假广告、做不负责任的承诺；财务制度不健全，财务管理混乱，资金去向不明等。近几年因资金不足、管理不善而导致发生交通、溺水、食物中毒、被盗等安全责任事故等屡有发生，由此引发的群体性事件明显增多，且在聚集规模、激烈程度、反复性和影响面等方面，出现了愈演愈烈的趋势，引起社会的广泛关注。

五是部分民办高校办学观念陈旧，缺乏对高等教育发展形势的了解和把握，忽视大众化高等教育背景下民办高校培养目标的定位和培养措施，民办机制不落实，办学按部就班，改革力度不大，办学质量不高，办学特色不明显，影响了学生就业率的提高，学校信誉下降，社会认可度低，可持续发展难度大。

在我国高等教育大众化的进程中，民办高教已经成为高等教育的重要组成部分。但是上述问题的存在和发展，直接损害了民办高校的形象，误导社会对民办高校的认识，恶化民办高校发展的环境，制约民办高校的健康发展，影响社会和谐和稳定。

第三节　民办高校政府治理的机制创新

民办高校实施治理，并不是政府作为的消失。民办高校的发展，既依赖民间资本的有力投入，更依赖于政府的有力支持，从现实情况看，更有赖于政府治理职能的发挥。因此，政府应该积极主动地出现在它所应该出现的地方，来弥补市场机制的失灵。民办高校的发展除了内部机制外，还需要一个公平的竞争环境和维护这种环境的法律、政策，公平的政策和良好的制度环境对民办高等教育的发展具有决定性的意义，政府治理也应该发挥这方面的作用，就是要建立和完善市场，监督市场、引导市场以及部分的参与市场。民办高校的产权结构多元化，其办学自主权要得到保护，政府不能干涉。政府要转变观念，转变职能，改变习惯性地对民办高校的微观办学行为进行控制的做法，对民办高校的支持重点主要体现为政策与制度建设的支持，应通过制定政策、完善法规、经费资助、信息服务、监督评估等间接手段，对民办高校的发展进行宏观调控和引导。而良好的动机和政策，如果没有机制创新，就容易成为空话。因此政策制定、环境创设、职能转变和机制创新应成为政府参与民办高校治理的主要着力点。

一 深化认识,坚定发展民办高校的决心和导向

当前,我国民办高校总体呈现健康、快速发展的态势,办学环境逐步宽松,发展动力逐步加大,发展速度逐步加快,规模扩张仍呈现加速状态。良好的发展态势为下一步发展打下了良好的基础。

国家已经确定了科教兴国、人才强国战略。这一战略的核心是依靠大力发展教育和科技,提高全体人民的知识文化科学水平,进而大力提升国家核心竞争力和综合国力。国家兴盛,人才为本。走人才强国之路,把巨大的人口包袱转化为珍贵的人力资源,加快从人口大国向人才资源强国转变的进程,努力造就一支规模宏大、素质优良、结构合理、活力旺盛,既能满足中国经济社会发展需要,又能参与国际竞争的人才大军,为实现新世纪我国经济社会发展的宏伟目标提供坚强有力的人才保证,是增强综合国力和国际竞争力,实现中华民族伟大复兴的战略选择。

我国是人口大国,发展教育,提高全体人民的科学文化素质,是把巨大的人口包袱转化为丰富的人力资源的主要途径。我国仍将长期处于社会主义初级阶段,这个客观的国情要求我们想问题、办事情都要从实际出发。虽然经过30多年的改革开放,经济有了较快的增长,但是,在相当长的时期内,财政支撑如此庞大的教育体系还有非常大的困难。长期以来实施的完全依赖政府财政办教育的体制,教育财政渠道单一,导致国家教育资源长期缺乏,人民群众接受教育、特别是接受高等教育的愿望得不到满足。因此,国家层面已经明确把重点发展民办高等教育,作为进一步推进高等教育大众化进程、缓解就业压力、大幅度转移农村人口、带动民办教育全面发展的国家教育发展战略。改革开放以来尤其是国家启动积极发展高等教育的决策以来,高等教育发展的实践证明了发展民办高校的重要性。我们应该从建设人力资源强国、实施人才强国战略的国家长远发展的高度来提升政府和整个社会对发展民办高校的认识。我国正处于市场经济不断深化的过程中,政府担任的发展高等教育的责任和权利都相当大。在发展民办高等教育的过程中,政府决策至关重要。《民办教育促进法》明确规定:民办教育是"社会主义教育事业的组成部分",《实施条例》进一步对民办高校土地征用、税收、信贷等方面制定了一些宏观优惠政策,明确了国家对民办高等教育发展的责任。各级政府都要带头贯彻落实《民办教育促进法》及其相关法规,进一步制定相关办法和细则,自觉维

护和执行国家发展民办高校的政策，改变重"公"轻"民"的观念，使《民办教育促进法》与发展民办高校的政策落到实处。

所谓提高发展民办高校的认识，首要的是要解决好政府部门的认识，牢固树立建设小康社会必须发展高等教育、发展高等教育必须发展民办高等教育、实施高等教育可持续发展必须包括民办高校可持续发展的思想，克服民办高校可有可无、最多补充、长不大、靠不住、先过渡再整顿等偏见和糊涂观念，切实转变作风，顾全大局，从我国处于并将长期处于社会主义初级阶段的国情出发，从国家教育财政的实际状况和整个社会不断增长的高等教育需求以及知识经济发展对人才数量和质量的巨大吸纳能力出发，从不断提高高等学校的竞争力和办学效率、增强高等教育发展的活力等方面出发，从建设人力资源强国战略的高度，充分认识发展民办高等教育的重要意义。政府坚定而牢固的发展民办高等教育的信念，是民办高等教育长期发展的重要条件。

提高发展民办高校的认识，还要解决好政府部门对民办高校治理的认识。首先，民办高校治理需要政府参与，并且政府治理在民办高校治理中应该起到主导作用，这既是民办高校发展的必需，也是政府应该承担的责任。我国民办高校区别于国外私有化背景下的私立大学，投资结构复杂，办学动机多样，类型层次不一，质量参差不齐。在民办高校治理中，相关利益者的权益需要由政府强大的支持来保护和平衡。民办高校办学是一个庞大的体系，涉及多个政府部门的职能，除了教育部门以外，工商、人力资源、编制、民政、财政、税务等部门都有不同程度的政策联系，仅靠民办高校自身或者个别政府部门难以解决基本问题，因此需要政府治理中给予统筹协调。其次，政府治理不是政府管制，政府应该转变观念，转变职能，改变以往传统的单向的控制式管理，以平等、平常、平和的态度参与治理，改进作风，放下架子，主动服务，使政府与民办高校之间的关系趋于和谐，使政府治理职能作用发挥事半功倍的最大效益。

二 健全政府机构，明确治理职能

首先要健全民办高校对口治理机构。机构是治理的载体所在，没有健全的机构和必要的人力，就难以展开治理工作。一些地区政府部门机构、人员不落实，对民办高校疏于管理。从全国来看，短短几年时间，民办高校规模以超常规的发展速度扩张，政府部门对此准备不足，机构、编制、人员、经费落实不够，管理明显滞后。民办高校布局不合理、设置和管理不规范，部分投入不足、办学条件差、达不到设置标准的民办高校，审批部门碍于面子和关系违规批准。对于个别民办高校的违规办学行为，有的部门无能为力。实际上，民办普通高校的主要办学行为已经置于政府严格的管理之下，如招生广告、招生计划、证书发放、收费退费等，都有相关法律规定。许多违规行为如果严格管理，是可以避免的。需要指出的是，我国民办高等教育作为庞大的高等教育的特殊群体，需要有专门的管理机构和力量。当前管理机构不健全，管理机制不完善，管理力量不落实，也是导致对民办高校疏于管理的原因之一。

完善民办高校治理，必须健全政府参与治理民办高校的专门机构。根据事业不断发展的实际需要，我们建议首先要进一步顺关系，从教育部开始完善民办高校的专门机构，落实民办高等教育的治理职责。国家教育行政部门中应专门设置民办教育综合办公室。其级别应提高到副司级或正司级，专门负责协调教育机关各个职能部门参与对民办高校的治理。当然，也可以建立其他形式的机构，但是无论采取何种形式，要有专门的机构和一定量的人员编制这一点是确定无疑的。只有机构健全了，人员到位了，各项工作才能得到开展，政府的各项法律法规才能落到实处。在省级层面，上海市教卫工作党委成立民办高校党工委的做法值得借鉴。

其次，必须明确政府治理民办高校的性质。民办高校作为社会教育事业的一个组成单位，政府部门对民办高校负有治理责任，但政府的职责"是掌舵而不是划桨"。也就是说，政府的任务是确定问题的范围和性质，然后把各种资源手段结合起来让其他人去解决这些问题。要从对学校全程全方位的控制中脱离出来，从传统单向的行政命令式的管理中解脱出来，采用各种间接手段，协调民办高校发展的相关关系，帮助民办高校解决发展中的重点问题和难点问题，为民办高校办学特色的形成创造良好的外部环境。尊重民办高校举办者对办学类型的选择，鼓励多样化的发展。要依法办事，保护民办高校的合法权益。规范政府教育部门及其工作人员的行政行为，依法行政，不得以任何理由和形式干预和干涉民办高校的合法行为，保证民办高校的合法权利得到全面的实现。

再次，必须转变政府治理民办高校的方式。我国政府教育部门对于民办高校专门治理机构不健全，民办高校治理基本上处于被忽视或与公办高校混同的状况，既没有突出民办高校的特点，也不利于民办高校的发展。

要改变这种状况，政府教育部门就要超脱于具体事务管理，积极发挥社会中介组织的作用，《民办教育促进法》规定，"国家鼓励和支持社会中介组织为民办学校提供服务"。国际私立大学的管理经验证明，社会中介组织在维护民办高校的合法权益，为政府提供有关民办高等教育的决策咨询，调解民办高校之间的矛盾等许多方面，都发挥着重要作用。我们应借鉴国外有益的经验，积极培育民办高校治理的中介组织，制定适合民办高校特点的评价体系和质量标准，引导民办高校合理定位和有序发展。应该进一步发挥协会、学会等民间团体和中介机构的作用，疏通信息渠道，协助处理一些诸如督查、评估、自律、规范等具体事务，加强民办高校的自律，使规范管理落到实处。

在民办高校的发展进程中，由于多方面的原因，总有个别学校"不守规矩"，违规操作，损害社会利益，甚至危及社会稳定，对此采取措施及时做出必要的处理是完全必要的。但个别民办高校的不规范行为，往往成为影响发展的障碍。而有关部门在"处理"问题的过程中，往往注重"堵"，忽视"疏"，地毯式的排查，一竿子到底，规范措施全线覆盖，一个也不能少，造成不良的影响。对于促进的具体措施，却少有落实力度。这种奖、罚的强烈反差往往会引发民办高校举办者不必要的担心和反感，影响政府在民办高校中的形象，影响社会对高等教育的投入，不利于民办高校稳定、持续地发展，也不符合相关的法律规范。

最后，加强统筹协调，保证治理力量，使各项工作落到实处。我国民办高校已经有了一定的发展，未来的发展还有很大的空间，因此，加强民办高校治理机构的建设，保证一定的力量投入，是当前民办高校改革和发展的急迫需要。鉴于民办高校治理涉及政府许多部门，仅仅依靠教育部门解决问题实在也是不可能的，如税收、收费、广告管理、编制、保险、财政补助等。应该进一步贯彻落实《民办教育促进法》和《国务院关于鼓励社会力量兴办教育，促进民办教育健康发展的若干意见》，在各级政府应尽快建立由相关部门组成的民办高校治理的协调机构，明确各自职责，建立正常运作机制，统筹民办高校发展政策，解决改革中出现的问题，落实相关措施，齐心协力为民办高校的发展创造良好的环境。

三　完善法律体系，加快民办高等教育立法

我国民办高校的快速发展对政府政策提出了改革的诉求，期望获得国

家教育政策更有力的支持和推动。一直以来，我国的民办高校发展实践都走在政策和法规的前面，常常是实践中出现什么问题就制定什么法规，政策和法规的滞后制约着民办高等教育的发展，并且政策零散杂乱，不全面，不系统，不稳定。要改变这种情况，必须改革和完善现有政策法规体系，使民办高校政策具有前瞻性和引导性。我国已提出完善和规范以政府投入为主、多渠道筹措经费的教育投入体制，形成公办学校和民办学校共同发展的格局的目标。为了加快实现民办高校投资主体多元化、办学形式多样化、经营模式产业化的步伐，应尽快建立起充满生机与活力的民办高校发展政策体系。

我国民办高校快速发展的原因，大环境的影响是主要的，其中《民办教育促进法》及其实施条例的颁布发挥了很好的作用。鉴于国家中长期民办高校还将持续稳定快速发展的实际情况，有必要继续加强民办高校立法和政策的制定工作，进一步建立健全民办高等教育的法律、法规，努力改善民办高校发展的法律和政策环境。应当承认，从《中华人民共和国宪法》（以下简称《宪法》）到《社会力量办学条例》《民办高等学校设置暂行规定》《高等教育法》再到《面向21世纪教育振兴行动计划》和《民办教育促进法》《民办教育促进法实施条例》，2016年又有一批政策法规出台，规范民办教育办学行为已经有了一系列法律法规。这些法律法规在确立民办教育的发展地位、提高全社会对民办教育的认识、浓郁民办教育发展的氛围、促进社会投入资金和规范学校办学方面，起到了一定的作用。但是我国《民办教育促进法》立法的特殊条件，使民办高校办学的许多具体问题无法进入法律条文。我国现行民办教育政策法规只对民办高教发展过程中的一般性问题作了规定，部分条文只是概括性和原则性的，要使它落到实处，还必须制定配套的、可操作的实施办法和具体细则。2016年年底全国人大常委会审议通过了新修订的《民办教育促进法》、中共中央办公厅印发《关于加强民办学校党的建设工作的意见（试行）》的通知（中办发〔2016〕78号）、国务院下发了《关于鼓励社会力量兴办教育 促进民办教育健康发展的若干意见》（国发〔2016〕81号）、教育部等五部门关于印发《民办学校分类登记实施细则》的通知（教发〔2016〕19号），如此大力度地下发文件，体现了国家对于民办教育发展的重视。但由于我国二元社会的现实，加上各地办学环境、办学条件差异极大，有必要针对具体情况制定适合地方实际的民办高校发展政策，推进法律法规的落实，保障和促进民办高校的持续健康稳定发展。同时，由于近几年高等教育体制改革并未有实质性的突破，受高校政府化、公益化、事业化观念的影响，法律对民办高校的公益性或商业性的界定及产权、利益处置等问题的规定还是比较模糊，对原来的混乱情况没有约束规章，加上由于全国各地经济发展的不平衡和文化背景及地理环境的不同，各地民办高校形式多种多样，缺少合理规范，给民办高校的整体发展带来了不良影响。因此，贯彻落实《民办教育促进法》，加快民办高等教育的立法，营造全社会关心、支持、鼓励促进民办高校发展的政策环境，仍然是国家中长期民办高等教育发展的重要工作。

鉴于民办高校在整个民办教育中具有特殊的性质，许多国家都制定了专门的私立大学法。例如，日本很早就制定了《私立大学法》，美国、韩国、泰国、马来西亚和菲律宾等国家都相继制定了《私立高等教育法》等法律，对私立大学、大学学院及外国大学分校的建立，对现有国内私立学院提升为大学的条件制定了具体的规定，赋予国家私立高校更大的自由发展空间，以大力发展高等教育事业和培养技术人力资源，满足和适应日趋增长的社会需求。历史上，我国也制定过《私立大学规程》等法律法规。经验已经证明，对于一个发展刚刚起步、即将进入快速发展期的民办高等教育，制定专门的法律法规十分重要。这不仅仅是一个法律形式问题，更是直接推动事业发展的动力所在。因此，国家立法部门应借鉴世界上其他国家的经验，尽快将制定《民办大学法》等相关法律提上立法议程，对现有法律出台有关实施细则，进一步明确民办高校的地位、作用、权利、义务和产权关系，健全监督、管理和评估机制。各省、市、自治区政府应在充分考虑引导民办高校办出地方特色的同时，尽快制定出适合各地区实际情况的地方性政策法规，确定最佳办学形式和政策措施。这有利于政府部门在引导民办高校发展中少走弯路，真正实行依法治理。

四 制定鼓励政策，不断拓宽筹资渠道

资金是办学的关键，充裕而稳定的资金来源是民办高校可持续发展的保证。改革开放以来，中国经济发展较快，城镇居民人均可支配收入和农村居民人均纯收入都有相当大的增加，民间资金有一定的规模和实力。如有优惠与鼓励政策，将有可能吸引数量可观的资金投入民办高校建设。

吸引社会对民办高校投入，首先必须健全法规，明晰产权，调动社会

力量投资民办高校的积极性，解除投资者的后顾之忧，鼓励和动员更多的社会资源投入高等教育。近几年来，国家和有关省、市、自治区出台了许多促进民办教育发展的政策、法规，这些政策法规在民办高校的发展中起到一定的作用，应该继续贯彻落实。但是随着形势的发展，原有的政策法规表现出一定的局限性，与已经颁布实施的《民办教育促进法》修正案相比有一定的距离，如民办高校产权界定、投资者利益回报、办学税收、教职工权益保护和办学规范等，都比较含糊。也有原有文件未明确的新出现的问题，因此应该对原有政策法规有所梳理，进一步修订。民办高等教育是民办教育的重要部分，其成长有着相当的特殊性。鉴于民办高校投入大，成本回收周期长，效益低，所以应该制定专门的文件加以明确，切实保护投资者的权益，以鼓励和保护社会投资民办高校的热情，吸纳更多的社会资金投资高等教育。

发挥民办高校机制优势，努力培育自筹资金能力，是解决民办高校资金短缺问题的主要方向之一。政府应该采取优惠的鼓励政策，而民办高校也要多动脑筋，广开财路，多渠道多形式筹集办学经费。要发挥优势，与社会建立多方面的联系，不断扩大融资思路，扩大办学规模，提高办学效益。要大力提高办学质量，树立学校形象，增加社会信誉。要大力开展科研和培训工作，扩大服务面，增加筹资的功能。要加快后勤的社会化，充分发挥资源效益。要鼓励民办高校加强与社会的联系，发挥民办机制优势，充分利用社会资源办学，取得社会更多的支持。要加强管理，厉行节约，广开财源，减少开支项目，倡导勤俭办学，切忌讲排场、摆阔气、铺张浪费，千方百计降低成本，提高资金使用效率。只有把筹资机制解决好，把办学经费落实好，在财政上无后顾之忧，民办高校才能真正做到持续、健康地发展。

抓紧调研，加快建立政府资助民办高校经费的制度，也是民办高校经费筹集的一个重要内容。联合国教科文组织1998年通过的《21世纪的高等教育：展望和行动世界宣言》中指出的："国家对高等教育和研究的支持是主要的，只有这样，高等教育才能完成教学和为社会服务的双重使命。"[1] 许多国家的经验证明，民办高校全靠政府不行，全靠政府就不成

---

[1] 赵中建：《全球教育发展的研究热点》，教育科学出版社2003年版，第414页。

其为民办高校,但是政府不管也不行。特别是处于起步阶段、实力较弱的民办高校,亟待政府给予扶持。在立足于社会筹资的基础上,随着政府财政的好转和国家对民办高校政策的成熟,应该逐步实施对民办高校的经费补贴。建议在2018年以前,明确各省市建立专项资金,将民办高校的补贴达到经费总额的10%左右。2022年以前,根据国家的财政状况,逐步提高到20%—25%。一方面,通过补贴,适当降低民办高校的收费标准,体现教育公平,让一部分家庭经济困难的学生能进入民办高校学习,深化高等教育大众化的发展。从国际高等教育发展的经验来说,政府补贴私立大学也成为惯例,日本、美国等发达国家以及我国台湾、香港等地区的私立大学,也都得到政府的经费资助。世界上许多国家民办教育发展的成功经验告诉我们,政府对民办高校的资助,是保持民办高等教育具有生机和活力的重要因素。《民办教育促进法》第四十五条明确规定:"县级以上各级人民政府可以采取经费资助、出租、转让闲置的国有资产等措施对民办学校予以扶持。"说明政府的补贴也是有法律依据的。由于各地经济发展水平有差异,补贴的数目可根据各地财政状况适当安排,并且补贴的方式也可以多样化。经费补贴是其中重要的一种,减免税收、提供校舍场地、提供师资、拨发生均公用经费等形式都可以起到激励和扶持的作用。另一方面,政府补贴可以体现政府对民办高校的鼓励和支持导向,激励民办高校的办学热情。政府还可以制定政策鼓励社会捐赠,如允许企业捐赠税前列支等,以鼓励校友和社会资源对民办高校的投入。当然,从目前财政的实际来看,政府不可能有巨大的资金投入民办高校,社会心理也不会接受政府巨额补贴民办高校的行为,所谓补贴更多的是在解决民办高校资金问题中起到导向作用,即"四两拨千斤"的作用。

应该看到,通过各方面的努力,民办高校的发展政策也有了一定的完善和落实,民办高等教育的发展环境有了巨大的改进。但是,就许多已经颁布的制度、法律与文件来看,"优惠"的条文多是表面性的原则,政策界限、概念比较模糊,虽具有导向性,却少具操作性,有些规定涉及许多方面,仅仅依靠个别部门的努力是无法落实的。办学中的税收问题、投资回报问题等表面上看已经解决,实际上由于政策之间的分设和冲突而无法落实。促进民办高教发展的制度建设和落实仍相对滞后与不足,不仅有制度完善层面的压力,而且还面临执行层面所带来的挑战,因此,政府还要十分关注已有政策的平衡度和执行力,采取积极有效的措施,督促政府各项政策的落实。

"十五"期间,学术界曾经积极探索民办高校与资本市场相连接的问题,试图把从证券市场募集教育资金和发展民办高教事业结合起来。这种形式在国外特别是美国等已实施多年,美国阿波罗教育集团就是成功的例子。但是鉴于目前证券法规的限制和特定要求,也由于我国民办高校产权制度不规范、产权归属不明晰的实际情况,开展这一工作条件还不成熟。随着环境的改变,下一步应继续深化研究,借鉴国外私立大学的经验,有组织有步骤地开展试点工作,突破相关障碍,争取有所进展。

五 采取有效措施,努力提升民办高校的教学质量

质量是民办高校生存和发展的生命线。针对民办高校办学质量存在的问题,政府应加强引导和督促民办高校加快办学观念的转变和更新,牢固树立质量立校的思想,以科学发展观引领学校发展,贯彻国家的教育方针,坚持社会主义办学方向和教育公益性原则,以高度负责的态度,以全面提高高等教育质量的精神,大胆解放思想,勇于深化改革,培养适应现代化建设需要的人才,走办人民满意教育的路子,切实解决民办高校办学质量社会认可度不高的问题。

国内国际高等教育发展的规律表明,高等教育规模的增长有其特定的阶段性和时效性,不断追求人才培养的质量却是高校永恒的主题。提高教育教学质量,是我国高等教育和高等院校的立身之本,生命之源。在日益加剧的高等教育竞争中,唯有办学质量是最关键的核心竞争力。民办高校只有牢牢确立教学工作的中心地位,端正办学思想,以育人为宗旨,把主要精力和财力集中到人才培养上来,努力办出质量,办出特色,创出品牌,才能在激烈的竞争中赢得地位。

当前和今后一段时间,引导民办高校提升办学质量,建议抓好六个方面工作:一是根据地区布局和民办高校的办学实际,引导其正确定位培养目标,确定适应学校和学生实际的人才培养的目标以及相应的培养模式,并以此指导人才培养的各项工作。二是督促民办高校制订好人才培养计划,明晰人才培养规格,优化专业结构,设计好人才培养的具体方案,细化人才培养的任务,落实相关措施,并注意努力创新人才培养模式,把办学理念、人才培养的特色融入其中,培养贴近社会需求的建设人才和管理人才。三是贯彻以人为本的理念,制定宽松政策鼓励民办高校大胆改革和

探索，不断调整课程结构，更新教学内容，加强实践教学环节，提高人才培养质量。四是建立民办高校加强学风建设的考核机制，加强教学督查力度，注重改进教学方法和教学手段，着力提高课堂教学的效果和质量。五是加大政策扶持力度，解决关键问题，加大民办高校专职教师、尤其是有学术造诣和教学经验丰富的中年教师的引进力度，加强教师队伍建设。着眼于民办高校的长远发展，建设一支胜任教学、乐于奉献、敢挑重担的专职教师队伍。同时要充分发挥优秀教师及有经验的外聘老教师的传、帮、带作用。六是要监督民办高校资金流向和财务管理，保证学校投入向教学倾斜，集中财力加快办学设施建设，改善办学条件，为提高质量提供物质保障。通过落实系统全面的提升教学质量的措施，进一步稳定教学秩序，提高民办高校的办学质量。

六　突破常规，从政策层面解决民办高校师资建设困难

教师问题是高等学校持续发展的关键，是提高学校办学质量的关键。办学初期，民办高校的教师主要靠聘用公办高校的退休或空闲教师。但是高校扩招以来，公办高校本身的师资出现了大幅的缺额，一方面，一大批独立学院的涌现和大量高职学院的兴建，加剧了教师的紧缺程度。总体来说，由于高等教育规模的扩张，教师资源变得十分紧缺。这种情况使原来主要依靠聘用公办高校教师的民办高校在继续争取外聘教师的同时，开始思考建设自身专职教师队伍的问题。另一方面，大量外聘教师的使用，对办学质量的提高、教学工作的管理、教学秩序的稳定和办学特色的营造，带来了许多问题，民办高校开始意识到，教学要上水平，管理要上档次，就必须建设专职教师队伍。近几年来教育部门组织的评估，也对民办高校专职教师队伍建设提出了要求。

当前民办高校教师队伍建设碰到自身难以逾越的困难，主要是政策障碍。首先是民办高校教师身份问题政策不统一。民办高校作为"非企业法人单位"，其职工既不归属于事业编制、也不归属于企业编制，造成政府人力资源管理部门政策上的空缺，教师的身份和待遇难以确定，不能享受到与公办高校教师同等地位和待遇。不仅如此，在这样一个背景下，由于民办高校教师的职称评定、科研经费、养老保险、人事档案保管等存在许多政策上的空缺和不完整，因而造成教师引进困难，引进的师资也不稳定。民办高校的教师职称如何评，政策上没有明确规定，有关部门难以解

决。民办高校教师申报的课题，批准立项但无经费配套，致使项目成为无米之炊。由于民办高校属于非企业法人单位，政策未明确教师的人事档案放在哪里保管，结果教师档案只能同普通打工者一起存放，这使民办高校教师感到受到歧视，深感与公办教师地位悬殊，不能安心从教。这些困扰民办高校教师队伍建设的老大难问题已经反映了多年，政府有关部门也是非常清楚的，也表示要努力解决，但就是难以协调，不能突破"禁区"，找不到解决的办法。现在，许多民办高校教师的养老保险与企业员工同等缴纳，甚至有的只能作为个体户缴纳。民办高校教师培训至今未得到有关部门的重视，被排除在政府组织的培训之外，致使民办高校教师知识更新缓慢，影响了教学水平的提高。民办高校教师在评奖等方面也受到不公平的待遇。这些政策的缺失，既使得现有民办高校教师队伍建设举步维艰，教师队伍不稳定，民办高校教学质量难以提升的症结形成，同时也使得公办高校与民办高校之间的教师流动难以实施。落实公、民办高校教师同等待遇的关键和最大障碍，在于民办高校教师的身份规定不合理。根据现有政策和实际情况，政府有关部门应该加大力度协调，制定切实可行的政策，将民办高校教师纳入公办教师同等的事业单位职工管理，给予民办高校教师与公办高校教师一视同仁的待遇，彻底解决和真正落实"同等待遇"，使民办高校教师的政治地位和生活待遇得到明确保证。同时应加快公办高校改革步伐，使民办高校教师与公办高校教师享有同等的地位，做到社会公平。据报道许多地方已对民办教师和公办教师实行同样的人才使用政策。不过这还属于地区性法规，适用性不广，影响面不大，但其经验值得借鉴。

七 分类评估，鼓励民办高校自主办学，办出特色

高等教育的质量是社会十分关注的问题，尤其是高等学校扩招和高等教育实行收费制度以来，人们对高等教育的质量和教育消费的价值更加敏感。高等教育的繁荣不能以牺牲质量为代价，大众化也不应是高等教育的低俗化和平庸化。质量是社会对高等教育发展最关注的热点。评估是政府管理民办高校的主要途径和手段，是社会了解民办高校的主要途径，它引导高校规范办学，保证办学的方向和质量。民办高校应该接受评估，以融入整个高等教育体系，保证一定的办学规格标准，取得社会信誉。但是，民办高校教学评估应从民办高校人才培养的对象、定位、类型和模式出

发、分类评估，鼓励创新，培养和巩固民办高校的培养特色，促进多样化和特色发展。

长期以来，中国高等教育以公办高校为主，评估主要面向公办高校，评估目标、体制、标准、内容和模式等比较单一。这样的评估既不符合民办高校发展的新形势，也不符合大众化高等教育的发展趋势。在民办高校的发展和高等教育大众化进程中，高等教育最突出的特点就是多样化。与精英教育相比，大众化高等教育的办学体制和领导体制、办学机制和办学模式、培养目标、经费筹集等都发生了很大的变化。多样化的高等教育应有各自的培养目标和规格，有各自的特点和社会适应面，因而也应当有各自的教育质量标准。经济和社会发展对人才的需求是多类型、多层次的，社会主义现代化对高等教育的需求也是多样的，人民群众接受高等教育的需求也是多样的。用一个标准评价所有类型的高等学校是不适宜的。1998年在巴黎召开的首届世界高等教育会议所通过的《21世纪高等教育：展望和行动世界宣言》特别指出，"高等教育的质量是一个多层面的概念"，要"考虑多样性和避免用一个统一的尺度来衡量高等教育质量"。我们不应当用精英型高等教育的培养目标与规格、学术取向与标准来评价大众化高等教育。面对大众化高等教育迅速发展的新形势，必须将传统的单一的精英型、学术型的高等教育质量观，转变为包括精英教育和大众化在内的多样的高等教育质量观。由于特殊的办学体制、特殊的师资队伍构成、特殊的生源层次，使得民办高校具有独特的人才培养目标和定位，形成了有特色的人才培养机制和模式。有研究提出，根据我国民办高校的实际情况和定位，应确立三种质量观：第一，满足社会需求的质量观。以培养出满足社会需求、得到社会认可和高度评价的高素质人才为标准；第二，满足个人需求的质量观。以能满足学生个性发展的要求为标准；第三，整体性质量观。以培养人才、社会服务、发展科学技术等方面的贡献大小进行综合性的整体评价，这在一定程度上反映了民办高校质量的价值取向。为了适应多样化高等教育发展的格局，应该按照分类指导的原则，加快建立多元化的评价标准和评价体系，科学评价各类民办高校的办学质量，鼓励民办高校克服盲目攀高思想，立足于各自的办学类型和办出特色，努力在同类型高校中办出水平。鉴于目前评估工作的繁杂性，在统一使用评估标准的背景下，建议专门增加民办高校评估相关条款，并加快研究制定民办高校教学评估的专门指标体系。

教学评估中必须注意落实民办高校办学自主权，鼓励和引导民办高校发挥机制优势，办出质量，彰显特色。办学自主权是指高等学校针对其面临的任务和特点，为保障办学活动能够依据其自身特点和内部客观规律的要求，充分发挥其功能所必需的自主决策权。由于民办高校投资主体的特殊性，需要有更多的办学自主权，以适应市场变化，增强学校的活力和竞争力。在大众化的背景下，高校办学呈现多元化的办学格局，高校应该有自身的定位和培养特色，以适应社会对人才的大众化需求。为了稳定高等教育发展的环境，保证人才培养的质量，政府通过教学评估对民办高校办学加以规范是完全必要的。但是，民办高校的可持续发展，需要进一步细化与政府的关系，具体明确并落实各项办学自主权，增强市场竞争力。切忌以评估为由上收办学自主权，将民办高校一些彰显自身特色的有效办学措施作为"不规范"的行为。应该鼓励和支持民办高校面向人才市场、深化人才培养模式改革，立足法律和政府赋权的范围办出质量和创建品牌。顺此，我们还建议适当放宽民办高校升格的限制，鼓励有条件的民办高校上水平、上层次，甚至开展研究生与学位教育。建议给予民办高校本校专业总数10%自主设置的权限，并在取得经验的基础上逐步有所增加。逐步扩大民办高校自主招生试点，给更多的灵活操作空间。在招生的区域、指标和收费等方面，政府管理也应和市场需求相结合，给与民办高校一定的自主权，以帮助民办高校贴近市场办学，增强民办高校自主发展的能力，增强竞争实力，提高办学效益，更好地服务地方经济和社会发展。

八 引导民办高校遵循高等教育规律，规范办学

投资办学是我国民办高校融资的根本特征。按照经济学者的观点，资本的输出是以利润的回报为终极目标的。但是自古以来教育都是培养人、造就人的崇高事业，公益性是教育的固有特性，投入教育的资金的性质完全用资本的概念是难以涵盖的。民办高校是公益性和资本趋利性的统一体。从国家发展的长远利益出发，我们既不能用完全意义上社会资本的概念来定性社会力量对高等教育的投入，放松对社会资本投资高等教育的趋利性的限制，任其高"回报"、高"营利"，同时也不能过分地将公益性视作福利性，抹杀民办高校与公办高校区别而拒绝社会资本对高等教育的投入。我国《民办教育促进法》在既强调民办学校的公益性的同时又允许举办者取得合理回报，现在《民办教育促进法》又明确允许营利性民

办高校的存在和举办,为鼓励社会资本进入高等教育投资领域消除了法理障碍,但是从国际和国内私立(民办)高等教育发展的历史来看,大凡办得好、可持续发展的私立(民办)高校,都是那些公益性强、坚持非营利原则的学校,公益性是民办大学成为优质高教资源的必备条件。民办高校由非国有资产投资兴办,适度营利已被认可并被政策规定允许。民办高校具有公益性和产业性的双重属性,必须考虑投入与产出平衡才能实现良性发展。但民办高校不能完全产业化,产业化会使其失去存在与发展的合法性。

民办高等教育研究中的一个重要命题,是如何处理发展与规范的问题。发展与规范的关系是相辅相成的。一方面,没有规范,发展就可能陷入无序和混乱而不能持久。另一方面,没有发展,规范也就失去了存在的意义,规范是为了更好地发展。理顺两者间的关系的必要条件,是以科学、严谨的研究为前提,一方面将研究成果转化为政策和法规,另一方面用科学研究成果指导学校教育的改革和实践,为民办高等教育的现实和未来指明方向。在把握两者的关系上我们要注意两点,其一,要把握好发展与规范的度,力求在加强规范的同时,赋予民办高等学校充分的自主权,而不是把它的手脚捆死。其二,要认识到规范针对的不只是民办高等学校,还有政府行为。民办高等教育的发展离不开政府的支持,民办高等教育的发展是在政府提供的必要的外部环境中成长的,而支持民办高等教育的发展也是政府的职责所在,因此也应落实到政府行为中,同样应该接受法律法规的规范。

规范的手段和示范引导双管齐下,引导民办高校整体办学水平的提高。规范民办高校的办学行为,是《民办教育促进法》的重要规定,也是政府治理的重要抓手。民办高校的健康发展,要依靠民办高校的"自律",同时也需要政府的引导和规范。针对民办高校中出现的问题,一方面,应采取有力的措施,仔细排查,严格执法,加强监管,落实各项措施,以保障和维护各方的权益。另一方面,应以《民办教育促进法》及其实施条例为依据,加强民办高校治理的制度建设,使民办高校治理有章可循。当前特别是在资产过户、建立法人治理结构,加强内部治理、稳定校园秩序,规范广告和收费、防止个别民办高校的不实宣传误导考生等方面,加强监管力度,引导民办高校实现内涵发展。

第七章 民办高校内部治理的形成和问题

无论哪个机构的治理，都会涉及内部治理和外部治理。如果说政府治理是外部治理的主体的话，那么，董事会领导下的校长负责制则是民办高校内部治理的主要形式和选择。落实好董事会领导下的校长负责制，这既是私立大学内部治理的传统，也是新形势下办好民办高校的必需。

第一节 民办高校内部治理体制的形成

一 我国近代私立大学初创时的内部治理体制

中国近代高等教育体制是在借鉴外国先进经验的基础上逐步发展的。民国时期的私立大学借鉴西方私立大学的管理体制，并吸取了中国文化中的特点，形成了中国化的董事会领导下的校长负责制。1912年教育部颁布的《大学令》第二十一条指出"私人或私法人亦得设立大学"，后来出台的政策也逐渐包含了教会大学。因此，民国时期的私立大学包括了教会大学和国人自办的大学。

相对来说，我国属于高等教育后发国家，直到19世纪末才有现代大学的出现。与先发国家不同的是，我国高等教育初创时期，私立大学与公立大学几乎是同时起步的。一些国外教会在华举办大学实际上早于国人举办的私立大学。这在本书相关章节中已有叙述。民国时期是中国近代高等教育发展的重要时期，也是现代大学制度的建设期。从相关文献中我们可以看出，民国初期的大学制度基本上还是模仿西方大学制度的，根据1912年教育部颁布的《大学令》，大学有校长、评议会和教授会等。[①] 而

---

① 详见宋恩荣、章咸《中华民国教育法规选编》（修订版），江苏教育出版社2005年版。

对于私立大学，它也借鉴了西方私立大学的董事会制度，该制度的主要内涵是：董事会是学校的最高决策机构和最高权力机构，校长是学校的最高行政负责人。即：由学校董事会创设办学条件，筹措教育经费聘任校长、教师；校长对董事会负责其主要职责乃是管理教学。该制度立足于西方大学的先进经验，但也不是一味地抄袭西方的模式，而是结合了当时中国具体的文化背景，增加了相关内涵，这就使该制度得以在中国逐渐成型，其呈现了鲜明的中国本土化色彩。①

1. 私立大学董事会制度的萌芽（1905—1911年）

董事会制度的萌芽，最早1874在年徐寿拟定的《格致学院章程》中就可以寻找到发展踪迹：经理书院各务，公举董事八人。1905—1912年，私立大学在晚清帝制动荡的社会条件中孕育产生。光绪二十九年（1903年）清廷颁布《奏定学堂章程》，鼓励富商士绅设立新式学堂。1905年，日本文部省颁布"取缔清国留日学生规则"，致使一批在日留学生愤然回国，后来共同创办了近代第一所私立高等院校，这就是中国公学。马相伯先生也于同年筹备创立了复旦公学。私立大学产生在这个时期，是由于帝国主义给予爱国人士更多阻力和清政府的官方援助。马相伯创立复旦公学时期，热心复旦的教育人士严复、曾铸、袁希涛、萨镇冰、熊希龄、狄德贤等，他们积极为学校的经费筹措奔走努力，虽无校董之名却履校董之职，此为董事会制度的萌芽。此时诞生的私立性质高等学堂中已经有了董事会制度的萌芽，但是政府并没有为董事会做相关教育法规上的明确，教育部门也没有制定严格规范的董事会规程。总而言之，董事会并没有形成完备的规章制度，私立大学中也没有董事会系统的组织结构。

北洋政府执政时期，也颁布了一系列促进教育发展的法律法规，从不同程度上都促进了私立大学的发展，但是还没有明确提出私立大学的董事会建构。

2. 私立大学董事会制度的发展（1912—1927年）

从1912年中华民国建立后，民国政府就颁布了很多专门规范私立大学发展的法律和法规。1912年7月，民国政府教育总长蔡元培在北京召开了中央临时教育会议，最终教育部通过了《大学令》《专门学校令》《公立私立专门学校规程》《大学规程》《私立大学规程》。其中《大学

---

① 参见肖树翠《中国近代私立大学董事会制度研究》，硕士学位论文，陕西师范大学，2014年。

令》第二十一条规定："私人或私法人亦得设大学。"这是政府第一次通过法令允许私人设立大学。1913年1月公布了专门针对私立大学的第一个成文法规《私立大学规程》，详细规定了私立大学办学原则、校舍设施、教师资格、学校废止等事项。

20年代初军阀混战，使公立大学财政困难，私立大学获得了一定的发展空间，一大批有志之士投身教育，涌现了一大批私立大学，它们主要集中在京津及东南沿海一带经济发达地区，如南开大学、厦门大学、复旦大学等，在学校发展的同时也开始了董事会制度的探索和尝试。1917年，复旦大学由公立转为私立，因而校董会也就具有了私立的性质，董事会制度进一步完善。出台了《复旦大学校董会规程》，校董会领导下的校长负责制这一管理模式也进一步发展，行政组织机构的设置也随着学校规模的扩大、人数的增加而日益完善。先后设立了行政院、教职员全体大会和各种委员会，"校董会—校长"管理模式更加成熟。1919年，天津私立南开大学成立董事会，董事会成为学校最高行政机关。1919年陈嘉庚先生在上海发起成立厦门大学，10月召开私立厦门大学筹备委员会第一次会议，拟订《厦门大学组织大纲》，大纲的第八条至第十六条规定了董事会的人员组成（名誉董事、永久董事、当然董事及董事）、五项职权（筹划经费；保管基金；聘请校长；审定预算；审查决算）、会议规定（定期会议和临时会议），厦门大学成立之初就对董事会作了一些规定，但是没有颁布专门的董事会规程。

1926年10月，教育部颁布了《私立学校校董会设立规程》。在良好的政策环境和教育思潮的影响下，私立大学纷纷按规程规定设置董事会，由董事会负责全校的管理，包括制定学校章程等重大事项，下属的行政机构负责执行董事会的各项决定。私立大学董事会制度得到发展。这一时期董事会制度在私立大学普遍建立，成立了专门的董事会，并有相关法规的保障。私立大学如复旦大学、厦门大学，纷纷按照规程设立了严格意义上的董事会。

对于私立学校的董事会制度，最早见于1927年教育部颁布的《私立学校校董会设立规程》，该文本明确规定：

第一条 私立学校以校董会为其设立者之代表，负经营学校之全责。校董会之设立，须由其设立者开列下揭各事项，呈经主管教育行政机关核准。

（一）目的。（二）名称。（三）事务所在地。（四）关于校董会之组织及职权之规定。（五）关于设立者全体大会及校董会会议之规定。（六）关于资产或资金，或其他收入之规定。此项呈文，在中小学校校董会，应呈由市县教育局转呈教育厅；在大学及专门学校校董会，应呈由教育厅转呈教育行政委员会。转呈时，均须详细调查问其意见，以备审核。凡经教育厅核准立案之学校校董会，仍须由厅转呈教育行政委员会备案。

1917年，世界帝国主义列强忙于第一次世界大战，对中国的压迫和剥削暂时放缓，致使国内经济和教育发展有了一个相对稳定的环境，迎来一个发展上的小高峰。

3. 私立大学董事会制度的完善（1928—1937年）

1927—1937年的十年间，整个世界态势比较稳定，是战争相较整个近代较少的时期，再加上1927年国民党右派建立南京国民政府，在形式上实现了中华民国的统一。与此同时，为了稳定政治局势，南京国民政府相继出台了一系列的教育法规，鼓励国民自办私立大学，促进了高等教育的发展。政府加大对私立大学的财政资助，如1931年南开大学的办学经费中，国家教育部省政府拨款占了1/2。政权的稳定、私人资本主义的快速发展以及政府政策都利于私立大学。据不完全统计，民国时期国民政府颁布的有关私立学校的法规15个，其中不少是有关私立大学的。研究表明，1927年后南京政府对私立大学的规范趋于严格，私立大学的办学随之出现重大变化，私立大学被纳入国家的教育体制中。国民政府大学院、教育部相继颁布各种法令，要求私立大学向政府"立案"。所谓"立案"，就是各校在师资、设备、组织机构等方面要符合政府的规定，向政府注册并获认可。南京国民政府立案程序较之此前的北京政府要严苛许多，私立学校立案必须经过呈请设立、呈报设立、呈请立案三个程序。如私立大学不申请立案，或立案未获准，就有被取缔的可能。当时，光在上海就有群治、东亚、新民等9所私立大学及私立南洋医学院等被政府取缔而停办，这些学校被世人称为"野鸡大学"[①]。1927—1937年，私立大学的发展步

---

① 蒋宝麟：《校董会在近代私立大学治理中所起的作用》，《东方早报》2016年2月2日。

入规范—稳定阶段。也是在这一时期,董事会制度逐渐确立规范并发挥了巨大作用。

1928年,国民政府大学院颁布《私立学校条例》《私立大学校董会条例》,对私立学校的校董会做了详细规定。条例规定私立学校必须组织校董会,校董会"负经营学校之全责",主要职责是选聘校长和筹措经费,财政上要审核学校预算决算,监督学校财务。校长须对校董会"完全负责执行校务",负责学校的日常行政和教学管理工作,董事会无权直接干预。根据国民政府的制度设计,校董会是私立学校的代表,在学校治理中负全责,校长应对校董会负责。这是董事会领导下校长负责制的最初形态。校董会成为私立学校最高决策机构,是治理结构中的核心。

1933年10月19日教育部修正公布了《私立大学规程》,规程单设第二章对私立学校校董会作了详细规定:

> 第十一条:私立学校以校董会为其设立者之代表。设立者为当然校董。设立者人数过多时,得互推一人至三人为当然校董。第十二条:校董会名额不得过十五人,应互推一人为董事长。第十三条:校董会之组织及职权暨校董之任期及改选办法,应于校董会章程中规定之。第十四条:校董会至少须有四分之一校董,以曾经研究教育或办理教育者充任,现任主管教育行政机关及其直接上级教育行政机关人员,不得兼任校董。有特别情形者得以外国人充任校董,但名额至多不得过三分之一,其董事长须由中国人充任。第十五条:校董会设立后,需开具下列各事项,呈请主管教育行政机关立案。一、名称;二、目的;三、事务所在地;四、校董会章程;五、资产、资金、或其他收入详细项目及确实证明;六、校董姓名、年龄、籍贯、职业及住址。立案后,如第三、第五、第六项有变更时,须于一个月内分别呈报主管教育行政机关备案。第十六条:校董会呈请立案时,在私立专科以上学校校董会,应呈由该管省市(行政院直辖市)教育行政机关转呈教育部核办。第十六条至十八条是对私立中等学校和私立专科学校校董会的一些规定,不再赘述。第十九条:校董会之职权以下列各项为原则,但因特别情形经主管教育行政机关核准者,不在此限。一、关于学校财务,校董会应负之责任如下:经费之筹划;预算及决算之审核;财务之保管;财务之监察;其他财务事项。二、关于

学校行政，由校董会选任校长或院长完全负责，校董会不得直接参与。所选校长或院长应得主管教育行政机关之认可，如校长或院长失职，校董会得随时改选之。主管教育行政机关如认校董会所选任之校长或院长为不称职时，亦得令校董会另选之，另选仍不称职，得由主管教育行政机关暂行遴任，校董会发生纠纷以致停顿时，得由主管教育行政机关令其限期改组。遇必要时，得经由主管教育行政机关改组之。第二十条：校董会须于每学年终结后一个月内，详开下列事项，连同财产项目分别径报或转报主管教育行政机关备案；一、学校财务状况；二、前年度所办重要事项；三、前年度收支金额及项目；四、校长、教职员、学生一览表。第二十一条：主管教育行政机关每学年须查该校董会之财务及食物状况一次，与必要时，得随时查核之。第二十二条：私立学校因事停办时，校董会应于十日内呈请主管教育行政机关派员会同清理其财产。清理了结时，由清理人呈报主管教育行政机关备案。第二十三条：私立学校及其财产不得收归公有。但学校停办，校董会失其存在时，其财产得由主管教育行政机关处置之。第二十四条：关于校董会债权、债务诸事项发生纠葛时，应归法院处理。第二十五条：校董会自身之解散，须经主管教育行政机关之许可。

规程严格限定私立学校办学必须设立校董会，校董会须有董事长一名，当然校董（设立者）一到三名，总人数不能多于15人。规程的十一条至二十五条内容，涵盖了私立学校校董会的类型、人员构成、财务和行政上的职权、须向教育部备案的财产、解散、债务处理事宜等。《私立学校规程》则对校董的条件作出了严格的限制，董事长（或校董会主席）必须是中国人，外国人除有特殊情况才可以任中国私立学校校董。

值得注意的是，1913年1月第一次公布的《私立大学规程》并无此内容。《私立大学规程》修订本对私立大学董事会的产生办法、人数、任期、人员构成以及办学相关事项提出相对较为详细的意见。从规程中我们发现，政府对私立学校管理范围十分宽泛，不再只是监督和指导，而是一种类似于直接领导的范畴，我们从中可以看出政府对于私立大学治理的刚性要求和强硬态度。至此，董事会领导下的校长负责制成为国家私立大学内部治理的根本制度得以确立。

《私立学校规程》修正案的颁布，对董事会规定之全面，使得私立大学董事会制度的发展有了良好的政策环境，董事会制度也相继完善。在规程的约束下，私立大学按照政府颁布的《私立大学规程》制定了自己的董事会章程。如中国大学在1932年颁布了《中国大学董事会章程》，章程分总则、组织、权限、会议、选举及任期、附则等共6章22条。还有私立中法大学、私立辅仁大学等都出台了本校的董事会章程。此外，学校不断规范制度建设，例如1933年2月复旦校董会通过会议决议重订了《复旦大学校董会规程》，私立大学校董会在制度规定上已经十分完善。又如1935年9月，私立厦门大学董事会颁布了《私立厦门大学校董会章程》。章程中对校董会的职权也有新的规定，主要职权是筹集经费与选聘校长。

4. 近代私立大学董事会组织特征

管理是在组织中为了实现预期目标、促使组织良好运行，围绕着人而进行的协调活动。管理者通过计划、组织、领导、控制四个基本环节实现自身管理活动预期的目的。在整个管理行为的活动过程中，管理理念在各个环节中发挥着作用。管理者采用不同的管理理念就相应会选取不同的管理模式。中国近代私立大学从诞生开始，随着时代的发展教育理念日趋成熟，不同的大学在发展过程中呈现着不同的教育视野、办学理念、管理方略，它们的发展被刻上深深的时代烙印。虽然并不是每所私立大学都采取了同样的发展模式，但是由于受整个近代中国所处的战乱时代及具有的社会条件的限制，南开大学、复旦大学、厦门大学等私立大学在发展中不断探索而最终形成的管理模式在组织上有其相似性。

世界各国私立大学的内部治理选择的都是董事会领导下的校长负责制，治理上的相似性具体表现在私立大学的组织建设上。学校的办学者（校长）应负责处理学校内外的一切相关事务，它承担着学校日常健康运转的重任。组织就是在共同的任务目标指引下，为了完成共同工作，形成的一定权力、责任和任务分工结构的群体。近代中国私立大学开始只是少数人聚集的学术团体，发展到最后成为正规的高等教育组织，逐步具备了一套成熟的治理系统，即私立大学都设置了董事会及其下属的行政组织。其中董事会是学校最高权力机关，享有学校内部最高的立法权和决策权；以校长总牵头的行政组织负责执行董事会通过的决议，对董事会直接负责。

尽管我国的国情和私立大学发展的性质与国外私立大学并不完全相同，但是董事会制度本身固有的特点和功用使得不同国家私立大学治理体制具有一定的可比性和可借鉴性，因此都统一选择董事会领导下的校长负责制作为私立大学内部治理的主要结构形式。当然，任何制度的引入都是借鉴和本土化的产物。我国民国时期私立大学形成的独特的董事会制度，既立足于西方大学的先进经验，借鉴了美国的大学董事会管理制度，但也不是一味地抄袭西方的经验，而是结合了当时中国具体的文化背景，这就使得该制度得以在中国逐渐成形，其呈现出鲜明的中国本土化色彩。

学者对私立大夏大学、私立武昌中华大学、私立厦门大学、私立广州国民大学行政机构的设置进行比较（表7-1），可以看出四所私立大学在治理上，都有以下共同点。

表7-1　　　　　　　　　四所私立大学行政机构设置

大学	最高权力机关	行政机构
私立大夏大学	校董会	校长、副校长、校长办公室、校务会议、各种委员会（教务委员会、财政委员会、训育委员会），教务委员会下设招生及入学审查部、图书馆，会计处下设簿记股、出纳股、统计股，图书馆下设事务股、阅览股、编目股，教务处下设注册股、课务股、成绩股、统计股，各院有院务会议，各科有课务会议，等等。
私立武昌中华大学	校董会	校长、校长办公室（下设出版股、文书股、机要股、统计股）、教务处（下设考勤股、注册股、童子军股、军事训练股、图书股）、事务处（下设舍务股、卫生股、会计股、庶务股）、训育委员会、校务会议下属各种委员会（图书委员会、建筑委员会、编辑委员会、课程编制委员会、考试委员会、体育委员会、经济审查委员会、学生事业委员会等）
私立厦门大学	校董会	校长、校务会议、行政会议、大学秘书、体育部、军事训练处、体育部、书事务处、注册部、图书馆、事务会议下设会计课、庶务课、医药课、卫生课、庶务课下设电灯厂、印刷所、购置股、贩卖股、膳食股，各种常设和临时委员会包括财务委员会、建筑委员会、编课委员会、图书委员会、训育委员会、入学审查委员会、毕业审查委员会、职业介绍委员会、奖学金审查委员会等
私立广州国民大学	校董会	校长、常务校董会、校董会会议、校务会议、总务处、秘书处、图书馆、训育委员会、各种委员会、教务处、教务长、各学院院长、注册部主任、体育部主任、教务处主任理事等

资料来源：王宁：《私立大学董事会制度研究》，东南大学出版社2015年版，第37页。

首先，私立大学都以校董会作为学校的最高权力机构，行政部门结构严谨，分工明确。前文所述，组织系统若想发挥所有机构最大的功能，必须对组织结构进行合理的设置和功能职责划分。从上表看出，私立大学机构设置十分严谨，最为关键结构性特征明显，为学校管理制度化及功能化奠定了良好的基础。各部门各司其职，分工合理，便于行政部门发挥自身的职能，在董事会的领导下良好运行。

其次，行政机构管理范围全面，覆盖范围广。如表中所示，学校的行政组织几乎涵盖了学校的教学、行政以及后勤的各个方面，甚至在私立厦门大学还有专门的行政机构管理学校的附属产业电灯厂、印刷所等。一所大学的管理，不仅要以提高办学质量、人才培养的质量为目标，而且必须还要有稳定有序的行政管理和后勤保障服务作依托。私立大学各种委员会的设置，如私立厦门大学的财务委员会、建筑委员会、编课委员会、图书委员会、训育委员会、入学审查委员会、毕业审查委员会、职业介绍委员会、奖学金审查委员会等，把学校的管理事务从教学管理到行政管理到后勤服务都囊括其中，使各部门协同一致地发挥作用，在保证教学质量的同时，也解决了学校后勤的诸多问题，加强了学校和社会的联系。这体现了私立大学先进的治理理念，不仅只关注学校眼前任务，也注重学校未来发展的方向。

最后，按照需求设置行政机构，遵循机构精简、资源利用最大化的原则。近代私立大学发展最大的矛盾就是办学资金的矛盾，经常会出现经费困难的情况。因此，董事会只设置学校必需的行政机构，精减一切不必要的开支。学校还设有常备委员会和临时委员会两类委员会，临时委员会只在必要时才从现有的机构人员中选取临时组成。私立大学这样可以充分利用有限的社会资源，将资源利用最大化。一方面保证学校日常的正常运作，另一方面最大限度地提高了资源利用率。

二 民办高校内部治理的基本框架

这一问题前面已经有所涉及，这里再做些补充介绍。

1949年新中国成立以后，国家对私立大学进行了接收改造。1950年7月28日政务院第43次政务会议批准、中央人民政府教育部颁布《私立高等学校管理暂行办法》。文中规定了"全国私立高等学校，无论过去已经立案与否，均应重新审查立案。申请时，由校董会详开下列各事项，报经大行政区教育部审查后，转报重要教育部核准立案"，规定"私立高等学校（院）长及副校（院）长由校董会任免，其他主要人员，由校

（院）长任免报经大行政区教育部核准转报中央教育部备案"。这里仍然强调了董事会在私立大学中的作用和地位。

我国当代民办高校是在改革开放以后恢复发展起来的，是在社会主义现代化建设和高等教育大众化的急迫需求中崛起的。由于发展的时机和崛起的机遇，形成民办高校"先发展，后规范"的治理格局。尽管如此，民办高校的创办者和管理层，也在努力借鉴国外私立大学治理经验，坚持从国情出发，积极探索我国民办高校的治理之路。由于民办高校已经停办了30多年，相关法律也不再具有法律效力，许多早期举办的民办高校，如树人大学、杉达学院、三江学院等，都自觉不自觉地采用和延续了国家原有的私立大学治理制度，实行董事会领导下的校长负责制。1993年8月17日国家教育委员会颁发《民办高等学校设置暂行规定》提出："申请筹办民办高等学校须报送以下材料：……3. 学校章程：实行董事会制度的学校，还须报董事会章程和董事长，董事名单及资格证明文件。"这是改革开放以后在国家文件中第一次提出民办高校的董事会问题，还可以看出董事会的设立还不是民办高校举办设置的必要条件。而在省级层面，1995年7月6日广东省政府颁发《私立高等学校管理办法》（粤府〔1995〕57号）第十五条明确提出"私立高等学校一般实行校董会领导下的校长负责制。董事长或校长是学校法定代表人。校董会为学校的决策机构，负责审议、决定学校的重大事项，包括办学方向、发展规划、资金筹措、预算、决算，正副校长聘任，学校的变更、停办或解散，学校章程和校董会章程的修改等"。文件还对私立大学的职能和构成等做出了规定，这是省级层面第一个涉及私立大学董事会的文件，这里显然董事会是举办民办高校的必要条件。1997年7月31日国务院总理李鹏签发的《社会力量办学条例》（中华人民共和国国务院令第226号）第一次较为系统地提出民办高校董事会制度的相关规定：

  教育机构可以设立校董会。校董会提出校长或者主要行政负责人的人选，决定教育机构发展、经费筹措、经费预算决算等重大事项。
  校董会由举办者或者其代表、教育机构工作人员的代表和热心教育事业、品行端正的社会人士组成，其中三分之一以上董事应当具有5年以上教育、教学经验。
  首批董事由举办者推选，以后的董事按照校董会规程推选。董事经审批机关核准后聘任。

  国家公职工作人员不得兼任教育机构的董事；但是，因特殊需要，经县级以上人民政府或者其有关部门委派的除外。

这一规定虽然还带有推荐性，但由于规定较为具体，实际上成为民办高校内部治理的首选制度。此后出台的国家有关社会力量办学的文件中，开始将董事会制度作为民办高校治理的基本制度。

2002年全国人大常委会审议通过、2016年11月审议通过修改的《民办教育促进法》，对民办学校内部治理结构作出了明确的规定："民办学校应当设立学校理事会、董事会或者其他形式的决策机构并建立相应的监督机制。民办学校的举办者根据学校章程规定的权限和程序参与学校的办学和管理。"虽然民办学校有多样的决策机构组织形式可供选择，但是从实际来看，董事会的选择是最普遍的。

经过30多年的探索和积累，我国民办高校已经成为国家高等教育的重要组成部分，而民办高校治理也已逐渐完善，初步形成我国民办高校内部治理体系。

（一）董事会是学校最高决策机构

2002年12月28日第九届全国人民代表大会常务委员会第三十一次会议通过、并于2003年9月1日起施行的《民办教育促进法》明确学校理事会（董事会）为学校决策机构，依法行使决策权。从最初的各种零星管理文件到《社会力量办学条例》和《民办教育促进法》，经过实践的探索和理论的提升，各方基本形成共识，即民办高校实行董事会领导下的校长负责制。

2016年11月7日新修订的《民办教育促进法》，在坚持原有规定的基础上，对个别文字做了调整：在明确"民办学校应当设立学校理事会、董事会或者其他形式的决策机构"的基础上，又增加了"并建立相应的监督机制"和"民办学校的举办者根据学校章程规定的权限和程序参与学校的办学和管理"的要求，使得相关机构更具可操作性。

如果说《民办教育促进法》确立了董事会在民办高校中的领导地位，那么，国务院于2004年3月5日发布，自2004年4月1日起施行的《民办教育促进法实施条例》则为董事会提供了机制支持。《民办教育促进法实施条例》明确强调了董事会的职权范围，并指出了董事会的运作方式：

第二十条 民办学校的理事会、董事会或者其他形式决策机构，每年至少召开一次会议。经1/3以上组成人员提议，可以召开理事会、董事会或者其他形式决策机构临时会议。

民办学校的理事会、董事会或者其他形式决策机构讨论下列重大事项，应当经2/3以上组成人员同意方可通过：

（一）聘任、解聘校长；

（二）修改学校章程；

（三）制定发展规划；

（四）审核预算、决算；

（五）决定学校的分立、合并、终止；

（六）学校章程规定的其他重大事项。

民办学校修改章程应当报审批机关备案，由审批机关向社会公告。

可以看出，尽管条文比较简单，但是后者更加具体化和针对性，更具实际指导意义。

（二）校长身兼决策执行和内部管理之责

在民办高校治理体系中，位于重要职责的是校长。校长是学校工作的具体指挥，承担贯彻落实董事会精神、谋划学校长远健康稳定发展的重大责任。校长依法独立行使学校的教育教学和行政管理权。由于特有的举办体制，民办高校校长大多由举办者直接物色和委任，并直接为举办者负责。当然，作为一校之长，他也需要对学校师生负责。

举办学校不能没有校长。因此，在董事会制度尚未建立之前，校长已经在民办高校存在，因此，就时间节点来说，校长早于董事会的出现。相关部门对校长的职责也作了初步规定。与公办高校管理体制不同，现有法律法规规定民办高校实施董事会领导下的校长负责制，校长对外作为学校代表，对内作为董事会决策的执行者和校内工作具体的设计领导者，对学校的教学科研、思政稳定、后勤保障等工作负有直接责任。《中华人民共和国高等教育法》已经规定，"国家举办的高等学校实行中国共产党高等学校基层委员会领导下的校长负责制。……社会力量举办的高等学校的内部管理体制按照国家有关社会力量办学的规定确定"（第三十九条）。这里明显留出了民办高校内部管理体制的设计空间。

但是，在很长一个时期内，由于办学理念和动机的不同，校长与举办者之间的矛盾突出，两者互炒鱿鱼的情况不少，影响了学校的发展。

在《民办教育促进法》中，对校长的产生和权限也做出了明确的规定：民办学校参照同级同类公办学校校长任职的条件聘任校长，年龄可以适当放宽（后来的相关文件规定不得超过70岁），并报审批机关核准。2013年6月通过的修订稿，专门就民办高校校长任职条件做出规定，对《中华人民共和国民办教育促进法》作出修改，将第二十三条修改为："民办学校参照同级同类公办学校校长任职的条件聘任校长，年龄可以适当放宽。"

除了明确董事会是学校的最高决策机构以外，还规定了校长的权限。《民办教育促进法》则强调了这一规定。与此同时，这两个文件也对校长的职权加以明确。《民办教育促进法》规定：

第二十四条 民办学校校长负责学校的教育教学和行政管理工作，行使下列职权：

（一）执行学校理事会、董事会或者其他形式决策机构的决定；

（二）实施发展规划，拟订年度工作计划、财务预算和学校规章制度；

（三）聘任和解聘学校工作人员，实施奖惩；

（四）组织教育教学、科学研究活动，保证教育教学质量；

（五）负责学校日常管理工作；

（六）学校理事会、董事会或者其他形式决策机构的其他授权。

规定如此具体，以至于《民办教育促进法实施条例》在这个问题上已无进一步细化的必要，仅作了两条补充：

民办学校校长依法独立行使教育教学和行政管理职权。

民办学校内部组织机构的设置方案由校长提出，报理事会、董事会或者其他形式决策机构批准。

有关研究表明，当下民办高校内部治理大致有以下几种模式：一是董事会授权的校长负责制，这个形式占据80%以上；二是主办企业领导下的校长负责制，这种类型的民办高校的投资主体是企业，学校作为企业的中层机构，而校长是该企业的一个中层干部（如烟台南山学院）；三是校长主持下的校务委员会制，这种类型的民办高校可能没有建立董事会，也有可能出资者长期远离学校，学校委托校长主掌校务，但校务成员由投资者选派；四是校长负责制，当投资者与校长两者合一的时候，往往采取这种领导体制，这种体制在许多个人举办的民办高校居多；五是教职工代表大会基础上的校长负责制，这类民办高校主要由集体发起成立，无实质性出资者，实行滚动发展形成今天的规模。教职工根据工作时间长短和贡献大小享有学校股权。①

（三）校党委是民办高校的政治核心，也是重要的治理主体

党组织治理是我国社会主义制度下所有学校治理的重要方面，历来受到国家主管部门的重视，这是中国的国体和国情所决定的。尽管在《中华人民共和国高等教育法》中规定，"国家举办的高等学校实行中国共产党高等学校基层委员会领导下的校长负责制。……社会力量举办的高等学校的内部管理体制按照国家有关社会力量办学的规定确定"。但是从民办高校恢复办学开始，主管部门就一直强调要加强民办高校党的领导。早在《民办教育促进法》颁布之前，中央组织部和教育部党组就联合下发《关于加强社会力量举办学校党的建设工作的意见》（中组发〔2000〕7号），意见规定了民办学校一律建立党组织的要求，并对民办学校党组织的机构、领导成员产生等做出规定。特别是明确界定民办学校党组织的主要职能：

> 社会力量举办学校党组织在教职员工和学生中发挥政治核心作用，贯彻党的教育方针，紧紧围绕培养德、智、体、美等方面全面发展的社会主义事业建设者和接班人的根本任务开展工作。其主要职责是：
>
> （一）宣传和贯彻执行党的路线、方针、政策，执行上级党组织和本组织的决议、决定，监督学校行政管理机构和行政负责人认真执行党的教育方针，遵守国家的法律法规，坚持社会主义办学方向。

---

① 徐绪卿：全国教科规划2009年度课题《我国民办高校家族化管理问题研究》研究报告，2011年，第156页。

（二）对学校教学和行政管理工作中的重大问题提出意见和建议，支持学校行政管理机构和行政负责人依法办学。

（三）加强学校党组织的自身建设。做好党员教育、管理、监督工作和发展党员工作。

（四）领导学校思想政治工作和德育工作。

（五）领导学校工会、共青团、学生会等群众组织和教职工大会（代表大会）。

（六）做好统一战线工作。对学校内民主党派的基层组织实行政治领导，支持他们按照各自的章程开展活动。

每个学校党组织都应结合各自的实际情况，确定具体的职责范围，制定切实可行的工作制度。

由于举办体制的特殊性，原有《民办教育促进法》中没有提及党的建设，是因为法律本身的要求所致。

从上规定也可以看出，民办高校党组织的主要职责是政治核心的保障作用。

2006年，鉴于部分民办高校管理不善，党组织软弱或边缘化的实际，中央组织部和教育部党组又专门下发《关于加强民办高校党的建设工作的若干意见》（教党〔2006〕31号），针对新形势下国家对民办高校教育工作的要求和目标，有针对性地提出了民办高校党的建设的若干规定，指出"在新的历史条件下，民办高校党建工作还存在一些亟待解决的问题。有些地方对民办高校党建工作重视不够；有些民办高校忽视党的建设和思想政治工作，党组织的工作机制不够顺畅，党务干部队伍比较薄弱；有些民办高校党组织和党员不能充分发挥作用。这些问题严重影响了民办高校的改革发展稳定，必须引起高度重视，下大力气解决"。针对过去相关规定较虚不落实的问题，文件对民办高校党组织发挥政治核心作用做出明确规定。

文件针对民办高校的实际，专门就民办高校党建工作的现状和问题、现阶段民办高校党组织的作用和职责、全面加强民办高校党组织自身建设若干举措等问题，进行了全面的阐述和较为详细的规定，为民办高校党的建设提供了工作依据。下发以后，引发各级党组织的重视。许多省市党委还专门出台了配套文件，除了强调贯彻落实好中央文件精神以外，有的地方还从地区民办高校发展实际出发，添加了相关条款，对于民办高校党组织建设有了刚性的明确的规定，使之更具针对性和可操作性。

2016年4月，习近平主持中央全面深化改革领导小组第二十三次会议，审议通过了《关于加强民办学校党的建设工作的意见（试行）》，由中共中央办公厅作为正式文件下发（见中共中央办公厅印发《关于加强民办学校党的建设工作的意见（试行）的通知》下发，中办发〔2016〕78号），强调"支持和规范民办教育发展，要坚持和加强党对民办学校的领导，设立民办学校要做到党的建设同步谋划、党的组织同步设置、党的工作同步开展，确保民办学校始终坚持社会主义办学方向"[①]。文件重申，民办学校党组织政治核心作用，"主要体现在：（1）保证政治方向。宣传执行党的理论和路线方针政策，宣传执行党中央、上级党组织和本组织的决议，引导学校全面贯彻党的教育方针，依法办学、规范办学、诚信办学，坚决反对否定和削弱党的领导，反对西方所谓'普世价值'等错误思潮传播，反对各种腐朽价值观念。（2）凝聚师生员工。把思想政治工作贯穿学校工作各方面，贯穿教育教学全过程，密切联系、热忱服务师生员工，关心和维护他们的正当利益，统一思想、凝聚人心、化解矛盾、增进感情，激发教职工主人翁意识和工作热情。（3）推动学校发展。支持学校董（理）事会和校长依法依章行使职权、开展工作，参与学校改革发展稳定和事关师生员工切身利益的重大事项决策，帮助学校健全章程和各项管理制度，促进学校提高教育质量、培养合格人才。（4）引领校园文化。坚持用社会主义核心价值观塑造校园文化，加强社会公德、职业道德、家庭美德、个人品德教育，开展精神文明创建活动，组织丰富多彩的文化活动，推动形成良好校风教风学风。（5）参与人事管理和服务。参与学校各类人才选拔、培养和管理工作，在教职工考核、职称评聘等方面提出意见建议，主动联系、关心关爱，调动他们的积极性和创造性。（6）加强自身建设。完善组织设置和工作机制，加强党组织班子成员和党务干部管理，做好发展党员和党员教育管理服务工作，严格组织生活制度，认真贯彻民主集中制，强化党组织日常监督和党员民主监督，抓好党风廉政建设。领导学校工会、共青团等群团组织和教职工大会（代表大

[①] 新华网：《习近平主持召开中央全面深化改革领导小组第二十三次会议》，http://news.xinhuanet.com/politics/2016-04/18/c_1118659626.htm。

会),做好统一战线工作"。文件还就不同学校党建工作的着力点提出指导,"民办高校党组织要突出坚持马克思主义指导地位,把握党对意识形态工作的领导权、管理权、话语权,加强对青年教师、党外知识分子和大学生的思想引导,促使他们增强政治认同,增强政治敏锐性和政治鉴别力,坚定中国特色社会主义道路自信、理论自信、制度自信、文化自信"。就党建具体工作环节和内容做出了安排和规定。与以往文件相比,文件的层次更高、要求更严,内容更细,更具指导意义。

董事会、校长和学校党组织的治理,是民办高校内部治理的主体。作为治理,都应包括内部治理与外部治理。民办高校的外部治理,目前主要是指民办高校与社会和政府的关系处理。对于这一点,目前法律法规规定较少。正是因为这一点,缺少专门的管理法规,主管部门往往不分公办、民办一刀切,一些政策出台招致损伤民办高校的办学权,引发民办高校办学者的不满和怨言。

《民办教育促进法》对教代会机构建设有相应条款。要求民办学校依法通过以教师为主体的教职工代表大会等形式,保障教职工参与民主管理和监督。民办学校的教师和其他工作人员,有权依照工会法,建立工会组织,维护其合法权益(第二十六条)。这一规定从法律上赋予了教职工参与学校管理,维护自身合法权益的地位和权利。但总体来看,这一规定还比较粗,内容不具体,可操作性较弱,其机制也有待于探索。

对于其他社会组织和个人广泛参与治理。相对前面两个方面,这一问题显得过分软弱。从法律角度上说,虽然也偶尔提到培育民办高等教育的中介机构,但在实际工作中几乎没有得到重视和落实。因此,如何发挥社会各方面的力量支持、参与和监督民办高校管理,空间有待发掘,行动尚待落实。

第二节 民办高校内部治理的主要问题

比较而言,我国民办高校发展的历史不长,而且是在相关法律法规很不完善、相应制度设计很不健全的环境下起步和成长起来的。经过30多年的发展变迁,民办高校已经达到了一定的规模。在内部治理方面,由于缺乏系统完整的国家制度的规范和引导,目前的制度设计中还存在许多障碍和矛盾。因此,内部治理体制的构建和运行必然存在种种问题。

一 民办高校产权问题久悬未决

1. 民办高校产权的概念

产权也是经济领域的概念,其含义有着多种不同的理解。这种不确定性源于现实生活中产权产生及其运行的复杂性,同样也来自产权研究者价值取向的不同。但无论是从何种价值观、历史观出发审视产权问题,产权作为一个概念,反映该概念价值的基本内涵应该是独立存在的。经济学意义上的产权是指自然人、法人对各类财产的所有权、占有权、处置权、使用权、让渡权、收益权等,包括了物权、债权、股权、知识产权和人力资本产权以及其他无形财产权。这是一种广义的产权概念。其基本内涵包括:产权具有排他性,即除了所有者外没有其他任何人能持有使用资源的权利,并且产权以财产所有权为核心,财产所有者依法对自己的财产享有占有、使用、收益、处置等权利;产权涵盖了财产的所有权、占有权、处置权、使用权、让渡权、收益权等权利,但它是可以分解为多种权利并统一呈现一种结构状态的一束权利;产权是界定人们责、权、利相统一的行为权利,其本质上是规定人们行为模式和相互行为关系的规则,它界定的是人与人之间的关系,而非人与物之间的关系;产权是可以自愿自由地进行交易的一种权利。然而我国民法通则并没有使用"产权"这一概念,而是使用了"财产所有权"这一概念,民法通则第七十条规定:财产所有权指所有人依法对自己的财产享有占有、使用、收益和处分的权利。这是一个与债权、人身权、知识产权等并列的概念。

根据以上对产权的阐释,我们也可以将民办高校产权理解为包括民办高校的财产所有权、占有权、支配权、使用权、经营权、收益权、交易权、处分权等一束物、责、权、利的关系的总和,即是一系列权利与义务的法律关系总和。当然,民办高校的产权作为特殊的内容和表现形式,具有不同于一般产权的特点:第一,民办高校产权的内容具有多样性。不仅包括投资形成的财产所有权和收益权,还包括了其他更广泛的权利。第二,民办高校产权的主体具有多样性。学校举办者具有学校资产的所有权或控制权,但是按照有关规定,学校资产在学校存续期间归学校法人所有。因此,在学校存续期间,学校所有权与使用权是分离的,或者说不一定紧密联系在一起的。学校的学生、教师也拥有学校财产的使用权,校长和管理人员拥有对学校的管理权等。第三,民办高校产权的本质也是一种规定人们行为方式的社会关系。举办者、办学者、教职工、受教育者拥有不同的权利和不同的行为方式，从而对学校发展的影响也不一样。如果民办高校产权得不到明确界定，各方的权益得不到有效的保护，行为也得不到有效监督，就容易导致许多短期行为出现。只有合理界定产权，才能明确相关利益各方的权利与义务，规范并保护人们的行为，使人们形成长远的预期，从而促使民办高校持续健康地发展。第四，民办高校的产权是需要争取和保护的。民办高校各利益主体权利的范围、大小与它们各自的争取和政府部门的保障有关，对于《民办教育促进法》中"民办学校与公办学校具有同等的法律地位"的规定及其落实，举办者、办学者等各方都需要不断地争取和做出积极努力。①

2. 民办高校产权存在的主要问题

产权问题是民办高校发展和研究中的基本理论问题，也是国家民办高等教育发展制度框架的基本问题。汪家镠认为，"学校产权的归属是举办者普遍关心的问题，是立法必须要解决的一个重要问题。产权明晰，才能调动和保护投资人的积极性，保证民办学校正常运行，降低风险，有利于民办学校的稳定与发展"②。产权是内部管理权的依据所在。明晰产权，规范和维护各产权主体的利益和地位，不仅对民办高校管理体制构建和规范影响重大，而且对整个高等教育的改革和发展也显得非常重要和紧迫。

当前，我国民办高校的产权规定与其相关管理体制存在的主要问题是所有权不明晰，收益权不落实，控制权成为产权的主要表现形式。

从投资的寻利性和民办高校的办学实践来分析，举办者主要关心三个问题：一是出资人对其投入部分所形成的校产是否拥有所有权与收益权；二是出资人对办学增值的校产享有什么权利，包括投入增值和办学积累增值；三是民办高校停办以后的资产归属问题，投入的资产能否归还，增值部分可否分配。简言之，产权问题表现为"投入民办高校的资产和增值部分归谁所有；办学期间的积累和资产可否分配、如何分配；学校停办后资产如何清算，投资利益如何保护"等三个方面。

---

① 沈美媛、张琦英：《探析民办高校产权及其对学校管理体制的影响》，《教育与职业》2006年第26期。

② 全国人大教科文卫委员会教育室：《民办教育促进法学习宣传讲话》，中国青年出版社2003年版，第23—24页。

(1) 关于投入民办高校的资产和增值部分归谁所有。从法律的角度上看，这个问题一直是明确的。现有法律规定，不管是捐资办学还是投资办学，学校开办后，投入的资金都是属于学校法人财产，归学校使用，任何人不得抽逃已经投入学校的资金。也就是说，不论捐资还是投资，资金一旦投入学校，就与出资者分割开来，没有关联。投资人一旦投资民办教育，所投入部分资产的管理和使用权将归学校而不再归投资者（假如投资者不直接参与学校管理的话）。《民办教育促进法》中第35条和36条规定，"民办学校对举办者投入民办学校的资产、国有资产、受赠的财产以及办学积累，享有法人财产权"，"民办学校存续期间，所有资产由民办学校依法管理和使用，任何组织和个人不得侵占"。政府要求"民办高校要落实法人财产权，出资人按时、足额履行出资义务，投入学校的资产要经注册会计师验资并过户到学校名下，任何组织和个人不得截留、挪用或侵占"①。"民办高校对举办者投入学校的资产、国有资产、受赠的财产、办学积累依法享有法人财产权，并分别登记建账。任何组织和个人不得截留、挪用或侵占民办高校的资产。民办高校的资产必须于批准设立之日起1年内过户到学校名下。本规定下发前资产未过户到学校名下的，自本规定下发之日起1年内完成过户工作。资产未过户到学校名下前，举办者对学校债务承担连带责任。"② 可见，从投资者来说，投资民办高校形成的校产归学校法人所有，学校存续期间举办者不拥有学校的财产所有权和支配权。在监管体系尚未完善和落实的状态下，投资者对投入学校的产权感到不放心、有顾虑，是可以理解的。

对于办学后产生的其他资产（包括增值部分），现有法律法规也有规定。2004年4月1日实施的《民办教育促进法实施条例》明确"国家的资助、向学生收取的费用和民办学校的借款、接受的捐赠财产，不属于民办学校举办者的出资"（第5条）。教育部25号令也明确："民办高校的借款、向学生收取的学费、接受的捐赠财产和国家的资助，不属于举办者的出资。"仅从文本来看，办学增值部分资产与投资者毫无关系，基本割断了投资者对办学增值部分资产的拥有权，与投资企业相比相距甚远，与

---

① 国务院办公厅：《关于加强民办高校规范管理引导民办高等教育健康发展的通知》，国办发〔2006〕101号。

② 《中华人民共和国教育部令》第25号。

投资者的办学期望形成截然反差。

（2）关于办学期间的积累和资产处理。这一方面，早期的《民办教育促进法》确实是一个重大突破。第 51 条规定："民办学校在扣除办学成本、预留发展基金以及按照国家有关规定提取其他的必需的费用后，出资人可以从办学结余中取得合理回报。取得合理回报的具体办法由国务院规定。"这里的规定存在几个问题：一是根据《民办教育促进法》和相关法规的规定，合理回报的具体办法应由国家财政部门另行制定，"财政部门要依据《中华人民共和国民办教育促进法》及其实施条例规定的原则与程序，制定民办高校合理回报的标准和办法"。而客观上从《民办教育促进法》颁布以后，所谓"合理回报的标准和办法"一直未面世，致使规定成为一张空文，无法操作。二是合理回报本身的性质含糊，是属于营利性还是非营利性？不明确，按照相关解释，合理回报是属于"奖励性质"的，表明民办高校的出资人实际上拥有一种受管制的剩余索取权。但是现有的文件都表明，取得合理回报的学校都将作为"营利性学校"而编入另类，在税收、财务管理等方面与捐资办学有很大的区别，这似乎又是与法律初衷相悖的。三是在现今社会心理中，合理回报等同于"营利"，就会遭到社会的"白眼"，影响学校的社会形象，所以举办者往往不敢碰。在现有的民办高校许可证发放工作中，至今少有民办高校提出"合理回报"的要求和定位，就是一个典型的说明。因此，现有民办高校的"回报"都是在"不要求合理回报"的幌子下躲躲闪闪、遮遮盖盖、羞羞答答地隐性操作的。由于政府管制宽松，监督主体不落实，民办高校不准自准的"合理回报"行为还是非常严重。"投资办学是为了获取收益，如果办学不能获得收益，便不可能有举办者将资本投入到高等教育中来。"[①] 投入的资产不能有效地得到保护，增值的部分资产又不能真正取得"合理回报"，"导致不少民办高校的投资者由于对未来政策不明确，出现从学校大量抽逃资金的事件"[②]。当然，这个问题在今后的分类管理中得到解决。

（3）关于民办高校停办以后的资产归属问题。这一问题修订前的

---

① 潘懋元、邬大光、别敦荣：《民办高教发展需要有更多的路径》，《中国教育报》2012 年 1 月 9 日。

② 朱永新博客．[EB/OL]．http：//zhuyongxin.blog.zj.com/d-105309.html。

《民办教育促进法》没有明确规定，第 59 条明确：民办学校终止并进行财产清算时，在清偿"应退受教育者学费、杂费和其他费用""应发教职工的工资及应缴纳的社会保险费用""偿还其他债务"后，"剩余财产，按有关法律、行政法规的规定处理"。文中只字不提投资者投入的资产返还问题，也没有明确规定清算后"剩余财产"的归属，即对出资人投入资产的最终归属没有明确的规定，而是含糊其辞、回避矛盾、能过且过。立法的空白、语词的模糊，增加了法律的不确定性，难以使举办者放心投入，很多民办学校的举办者宁可租房办学，也不肯投资于校舍等硬件的建设，致使办学条件的提高和改善缺乏巨额资金的支撑。

《民办教育促进法实施条例》对民办学校产权也有规定："民办学校的举办者可以用资金、实物、土地使用权、知识产权以及其他财产作为办学出资。国家的资助、向学生收取的费用和民办学校的借款、接受的捐赠财产，不属于民办学校举办者的出资。"（第 5 条）第 37 条提出："在每个会计年度结束时，捐资举办的民办学校和出资人不要求取得合理回报的民办学校应当从年度净资产增加额中、出资人要求取得合理回报的民办学校应当从年度净收益中，按不低于年度净资产增加额或者净收益的 25% 的比例提取发展基金，用于学校的建设、维护和教学设备的添置、更新等。"第 44 条规定："出资人根据民办学校章程的规定要求取得合理回报的，可以在每个会计年度结束时，从民办学校的办学结余中按一定比例取得回报。"新修订的《民办教育促进法》鉴于分类管理的实施，对这部分资产作出原则规定，具体操作性实施文件还在修订中。

综上分析，在民办高校产权规定上，我国现有相关法律法规做出的规定是不够明确、相互矛盾、难以操作的。个别条文虽然看似清晰但难以落实，仅具表态性不具操作性。由于对民办高校财产权的规定存在残缺，即产权界定不全、产权所有模糊和产权配置不当等造成现实中存在的权利与责任和利益的缺失、不清楚和不对称等。比如：对民办高校财产权的界定，只体现了国家与学校之间的权责关系，私人所有者和学校之间的权责关系；在产权的权能方面考虑了办学期间学校的法人财产权，而没有考虑投资者或举办人的私人所有权；允许出资人取得合理回报的规定也只是作为扶持与奖励的手段，而不是正式承认出资人对财产的收益权；清偿后的资产按有关法律、法规处理，只有投入机制，没有退出机制，收益与各自投入成本不相符合。可见，对民办高校产权法律关系主体即投资人、举办者的产权主体地位与权能所包括的所有权、交易权、收益权等权利与义务的内容规定不明,直接影响着办学实践中的产权关系。同时,由于现有法律只对民办学校资产中的国有资产和受赠资产的监督、使用和管理作了原则规定,完全回避了对举办者投入和办学积累增值部分校产的产权及民办学校终止时清偿债务后剩余财产的分配问题,导致民办高校的产权状况和产权关系依然难以厘清,民办学校的明晰产权工作难以开展,产权纠纷经常出现。在产权政策不明晰的情况下,甚至还有民办学校的举办者或管理者,因为学校资产问题进了监狱;法院在介入民办高校资产纠纷案件时,评判尺度也没有统一的依据;对于是否允许民办高校在董事会管理下,将一定比例的资金用于其他回报率较高的营利性事业,建立学校自身的资本增值机制也没有明确规定。而在实际操作中,已经有不少学校采取了这种投融资的新渠道。可以看出,目前的产权设计完全是为捐资办学模式设计的,不能适应我国民办高校多样化的举办模式。这个问题在国家实施分类管理以后会得到逐步解决。

3. 民办高校产权问题的影响

阎凤桥教授认为:"从外部治理角度看,应加强我国民办教育的规范性,增强其社会信任度。在与民办教育有关的诸多问题中,产权或所有权问题最为突出且无法回避。具体而言,民办学校的举办者和投资者应不应该拥有产权或所有权?如何对待部分民办学校创办者的利益诉求?如何对待部分企业参与创办学校并且从中寻利的动机?什么样的制度设计有利于吸引更多的社会资源以促进民办教育的健康发展?"[①] 这里很明确地揭示了民办高校产权问题与治理问题的联系。由于产权问题的解决思路不明确,使得举办者办学的经济责任不落实,蕴含了民办高校办学的风险,也影响了社会对民办高校的投入热情。《民办教育促进法》颁布以前,许多举办者总体来说相信政府解决这一问题的努力,计较不多,顾虑不多。《民办教育促进法》颁布以后,许多举办者由观望转为失望。一个能够说明问题的事实是,从 2003 年以后举办的民办高校相对较少,比例较低,现有的民办高校和独立学院,大部分是《民办教育促进法》颁布以前建立的,很多是在计划经济年代以来依托招生指标的稀缺贵重积累滚动发展

---

① 阎凤桥:《试析我国民办学校的产权形式和治理结构——基于对非营利组织特征的分析》,《教育研究》2002 年第 2 期。

起来的。或者是《民办教育促进法》颁布以前就是进修、专修学院，随后发展而来的。并且就全国来说，大财团投入民办高校的比例并不多，中国民办高校要很好地解决投入问题，很重要的路径就是解决好民办高校的产权问题。

二 民办高校董事会建设尚不完善

在国家层面，从《社会力量办学条例》到《民办教育促进法》，从《国务院办公厅关于加强民办高校规范管理引导民办高等教育健康发展的通知》（国办发〔2006〕101号）到教育部25号令《民办高等学校办学管理若干规定》，还有2008年4月30日教育部办公厅发出的《关于修订和换发民办学校办学许可证的通知》；至此董事会制度作为民办高校决策机构的基本制度得到确立。在学校设置、章程制定、学校评估和许可验检等重要环节上，政府都将董事会制度纳入考核的重要内容之一，从而推进了学校董事会决策机构的建设和完善。

从实践来看，在民办高校初建阶段，虽然缺乏法律支撑，但是创建者们还是从以往私立大学的管理经验和国外私立大学的经验中得到启发，普遍实施建立了董事会等决策机构。在早期建立的浙江树人大学、上海杉达学院、黑龙江东方学院和南京三江学院，都建立了董事会，并且组织机构完善，组织职责明确，组织活动健全。但是就全国来说，民办高校董事会的普遍建立还是在《民办教育促进法》《民办教育促进法实施条例》颁布以后。尽管《民办教育促进法》只是一个"促进法"，但是也对民办学校的管理体制做出了明确的规定，从法律层面上，基本明确了民办高校内部治理结构的构架。

经过30多年的实践探索和政府推动，董事会制度也已被民办高校普遍接受。根据民办高校许可证制度的要求，民办高校建立董事会的覆盖面已达到90%以上。尽管法律也允许别的决策机构存在，但主体仍然是董事会或理事会。问卷调查显示，在45所民办高校中，实行"董事会领导下的校长负责制"的民办高校有32所，约占71.11%；实行"理事会指导下的校长负责制"的有4所，约占8.89%；实行"党委领导下的校长负责制"的有3所，约占6.67%；实行"举办单位或教育行政部门直接领导"的有4所，约占8.89%；此外，还有2所民办高校采取其他类型的决策机构。① 可见，从领导体制上讲，目前民办高校在内部治理结构上大多数采用的是"董事会领导下的校长负责制"。在董事会制度建设和运作中，许多民办高校积极探索，不断完善，良好的决策机构，为民办高校科学决策和健康运行，实施可持续发展战略，提供了重要保证。

但是，就比较普遍的状况来看，当下民办高校董事会仍然存在五个方面的问题：

一是民办高校董事会的组织依据还不够明确，举办者掌握了学校的实际控制权。《民办教育促进法》及其实施条例的相关规定是国家层面民办高校董事会制度构建的基本依据，其对于举办者与决策机构的关系过于简略，难以操作。由于没有类似公司制度下股东大会或股东会的设置，出资者的表决权、知情权等基本权利也就没有成为学校权力配置的基础，也没有规定董事会应当按照出资者权力的大小分配决策权。按照该法规定，举办者除推举首届决策机构成员之外，嗣后的办学过程中，只能通过选派代表或直接参与决策机构以将自己的想法作用于学校的经营，实现对学校的治理。至于如何约束、监督自己选派的代表，以及在自己选派的代表不能代表自己的意愿时应通过什么途径、何种程序对其予以纠正或更换，一概没有作任何规定。作为捐资办学的出资者，对此可能不会有问题，但是作为投资者，就会担心资产的保值和流失问题。同时，对民办高校可能发生的违法运营、决策者独断专行以及侵害学校或举办者权益的问题，法律也没有为举办者设置任何救济途径。法律为举办者设置的义务与公司制下的股东义务几乎完全相同，而在权利设置上却与股东相去甚远。如果说，因教育的"公益事业"性质，民办学校举办者没有获得经济利益的权利，即类似股东的收益权可以理解，但民办学校举办者连参与学校经营即类似股东的共益权也几近全无，则难言合理。②

民办高校董事会的产权归属又不落实，组织依据不明确，控制权就成了举办者必须牢牢掌控的基本权，其表现形式就是董事会中举办者的代表过多。控制权是从产权中衍生出来的。在经济领域，根据谁投资、谁所有、谁主办、谁得益的原则，企业的产权很好界定。即使企业产生利润分

---

① 董圣足、黄清云：《我国民办高校董事会制度的重构》，《黄河科技大学学报》2010年第4期。

② 巩丽霞：《民办高校内部管理机制的法律思考》，《教育发展研究》2008年第5期。

配，也是完全按照投资股份进行的。总体来看产权关系相对比较简单，现有法律框架和处理也有了一套完整成熟的为大家所认可的产权制度。现有对民办高校产权的研究，是从经济学角度的财产所有权出发来分析的。实际上，"大学产权远比企业产权复杂得多。正是在其复杂性背后，隐藏着许多不合理的产权现象"[1]。教育不可能等同于经济，学校也不能等同于企业，学校产权仅仅从资产归属来确定产权关系失之偏颇，将产权关系与办学责任密切结合来理解民办高校的产权关系可能更贴切。不仅如此，从法律规定的角度来说，我国现有的许多滚动发展的民办高校，对产权的拥有目前还不具合法性。大量依靠学费积余滚动发展的民办高校，根据现有法律举办者并不对学校资产拥有任何产权。限于当时的历史条件和政府放宽民办高校的准入标准，在实际操作中政府并未出台相关详细的规定，造成民办高校"事实产权"的客观存在。即虽然没有投资，但是学校由个人举办，学校的资源和办学行为由举办者严格控制，俨如个人投资一样，视学校资产为己有。在投资兴办的民办高校，或虽没有投资但由个人举办的民办高校，董事会普遍为举办者所控制。学者汪明义认为，"现行的董事会组成结构中最大的问题是代表投资方利益的成员偏多，而真正懂得教育规律的人员太少，有的甚至没有（如果校长是成员的除外）。这样的组成结构导致民办高校的董事会与民办高校校长之间常常因为问题的出发点不一致而产生矛盾甚至是激烈的冲突，从而导致一些民办高校频繁地更换校长，既在社会上造成了不良影响，也给民办高校自身的可持续发展造成伤害"[2]。也有一部分学校从董事会的人数上看，举办者并不占有优势，但是在实际工作中，董事会的活动组织、议事规则以及最后决策权，基本上都在举办者手中。举办者拥有决策的最后拍板权。董事和校长等领导无非是学校决策的陪衬，没有决策发言权。

表 7-2　　　　　　　　我国 2010 年民办本科院校情况表

	学校名称	升本时间	创办人	创办人身份
1	仰恩大学	1994 年	吴庆星家族	华侨

---

[1] 潘懋元：《我国高校产权制度改革的若干问题——兼论公、民办高校产权问题》，《教育发展研究》2005 年第 7B 期。

[2] 汪明义：《民办高校的高层管理模式探索》，《科学中国人》2007 年第 12 期。

续表

	学校名称	升本时间	创办人	创办人身份
2	黄河科技学院	2000 年	胡大白	高校教师
3	上海杉达学院	2002 年	袁济等	高校教师
4	三江学院	2002 年	陶永德等	高校教师
5	浙江树人大学	2003 年	集体	高校教师
6	黑龙江东方学院	2003 年	孟新等 4 人	高校教师
7	西安培华学院	2003 年	姜维之	高校教师
8	北京城市学院	2003 年	傅正泰等	高校教师
9	吉林华桥学院	2003 年	秦和	归国高知
10	西京学院	2005 年	任万钧等	高校教师
11	宁夏理工学院	2005 年	公办职大转制	
12	武汉生物工程学院	2005 年	余毅	实业者
13	西安欧亚学院	2005 年	胡建波	高校教师
14	广东白云学院	2005 年	谢可滔	实业者
15	广东培正学院	2005 年	校友集体	
16	江西蓝天学院	2005 年	于果	实业者
17	南昌理工学院	2005 年	邱小林	实业者
18	烟台南山学院	2005 年	南山集团	实业者
19	青岛滨海学院	2005 年	韩方希	高校教师
20	安徽新华学院	2005 年	新华集团	实业者
21	湖南涉外经济学院	2005 年	猎鹰集团	实业者
22	长沙医学院	2005 年	何杉彬	实业者
23	辽宁对外经贸学院	2005 年	集体举办	
24	西安外事学院	2005 年	黄藤	高校教师
25	西安翻译学院	2005 年	丁祖怡	高校教师
26	上海建桥学院	2006 年	周星增	实业者
27	河北传媒学院	2007 年	精英教育	实业者
28	天津天狮学院	2008 年	天狮集团	实业者
29	宁波大红鹰学院	2008 年	集团举办	实业者
30	浙江越秀外国语学院	2008 年	合作举办	实业者
31	安徽三联学院	2008 年	三联集团	实业者
32	闽南理工学院	2008 年	华景集团	实业者
33	山东万杰医学院	2008 年	鲁商集团	实业者

续表

	学校名称	升本时间	创办人	创办人身份
34	潍坊科技学院	2008 年	集体举办	
35	山东英才学院	2008 年	杨文夫妇	高校教师
36	郑州华信学院	2008 年	华信集团	实业者
37	郑州科技学院	2008 年	股份制	实业者
38	海口经济学院	2008 年	海瑞教育	实业者
39	西安思源学院	2008 年	周延波	高校教师
40	陕西国际商贸学院	2008 年	步长集团	实业者

资料来源：根据网上资料整理，可能存在一些出入，仅供参考。

二是董事会的人数和结构不合理，影响其职能的作用发挥。

《民办教育促进法》虽然规定了民办高校的决策机构为董（理）事会或其他形式，对民办学校董事会的人数下限作了规定，但没有上限规定和结构规定。举办者往往根据自己对学校控制的需要来确定董事会的组成人数。据45所民办高校的调查，董事会成员最少的7人，最多的25人。董事会人数的多少差异很大，实际上反映了举办者对学校决策权的诉求。对董事会成员的其他事项诸如学历、德行等具体条件、近亲属关系或关联关系回避以及决策机构成员的法律责任等原则性的要求一概没有涉及。

许多民办高校董事会的架构也表现随意。比较普遍的情况是，董事会成员按照传统企业董事会的组成方法，按实际投资资金的多少组成董事会，分配话语权。举办者比例过高。调查显示[①]，目前举办方代表在学校决策机构组成人员中所占的比重是比较高的，其中董事会成员中举办方代表在3—5人的学校占到了55%以上，举办方代表在6人以上（含6人）乃至全部董事会成员都为举办者及其代表的学校也占有一定比例。一些独资或个人举办的民办学校采取家族式董事会，董事会的成员都属于董事长的亲朋好友，董事长和副董事长等主要成员都由举办者及其家族成员担任。举办者代表过多，势必忽略利益相关者参与管理的必要性、可能性和积极性，为家族化管理提供了方便。

三是董事会职责分工不明，董事长与校长"争权"现象和矛盾仍严

---

① 董圣足、黄清云：《我国民办高校董事会制度的重构》，《黄河科技大学学报》2010年第4期。

重存在。根据《民办教育促进法》及其相关法律规定，董事会的总体职能可以大致分为三个方面：第一，对学校重大事务进行决策。董事会为学校制定总的发展战略和政策，确定学校的发展方向，不干预学校日常的行政管理；第二，选聘和监督学校校长。董事会监督学校管理层的工作绩效，特别是校长个人在学校发展中做出的业绩；第三，筹措学校办学经费。董事会应负责学校的资金筹措，补充学校办学经费的不足。而校长的职责在《民办教育促进法》及其相关规定中也得到明确，全面负责学校日常的教学与行政管理事务。董事会作为民办高校的最高决策机构，对学校的发展规划和经费预算等拥有正常的职权，董事长只是主持董事会的日常工作，本身并无决策权力。民办高校董事会与校长之间的关系为委托—代理关系，校长的职权除了法律规定外，主要来源于董事会章程的规定和董事会的授权。理论上，董事长与校长之间的职责应该基本是清楚的。民办高校中董事长与校长都应该为学校的发展和教学质量的提高承担责任，在这一点上两者的利益是一致的，因此两者之间合作得好的学校也不在少数。据调查，近年来民办高校董事会与校长之间的矛盾总体呈现缓和趋势。

但是，由于董事长与校长不仅仅分属两个角色，更重要的是两者在学校中的发展、责任和利益诉求的差异，因而在学校决策的地位和理念导向上容易产生矛盾。特别是在一些民办高校中，董事长有意或无意、自觉不自觉地模糊董事长与校长的职责划分，使学校决策和发展的权限尽可能多地向自己倾斜，董事长更多地分享校长的权力。在现阶段，董事会与校长之间的矛盾实质就是董事长与校长之间的关系。校长虽然来自董事会的聘请，但是许多学校董事长与校长之间并不熟悉，缺乏相互的沟通与了解，磨合时间也不够。许多学校名义上是校长负责制，实际上对校长缺乏必要的信任和尊重，有些学校的董事长出于担心学校完全被外人（校长）掌握，常规住校，每每走到学校领导工作的前台，"指导"学校工作，对学校进行全面操纵，过多干涉校长的教育教学权，导致校长被忽视或架空。有的学校索性招聘一个名人的"挂名校长"，以两院"院士"和著名教授等"学术名人"居多，弄个虚职，不需要上班，挂个名、付点钱就好，避免校长抢权等内部矛盾问题产生，而自己代替校长行使职权。

在实际运行中，董事长和校长职责不清的表现一般有两种。

第一种是学校董事长的权力过大，过多干预学校事务。举办者（或通过董事会）聘用了甚至是教育界的名流当校长后，给予的经济待遇都不低，特别是校长待遇，一般都远高于公办高校校长。希望通过提高薪酬待遇招揽人才，笼络人心，并将自己的办学理念融入校长的行为，希望将校长变为"自己人"，校长只是受委托管理董事长认为"应该"管好的事务。对于办学中一些"擦边球"甚至违规行为，对于学校一些核心事务，如学校经费使用、学校人事安排、重大事件处理等方面，则主要由董事长"亲自"打理。这种情况往往发生在那些出资者是非教育人士，或无教育界工作经历，自身的条件限制不能直接兼任校长，但对办学又有一系列独特主张的出资人身上。这种治理结构久而久之会导致校长与董事长之间矛盾激化，并直接导致以下两类情况的发生。第一，校长沦为摆设，董事会全面控制学校，校长不能履行职权，学校的办学质量和社会形象受到损害。第二，矛盾重重，校长辞职。在实际工作中，也有一些民办高校校长坚持自身的办学理念，对董事长违背办学规律的状况或者采取在控制校长权限的方法，感到难以沉默，主动炒董事长的"鱿鱼"。校长的不断更换会使学校的办学理念不稳定，难以提高办学质量，损害学校的健康稳定发展。民办高校领导的流动率大大高于公办高校，这一方面固然是民办高校领导年龄普遍较大，工作难以坚持；另一方面，董事长与校长之间的矛盾也是一个重要因素。笔者在参加教育部评估中发现，某民办高校5年就有10余位校领导先后离校，主要原因是"校长与董事长办学理念严重违背"。这不能不严重地影响到办学稳定的问题，过多的人事之间矛盾处理和磨合，分散了领导精力，教学质量更是难以提上学校工作中心地位。特别是以投资者身份担任董事长的，在与校长之间处理问题时，前者往往基于经济利益的考虑，后者更多地从教育规律的角度出发，容易引发决策的冲突。如有的民办高校的投资者担心国家政策的变化会对投资前景产生影响，于是想通过各种手段尽快收回投资，而要求校长千方百计扩大办学规模，忽视了生源质量。偏重资金短期回收的可能性，忽视教育质量生成时间的长期性。这样董事长与校长办学观念上就可能产生矛盾冲突。广东某民办学院原院长何某，就是在招生规模上与董事长难以协调，最后愤然辞职。

第二种情况是，有的学校校长权力过大，使董事会难以监控校长，对学校的重大决策失去控制。这种情况一般发生在老板出资办学主要是为了名誉，对教育本身没有什么见解，把房子一盖，请来德高望重的校长后就算万事大吉①，以高度信任和尊重校长代替学校章程，一切由校长说了算。董事会则形同虚设，只不过是一个门面而已。由于我国民办教育立法滞后于民办教育实践的发展，在民办教育发展初期，设立了董事会的民办高校，其校董会的运行完全靠学校自行运作，缺乏严密的法律规定。《民办教育促进法》虽然分别规定了董事会与校长的职责，但关于如何保障校长和董事会的权力运行，法律上并没有明确的规定，造成民办高校董事会运作出现权力划分不确定的实际状况。

重庆海联职业技术学院曾经发生校长反客为主的案例。据报道，1997年重庆美丽殿物业发展公司实际负责人熊明刚在重庆市渝北区宝圣湖旁购买了250亩土地，用于兴建一个"美丽殿度假中心"。但在1999年5.58万平方米的房屋建成后，受到了亚洲金融危机银根紧缩的影响，企业决定改变房屋的用途用作办学，兴办一所学院。在学院筹建告一段落后，熊明刚将该学院的资产监管等交给其弟弟熊明强管理，并聘请安徽合肥人凌霄任院长。但其弟此前几年一直忙于生意、疏于管理。熊明刚坦承，实际上熊氏家族对海联学院的管理一直处于失控状态。2001年2月的海联学院《章程》中，就出现了"重庆海联学院是由凌霄先生亲自筹资创建的"的字样，并从2001年起，凌霄多次寻找买家，准备出售学校，引发举办权争议。法院多次明确裁决其美丽殿公司拥有重庆海联职业技术学院的全部产权，与案外人凌霄无关。熊明刚手持重庆市高级人民法院的几个判决和裁决，称自己"连校门都进不了"，其高达7亿元的巨额资产被霸占多年，自己无法行使投资人权利，还被黑恶势力打伤；而时任重庆海联职业技术学院院长凌霄称，自己才是该学院的产权所有人，熊明刚与该学院无关。② 2009年11月，根据重庆市高级人民法院（2009）渝高法民执字第183—3号至215—3号民事执行裁定书和重庆市人民政府的相关决定，西南政法大学取得重庆美丽殿物业发展有限公司全资拥有的重庆海联职业技术学院的所有者投资权益。整体拍卖参考价为15400万元，西南政法大学作为投资者和举办者依法对重庆海联职业技术学院进行管理，此事才算告一段落。

---

① 张博树、王桂兰：《重建中国私立大学：理念、现实与前景》，教育科学出版社2003年版，第210页。
② 程维：《国内第一例高校拍卖案在渝推迟》，《第一财经日报》2009年7月3日。

可见，如何正确定位董事长和校长之间的职权，规制双方的行为，维护双方的权益，意义重大。

四是董事会制度不健全，机构虚设，功能丧失。许多民办高校成立董事会，往往是为了应付上级的需要，如学校设置、各类评估和许可领证年检等。在第二轮新建本科院校评估体系中，已经将民办本科院校内部管理体制作为考核要求之一，对民办高校董事会制度建立有促进作用。但是一些举办者为了实施对学校的控制，董事会往往是摆摆样子。董事会的职能不清晰，不健全，不落实，基本上没有作用发挥，学校一切大事任由少数人把持。董事一年开次把会议，大家见面握个手、寒个暄、喝个茶、吃个饭。你好我好，奉承一番，说说好话就算完事，对学校情况的了解任由董事长或校长说了算，"董事"不"懂事"。现有法律规定民办高校董事会是委员会制而不是行政长官制，董事会是民办高校的决策机构，这本身意味着董事长有权召集董事会议，但不能独自行使董事会集体拥有的决策权。举办者只能通过参加校董会工作来行使权力，而不能以个人身份直接干预学校的管理工作，影响正常的教育教学活动。但是实际运作中往往却并非如此。由于董事会运作实施会议制，而董事会一年只开一两次会议，董事长成为董事会的常务代表，因此，董事长往往掌握学校决策的最大权力，甚至干预日常工作。在一些举办者集体性质的民办高校也有这种情况。在民办高校的具体实践中，由投资形成的民办高校，出资人通常是董事长和法人代表。而在滚动发展的高校中，创办人通常是董事长和法人代表，有的民办高校董事长往往以出资人、创办人的身份行使权力，把董事会作为一个咨询或顾问机构，这是对董事会的严重侵权行为，也是对其他董事决策权的侵犯。①

五是董事会监督机制普遍缺失。校长在董事会领导下工作，并接受董事会的监督。但是谁来监督董事会呢？实际上，许多民办高校董事长或校长大权独揽，缺乏制约和监督，这种现象在民办高校时有发生。由于"《民办教育促进法》及其《实施条例》在借鉴公司制下的董事会制度时，概念还不清晰，如何组织民办高校的董事会，还比较模糊，缺乏细节规定，导致民办高校内部治理结构的设置方面存在着严重缺陷。民办高校举

---

① 袁振国、周彬：《中国民办教育政策分析》，中国社会科学出版社2003年版，第148页。

办者、董事会、校长和其他利益相关者之间,不仅规范不够,权利、义务或责任设置不合理,而且缺乏权力制衡关系。在实践中,有的民办高校存在着'家族式'的管理,以一个'领袖'式的人物为核心,是典型的'人治',董事会徒有虚名。这种'一人专权'不仅难以保障教育的公益性及其持续发展,而且还容易侵害到中小出资者及其他相关者的权益。这是目前我国民办高校内部治理中矛盾比较多的主要原因,也是部分民办高校不顾教育规律,盲目追求'规模效益',以牺牲办学质量为代价,拔苗助长的原因之一,同时,还为有的民办高校通过各种手段侵吞办学资产、中饱私囊创造了有利条件。即使那些一心将举办民办高等教育作为一项事业的举办者或管理者,也因缺乏必要的制约而很难避免在重大决策上的盲目性、随意性"[①]。由于早期法律并没有规定民办高校董事会必须设立监督机构和监督机制,导致有些民办高校内部监督机能的缺失,使一些非主导型的投资者,经营管理者和广大的师生员工的合法利益得不到保证,这种利益不仅限于工资报酬,还包括了民主管理权、专业发展权和知情权等。

除此之外,目前民办高校董事会还存在两个普遍的问题:

首先,董事会中几乎没有普通教师和学生的份额。目前,民办高校董事会结构中一个明显的缺陷,就是教职工代表几乎没有,学生代表就更没有可能,这与许多国外私立大学的董事会构成形成巨大反差。这种构成方式没有很好地考虑教育者的利益,也没有考虑被教育者的利益,忽视了教师和学生作为教学活动参与者的权利。教师、家长和学生都没有正当表达自我利益与权利的通道,没有参与决策的资格。这种现状造成学校管理视野狭隘、观念陈旧、缺乏开拓精神,且学校重大事项决策缺少民主程序,容易导致学校考虑经济利益重于考虑教育质量,考虑举办者利益重于考虑师生员工利益,学校决策可能出现片面和失误,滋生腐败,并可能发生严重损害学校师生的根本权益的事件发生。

其次,董事会成员中名人化倾向严重。长期以来,在我国教育体制中公办高校一校独大,民办高校的社会认同度低。为了提高学校知名度,减轻政府对学校发展的干预,争取政策空间和社会资源,董事会在选聘校外

---

① 巩丽霞:《民办高校内部管理机制的法律思考》,《教育发展研究》2008 年第 5 期。

董事时往往考虑具有较高社会名望的人担任董事,如退休的政府官员,大学的退休领导和名教授,甚至中科院院士等。中国是个有着官本位传统的国家。名人总是跟权力有关。① 民办高校创业艰难,请名人进入董事会,可以带来很多好处:如有助于提高社会信任度;教育行政部门审批时,可以增加获批因素;有利于争取更多赞助;遇到麻烦可以请名人帮忙等。董事会成员的名人化,对民办高校的发展可能会发挥正面作用,但也可能会带来负面影响。如有的名人年事已高,很少来学校做实质性了解和指导,仅在开学典礼中象征性地露脸;有的名人事务繁忙或社会兼职过多,难以真正地关注学校的发展,名不副实;名人往往来自政府部门和公办高校,对民办高校的认可度低,对民办高校办学的基本情况不了解,往往以公办高校的心态和方法看待民办高校办学中出现的问题,致使学校办学创新不足、保守有余,有时还可能会由于名人在场而干扰教育行政部门的正常工作,因而导致社会不公或腐败行为的发生。

总体来看,我国民办高校董事会尚待努力。"机构虚设、成员虚构和职能虚化"的三大问题尚未解决,严重制约了学校的科学决策和可持续发展。

三 民办高校校长队伍的建设尚待加强

形成和确定什么样的学校内部治理体制,同办学主体的构成情况有密切关系。我国民办高校办学主体多样化,领导体制也呈现出多样化特点。不同的办学主体情况应有不同形式的学校领导体制,不应只强调一种体制,不应一刀切。但是,无论采取什么形式,都必须具有以下共性:(1)要有熟悉高等教育管理、有健全的民事行为能力、能承担法律责任的法人代表;(2)要有方向明确的科学、高效的决策机构;(3)要有相对独立的精干高效的管理指挥系统;(4)要有民主参与、民主监督的机制;(5)各职能机构要形成各尽其能、相互配合的合力。总之,民办高校必须建立一种有利于造成自主办学、自我管理、自我发展、自我约束、

---

① 张博树、王桂兰:《重建中国私立大学:理念、现实与前景》,教育科学出版社 2003 年版,第 107—109 页。

高效运行和充满活力的领导体制。①

校长与董事会本身分属于两个不同的角色。以校长为代表的民办高校决策执行和学校运行团队，是民办高校的"办学者"，直接肩负着培养社会主义事业接班人和现代化事业建设者的重任。虽然投资者的资金而产生的校产所有权和控制权对于办学具有一定的制约作用，但是办学者的办学理念和责任感将对办学的方向、目标和结果产生重大的直接的影响。一所成功的民办高校必定是一位优秀的校长为之奉献的成果。

目前我国民办高校校长主要由五类人员组成：一是从公办高校的退休院（校）长，这类人员在民办高校发展初期占大多数，2010年以后逐渐减少。一方面，民办高校办学历史短，管理成员的成长有一个过程，自身培养学校领导有一定的难度。公办高校的退休院（校）长熟悉高校管理，进入岗位快。另一方面，公办高校退休的校领导多多少少有一些社会资源，具有较好的管理经验和管理能力。由这样一些人担任民办高校校长职务，在学校内部容易建立校长权威，也比较容易获得社会的认可。二是社会名流或教育行政部门退休的领导干部。主要也是以个人名望和社会资源为依托，与前者相比所缺乏的是高等学校的管理经验。三是名人"挂名校长"，只挂名，不负责，没有实质性发挥作用。产生这种情况的部分原因可能是举办者或者学校的实际掌控者不愿意出让实际权力，而自身可能还不"够格"当校长。四是由学校的举办者或其亲属兼任。举办者或亲属可能也有高校管理工作的经历和经验。五是学校办学过程中成长起来的本土校长，比较多的是举办者的儿女或配偶，这部分校长目前为数很少，这几年有增加趋势。当然也有少部分本土成长起来的校长。民办高校校长队伍来源较为复杂，职业背景差异很大，年龄结构、知识结构和专业结构等不尽相同，专业化程度相对较低。

民办高校校长地位独特。与公办高校领导体制不同，校长实际上是民办高校内治理的领导核心。对于一些原来并没有涉足高校管理的举办者来说，管理民办高校并不是一件容易的事情。这一方面是管理的经验、能力和水平，另一方面还在于管理的社会认可度。如果一个无任何高校管理经历和经验的人来治理民办高校，既不可能治理得好，社会也不一定会认

---

① 陈宝瑜：《试论民办高等学校领导体制问题》，《国家高级教育行政学院学报》2000年第3期。

可，也就不一定能吸收到丰裕的考生就读。因此，民办高校在举办的过程中都十分注重校长的选聘。

从《民办教育促进法》到国务院办公厅下发的《关于加强民办高校规范管理，引导民办高校教育健康发展的通知》和教育部 25 号令，校长的职责、任职条件和权益规定越来越明确。教育部 25 号令明确规定，"民办高校校长应当具备国家规定的任职条件，具有 10 年以上从事高等教育管理经历，年龄不超过 70 岁。校长报审批机关核准后，方可行使民办教育促进法及其实施条例规定的职权。校长任期原则上为 4 年。报经审批机关同意后可以连任"。校长既是董事会决策的执行者，又是学校决策执行团队的带头人。校长根据董事会的决策领导和设计学校运行的各项工作，对上为董事会负责，对内为学校负责。因此，民办高校校长责任重大。另外，董事会选拔、聘任校长的制度也在探索，各自权力划分逐步清晰，校长工作的环境日渐好转，一批民办高校原生的年轻校长队伍正在成长，承担着学校建设和发展的领导重任。许多办学质量和社会影响比较好的民办高校，其校长的领导能力和个人品格魅力也得到社会的认可，在高水平民办高校建设中发挥积极作用。据我们调查，近 10 年民办高校校长的平均年龄已由 64 岁左右下降到 56 岁左右。许多民办高校在选拔校长时，还注意征求学校内部职工和上级教育部门的意见，建立规范透明的选拔和聘任程序，为校长工作创造良好的条件。

除了一部分本身出自高等教育界的举办者自己兼任的以外，早期民办高校校长大都从公办高校退休和接近退休的领导中物色和聘用，特别是一些名牌大学退休的领导，更是成为民办高校高薪聘请的对象。公办高校退休和接近退休的领导，大都具有丰富的教学和学校管理经验，具备兢兢业业、为国植才的责任感和道德素质，可谓"德才兼备"。而且他们都有良好的"社会资本"，他们到民办高校以后，可以利用自己的"人脉资源"和管理经验，积极促进民办高校各项事务的解决。聘任他们担任校长，对于保证学校的规范运行，提高民办高校管理水平，提高民办高校的育人质量和社会认可度，争取社会支持，起到了非常重要的作用。

表 7-3　　　　部分早期创建的民办高校董事会和校长情况

单位	董事长	原单位	实际执行人	原单位
浙江树人大学	王家杨	杭州大学校长	周春晖	浙江大学副校长

续表

单位	董事长	原单位	实际执行人	原单位
海淀走读大学	刘达	清华大学校长	傅正泰	清华大学教师
黄河科技学院	胡大白	郑州大学教师	胡大白	郑州大学教师
江苏三江学院	钱钟韩	南京工学院院长	陶永德	东南大学教务处处长
上海杉达学院	李储文	中国福利会副主席	袁济	上海交大科研处处长
黑龙江东方学院	黄枫	黑龙江省副省长	孟新	黑龙江省教育厅副厅长
西安培华学院	王宏基	西北工业大学教授	姜维之	培华高级职业学校校长

表7-4　　浙江树人大学建校至今历任校长的原任职务情况

第一任	1985.04—1990.02	周春晖	浙江大学副校长
第二任	1990.02—1994.02	邓汉馨	浙江工业大学校长
第三任	1994.02—1998.08	王家扬	杭州大学校长，省政协原主席
第四任	1998.08—2000.04	陈子元	浙江农业大学校长、中科院院士
第五任	2000.04—2005.07	陈子元（2003年2月卸任），朱玉（2003年2月接任）
第六任	2005.07—2010.06	朱玉	浙江师范大学校长、省政协原常委
第七任	2010.07—2012.09	陈昭典	浙江医科大学校长、省政协原副主席
第八任	2012.10—	徐绪卿	浙江树人大学原副校长

由举办者亲自兼任民办高校校长，不太符合董事会组织所有权和经营权分离的基本要求，精力上也可能顾不过来，并且有一些举办者因为不懂教学原理，不能按高等教育规律办事，过分追求办学的经济效益，往往使学校偏离正确的办学方向。研究表明非高校出身或无高等学校工作经历的举办者兼任校长的民办高校，成功者寥寥无几。

从公办高校退休领导中选聘的校长，是当下民办高校较为普遍的做法，为解决民办高校校长资源不足提供了上佳的路径，但是近年来的实践也发现了有些不足。一是有的民办高校校长到任后，观念难转变，办学凭经验，惯于"公办"思维，缺乏市场意识，不善经营管理，导致学校资源枯竭而难以为继，结果事倍功半，效果不佳。民办高校是一个特殊的高等教育办学组织，其生源和公办高校存在重大差别，民办高校和公办高校的教师队伍结构也有很大的不同，民办高校与公办高校的管理体制也应有很多差异。因此，单纯利用公办高校的治校经验很难治理好民办高校。二是有些公办高校领导，在位时对民办高校的认可度就不高，关心程度不够，不了解民办高校的特点。到民办高校任职后，不能很好地从实际情况出发，在学科建设、专业发展、教育教学以及管理模式上，照搬照抄公办高校的思路和做法，也使得民办高校难以形成自身特色，未能有效发挥民办体制、机制的优势，导致学校缺少应有的生机和活力。三是部分公办高校领导来民办高校担任校长，年龄偏高，自身体力、精力不济，虽工作勤勉，但观念陈旧，不思变革，创业不足，守业有余，学校发展缺乏应有的闯劲和活力，致使学校错失了发展良机。有些学校的校长身体欠佳，长期病休，难以适应大学校长这一需要较高体力和精力的岗位要求。四是有一些民办高校聘请名人担任院长，如中科院院士、政协副主席等，不需要上班，一年来一两次就可以，对学校不负任何责任。导致校长这么一个举足轻重的岗位虚设、责任悬置。以上情况不同程度存在民办高校。近几年来来自公办机构的校长因为不适应民办高校的工作环境、不能很好地处理和协调学校内外的各种关系、从而不是主动辞职就是被动解聘的不在少数。这个问题应该引起我们的高度重视。

有研究者将民办高校校长与董事会的关系归纳为六种类型，① 颇有见地：

第一种是关系正常的董事长与校长紧密合作型。董事会运作规范，校长强而有力，双方都遵守既定的游戏规则，建立起了出资者与操作之间较为健康的良性互动关系。董事会实行宏观层面的领导，对重大问题做出决策，而不过问学校的具体事务，主要是为各学校配置资源、优化资源配置、提供优质的管理服务。

第二种是关系不太正常的董事长面面俱到型。主要表现为董事长对校长工作放心不下、干涉过多，双方职责、权限不清。企业老板真诚办学的用心不用怀疑，他们的主张也不乏真知灼见，但却时常与学校的实际操作者——校长搞不好关系。产生这种情况的主要原因是董事长对校长不够尊重，"外行"领导"内行"，习惯于办企业时全盘抓，对校长指指点点。

第三种是关系极不正常的董事长独裁专断型。董事长对校长既缺乏信任又缺乏尊重。这种情形尤其可能发生在那些"出资者"本身非教育界

---

① 黎利云：《民办学校董事长与校长关系类型简析》，《湖南涉外经济学院学报》2005年第2期。

人士，或无教育界工作经历，但对办学又有一系列自以为是的独特主张、甚至叛逆性见解的"老板"身上。老板们往往想采取各种措施尽快收回投资，片面追求经济效益，急功近利，搞瞎指挥。这只会导致有气节的校长主动炒老板的"鱿鱼"。董事长往往采取把校长变为"自己人"的方法，或者采取在学校经费使用、学校人事安排、重大事件处理等方面多途径控制校长权限的方法，来保证自己对学校的实际控制，其直接结果就是校长的离职。

第四种是校长抱残守缺，董事长无可奈何型。由于校长的观念比较保守，创新意识薄弱，或习惯于耍权术、低效率的办法，董事长的办学主张得不到校长的理解，校长"贯彻"不力，导致董事长对校长不满，对校长的去留感到左右为难，只能另请高明。

第五种是校长一枝独秀的反客为主型。董事长对学校的管理欲望很弱而校长能力、权欲很强时容易发生这种情况。如果监控不力，学校会成为品行不佳的校长谋取私人利益的工具，使学校远离教书育人的发展方向。

第六种是董事长与校长合二为一型。这是比较极端的情况。出资者与办学者是一人，出资者既是董事长又是校长。老板作为董事长，还要亲任学校的校长，这就意味着学校从战略方针的制定到具体方案的实施，都是老板一个人说了算。

当前民办高校校长队伍建设存在三个方面的主要问题：一是队伍老化，事业后继乏人。虽然近几年来情况有所好转，但是队伍老化的情况还是严重存在。校长从公办高校退休校领导中聘任的情况还是非常普遍。有的民办高校甚至60岁以下的学校领导空白。70岁及以上的民办高校校长也还不少。总体来看，年轻的校级领导数量太少，亟待培养和锻炼。二是校长队伍的专业性差，管理缺乏创新。由于年龄偏大，多年以来一直在公办高校从事管理工作，对民办高校的办学实际不熟悉，管理工作中照搬照抄原来公办学校的比较普遍。守摊子的多，听从举办者意见的多，从学校实际出发，在管理中敢于探索、创新和改革的比较少。三是职能不分，办学权不落实。民办高校校长的办学权是法律赋予的，但是民办高校校长中似乎明确和运用这一规定的不多。民办高校校长的职能，往往是董事长分配的，给多少是多少。每当校长与董事长出现分歧和纠纷时，往往是董事长炒校长的"鱿鱼"，校长的自主办学权和相关权益得不到保障，影响了学校管理的规范性和制度化。

四 民办高校的党组织作用尚待发挥

斯坦福大学荣誉校长卡斯帕尔指出，大学要成为有效的竞争者，有效的管治结构很重要。这种管治结构不但要发挥垂直体系的功用，还要发挥平行体系的功用；除了发挥上层的主动性，还要发挥院系一级的主动性；而且大学校长要敢于并善于决策。如果大学要提高质量，垂直关系和平行关系就必须走到一起。① 尽管民办高校党组织与公办高校党组织的职能不同，但是作为学校重要的"并行关系"机构，在民办高校的运行和发展中起着重要的不可或缺、不可替代的作用。许多办得成功的民办高校往往是党政团结、协调一致、共同努力的结果。2006年12月中共中央组织部和教育部党组下发《关于加强民办高校党的建设工作的若干意见》（教党〔2006〕31号），对推动民办高校加强党建工作，提高加强民办高校党建工作的重要性和紧迫性的认识，健全组织，理顺关系，明确民办高校党组织的作用和职责，加强民办高校党组织自身建设，加强和改进民办高校大学生思想政治教育和维护民办高校安全稳定，努力建设和谐校园等方面，起到了良好的作用。2016年12月，中共中央办公厅又下发《关于加强民办学校党的建设工作的意见（试行）》的通知。事实证明，加强和改进民办高校党的建设和规范管理，是保证民办高校坚持社会主义办学方向，促进民办高等教育健康发展的需要。民办高等教育是我国高等教育重要组成部分，同样担负着培养社会主义现代化事业建设者和接班人的重要责任。加强和改进民办高校党建工作，规范民办高校管理，对于全面贯彻落实党的教育方针，坚持社会主义办学方向，促进学校改革发展；对于不断提高人才培养质量，提高教育教学水平，加强学校管理、推进科技创新；对于加强和改进思想政治教育工作，维护学校的稳定与和谐，促进学校全面、协调可持续发展；对于巩固党的阶级基础、扩大党的群众基础，加强党的执政能力建设和先进性建设，具有重要而深远的意义。

由于我国民办高校特有的发展历史环境，民办高校党组织的作用一度被遗忘，甚至有的民办高校党组织挂靠问题也不落实。经过多年努力，民办高校的党组织建设普遍受到重视，地位和作用也在逐步确立。而在董事

---

① 高焦：《启迪领导智慧憧憬大学未来》，《人民日报·海外版》2002年10月28日。

会领导下的校长负责制背景下,如何建立健全党组织,充分发挥党组织的作用,本身也是一个有待探索和创新的课题。近几年来,一方面,管理部门加强指导,明确规范,先后下达多个文件加以引导。另一方面,随着学校规模的扩大和内部和谐稳定的需要,民办高校党组织的作用和地位日渐显现,在坚持正确的办学方向、加强学校思想政治工作,稳定校园、团结职工、凝心聚力等方面,发挥重要作用。

当前民办高校党的建设存在的问题主要表现在以下几个方面:

第一,党建工作的文件还不清晰,还存在一些模糊区。

新修订的《中华人民共和国民办教育促进法》第一章增加一条,作为第九条:"民办学校中的中国共产党基层组织,按照中国共产党章程的规定开展党的活动,加强党的建设。"这就从法律上确定了党在民办学校中的地位。中共中央办公厅印发《关于加强民办学校党的建设工作的意见(试行)的通知》(中办发〔2016〕78号),强调"支持和规范民办教育发展,要坚持和加强党对民办学校的领导,设立民办学校要做到党的建设同步谋划、党的组织同步设置、党的工作同步开展,确保民办学校始终坚持社会主义办学方向"[①]。明确了民办学校党建工作的基本要求。这些文件,为加强民办高校的党建工作,提供了法理基础和工作依据。

但是,迄今为止的相关文件,总体来说还是宏观性有余,操作性不足。对民办高校党建问题也只是作了原则性阐述,具体要求和操作规范较少。中共中央办公厅印发《关于加强民办学校党的建设工作的意见(试行)的通知》(中办发〔2016〕78号)尽管对党建相关环节和重点工作提出了要求,但文件内容有待于落实,同时文件本身还存在一些模糊区,有待于在实践中进一步完善和补充。

第二,党建工作的规范性有待加强。

目前民办高校党建工作的开展还没有一种较为成熟完善的理论指导模式或工作实践模式。与公办高校相比,民办高校党建工作难度比较大。表现在:党员人数少而分散,基层组织难设立;党员来源复杂,流动性大,组织关系难理顺;党员管理难度大等,以上原因在一定程度上影响了民办高校党建工作的正常开展。因此,民办高校既要借鉴公办高校的成功经

---

① 新华网:《习近平主持召开中央全面深化改革领导小组第二十三次会议》,http://news.xinhuanet.com/politics/2016-04/18/c_1118659626.htm。

验,又不能生搬硬套,要从实际出发,在实践中加以探索与研究,结合自身特点创造性地开展工作,促进民办高校党建工作规范化。

第三,党建工作的队伍较弱。

按照党章规定,基层党组织负责人由民主选举产生,经上级党组织批准。《意见》强调指出:民办高校党组织负责人应按照有关规定选举产生,并报上级党组织批准。学校党组织负责人工作变动时,须征求上级党组织的意见。在实际操作中,民办高校领导实行聘任制,党组织主要负责人的选拔考核难以落实,真正通过召开党的代表大会选举产生的非常稀少,相当一部分都是任命制。中组部和教育部党组〔2006〕31号文件下发以后,各地陆续出台了向民办高校"派遣"党委书记的文件,进展顺利,但是各地工作不平衡,有的地方并没有实施。工作机制也有待建立和完善。甚至有部分民办高校的党组织负责人未能进入校董事会。目前,民办高校党群机构大多采用合署办公或两块牌子一套班子的方式,绝大多数民办高校是校办党办合一、组织与人事合一、学工部与学生工作处合一等,这种以行政代替党建的工作方式本身也有一些问题。专职党群工作机构不落实,专职人员偏少,队伍整体较弱,工作落实困难。

第四,党组织的作用发挥存在差距。

目前,民办党员发展规模相对滞后。据笔者了解:浙江省74所高校学生党员比例为11.1%,其中研究生49.42%,本科生13.62%,专科生4.58%。以党建工作走在全国民办高校前列的浙江树人大学为例,经过多年的努力,学校的学生党员比例为7.9%,这一比例在民办高校中已属于较高了,但跟全省平均水平比仍有较大差距,比全省平均水平低30%,其他民办高校的这个数字还要大大低于高校学生党员数的平均水平。有的省份(如山东等地)民办高校发展党员的"指标"更少。由于民办高校党员数总体偏少,特别是学生党员数偏少,理论水平偏低,党员意识不够强,导致学生党员在群众和集体中发挥的先锋模范作用不够,学生党员的整体影响也不明显。在校园中活跃的各种群众性社团活动和各项校园文化活动中,学生党组织的声音较为低沉,学生党员在各种学生活动中发挥的作用有限。教师党员则忙于完成各种教学任务,真正在学科建设、专业建设、师资队伍建设等方面还没有形成一个整体的党员队伍的形象。相关文件虽然明确了民办高校党组织作用和职责,但在实际工作中,党组织在民办高校的作用发挥受内外因素的影响,操作有难度。

第五,党组织参与民办高校治理的机制尚待探索。

从理论上讲,党组织参与民办高校治理是没有问题的,许多民办高校的举办者和办学者都是共产党员,组织观念应该没有问题。但是在涉及一些学校发展的具体问题上,在涉及一些办学效益的分配上,在涉及一些学校发展的责任和权利问题上,或多或少会带来一些利益冲突,致使党组织参与治理的责任和任务难以落实。如何发挥党组织的优势,构架党组织参与治理的工作机制,探寻党组织参与治理的合理路径,还有许多工作要做。

五 民办高校教职工参与治理作用弱化

从产权方面理解,教职工没有参与投资(出资),按照一般经济领域治理结构的安排,没有参与治理的资格。但是正如前面所阐述的那样,学校工作有其特殊性,大学教职工尤其是教师参与学校工作,实际上也是一种智力投资,某种程度上也是一种知识产权的投入。民办高校是物力资本所有者和人力资本所有者之间形成的一系列契约关系的载体和结果①。并且,人力资本是高等学校的核心资源,因此也应该具有参与治理的资格和权利。这正是民办高校产权与一般经济组织产权最重要的区别。

民办高校教职工参与治理,一般都经过教代会组织或工会组织的平台。民办高校教职工代表大会制度(以下简称"民办高校教代会")是指民办高校教职工民主选举产生的代表受全校教职工委托,对自己所在民办高校重大问题进行讨论、研究的制度。民办高校教代会是教职工参与学校决策、管理,维护自身合法权利的机构,依法保障民办高校教职工参与学校民主管理和监督,维护民办高校教职工合法权益。2012年1月1日教育部第32号令《学校教职工代表大会制度》规定,"民办学校、中外合作办学机构参照本规定执行"。《民办教育促进法》第二十六条规定:"民办学校依法通过以教师为主体的教职工代表大会等形式,保障教职工参与民主管理和监督。民办学校的教师和其他工作人员,有权依照工会法,建立工会组织,维护其合法权益。"经查询,目前省级层面有《陕西省民办高等学校教职工代表大会实施办法(试行)》(陕教工组〔2011〕15号)

---

① 张宏博:《中国私立大学有效经营的制度研究》,人民出版社2009年版,第40页。

和《湖南省民办学校教职工代表大会暂行规定》（湘教发〔2010〕30号）。

但是由于办学主体、治理结构等各个方面与公办高校存在诸多差异，民办高校教代会制度实践中始终很难执行到位。民办高校教代会制度很难适用原先针对公办高校制定的《高等学校教职工代表大会暂行条例》。由于没有适合民办高校实际的教代会制度，在实践中甚至出现了个别民办高校以制度欠缺为由，听任教代会流于程序和形式的情况。

相对而言，民办高校的民主管理制度建设滞后。按照相关法律法规规定，董事会成员中要有基层教师代表，但是大多数民办高校都没有做到，在学校重要管理机构中基层教师寥寥无几，仅仅有部分教师有机会参与到民主管理的组织中，对学校的管理进行监督，但是在这些组织中基本上领导占多数，教师的作用相当有限；参与到民主机构中的教师，由于惧怕强大的学校权力，所以顾虑重重也不敢提过于民主的要求，仅仅是提些无关痛痒的问题。[1]

不仅在董事会决策机构中难寻教职工代表的踪影，一些民办高校甚至连教职工大会的制度还没有建立，已经建立的职责也不明确，有审议权，无决议权。相当多教职工抱怨对学校工作没有知情权和发言权，相关意见沟通管道不通畅。这些问题严重阻碍了教职工参政议政和民主管理的积极性。一些民办高校职工比较自卑，雇佣思想严重，制约了教职工工作积极性、主动性的有效发挥。

建立健全以教代会为基本形式的民办高校民主管理制度，通畅广大教职工的利益诉求渠道，建立实施民主参与、民主管理、民主监督的平台，实现举办者、管理层、教职工的良性互动，对于充分调动民办高校教职工的积极性和主动性，提升广大教职工对所在学校的归属感、认同感，凝聚智慧、齐心协力，实现学校的健康科学发展至关重要。

当前民办高校教代会制度主要存在三个方面的问题：

第一，工会组织职能不健全。据陕西省教育工会网站发布数据，2010年在工会关系隶属省教育工会的17所民办高校中，仅有6所工会组织健全，有11所民办高校还未着手建立工会或存在没有专职工会干部、工会

---

[1] 左延彬：《论民办高校教师的权益保障》，硕士学位论文，河北师范大学，2010年。

经费难以到位、工会与其他党群机构合并办公的现象导致工会作用难以发挥。①

第二,教代会机构与制度建设不完善。缺乏具有一定刚性的制度,将使教代会职权在实际工作中的有效性大大降低,影响了教代会应有的地位和作用发挥。从调研结果看,民办高校教代会的召开率不到半数,而为教代会制定有关制度的就更少,因此教代会也有可能成为民办高校内部治理的花瓶——对外形象的一个摆设。

第三,教职工民主意识薄弱。教职工民主意识薄弱包含两个方面,一方面是领导层的理念不到位,对教师参与治理不信任,抱怀疑态度;另一方面是普通员工民主意识弱。一些员工存在雇佣思想,消极自卑,认为自己是"雇工",没有资格对学校工作"说三道四",或者认为学校事务与己无关,不想参与。多种因素造成目前民办高校教代会作用发挥不到位,教职工参与治理缺乏值得认可的平台。

六 民办高校内部治理的相关制度尚待完善

高校内部治理制度建设是我国高等教育法律体系的必要补充,在内容上也基本是在高校治理权限内对法律法规和行政规章做出具体的和执行性的规定。民办高校内部治理制度的建设和完善,对于协调和规范民办高校的各项日常活动,物化办学理念与组织文化于思想与行动,促进民办高校的科学化管理和实施依法治校等方面,都具有重要的意义和价值。在实际工作需要的推动下,经过长期努力,民办高校内部治理相关制度建设取得了一些进展。

首先是学校章程。经过几年的许可证制度实施和学校招生工作需要公开章程的要求,民办高校的章程逐步得到健全,并通过媒体向社会公布,其中包括了举办者的信息、学校的办学性质(是否取得合理回报)和实行何种治理体制以及学校停办以后的资产处理等。其次,普遍制定了规范的董事会章程。董事会章程是学校董事会的运作文件,包括董事会的构成依据和组成结构、董事会的主要职权和人员分工以及董事会的运作机制等。再次,学校内部管理的其他制度体系建设得到重视。很多民办高校中

---

① 陕西省教育工会:《建立健全民办高校教代会制度的调研与思考》,陕西思源学院教工之家网站,http://home.xasyu.cn/web/gh?path=newsshow&newsid=53。

建立了校务办公会议制度、党政联席会议制度、学术委员会工作制度、教学委员会工作制度、中层干部选拔制度和教职工代表大会制度等内部管理制度体系建设，为内部治理的完善和规范提供了条件。

当前民办高校内部治理制度建设和完善主要存在以下几个问题。一是认识不够，制度建设滞后。从许多民办高校的调查情况来看，关于内部治理制度的建设都不够重视。治理习惯于"人治"，领导的讲话就是制度，治理很随意，说到底还是传统的单向管理。制度在办学中的作用似乎不是十分重要。二是稳定性差，朝令夕改。一方面，民办高校领导和管理人员流动性大，不同的领导对制度的理解和规定有着自己的想法，换一个领导，订一个制度。另一方面，民办高校内部治理制度大多着眼于眼前的急用，疏于整体的、长远的制度设计。"与时俱进"，始终都在改动中，使各级干部不知所措，从而降低了制度的权威性。三是执行力差，缺乏监督和考核。民办高校机构精简，人员精干。对于制度的制定，急于满足工作需要和上级检查，可以理解，但是从许多学校的实际工作来看，制度的执行并不理想。学校在制度建设中，重制定，轻执行，弱考核，致使执行力大大降低，有的甚至根本不能发挥作用。出了问题才用制度说话。四是趋同性多，缺乏特色。制度是学校文化的载体。但是从调查的情况来看，许多民办高校制度建设没有特色，没有从自身的实际出发，而是照搬照抄公办高校或其他学校的制度，因此许多制度缺乏针对性和应用性，从而降低了制度发挥作用的效率和效益。

总体来看，制度建设也是民办高校内部治理中较薄弱的一个环节，值得重视和加强。

第八章　民办高校内部治理的机制创新

政府和上级党委在民办高校治理中处于主导地位，这是就民办高校外部治理而言的。而董事会领导下的校长负责制，校党委的政治核心作用和教代会参与的民主管理，构成了我国民办高校内部治理的基本框架，已经被我国民办高校普遍接受并实施，并在民办高校发展中发挥重要作用。但是就相关治理主体工作机制的完善和创新而言，还有较大差距，制约了民办高校办学体制优势的发挥。本章就民办高校内部治理的机制创新问题，提出一些建议。

第一节　完善和创新董事会工作机制，发挥决策核心作用

如上所述，从现有法律、理论研究和实践经验来看，完善民办高校内部管理体制的关键是建立民办高校法人治理结构，其核心内容是建立和完善董事会领导下的校长负责制。董事会是民办高校法人治理结构的上层建设，是建立和完善民办高校法人治理制度的重中之重。因此，以产权结构为基础，建立完善董事会等决策机构建设，避免家族化管理在民办高校中的蔓延趋势，首先要从建设和完善民办高校董事会开始。"在非营利法人中，董事会是一切权利、权力、责任、义务的中枢。"[①] 本研究认为，当前和今后一段时间，民办高校董事会建设主要应抓好以下环节。

一　必须正确认识董事会的作用和意义

研究表明，在许多民办高校，普遍对董事会建设观念淡薄，认识不

---

① 金锦萍：《非营利法人治理结构研究》，北京大学出版社2005年版，第167页。

足。在一些民办高校举办者看来，建立和健全董事会将使民办高校多一个管理层次，从学校运作来看，势必增加人员和经费，影响工作效率。既然民办高校是市场办学的产物，就应该让民办高校有更多的自主办学空间和更高的工作效率，尽量减少工作层次和环节。基于这样的认识，董事会在一部分人的心中可有可无就不奇怪了。如前所述，在实际工作中，许多民办高校建有学校董事会是迫于应付对外、对上的需要，董事会往往是一个虚设的机构，作用发挥不够，从反面印证似乎董事会可有可无，作用不大。从课题研究调查的部分民办高校来看，绝大多数民办高校机构简陋，人员随意，职责不明，制度缺失，机制杂乱。一些民办高校举办者遇事首先想到的是家人圈子里讨论，因此在家族化管理下的民办高校董事会几乎边缘化。

董事会是民办高校法人治理结构的重要组织机构。从中外私立大学发展的历史和国内外私立大学发展的经验来看，董事会体制比较适合私立大学管理的特点，它能够极大地调动个人和社会组织投资高等教育的积极性，有利于提高全社会投资教育的整体能力，有利于促进整个社会对高等教育的关心与参与，形成社会化大教育格局，并从观念和政策上较好地解决资本的寻利性和高等教育的公益性之间的矛盾。同时，它有利于民办高校内部重要问题的决策，体现举办者的权益维护，并使决策与执行相分离，集中精力履行自身的职责，形成相互监督、相互制约的内部治理机制，避免个别人或个别集团垄断学校的决策权，实现学校的民主自治；也有利于加强民办高校与社会的联系，广泛筹措办学经费，从而为民办高校持续发展提供一个制度保障。①

建立健全民办高校董事会，科学合理地配置民办高校管理权力，是民办高校可持续发展的重要路径。随着高等教育大众化的不断深入，高等教育资源的稀缺年代已经过去，高等教育的买方市场已经形成，以办学质量和特色为内涵建设核心的高等教育竞争愈演愈烈，民办高校可持续发展面临严峻的挑战与压力。在大型化、大众化不断深入的背景下，民办高校科学决策、抓住机遇显得格外重要。单靠经验型、单一思维型或者家族型的决策显然难以满足民办高校可持续发展的要求。事实证明，建立和完善董

---

① 杨炜长：《民办高校法人治理制度研究》，国防科技大学出版社2006年版，第77页。

事会不仅是需要的，而且是必需的。正是因为这个原因，国家将董事会作为民办高校的最高决策机构是有一定道理的。这一点民办高校的举办者必须加强认识，要从学校的长远发展全局来加强民办高校的董事会建设。

有的部门领导认为，民办高校也可以实施党委领导下的校长负责制。从现实情况看也有这样的案例。本人认为，对于这个问题，不能简单地说"可以"还是"不可以"。我们说治理是利益相关者的权益保护机制，但是在利益相关者群体中，每个主体的地位和作用不可能是平等的。目前确有少数民办学校以"校长领导下的校长负责制"为治理体制。但是就民办高校的普遍情况来看，由于社会出资举办民办高校，办学者有一定的诉求和权益需要得到体现和保护，办学决策就是这种体现和保护的体制保证。从领导关系来说，董事会依据出资而建立，党委会主要对上级党组织负责，两者之间难以建立直接的隶属关系。再者，从《社会力量办学条例》到《民办教育促进法》等一系列法律法规，提出"民办学校应当设立学校理事会、董事会或者其他形式的决策机构"。虽然也有理事会或者其他形式的机构形式，但是实践来看，董事会作为民办高校的决策机构形式占主体。从民办高校自身的实际情况出发，建议主要还是采用董事会为决策机构比较妥当。

二 必须确定合理的董事会人数

关于民办高校董事会人数，我国《民办教育促进法》第二十条规定："学校理事会或者董事会由五人以上组成，设理事长或者董事长一人。"也就是说，民办高校董事会最少不得少于5人，其中一人为董事长。问卷调查表明，在45所民办高校的决策机构中，组成人员为5名的学校12所，约占26.67%；组成人员为7名的学校19所，约占42.22%；组成人员为9名的学校7所，约占15.56%；组成人员为11名的学校5所，约占11.11%；组成人员在13名（含）以上的学校2所，约占4.44%。[①] 可见，我国民办高校决策机构的成员一般在5—11人，其中又以7人为最多；但也有少数学校决策机构人数较多，如上海杉达学院和浙江树人大学分别达到了15名和21名。根据国内外经验和民办高校的办学实践，本研

[①] 董圣足、黄清云：《我国民办高校董事会制度的重构》，《黄河科技大学学报》2010年第4期。

究认为民办高校董事会人数拟确定在 11—17 人为宜。一方面，董事会本身就是集思广益的机构，人员过少不利于董事会作用的发挥，另一方面，人数过少，覆盖面小，决策有偏颇，相关利益者的代表性难以体现，诉求反映难以保证。当然，董事会人数也不宜过多，否则会影响决策效率。确定民办高校董事会的人数，还要从学校的投资结构、学校的规模、办学的性质等综合考虑。

三　必须确定合理的董事会人员结构

《民办教育促进法》在法律上确立了民办学校的法人地位，民办高校需要独立承担民事权利和义务。因此，它必须拥有自己的合法财产，并以自己的独立财产作为享有权利和承担义务的前提和"质押"。由于民办高校的"法人"人格仍是一个虚拟的，并不是一个自然人，而法律要求行使财产所有权的主体不能"虚化"，因此，在民办高校实践中真正行使这个权利的是民办高校的董事会。董事会是民办高校财产的实际控制者，它拥有高校财产控制的合法身份。在这样的情形中，董事会成员组成亦即其结构，实质上是反映了有关各方的利益格局，它不仅仅体现着投资者、举办者之间的关系，由于其处于民办高校的实质性控制地位，所以还体现着其他例如社会、教师、家长等各方的利益。董事会结构的不同反映有关各方利益在民办高校权力结构中的地位和作用，因此董事会的结构对民办高校高校治理来说举足轻重。

对于民办高校董事会的构成，我国现有法律法规有一个原则规定。《民办教育促进法》第二十条提出，民办学校理事会或者董事会由举办者或者其代表、校长、教职工代表等人员组成。其中三分之一以上的理事或者董事应当具有五年以上教育教学经验。国务院印发的《关于鼓励社会力量兴办教育促进民办教育健康发展的若干意见》提出，"民办学校要依法制定章程，按照章程管理学校。健全董事会（理事会）和监事（会）制度，董事会（理事会）和监事（会）成员依据学校章程规定的权限和程序共同参与学校的办学和管理。董事会（理事会）应当优化人员构成，由举办者或者其代表、校长、党组织负责人、教职工代表等共同组成"。

有研究认为，目前关于民办高校董事会成员组成的规定，虽然重视了组成成员的教育教学的技术要求，但是轻民办教育组织的经营要求，这与董事会的经营决策功能不相符合，由于参与决策人员并不是产权拥有者，所以这种结构组成不仅以牺牲民办高校的自主权为代价，难以形成高校自己的特色，而且也是以牺牲高校的效率作为代价的。① 确实，董事会必须照顾到举办者的经营要求，但是，笔者认为在民办高校中，教育教学始终是学校的中心工作，也是民办高校举办者的根本利益。如果教育教学搞不好，举办者的利益也难以得到保证。因此，作者认为，必须在这两难问题中做出权衡和取舍，在这两者之间必然要寻找到一种平衡和制约。

根据利益相关者共同治理的理论要求，民办高校董事会的结构必须坚持多样性、专业化、合作性、高效性原则。多样性指的是董事会人员组成的代表性，应有各方面的代表参加；合作性是指根据学校实际情况合理分配董事会成员比例；专业化是指要充分考虑到学校董事会与企业董事会的不同，这是一个知识密集的组织，要让熟知高等教育的人在董事会中占多数，以提高决策的科学性和高效性。董事会人员构成多样化，是国外很多私立高校的通行做法。据 1991 年美国私立高校董事会联合会的调查，14% 的董事会中本校教师拥有表决权；10% 的董事会中学生董事拥有表决权；38% 的董事会有由校友或校友会指定或任命的校友代表；35% 的董事会有由办学教会选举或任命的成员。②

本研究认为，民办高校董事会应当至少由六部分人员组成：（1）举办者或其代表，其主要职责是筹措并监控学校教育经费，负责学校发展的重大事项决策，保证学校的正常运行；（2）校长，其主要职责是遵循教育、教学规律，依法行使职权，创造性地贯彻执行董事会决议；（3）党组织负责人，其主要职责是代表党组织宣传贯彻党的教育方针，保证学校正确的办学方向；（4）教职工代表，其主要职责是反映广大教育者的利益诉求，维护各方面的合法权益；（5）社会专业人士（含校友代表），其主要职责是反馈社会需求信息，提供决策咨询意见，并指导学校改革和发展方面的重大事项。有的社会人士是学校的出资者，或者捐赠经费和资产的，自然有权了解学校治理的相关内容；（6）学生或家长代表，其主要职责是沟通董事会与社区、学生家长群体之间的联系。

民办高校董事会成员结构的另一个问题是举办者代表的比例问题。按照企业控制权配置理论的相关模型，根据我国民办高校发展的实际状况，

---

① 赵旭明：《民办高校治理研究》，博士学位论文，中共中央党校，2006 年。
② 刘宝存：《美国私立高等学校的董事会制度评析》，《比较教育研究》2000 年第 5 期。

借鉴国外私立大学的经验，本研究认为，举办者或投资方代表的比例一般以不超过1/3为佳，以防止董事会的注意力过于倾向投资者的利益，避免家族控制民办高校内部事务，损害民办高校的教育教学质量和相关者利益。我国台湾地区的《私立学校法》规定，"董事相互间有配偶及三亲等以内血亲、姻亲之关系者，不得超过总名额三分之一"，提出"私立大学举办者直系亲属在董事长和校长之间只取其一"的规定。江西省和陕西省的相关规定也强调，举办者家族成员在董事长和校长两个职务岗位中只能取其一。为避免我国民办高校家族化管理的蔓延，这个规定值得关注和研究。

借鉴国外和我国台湾地区私立大学治理的经验，必须充分注意董事会成员的专业性和成员代表利益的多样性。专业性是指选聘的董事要真正理解教育，掌握教育发展的特殊规律，特别是要熟悉我国民办高校发展的特殊环境、矛盾和问题，这样才能在董事会中为学校的发展作出积极作用。研究中发现，一些民办高校董事会和校长之间矛盾尖锐，主要原因在于董事长和校长之间差异性很大，双方"没有共同语言"。比如，广东某民办高校董事长，在办学条件已经非常紧张的状态下，仍要求校长竭尽全力扩大招生，而校长认为办学条件已经超过负荷，为教育质量和办学安全考察，不宜继续扩大招生，两者认知差距使得校长与董事会之间的矛盾越发凸显，最终导致董事长和校长互炒鱿鱼，而这一所办学较早的民办高校也快速陷入发展危机。因此民办高校董事会应该增加专业人士的比例和话语权，以确保学校遵循高等教育规律办学。《民办教育促进法》第二十条提出，民办学校理事会或者董事会三分之一以上的理事或者董事应当具有五年以上教育教学经验，江西等省市的相关规定是"决策机构中一半以上的成员要具有5年以上教育教学经验"。从民办高校当前的实际来看，本研究认为高等教育专家占董事会的比例至少不得低于3/5。办大学，有其自身的规律，领导层首先应该遵循高等教育规律，在"什么是大学、大学干什么以及大学该怎么办"等哲学层面的问题上有比较统一的认识。如果董事会成员中真正懂得高等教育发展规律的人太少，势必导致董事会的决策偏离办大学的轨道，不仅决策中可能产生过度的功利行为，而且董事会最终维护的是举办者的利益，因为学校办得不好最终损害的也是举办者的利益。另外，民办高校还可以吸收一些热心教育事业、熟悉高校运作、品行端正的社会人士作为独立董事，以提高决策的独立性、公正性、公益性和科学性。

大学的主体是教职工和学生。教师是学校教学工作的主体，也是搞好学校工作的根本，教师在学校管理中应有一定的发言权。同时，我国民间资本集聚度低，民办高校直接投资少，许多学校投资没有到位，正如黑龙江东方学院领导所言，民办高校的投资者实际上是广大学生家长。[①] 因此，民办高校董事会应有教师代表和家长代表。教师代表代表的是广大教师的根本利益，应由教职工代表大会选举产生。学生是大学的顾客，大学提供的服务质量如何是学生家长最为关注的，家长也应有相应的代表。当然，家长代表的产生办法可以协商。另外，校友是民办高校办学的重要资源。校友提供人才培养的信息，提供办学的经费资助，提供学生实习和就业的机会，董事会成员中如有校友代表，有利于民办高校的更好发展。

另外，现有法规仅规定董事、董事长任职资格的积极要件，而没有规定消极要件，即规定哪些人可以担任，没有规定哪些人不可以担任，这也是不完整的。民办学校的立法还应明确董事、董事长人选的禁止性规定，以避免因为董事会人员素质差异过大或年龄太大造成的交流困难与管理违规，把好董事会成员的"入场券"这一关，这将会给民办高校的发展消除来自董事会组成的障碍和隐患。

民办高校董事会的董事长由谁担任？这个问题在国家层面尚未找到依据。江西省发布的一个相关文件提出"民办高校的决策机构应依法行使职权，其负责人由举办者或投资方代表担任"[②]。《中共安徽省委安徽省人民政府关于进一步加强和改进民办高校工作的若干意见》也提出："民办高校的理事会或董事会必须严格按照《民办教育促进法》及其实施条例有关规定行使决策权。理事长或董事长由举办者或投资方代表担任。"可见，民办高校董事长由举办者或投资方代表担任已成惯例，同时也体现了投资办学者保障经济利益的需要。

关于民办高校法人代表的人选问题，现有法律认为董事长或校长都可

[①] 黑龙江东方学院孟新董事长在建校 20 周年大会上的讲话，见东方学院网 http：//www.dfxy.net/。

[②] 中共江西省委、江西省人民政府：《关于进一步加强和改进民办普通高等学校工作的若干意见》（赣发〔2007〕3 号），中国教育报官网（http：//www.jyb.cn/cm/jycm/beijing/jybgb/gdjy/t20070620_ 92587. htm）。

以担任。本研究认为应根据民办高校性质来确定,投资性质的民办高校,为更好地体现和保护投资者的权益,法人代表应由董事长担任为宜,而非营利性民办高校则董事长或校长担任均可,从理顺关系、方便工作来看,校长兼任法人代表可能更合适。

还有就是民办高校董事会成员的任职年限和是否连选连任问题。我国目前法规对校长任职年龄做出了"不超过70周岁"的规定,但是对于董事长和董事的任职年限没有任何约束,法律、法规也是空白。目前董事会成员大都是实行举办者委任备案制,比较迁就举办者的利益。我国台湾地区的《私立学校法》规定,"董事每届任期为三年,连选得连任"。韩国和日本的私立学校法律也都规定了董事会成员的任职年限。从我国民办高校今后发展的管理来看,还是应该明确比较好。

四 必须明确董事会的工作职责

我国《民办教育促进法》等相关法律基本明确了民办高校董事会的主要职责,从国家法律层面规定了民办高校董事会的基本职能,为民办高校董事会开展工作提供了法律依据。相关问题已做过论述,这里不再展开。需要强调的是董事会的筹资职责相对来说都较为薄弱,很多民办高校章程都没有涉及。充足而丰裕的经费是一所大学的核心竞争力所在。经费匮乏,一切无从谈起。国外私立大学董事会的重要功能是源源不断地为学校筹集办学经费,甚至美国许多公立大学的董事会也有筹集资金的职能和责任。办大学是百年大计。在大学组织崇高使命的驱动下,民办高校董事会有义务也有责任将培养人才、科学研究和社会服务等教育活动长期持久坚持下去。这也是投资者的利益所在。为此,民办高校大学董事会必须持之以恒地开展募集资金活动。当前我国民办高校董事会这一部分职能弱化,一些民办高校董事会并没有将筹资作为自己的重要职责,眼睛盯牢学费收入,担心自己被架空,大权旁落,热衷于与校长抢经费支配权。多数民办高校只是在建校初期得到社会投资,基本建设完成后就得依靠学费运行,甚至依靠学费积余完成基本建设或归还贷款的也不在少数,使办学条件迟迟不能得到有效的完善,严重地制约了民办高校的建设和发展。因此,有必要强化董事会的筹资职能和责任,将提升学校吸纳社会资金和资源的能力作为民办高校董事会的重要工作目标。

加强董事会组织建设,关键环节是准确划分董事会与校长的职责。募集办学资金、聘任学校校长、组织学校决策是民办高校董事会最主要的职能。在学校运行中，董事会作为民办高校发展与运行的"大脑"，要为学校的发展把握方向，进行战略决策。董事会领导下的校长负责制，一方面确立了董事会在民办高校中的领导地位，另一方面也确立了校长在民办高校中的法人地位，它要求民办高校在董事会领导下，由校长独立地全面负责学校的行政工作。董事会应对民办高校的重大问题组织决策，提出目标和方案，对学校工作方向加以监督，但董事会不应事无巨细地参与前台指挥，否则就会越俎代庖，取代行政领导。董事会应充分尊重和发挥校长在学校工作中的重要作用，由校长在授权范围内独立负责地履行其职责。实际上，放手让校长履行职责，保证学校运行的稳定，促进学校的健康发展，也是包括董事长在内的全体举办者的利益所在。可见董事会领导与校长负责这两者之间目标是一致的，关系是相辅相成、辩证统一、不可分割的。

  董事会和校长之间的关系，实际上是决策层和执行层的关系，两者的运行规则是不一样的。重大决策要集中集体的智慧，强调制衡，不能搞一人说了算；执行性事务要提高效率，令行禁止，下级服从上级，强调个人权威，不能互相掣肘折腾内耗。处理好董事会和校长的关系，从董事会角度而言，需要将其自身建设成为真正的战略性委员会，保持宏观性、权威性和有效性，从而保证重大事项实现集体决策。从校长角度而言，就要转变观念，解决好对谁负责的问题。建立规范的董事会制度后，校长受董事会委托负责对学校进行经营管理，当然首先应对董事会负责。因此，决策权与执行权相分离，使董事会和校长各负其责，目标一致，既有分工，又有合作，避免双方工作职能交叉重合，避免双方工作内容出现重复或真空，是提高董事会运行效率和效果的必然要求。

  日常经营中，董事会和校长的关系更多时候具体表现为董事长和校长的关系，特别是在个人或家族举办的民办高校。客观上，董事长担心投资的效率、资产流失和学校运行中的不负责任行为的发生，另外，董事长更加关注投资的风险。实际上，从某种程度上说，校长也是董事长聘请的雇员，他的工作任务和职责是董事会赋予的，工作的目标与董事会的目标应该是一致的。董事长应胸怀宽阔，高瞻远瞩，将更多的精力和工作重点放在把握学校的发展方向，进行战略决策和监督，以及学校领导的考核、监督上，而不应过多地陷于日常性的教学活动决策和运行上。校长由董事会聘任，对董事会负责，执行董事会的决议，向董事会报告工作，负责主持学校的日常工作。两者合理分工、各归其位、各司其职，保证决策权和执行权相互分离，落实到位，有机运作。需要指出的是，有些学校董事长习惯于兼校长。这种习惯是同设置董事会的原理相悖的，也不利于学校的发展，长久身兼两职于校于己无益。

阎凤桥认为："从内部治理角度看，要逐步建立和完善董事会社会托管机制，一是避免垄断权力对学校教育构成威胁，二是由于教育活动的重要性使得不能将决策权完全交给学校内部人员掌握，从而加强民主管理，提高内部人员对组织的信任度。我国民办学校中存在的许多问题都与内部治理机制不健全和不完善相关。虽然我国《民办教育促进法》规定董事会是我国民办学校的基本管理形式，但是实际上存在着董事会代表特殊集团的利益或其他问题。一些民办学校董事会主要是由各投资方组成，与企业董事会没有什么本质差别。还有一些民办学校董事会只具有名义性，学校真正的权力掌握在少数人手里。民办学校教师参与学校决策和管理的程度较低，这是影响教师稳定性和积极性的重要因素。董事会担负着双重责任，一方面，它代表社会对学校履行管理责任，保证学校履行自己的使命，从事对社会有益的事业；另一方面，它对学校起到一种保护作用，保证学校是一个独立机构，免受任何利益集团的控制，同时它还代表学校对外宣传自己的使命，争取获得社会的援助和支持。国外私立教育发展的经验表明，建立董事会并且充分发挥其作用可以避免上述问题。"[1]

另外，关于民办高校董事的权利和义务，实际上迄今为止尚未看到相关明确规定。董事在执行事务过程中，应该有起码的责任和义务。董事不担责，董事会作用就难以发挥。民办高校董事会的董事和公司董事一样，必须尽职尽责，履行法律责任，管好各自事务。从工作职责落实考虑，也应做出明确规定。

五 必须加强董事会的制度建设

民办高校董事会制度是改革传统高等教育办学体制、管理体制、投资体制的重大探索。董事会是民办高校的最高决策机制，是学校管理决策和

---

[1] 阎凤桥：《试析我国民办学校的产权形式和治理结构——基于对非营利组织特征的分析》，《教育研究》2002年第2期。

控制运行的重要机构。董事会制度的实施，体现了适应高等教育投资体制改革的高校内部治理的重大突破。实践证明，民办高校董事会在提高学校知名度、筹措教育经费、沟通学校与市场的联系等方面，发挥着越来越重要的作用。但是，民办高校董事会制度在实际运作过程中也呈现出诸多问题，其作用和优势并没有得到完全发挥，家族化管理的趋势还在蔓延。究其原因，主要的还在于董事会制度的严重缺失。

要更好地发挥董事会在学校发展中的作用，构建和完善民办高校董事会决策机制，关键是使董事会建立完善的组织制度和运行制度，使决策方式和方法科学化，决策程序和流程规范化，实行决策机构、执行机构和监督机构相互协调有序运转。前已阐述，对于一部分家族成员担任学校领导或接班的现象，从个体的情况来看，也不能简单地说不行，有的成员学识、资历、水平都不错，也有兴趣愿意为学校发展出力，关键是目前这样的决定和安排许多不是制度使然，提拔流程也不规范，教职工不理解，认可度低。因此加强民办高校董事会制度建设，推进董事会决策制度化，对于董事会决策的科学化和合法化，已经成为民办高校董事会建设中的重要的基础工作。

根据相关法律规定和我国民办高校办学的实际情况，当前民办高校董事会制度建设要抓好以下几方面内容：

（1）建立健全董事会议事章程，规范其决策运行程序。有效的董事会同样离不开制度保障。在国外，为规范董事会的运作，私立大学都根据州立法机关颁发的特许状，制定有董事会章程或类似条例，对成立董事会的依据和目的，董事会的职责，董事会的规模和人员构成，董事的资格、选拔和任期，董事会的组织结构，董事会主席的产生程序、职责和任期等均作了明确的规定，董事会主席依据董事会章程的规定开展各项工作。这一做法值得我们借鉴。

民办高校董事会章程是民办高校董事会组织的依据和运行的规章。虽然目前有关部门已经提供了民办高校董事会章程样本，明确了章程的要素，但是一个科学的、与时俱进的章程制定必须是从实际出发，有法律依据的，必须明确地规定董事会的组织方式和运行机制，设定权力范围，并且对学校管理中的宏观问题做出规定，以保证相关利益主体的权益，推动学校可持续发展。而这些问题不是将样本进行简单的移植和修改就可以得到的。

目前，许多民办高校董事会形同虚设，董事会运作仅由一两名"实力派"成员所掌握，这与董事会议事章程缺失有很大关系。因此，应根据《民办教育促进法》的规定，完善董事会议事章程，规范运行程序，加强会议召开程序、议事程序和决策程序的规范性、严肃性、公开性和透明度。

这里提一下，在民办高校还应该有一个章程，就是学校章程，它实际上是民办高校内部管理运行的总规定。从现实情况调查来看，也已有一部分学校制定了这个章程，如浙江树人大学、上海杉达学院、湖南涉外经济学院等。但是从总体来看，制定学校章程的并不多，大多数学校采用的是两个章程合一的做法。从民办高校管理的实际出发，笔者认为这个问题今后还有研究和改进的空间。

（2）确定董事会的议事规则。董事会的议事规则是董事会章程的重要内容，之所以特别提出，是因为这个问题特别重要。许多民办高校董事会之所以作用不明显，主要是议事规则不规范。董事会的议事制度包括两方面，一是会议制度，二是表决制度。《民办教育促进法实施细则》中，规定了例行会议和临时会议。民办学校董事会每年至少召开一次会议。经1/3以上组成人员提议，可以召开临时会议。民办学校的董事会讨论重大事项，应当经2/3以上组成人员同意方可通过等。从调研中反映的民办高校的现实情况来看，一年一次董事会普遍感觉太少。次数少，时间短，讨论问题不深入，甚至有的董事表达意见的机会都没有，难以做到科学决策。另外，民办高校还可根据自己的实际情况，将事关学校发展的重大问题载入章程，如校长选拔方法等，一些学校已经在探索中，值得关注。

董事会除按章程定期召开董事会之外，在董、校之间要建立经常性的沟通工作情况的制度，以掌握董事会决议的执行状况和学校工作的进展状况，避免决策层和执行层两张皮的现象发生，为董事会决议的落实和新的决策提供坚实基础。

在董事会中表决，应充分发表意见。如同前面讨论一样，现有法律只授权董事长召集董事会，在表决中还是要按照少数服从多数的原则，采取一人一票的方式进行表决，事先规定有效票和达成决议所需的票数。应建立董事会决策责任追溯制度，形成集体决策、个人负责的民主决策机制。

（3）建立董事会回避制度。董事对涉及自己相关利益的表决应当回避。特别是在涉及学校发展的重大问题及校长等高级管理人员的任免问题上，一般采取集体决策的形式，以体现决策的民主化。我国台湾地区的《私立学校法》规定，董事会议所讨论事项，如涉及董事或董事长本身利害关系时，该董事或董事长除必要之说明外，应当回避，并不得参与该案之表决。

日本《私立学校法》规定私立高校应设有理事会和评议会。理事会由5人组成，理事长总揽学校法人内部事务，但所作决策和重要决定要经董事会半数以上的同意。同时规定，董事和评议员不得由配偶或一名以上三代以内的亲属出任。我国台湾地区也明确私立高校的董事会和校长，不得由家族三代以内的亲属（含直系和旁系）同时担任。这些规定虽然主要是针对非营利性私立大学，但也值得我们关注和借鉴。

六 必须建立和健全董事会的监督制度

董事会是民办高校的最高决策机构，拥有相当大的权力。但是"任何有权力的人都容易滥用权力"，机构也不例外，因此需要对董事会进行监督。国外很多国家的私立高校董事会的权力是受到制约的。如美国私立高校董事会虽是最高权力机关，但学校行政权力属于以校长为首的行政权力组织，学术事务则由教授会负责，董事会既不参与学校的具体事务也不能对具体行政和学术事务进行干涉。而在日本，根据《私立学校法》第35条规定，学校法人必须设置两人以上的监事，私立大学的监督工作也是由监事会来具体执行的。并规定监事不能兼任理事或学校法人，职责在于监察学校法人的财产状况和理事的工作情况，若发现有违法之处，有义务报告主管部门或评议会。我国台湾《私立学校法》在有关私立学校监督机构的设置上也有类似的规定，不过不叫作"监事"，而是叫作"监察人"。

我国民办高校董事会的监督制度尚未健全。一方面，迄今为止对民办高校董事会的监督还没有引起足够的重视，直至2010年，才提出"逐步推进监事制度"的工作要求。另一方面，如何推进还是"空白"，有待探索。

笔者认为，建立民办高校董事会的监督制度是重要的，关键是监督什么？谁去监督？如何监督？本研究提出我国民办高校法人治理结构的新模型，将民办高校董事会的监督职能纳入民办高校党委会。这里稍作展开阐述三个主要方面的理由：第一，就民办高校实际来看，董事会成员实际上是举办者提名备案制，监事会的提名可能还是这样，其本身难以发挥作用，意义不大，并且增加一个机构和相应人员，肯定还会增加开支。第二，是根据相关文件精神，各地大多实行了向民办高校派遣党委书记的制度，2016年中共中央办公厅印发《关于加强民办学校党的建设工作的意见（试行）》的通知，强调"推行向民办高校选派党组织书记"的要求。相关文件规定党委书记身兼督导专员，并明确了民办高校党委书记的主要职责。如《中共陕西省委教育工委陕西省教育厅关于向民办高校选派党委负责人（委派督导专员）实施办法》（陕教工干〔2007〕72号）也规定，民办高校督导专员行使下列职权：（一）监督学校贯彻执行有关法律、法规、政策的情况。（二）监督、引导学校的办学方向、办学行为和办学质量。（三）参加学校发展规划、人事安排、财产财务管理、基本建设、招生、收退费等重大事项的研究讨论。（四）向委派机构报告学校办学情况，提出意见建议。（五）有关党政部门规定的其他职责。可以看出，党委书记和督导员的职能实际上已经包括了监督职能。第三，由党委会承担监督职能，体现了中国共产党领导下的民办高校内部治理的一个特色。将监督保障职能融入党的工作，将贯彻社会主义高等教育的政治方向、党的方针政策与民办高校的办学实际相结合，并赋予保障各利益相关人的利益所得，保证民办高校内部和谐，能够使党在民办高校中的政治领导进一步落到实处。因此，本人并不认为当前在民办高校中实施监事会制度是必要的和必需的。当然，如有条件，适当开展一些试点也是可以的。

第二节　完善和创新校长工作机制，发挥执行核心作用

校长是大学的灵魂。纵观世界优秀的私立大学，无不与它们优秀的校长相关。他们先进的办学理念、丰富的管理经验、高超的治理能力，与优秀大学的品牌一起载入史册。从世界著名大学发展的踪迹中，我们不难看到这些杰出校长的印迹。优秀的大学为杰出的校长成长和成功提供了舞台，而优秀的校长也铸造了优秀学校的辉煌。民办（私立）大学由于其学校独特的环境和性质，因此对校长本身提出了更高、更多的要求。

根据现有法律规定，我国民办高校实行董事会（理事会）领导下的校长负责制，从法律及行政意义上来说，校长即为民办高校最高负责人，对内负责学校的领导与管理，对外代表学校处理与上级部门、社会的关

系。校长具体执行董事会的决策。执行是决策和计划具体的实施过程。执行决定发展，没有对董事会决策的分解、落实与执行，民办高校的决策就成为一纸空文。执行机制是执行的原理、依据、机构、内容及原则等，它是民办高校运行机制的核心机制，是运行中枢，对整个民办高校的发展起决定作用，决定民办高校的办学质量、办学效益和办学水平等。因此，确立校长地位，发挥校长作用，高度重视校长团队的建设，加强民办高校校长相关制度建设，是民办高校内部治理和机制创新的关键。

一　确立校长的地位，高度重视校长团队建设

民办大学与公办大学，它们共同的特质在于"大学"，它们肩负共同的使命和责任。民办高校校长和公办高校校长，在管理学校的基本目标来说也是一致的。他们都要贯彻党和国家的教育方针，培养社会主义建设的合格人才。但是，由于民办高校独特的办学体制和现阶段的发展现状，使得民办高校校长与公办高校校长在面对的工作任务和环境方面具有显著差异：一是民办高校校长要自筹学校运行资金，没有钱不能向政府伸手。学费使用中也要精打细算、"差额管理"，绝大部分民办高校都需要积余部分经费用于学校的建设和发展。二是民办高校的自主权比公办高校的自主权大得多，在办学体制和机制方面具有公办高校难以攀比的优势。但是如果不注意运用或者运用得不恰当，也有可能将民办高校带入危机。三是我国民办高校发展历史不长，大多数民办高校仍处在初创阶段，缺乏现成而完备的办学条件，成长过程中又恰逢高等教育快速进入大众化，规模扩张和资本积累阶段迅即穿越。突如其来的高考生源的快速下滑、人民群众接受高等教育自主权和选择权的增强以及高等教育发展方式的转变，对正在发展成长中的民办高校是一个严峻的考验。作为校长需要有更强的开拓精神和克服困难的坚强毅力，在困境中挺身而出，举起旗帜，亮相社会，带领全校教职员工凝心聚力，充满信心，洞察市场，努力拼搏，用自己的智慧处理好各方面的关系，带领全校员工的创造赢得更大的发展空间。

民办大学的校长是学校组织的最高行政长官，不仅要发挥组织、协调、激励的管理职能，还要充当战略管理者、资源配置者、任务分配者、危机处理者、变革执行者和运行考核者等各种不同的角色。他对外代表学校，对内主持校务，处于大学治教者（教师）、治校者（管理人员）和求

学者（学生）三大群体结构的顶层，是具有最高行政权力的治校者①。民办大学校长的作用对民办大学办学的影响甚大，他的办学思想、办学行为决定一所学校的成败。"一个好校长就是一所好学校，一个好校长就是一面旗帜。"因此，加强民办高校校长队伍的建设，非常必要，非常急迫。

《民办教育促进法》及其实施条例明确提出民办高校实行董事会领导下的校长负责制，这个规定确立了校长在民办高校中的法律地位。民办高校校长的地位体现在两个方面：其一，从董事会的职权看，董事会对学校的管理基本上还可定位为外部管理，亦即对学校内部的事务大多不负直接管理之责，这决定了校长才是学校最主要的内部治理统帅，对学校的治理承担最重要的职责。其二，从董事会组成人员的条件与资质看，董事会多数是由校外人员组成，除校长这类当然的董事外，部分人士没有教育专业背景的要求。由此决定，即便董事会想要对学校的教育教学与行政事务直接实施管理与控制，也将因为专业能力的限制而无法落实。因而，董事会最终也只能是主要通过选拔任用校长来实施对学校的最高决策权。从这个角度说，校长甚至就是张维迎所说的最应该掌握学校控制权的人。②

校长是学校行政管理工作的中心，校长的品行和素质直接关系到学生的质量，校长的能力和水平决定了学校的健康发展，是一所学校能不能办好的决定性因素。特别是在当前政策环境尚待完善的背景下，民办高校校长的作用尤其重大。由于自筹资金、自主办学、自求发展，投资方对学校有关重要管理决策的意见，往往在董事会的决策中起到决定性作用。校长一方面要遵循高教规律办学，保证学校的办学方向和质量；另一方面还要顾及投资者的利益，保证学校重大决策的落实。另外，由于政府对民办高校的财政与政策支持有限，大多数民办高校要依靠学校经费运行，甚至要努力增收节支积余经费用于学校归还贷款或滚动发展，其校长通常被要求具备全面的发展管理经营素质，不但要办好学治好校，而且还要领导学校经受市场化的考验。从这个意义上说，民办高校校长的要求更高。"民办高校校长（以下简称校长）必须依法独立行使教育教学和行政管理权，认真履行《民办教育促进法》第二十四条规定的各项职责，对国家和社

---

① 史飞翔：《论民办大学校长在构建办学特色中的核心作用》，《学理论》2011 年第 15 期。
② 曾志平、杨秀英：《民办高校法人治理结构的比较》，《教育学术月刊》2009 年第 12 期。

会负责，肩负起培养人才的历史使命。校长应当对学校和学生、教师负责，维护相关方面的合法权益；同时也要为出资人和决策机构负责，共担发展责任和办学风险。"① 因此，举办者应该高度重视校长的聘用，赋予校长应有的权利，加强校长队伍建设，保证学校的可持续发展。

但是，至今为止国家层面关于民办高校校长队伍建设尚未有系统的专门文件。对民办高校校长队伍建设的要求条款散见于一些文件中。并且文字不多，规定不系统，不全面。教育部下达的第一个关于民办高校校长队伍建设的专门文件是2009年《关于民办高校校长变更（连任）核准有关规定的通知》（教发厅〔2009〕3号文）。但文件的内容主要限于民办高校校长变更（连任）的程序和流程，与系统全面的民办高校校长队伍建设内容还有很大差距。值得一提的是黑龙江省在贯彻这一文件精神的过程中，专门下发了《关于加强我省民办高校校长队伍建设的意见》，除严格明确民办高校校长的核准程序和各项职责外，还提出了建立校长培训制度，即通过组织高端培训、国内考察、国外集中培训等活动，使民办高校校长牢固树立忠诚于党的民办教育事业的信念，成为民办教育事业的专家，忠于职守，敬业克己，成为民办教育工作者的表率和楷模。并明确要把民办高校校长培训纳入全省高校校长培训计划，在校长培训基金中按一定比例安排给民办高校，民办教育发展专项资金项目中优先安排校长培训，建立民办高校校长培训基地，等等。通过培训来提高民办高校校长的政治素质和业务管理能力。据了解，这是我国民办高校恢复办学以来各省市自治区下发的第一个关于民办高校校长队伍建设的专门文件，值得关注。

二　明确校长任职条件，完善校长的准入制度

关于民办高校校长的任职条件，从国家层面来看，已经有了一些规定。《民办教育促进法》规定：民办学校参照同级同类公办学校校长任职的条件聘任校长，年龄可以适当放宽，并报审批机关核准。国务院印发的《关于鼓励社会力量兴办教育促进民办教育健康发展的若干意见》（国发〔2016〕81号）提出："民办学校校长应熟悉教育及相关法律法规，具有

---

① 黑龙江省教育厅：《关于加强我省民办高校校长队伍建设的意见》，黑教法〔2010〕107号，云南民办教育网（http://www.mbjyw.com/html/201009/20100921119.shtml）。

5年以上教育管理经验和良好办学业绩,个人信用状况良好。"这些规定显然过于原则和笼统。

《民办高等学校办学管理若干规定》提出:民办高校校长应当具备国家规定的任职条件,具有10年以上从事高等教育管理经历,年龄不超过70岁。校长报审批机关核准后,方可行使《民办教育促进法》及其实施条例规定的职权。这些散见于相关法律、法规中的关于民办高校校长的任职条件规定,为民办高校聘任校长提供了依据和指导。

鉴于民办高校校长的特殊作用和地位,有必要从宏观层面(国家或区域)上制定既体现民办高校特殊性,又相对统一可操作的民办高校校长资格标准,明确民办高校校长的基本素质要求。教育部办公厅《关于民办高校校长变更(连任)核准有关规定的通知》(教发厅〔2009〕3号文)提出,民办高校校长的任职条件是:(1)具有中华人民共和国国籍,在中国境内定居的公民。具有政治权利和完全民事行为能力。(2)身体健康,年龄不超过70岁。遵守宪法和法律,热爱教育事业,具有良好的思想品德。(3)应具有大学本科以上学历,副高职以上专业技术职称,10年以上从事高等教育管理的经历。文件还规定,"本通知所指民办高校为教育部批准正式设立的民办本科学校、民办高等专科学校和独立学院(以下简称学校)。上述学校的校长(不包括副校长)变更,须经学校董事会(理事会)2/3以上组成人员同意,省级教育行政部门审核后,报教育部核准"。这里明确的是"核准",而不是备案,这就规定了民办高校校长任命的最终确认权在教育部。文件下发以后,全国大部分省市教育部门都转发了这一规定,有的省市对规定条文还作了一些补充。但是总体来看,这些规定针对性都不够强,操作中刚性不足,执行力度较弱。

陕西省社会力量办学管理办公室李维民曾从管理和研究的角度撰文提出:民办高校校长除应具备普遍意义上的领导能力、业务能力、写作能力、表达能力外,一般还具有以下特殊治校能力[①]:

(1)战略思考与规划能力。战略思考与规划能力是民办高校校长科学决策的前提和基础。时代的发展既要求民办高校的校长善于从宏观战略上做出合乎教育发展规律的前瞻性决策,又要求校长敏于从微观上做出合

---

① 李维民:《试论民办高校校长的治校之道》,《民办教育研究》2004年第4期。

乎实际的科学部署。校长须以高瞻远瞩的视野，纵观高等教育的发展趋势、潮流和改革动态，把握民办高等教育的发展变化与方向，在教育产业、教育经营、教育创新等方面做出符合时代潮流的战略思考。在此基础上，依据现代教育观和丰富的实践经验，筹划治校方略，构建学校蓝图。

（2）资源整合与运作能力。民办高校的资源主要来自自筹和社会整合。在现阶段，民办高校的经费主要依靠收取相当于教育成本的学费，来源少、数量小，不足于支撑民办高校的发展需要。国家又没有投资，社会捐赠也几乎为零，真是巧妇难为无米之炊。民办高校校长面对这样的现实，如何取得教育资源就显得十分重要。经营学校首先要有市场意识、资源意识、投资意识和效益意识，要对各类资源进行合理配置和运筹，把人力资源、物质资源和品牌资源合理开发，把学校产品、学校资产和学校资本有效地进行组合，通过合法有效的经营以获取社会效益、经济效益和办学效益的最大化。校长不仅要善于将校内相关教育资源加以整合利用，更重要的是要积极吸纳、开发并利用社会资源转变为教育资源。即通过借势、造势与融势，巧妙组合，虚拟合作，实现资产增值，提高三个效益。

（3）动态管理与组织能力。民办高校校长有极强的适应市场变化的能力，以变应变，以动制动。校长在学校的管理工作中，普遍引入市场机制，依市场变化而变化。坚持以需求为导向，以激励为原则，以竞争为核心，以效益为取向。许多校长已由传统的"刚性"管理向"柔性"管理过渡，向"人性化"管理转移，以最终达到"无为而治"的最高管理境界。

民办高校校长除应具有一般定义上的行政管理、教学管理、后勤管理和组织能力外，特别在领导班子管理、教职工队伍管理和学生管理方面更具特点和优势，他们在确立自身绝对权威的前提下，能有机地进行组合与协调，最大限度地调动每个人的积极性，挖掘每个人的潜能，做到组织的最优化、效能的最大化。

以上见解非常精辟，非常到位。

除此之外，根据当前我国民办高校校长岗位工作的环境和岗位要求，笔者对民办高校校长必备的素质也有一些见解。第一，要有崭新的适合民办高校发展要求的办学理念。由于办学体制和环境的不同，民办高校校长需要有更为先进的贴近高等教育新发展的办学理念，能够开展院校研究，高瞻远瞩，洞察未来，预见社会发展对高等教育和人才的需要，善于领导学校的改革和发展。第二，民办高校校长对民办高校的发展要有较高的认可和信念。如果缺乏这一点，民办高校校长缺乏工作的积极性和创造性，难有作为。第三，民办高校校长还应具有较强的市场意识和善于将市场规律与教育规律紧密结合的能力，善于在激烈的市场竞争中发掘机会，发现空间，创造佳绩。第四，民办高校校长要有任期目标，要建立明确的责任，体现出极强的事业心、责任心和对举办者负责、对教职工负责的精神，用以鼓舞教职员工的工作积极性，让投资者放心。没有目标的责任是空洞的。第五，具有完善的人格魅力和为教育献身的精神。民办高校校长也是师生的榜样和楷模，热爱学校，热爱师生，振奋精神，凝聚并带领全校教职员工积极工作，不断提高教育质量，处理好学校同社会的关系，努力吸纳社会资源，为学校的可持续发展创造条件。

当然，民办高校董事会有责任、有义务为校长工作的开展和目标的实现创造环境条件，划分职权，区分职责。2008年12月，江西省教育厅曾下发《江西省民办高校聘任校长、副校长核准办法》的通知（赣教规划字〔2008〕38号），明确规定"民办高校决策机构负责人不得兼任校长，实行校内决策权与行政管理权分离。民办高校聘任校长、副校长应实行与决策机构负责人直系亲属回避制。校长、副校长应专任本校职务，不得兼任其他全职工作"。这些规定应成为董事会决策的基本依据。国务院《关于鼓励社会力量兴办教育促进民办教育健康发展的若干意见》提出"学校党组织要支持学校决策机构和校长依法行使职权，督促其依法治教、规范管理"。这一规定也应得到贯彻落实，从制度上杜绝"挂名校长""虚职校长"的存在。据悉，近年来陕西等省市也出台了类似的相关规定。

三 不断完善选任制度，确保校长的优选提拔

学校总在不断发展中，学校发展的环境也在不断变化中，因此，民办高校的校长任职条件，也是随着学校发展的进程动态提升的。选聘校长是学校的一项经常性的工作，与此相应，校长的选人和聘用制度就成为一项基础性的工作。

"完善校长选聘机制"，是国务院印发的《关于鼓励社会力量兴办教育促进民办教育健康发展的若干意见》中提出的重要精神。本研究认为，民办高校选好校长至关重要。并且由于民办高校的办学目标、办学定位、办学动机等差别很大，因此对校长的遴选也应从实际情况出发。总体来

看，校长遴选大致需要做四个方面的工作：一是需要一个什么样的校长，即遴选标准问题；二是在多大的范围内遴选的问题，即哪些人可以参加校长竞聘；三是由哪些人来主持遴选的问题，即遴选机构的组成问题；最后是怎么样遴选的问题，即遴选的程序和流程问题。至于各校中的具体要求，还可以根据学校的办学层次、办学类型、学科结构、办学特色和办学目标等要素加以补充。如许多民办本科院校要求提高校长的学历（学位）标准，有的民办工科院校希望校长具有工学基础，有的民办外语院校要求校长具有国外留学背景，等等，这些要求应根据学校的实际需要设置，在满足一般要求的前提下有所侧重，不宜一刀切。

国外私立大学董事会在校长选任和聘用上，都有一套较为完善的机制。[①] 成功的学校需要优秀的校长，优秀的校长需要完善的选拔、遴选机制。香港的几所大学之所以国际知名度上升很快，除了香港社会丰厚的资金支持以外，面向全球的校长遴选制度发挥了很好的作用。美国私立大学校长的遴选，也有较为严格的程序：一般是由校董事会任命成立一个遴选委员会，其人员由校董事会成员、教师代表、职工代表以及校友代表等组成；由遴选委员会制订候选人的条件，并通过各种媒介向社会公开，建立候选人圈；经层层筛选，最后由董事会以全员投票方式选出校长并公布结果。对照来看，我国民办高校校长的可选面较窄、遴选程序不完备、流程随意性较大，遴选的决策太单一，大部分是举办者个人"亲自"直接操作，董事会鼓掌通过，相比之下差距显而易见。

当然，民办高校校长选拔工作也有了一些突破。据报道，江苏三江学院在全国率先开展以教师为主体的教职工代表大会民主推荐校长和副校长的做法。学校制定了《三江学院校长、副校长的选拔、任用和管理办法》，按照规定提出符合校长、副校长条件的人选名单，提交教代会讨论，教代会代表无记名按规定职数推荐，然后理事会根据推荐结果，协商后进行选举产生校长人选，报上级主管部门核准后，理事会正式聘任校长。[②] 这种做法比较适合捐资办学或滚动发展起来的民办高校，其中的一

[①] 董圣足、黄清云：《我国民办高校董事会制度的重构》，《黄河科技大学学报》2010 年第 4 期。

[②] 陈万年等：《完善民办高校法人治理结构的实践与探索——基于三江学院的个案分析》，《三江学院学报》2006 年第 1 期。

些做法颇有启示，其创新的精神也是值得提倡和鼓励的。当然，这种内部选拔的"闭环"流程和机制，也有可能限制社会优秀人才的引入，因而也有值得改进的空间。

在校长的任期上，世界各国情况不一。韩国公立大学中层以上领导均实施任期制，两届必换。私立大学校长虽然可由各校自行决定，但是除了举办者自己担任的以外，一般也只有两届。美国私立大学校长任期由学校自定。根据2006年的可比数据，美国大学校长的平均任期为8.5年，其中研究型大学的校长任期则平均长达12.2年。而我国大学校长的平均任期仅为4.1年，不及美国的一半[①]。而民办高校的校长任期可能更短。研究表明，较长的校长任期，有利于校长规划长远的办学策略，减少急功近利的行为，这与大学教育不能追求短期效益，大学教育和大学文化需要积淀，形成自己独特的办学风格的要求是一致的。但是我国民办高校校长大多开始任职时年龄偏大，延长任期意味着超龄任职。现实中一些民办高校长任期届满不退也是有的。从已有的法律法规来看，均规定民办高校校长、副校长任职年龄不超过70岁。但目前还没有强制执行的案例。针对我国民办高校的实际情况，本研究认为民办高校校长一般应以任职两届为佳。校长的稳定有利于学校决策的连续性，而任期过长也容易导致年龄老化和决策保守，不利于学校开拓发展。

四 支持校长独立开展工作，提高民办高校执行力

本研究认为，民办高校校长的职权既是董事会聘用委托的，也是国家相关法规赋予的。民办高校校长不应该是需时即来、挥之即去的"临时工"。《民办教育促进法实施条例》第21条明确规定："民办学校校长依法独立行使教育教学和行政管理职权。"校长一旦受聘董事会，就享受国家法律赋予的相关地位，其独立办学权受国家法律保护。

应该明晰校长与董事会之间的关系。当前，民办高校内部治理中，校长与董事长经常发生矛盾是一个不容忽视的问题。这种矛盾表面上看是办学者讲求经济效益、校长注重社会效益的结果。但究其根源，乃是两者对各自权力范畴的认识存在差异，董事会与校长权责未能明晰。根

[①] 胡娟、李立国：《大学校长成长为教育家需良好制度环境》，《中国教育报》2008年11月25日。

据《民办教育促进法》的有关规定，董事会与校长的关系应体现在以下三个方面：一是董事会并不管理学校的具体和日常行政事务，其制定的政策方针由校长具体实施。学校的日常工作主要是校长的职责，董事会招聘校长，校长向董事会负责。二是董事会的主要任务是解决与学校发展目标、政策和方向有关的重大问题，拥有最高决策权，校长在董事会的决策下工作，具体负责学校的日常教育和教学管理，拥有最高行政管理权。尽管两者之间存在决策与执行的关系，但这种关系更是一种分工的关系，即董事会有权决策，但无权直接干预民办高校的具体事务。校长可以对教学与行政事务进行管理，但不得越权对民办高校的发展作出决策。三是董事会的主要职能是政策治理、战略管理，组织管理则授权通过校长来实现，校长具体实施董事会确定的战略与规划，体现统一指挥和权责一致的管理原则。董事会与校长的职责明晰，才能避免校长有职无权或有权无责的现象。①

对于民办高校校长的职权，《民办教育促进法》以及实施条例、国务院办公厅〔2006〕101号文件和教育部25号令都作了明确的规定。董事会及学校党委、职代会都应该依法维护校长权威，尊重校长的领导，支持校长独立开展工作，让校长做到有职有权，令行禁止，以提高学校经营团队的凝聚力和决策的执行力。

支持校长独立开展工作，提高民办高校决策执行力，要明确校长的职权与责任。在校长遴选和考察过程中，应该让候选人清楚校长责、权、利，为落实校长职责的奠定基础。同时，为确保校长能够全面履行职责，充分发挥作用，必须认真落实民办高校董事会领导下的校长负责制，充分落实校长的办学自主权。《高等教育法》第四十一条规定了高校校长具有六大方面的职权，并且明确"高等学校的校长主持校长办公会议或者校务会议"。《民办教育促进法实施条例》第二十一条也明确：民办学校校长依法独立行使教育教学和行政管理职权。民办学校内部组织机构的设置方案由校长提出，报理事会、董事会或者其他形式决策机构批准。为充分保障民办高校校长职权的有效行使，《民办教育促进法实施条例》还特别规定，"民办学校的举办者参加学校理事会、董事会

---

① 赵旭明：《民办高校治理研究》，博士学位论文，中共中央党校，2006年。

或者其他形式决策机构的,应当依据学校章程规定的权限与程序,参与学校的办学和管理活动",而不能任意地干预学校事务。国务院办公厅下发的"关于加强民办高校规范管理引导民办高等教育健康发展的通知"(国办发〔2006〕101号)中也规定:"民办高校要依法健全内部管理体制。学校理事会(董事会)为学校决策机构,依法行使决策权;校长依法行使教育教学和行政管理权。"这些法律法规的制定,为民办高校管理体制的建设和完善,提供了明晰的法律依据和有效指导。落实"董事会领导下的校长负责制",就要全面地、不折不扣地落实上述各项法定的校长职权,进一步明确校长在依法治校中所负有的责任,充分保障校长以自己独立的办学理念、卓越的学术水平和高超的管理能力,对学校进行有效的指挥,实行科学管理。

支持校长独立开展工作,提高民办高校决策执行力,要建立健全校长的激励机制。一是要建立对校长的高度信任,激发校长投入学校的工作热情,给予校长较大的组织权,为校长工作创造良好的环境。俗话说,用人不疑,疑人不用。要把工作做在选拔考察中,既然选定了聘用了,就应给予信任,放心使用,鼓励和支持大胆开展工作,为校长搞好工作创造良好的环境和条件。大凡工作出色的民办高校校长,无不体现董事会对校长的信任和双方良好的关系。二要建立具有民办高校特点的校长薪酬制度。大学校长工作的高度复杂性和专业化,决定了其薪酬标准应该大大高于普通的社会职业,只有这样才能吸引和留住最优秀的人才从事校长工作。如何设计一套对外有竞争力,对本人有诱惑力,对内又不失公平性的校长薪酬制度,是一件极为重要的工作。民办高校可以借鉴企业的成功做法,充分发挥自身的体制机制优势,在校长的薪酬制度设计上有所创新和突破,从而最大程度地调动校长的工作积极性、能动性和创造性,促进学校更好、更快地发展。三是尝试建立隐性激励机制。隐性激励机制,又称"信誉机制"。它是行为主体基于维持长期合作关系的考虑而放弃眼前利益的行为,其对"偷懒"的惩罚不是来自合同规定或法律制裁,而是未来合作机会的中断。研究表明,信誉机制不仅可以节约大量的交易成本,也可以大大降低风险。要在民办高校中引入并建立起信誉与隐性激励机制,一方面是要加强诚信教育、提高校长的道德修养和职业操守,增强其对自身行为的自律性和约束力;另一方面则要加快培育职业校长市场,建立行业从业规范，逐步在民办高校校长的选任上引进竞争机制和退出机制。①

支持校长独立开展工作，提高民办高校决策执行力，要建立完善校长的考核制度。为了最大限度调动校长的工作积极性、主动性和创造性，应该健全校长目标管理与绩效考核制度。管理大师彼得·德鲁克认为，如果一个领域没有目标，这个领域的工作必然被忽视；管理者应该通过目标对下级进行管理。与目标管理紧密相关的便是绩效考核。民办高校办学体制的独特性也必须要求对其实行目标管理和绩效考核。对民办高校校长的目标管理，显然不能像企业一样以经济利润为导向，而必须突出高校的社会功能，重视对其进行综合评价。除了《民办教育促进法》规定的职能外，投资人（委托人）或董事会赋予的职责会更多，主要体现在学校经营目标的考核上，即学校的招生规模、学校的经济效益和社会效益等。国外对大学校长的目标管理强调的是基于目标的绩效改进过程。校长的绩效考评以校长的工作职责和工作实绩为依据，以实现学校使命、愿景和目标为基础，以成功的校长领导特征为参照，进而通过设定具体的评价指标来引导校长的行为并对其最终成果进行评定。

支持校长独立开展工作，提高民办高校决策执行力，要加强校长团队建设。有研究提出，民办高校的内部管理应该建立校长为首的领导团队②，是有一定道理的。民办高校治理是一个庞大的治理系统，工作千头万绪，校长能力再强，也不可能有三头六臂。一个高水平的领导班子，一支高素质的干部队伍，是民办高校内部治理的关键。工作是要依靠大家做。仅有校长的工作积极性，光杆司令一个，学校治理也搞不好。另外，民办高校是一个特定的教育组织，管理队伍既乏现成，也缺培训。绝大多数民办高校的校长并不是来自学校内部，而是来自对民办高校内部管理很生疏、很陌生的公办高校甚至是政府官员。对治理民办高校缺乏认识，缺乏经验，缺乏积累。在这种情况下，如果民办高校的治理权限过于集中在某个人手中，事实证明也存在不少的困难和问题。民办高校董事会领导下的校长负责制，赋予校长办学的法律地位，但是民主和集中还是要协调运

---

① 董圣足、黄清云：《我国民办高校董事会制度的重构》，《黄河科技大学学报》2010年第4期。

② 徐绪卿：《民办高校内部管理体制改革若干问题探析》，《中国高教研究》2010年第5期。

用。因此，建立以校长为班长的民办高校领导团队，注重团队的分工协作，充分发挥民办高校自身管理队伍的优势，调动全体领导成员的工作积极性和主动性，有利于民办高校办学体制和运行优势的发挥，有利于提升和加强民办高校决策的执行力。

支持校长独立开展工作，提高民办高校决策执行力，还要注意选拔好民办高校其他领导。按照我国民办高校领导机构框架，副校长（副书记）按照分工协助校长分管相关线的工作。得力的助手是民办高校治理稳定有序、执行有力的重要保障。根据《民办教育促进法》及其相关法律法规的规定，相当多的民办高校章程都明确实施校长负责制，并约定副校长由校长根据分工需要提名，董事会考察聘任。对于学校党组织负责人，许多学校也能在任命前注意听取校长意见。任免大权的合理使用对于加强校长团队的建设是有利的。

支持校长独立开展工作，提高民办高校决策执行力，应该注意中层机构的设置、干部的培养和选用。中层部门和中层干部作用十分重要。中层干部在学校运行中起着承上启下、上传下达、工作落实的重要职责。他们既是学校各种决策的参与者，又是执行者。既是服从者，也是服务者。在学校日常工作中，一方面，学校的重大决策需要中层干部的理解和贯彻；另一方面，中层干部要不折不扣地落实执行好学校的决策。校长（学校）的办学理念、董事会的重要决策要得以顺利贯彻落实，关键在各个部门和中层干部的执行情况。中层干部的作用发挥得好，民办机制运作灵活，运转有序，精干高效；发挥得不好，学校运行不畅，中层梗阻，上下脱节，学校工作难有起色。因此，中层干部管理水平的高低，执行力的强弱，常常决定着一个学校管理的好坏和各项工作的运行状况。"赢在中层"的思想已经为许多管理理论所关注。许多民办高校治理混乱，主要是中层机构和职责不到位，职能划分不明晰，管理力量薄弱。当下民办高校大多是万人巨型大学，许多学校在初创阶段的扁平式由校长直接管理的机构设置模式，已经不能适应学校规模和功能发展的需要。目前，在民办高校中，中层机构逐年增加，中层干部队伍逐渐庞大。在学校发展中能否建好、用好这支队伍，意义重大。笔者认为，民办高校校长团队建设，应该包括中层干部队伍的建设。与公办高校相比，民办高校机构精简，人员精干。普遍来看机构比同类高校要少1/3以上，中层干部和工作人员也要少得多，这就对其工作的能力、效率和责任心提出了更高的要求。同时，民办高校中层干部大多是本院自己培养的年轻干部,工作人员很多是来自其他单位退休的人员,因此年轻干部的骨干作用就显得格外重要。因此,应建立完善中层干部的选拔、培养、考核、奖惩等一整套管理制度,坚持德才兼备,知人善任,任人唯贤。这个问题属于学校治理体制中相对微观层面的问题,因而这里不再展开。

第三节 完善和创新党委工作机制,发挥政治核心作用

加强党对民办高校的领导,确立民办高校党委的政治核心地位,是我国的国家性质和我党的执政地位所决定的。高等学校是党和国家培养社会主义事业建设者和接班人的重要阵地,无论其办学性质是公办的还是民办的,其基本任务是一致的,都是为了履行"坚持以马克思列宁主义、毛泽东思想、邓小平理论和'三个代表'重要思想为指导,以进行理想信念教育为核心,以树立正确的世界观、人生观、价值观为重点,以养成高尚的思想品质和良好的道德情操为基础,紧密结合全面建设小康社会的实际,遵循未成年人思想道德建设的规律,坚持以人为本,促进未成年人的全面发展,努力培育面向现代化、面向世界、面向未来,有理想、有道德、有文化、有纪律,德、智、体、美全面发展的中国特色社会主义事业建设者和接班人[①]"的崇高使命。民办高校党组织与公办高校党组织一样,是党的基层组织的一部分,是党在社会基层组织中的战斗堡垒,是党的全部工作和战斗力基础的重要组成部分,这是党章赋予民办高校党组织的重要地位。加强和改善党在民办高校的政治领导地位及其政治核心作用,充分发挥党组织的服务、保证、监督功能,是贯彻执行党的路线方针政策和促进教育事业发展的重要举措,也是民办高校适应市场需要,深化改革,培养社会主义建设人才和提高办学质量与效益的需要,也是民办高校增强核心竞争力的重要内容。要把民办高校办成国家教育事业的一部分,就必须加强党对民办高校的领导,坚持和把握民办高校的办学方向,并善于把党的政治优势同市场机制结合起来,形成强大的政治核心,不断创新工作机制,调动一切积极因素,凝心聚力,推进以德治校和依法治

---

① 胡锦涛:《大力培育中国特色社会主义事业接班人》,人民网(http://www.people.com.cn/GB/shizheng/1024/2491483.html)。

校，保证学校健康可持续发展。

一 民办高校党组织参与治理的依据

为加强对民办教育的领导和引导，2016年下半年，党和国家连续出台了多项关于加强民办教育、民办学校党建工作的法律和文件，习近平同志在全国高校思想政治工作会议上也专门就加强民办高校党建工作提出了具体要求。这些都成为今后一段时间民办高校加强党建工作的重要法理依据和政策支持。

1. 新修订的《民办教育促进法》，明确了民办高校党组织参与治理的法理依据。

2016年11月7日，全国人大常委会审议通过了《民办教育促进法》修正案，新法引起了社会的广泛关注。本次修法共有16处修改，集中体现在进一步突出强调了党对民办教育的领导、确立了分类管理的法律依据、充分保障了举办者的权益、完善了民办学校师生的合法权益、明确了学校的扶持政策、健全民办学校的治理机制、保障实现平稳的过渡等七个方面。其中《总则》中明确"民办学校中的中国共产党基层组织，按照中国共产党章程的规定开展党的活动，加强党的建设"。这就从专业法律的地位上，明确和确定了民办高校党委工作的合法性，填补了民办学校党组织参与治理的法理空白，第一次用法的形式明确了民办高校党组织依法开展工作，赋予民办高校党组织明确的使命和任务。

2. 新颁布的"中办发〔2016〕78号"和"国发〔2016〕81号"为民办高校党组织治理提供明确的政策依据。

"中办发〔2016〕78号"文的颁布，首次将民办学校党建工作从教育部党组、中组部等部委层面的工作上升到中央层面的工作，这是党中央站在历史的新方位做出的重大决策，充分反映了新形势下加强民办学校党建工作的重要性和迫切性。文件从充分发挥民办学校党组织政治核心作用、推进党的组织和党的工作有效覆盖等七个方面提出了具体要求。这些要求也是对民办高校做好党建工作的要求，它将会成为今后一段时间加强和改善党对民办高校的领导，创新性地开展党建工作的重要指南。文件规定民办学校必须配备党组织，建立民办学校是举办民办学校的法定条件；党组织成员全方位介入学校的决策层、监督层和管理层，是学校董事会、监事会和校级领导层的法定成员；党组织是民办学校的政治核心，在事关学校办学方向、师生重大利益的重要决策中发挥指导、保障和监督作用。2016年12月习近平总书记在全国高校思想政治工作会议的讲话中强调"要把民办高校纳入高校思想政治工作整体布局，完善体制机制，延伸工作手臂，建立健全党组织，全面推行党组织书记选派，确保民办高校党建和思想政治工作全覆盖"，这进一步体现了党中央对通过加强党的建设来确保办好党领导下的中国特色社会主义民办高校的决心和要求。不仅如此，文件还专门列出"建立健全党组织参与决策和监督机制"一章，提出要"坚持党的领导与依法治校有机统一，推动民办学校把党组织建设有关内容列入学校章程，明确党组织在学校法人治理结构中的地位，保证党组织在重大事项决策、监督、执行各环节有效发挥作用"，文件还就"推进党组织班子成员进入学校决策层和管理层""健全党组织参与决策和监督制度"做出详细规定，从而使得文件的落实更具可操作性。

"国发〔2016〕81号"则强调要全面加强民办学校党的建设，完善民办学校党组织设置，理顺民办学校党组织隶属关系，健全各级党组织工作保障机制，选好配强民办学校党组织负责人。要发挥党组织的政治核心作用，牢牢把握社会主义办学方向。要加强和改进思想政治教育，培育和践行社会主义核心价值观，引导学生树立正确的世界观、人生观、价值观。监事会中应当有党组织领导班子成员。……健全党组织参与决策制度，积极推进"双向进入、交叉任职"，学校党组织领导班子成员通过法定程序进入学校决策机构和行政管理机构，党员校长、副校长等行政机构成员可按照党的有关规定进入党组织领导班子。这一要求与中央精神是一致的，进一步明确了民办高校党组织做什么等问题。

最近一段时间，国内许多省市组织部门，贯彻落实中共中央、国务院的文件精神，出台了省市部门关于加强民办高校党的建设工作的意见，如浙江省就出台了《关于加强民办高校党的建设工作的指导意见》（浙两新〔2016〕10号），有的省市将民办高校纳入两新组织（新经济组织和新社会组织的简称）之中，下达了《关于加强社会组织党的建设工作的意见》，总体来看，民办高校党的建设工作将得到加强。

二 民办高校党的政治核心作用发挥的内涵

民办高校党组织参与治理，首先是要落实民办高校政治核心作用的发挥。2016年，中共中央办公厅印发了《关于加强民办学校党的建设工作的意见（试行）》的通知（中办发〔2016〕78号），归纳了民办学校党组织政治核心作用的6个方面。还就不同类型民办学校党建工作的着力点提出指导，"民办高校党组织要突出坚持马克思主义指导地位，把握党对意识形态工作的领导权、管理权、话语权，加强对青年教师、党外知识分子和大学生的思想引导，促使他们增强政治认同，增强政治敏锐性和政治鉴别力，坚定中国特色社会主义道路自信、理论自信、制度自信、文化自信"。

根据这一文件精神和民办高校的实践，民办高校党组织政治核心地位的确立，主要在于落实政治上的领导权、决策上的参与权和行为上的监督权三个方面。政治上的领导权主要体现在宣传和执行党的路线方针政策，把握党对意识形态工作的领导权、管理权、话语权，切实保证民办高校坚持社会主义办学方向，全面领导学校党建、思政工作和德育工作。决策上的参与权主要体现在参与学校改革、建设和发展以及教学、科研、行政管理等工作中重大问题的讨论与决策。根据相关文件精神，民办高校党委要通过多种途径对学校的发展规划、人事安排、财务预算、基本建设、招生收费等重大事项，提出意见和建议，直接参与研究、讨论和决策。并且根据学校决策，支持学校改革发展，及时向上级党组织和政府职能部门反映学校的合理要求，帮助解决影响学校改革发展稳定的突出问题；支持董事会和校长依法行使职权，组织开展教育教学活动。行为上的监督权主要体现在引导和监督学校坚持教育公益性原则，引导和监督民办高校依法治教、规范管理、诚信办学。监督学校党员领导干部的廉洁自律的原则，加强党风建设。党委通过政治核心作用的发挥，确保民办高校始终坚持社会主义办学方向，确保马克思主义的理论指导地位，提高民办高校大学生的思想政治素质和社会主义核心价值观，确保民办高校在社会主义市场经济条件下健康有序发展。

具体来说，民办高校党组织发挥政治领导作用，主要体现在三个方面：第一是把握政治方向，即保证正确的办学方向。民办高校作为我国社会主义市场经济条件下的一个新生事物，在筹资渠道、资产性质、领导体制、管理方式等方面都与公办高校有着明显的区别，但其培养社会主义建设者和接班人的根本任务与公办高校没有差异，所以同样必须坚持社会主义的办学方向。民办高校大多为投资办学，经费来源、办学动机和人员层次差异很大。民办高校内部实行董事会领导下的校长负责制，作为投资主体的董事会成员对学校的发展和管理拥有较大的决定权,在办学中可能考虑经济利益方面较多些。部分民办高校功利思想抬头,影响学校的办学方向和育人环境建设,制约学校的可持续发展。其中一些投资者功利思想严重。为了谋取私利,一些投资者有意无意地在民办高校弱化党的影响,对民办高校坚持社会主义办学方向持怀疑的态度,影响党对学校育人工作的领导。因此加强和完善民办高校党的政治核心作用,对于全面贯彻党的教育方针、坚持社会主义办学方向、促进民办高校健康发展,具有极其重要的意义。第二是保证教育质量,即确保人才培养政治思想品德和科技文化知识的质量。无论是公办高校还是民办高校,育人的基本要求是一致的。要达到这一要求,就要把教育学生树立正确的世界观、人生观和价值观放在首位。目前我国民办高校在高等教育体系中处于弱势,民办高校在录取时属于最后批次,其生源的普遍状况是知识储备不够,学生的学习兴趣、学习习惯和学习的自觉性、积极性都比较欠缺。在世界观、人生观、价值观方面,他们思想开放、独立,发现问题敏感,处世务实,既有自己的见解,但是还存在很多不成熟。大多数学生追求上进,渴望参加党组织,但存在分析问题的偏激性和心理上的脆弱性。还有一些人在人生观和价值观方面受到外界的不良影响,不能正确处理国家、集体和个人三者之间的利益关系。面对这样的生源状况能否保证育人的质量,这就要取决于学校"德育为先"的落实程度。而如果没有坚强有力的党的"政治核心"力量去领导、设计和实施,那么,要在生源质量相对来说比较差的基础上去提高和坚持育人质量是十分困难的。而民办高校党组织发挥政治核心作用的基本任务中就有领导学校思想政治工作和德育工作的职责。因此面对民办高校不断发展的新情况和新形势下高校德育的新要求,要实现培养高素质的人才目标,确保民办高校的育人质量,就必须坚持党的领导,加强党的建设,充分发挥党组织在民办高校中的政治核心作用。并且通过党政工团,齐抓共管,做深入细致的思想政治工作和扎实有效的德育工作,坚持马克思主义的主导地位,从而保证培养的德智体等全面发展的社会主义事业的建设者和接班人的质量。第三是维护校园稳定,即维护学校安定团结的政治局面。安定团结是一切事业发展的基本条件,是我国社会主义现代化建设赖以依托的环境基础。维护安定团结是全国人民的根本利益所在,是党的重要工作内容。由于民办高校投资主体的多元化,创办之初教师和管理人员一时难以到位,引进和聘用人员的来源复杂,学生的综合素质相对较差，这就使得民办高校中存在诸多不稳定的思想因素。加上民办高校是一个利益相关者构成的组织集体，投资者与办学者、董事会与校长、学校与教师之间、教师与学生之间矛盾错综复杂，稍有疏忽就可能酿成群体性事件，影响学校稳定，并可能为社会的稳定带来影响。因此，民办高校保持稳定的任务十分繁重。历史证明，高校的稳定直接关系到整个社会的稳定。在民办高校内部治理体制中加强和重视党的政治核心作用发挥，才能增强科学研判形势的能力，善于从复杂多变中掌握事物发展的内在规律和学校发展的大局，从而结合本校实际，创造性地执行党的路线、方针和政策，完成学校的各项任务；才能不断增强应付复杂局面的能力，正确处理学校的各种矛盾，及时解决改革中出现的和师生在学习、工作、生活中提出的问题，妥善处理各种突发事件，及时消除可能成为影响学校稳定的潜在因素，把各种矛盾和问题解决在萌芽状态；才能充分发挥思想政治工作的作用，协调和保证民办高校组织内部的相关利益，帮助广大师生员工正确认识改革中出现的暂时困难，引导他们同心同德，共同推动学校的改革和发展；才能建立一支以党员为主体的专、兼结合的政工骨干队伍，对大学生进行正确的引导，把广大师生员工紧紧地团结在党的周围，抵制各种不良思想的影响，维护高校的稳定和国内安定团结的政治局面。由此可见，党对民办高校的领导实际上主要体现的是政治领导，发挥的正是政治核心作用。

关于民办高校党组织的监督保障作用，前已分析，这里不再赘述。

三 民办高校党组织参与治理和决策的机制创新

民办高校党组织作为执政党的一级基层组织，正确的定位应该是通过融合、渗透成为学校的政治核心，履行对民办高校参与决策和监督的责任。有效发挥党组织参与治理，要做到三个方面：一是党组织领导成员交叉兼职进入决策层，直接参与学校决策和监督，保证党的活动围绕学校中心工作来进行，保证党的路线方针政策在民办高校得到贯彻落实。党委负责人应该进入学校董事会，以便于了解学校发展的重要决策。许多学校实行党委书记兼任副校长，包括其他校级和中层党员干部共同组成党委会。这种组织结构既保证了党建工作在直接了解、参与行政工作的前提下有针对性的开展，又在经费、活动安排上较易取得举办者的理解和支持。二是注重党组织书记的选拔和培养，由既懂党务又懂教学和管理的人来担任书记。中共中央办公厅《关于加强民办学校党的建设工作的意见（试行）》的通知（中办发〔2016〕78号）中强调"推行向民办高校选派党组织书记"，以切实有效的选拔机制，解决民办高校党组织书记人才不足的问题。同时，加强党组织负责人的培训，提高他们的管理水平和领导能力。三是把党组织发挥作用重点放在"服务"上，贯穿于学校决策的全过程。决策前要开展调研，提出带有前瞻性、方向性的意见。决策中要发挥党务干部的作用，大力宣传党组织的主张，使党组织的意图转化为学校决策。决策后要通过发挥党员的先锋模范作用及强有力的思想政治工作，保证决策的有效实施。在发挥作用的形式上，要把党组织的整体作用与发挥党员个体及群团组织的作用有机结合起来，以党的组织纪律来规范约束党员的个体行为，以党员个体的先锋模范作用来体现党组织的整体影响力和作用力。

今后一段时间，创新党组织参与和监督民办高校治理机制，主要应做好三方面的工作：

第一，依照《中国共产党章程》规定，健全民办高校党组织机构。

机构是工作的物质载体，民办高校党组织发挥治理中的参与监督和监督作用，是通过党的组织机构承担和体现的，没有机构就谈不上开展工作，相关职能得不到落实。要加强党对民办高校的领导，民办高校党组织要履行工作职责，首先必须加强和健全党的组织机构。要配强党委领导班子，提高党委领导的待遇，赋予其明确的任务和职责。就当下来看，民办高校普遍建立了党的基层组织。教党〔2006〕31号文件要求"民办高校必须有一名以上的专职党组织负责人"，这个文件是在大量调查研究的基础上下发的，带有强制性。文件下发以后，各省市都雷厉风行，江西、福建、湖北等十多个省市直接启动了"派遣党委书记兼督导员"工作。但这是第一步，就全国而言，民办高校党委班子建设和内设机构建设任重道远。特别是在民办高校中党组织工作机构几乎没有建立。表面上机构精简，减少成本节省人员开支，但是也不避讳有的民办高校举办者的用心：党务工作可多可少，有一个党委做做门面，对付对付差事就可以了。说明这一问题最终解决尚待努力。也有的学校以校长负责制之名削弱党委的作用和地位。当然，毕竟功能和职责不一样，民办高校党组织不能像公办高校一样机构庞大，人员众多，应本着精干、高效和有利于加强党的建设的原则构建，但是必要的组织机构还是需要的，否则工作职责就会落空。从当前需要出发，民办高校至少要设立综合办公室和纪律检查等工作部门，配备专职工作人员，落实相关工作内容和职责，便于开展工作。党组织的活动经费应列入学校年度经费预算。这样民办高校党组织机构的活动和工作开展才有着落。同时也要按照学校党委—党总支—党支部—党小组的体制完善各级党组织，建立健全民办高校基层党组织体系。要加强民办高校党务工作队伍建设。根据民办高校人事管理的特点，及时调整各级组织机构成员，加强党务骨干队伍的培训，提高他们的思想政治理论素质、业务水平和工作能力。与此同时，要以党建带团建，加强对共青团工作的领导。通过建立和健全党的组织体系，为充分发挥党组织在民办高校改革发展稳定中的政治核心作用奠定坚实的基础。

第二，建立民办高校党组织参与学校重大问题决策机制和党政联席会议制度。

民办高校党组织参与学校重大问题的讨论，提出意见与建议，是党委充分发挥政治核心作用的重要途径之一。根据现有法律法规的规定，党委书记也应成为董事会的自然董事，同时可通过法定程序进入学校行政管理机构。符合条件的学校决策机构和行政管理机构中的党员，可按照党的有关规定进入党委班子。民办高校党委应按照依法办学、依法治校的要求，通过组织学习、开展调研、进行督察等方式，对学校的教育、教学、管理和队伍建设等方面的工作积极提出建设性的意见，认真落实党的教育方针和各项政策。党委主要领导应加强学习，熟知国家对高校的方针政策，深入调研，及时了解国家对民办高校的要求，在董事会讨论重大决策时阐明意见，在重大问题上贯彻国家意志，替学校把关，以高度负责的精神，保证学校决策与国家的政治大局保持一致。

事实证明，在学校内部建立党政联席会议制度，就学校一些重大问题统一思想认识，有利于党委和学校行政工作的密切配合，提高决策的科学性。在学校的干部选拔任用中，尽管党委无最后决定权，但应保证民主集中制原则的贯彻执行，落实教职工对干部选拔任用的知情权、参与权、选择权和监督权，严格履行民主推荐、民意调查、民主测评和组织考察等程序。党委在参与决策中，还应重点把握学校重大决策是否体现了以人为本，以人才培养为目标的原则，使得决策更具科学性、合法性和人本性。

根据调查，在浙江树人大学、江苏三江学院、上海杉达学院和黑龙江东方学院等民办高校,都建立了学校党政领导联席办公会议制度。这些学校都建立了党委,在办学中发挥党的政治核心和监督保证作用。学校在决定涉及教学、科研、人事调整、师资队伍建设、思想政治工作和行政管理等方面的重大事项或学校的重要活动时,由校长主持召开党政领导联席办公会,讨论研究决定是否必要和可行,并在领导成员中明确分工,保证了工作任务的圆满完成。有的学校还实施了财务审批预算加监管的制度。与公办高校党委领导下的校长负责制不同,这个党政领导联席办公会议,是学校重大事项决策的最后环节,也是重大决策执行的开始。有时决策已形成,只是在办公会上最后征询意见,主要是部署对决策的执行(实施)。事实说明,党政领导联席办公会议是决策与执行的一个较好的形式,值得推广。

第三,正确处理好党组织与学校董事会和校长的关系,加强决策和执行的合力。

作为政治核心的民办高校党组织不是一级独立的权力机构,而是对学校决策、监督、管理具有广泛包容性的政治组织。党委会与董事会、校长分别处于政治核心、顶层决策和学校运行中心的地位,他们之间的和谐统一、密切配合,是学校办学成功的关键。正确处理好党委会与董事会、校长之间的关系,有利于提高学校科学发展的能力和水平,落实民办高校的办学方向,推进民办高校改革和发展,最终有利于学校的长远发展和举办者根本利益的保证。

首先,要建立党组织和董事会、校长相互支持和制衡的领导体制和运行机制。民办高校党委要及时推动并积极参与建立和健全学校治理体制,完善董事长、校长和党委书记相互配合、相互制约的法人治理结构,形成决策、执行、监督有机结合的治理机制。根据工作需要和人员素质条件,可以实施交叉任职。举办者为投资型的民办高校,有条件的党委书记和董事长可由一人担任。一般情况下,党委书记应进入董事会,党组织领导成员交叉兼职进入决策层,以便于了解学校发展的重要决策,保证党的活动围绕学校中心工作来进行。校级领导作为工作班子,有条件的可以进入党委。许多学校实行党委书记兼任副校(院)长,包括其他校级和中层党员干部共同组成党委会。这种交叉兼职、相互任职的办法,加强了相互之间了解沟通的机会,为党委会、董事会和校长之间协调沟通创造了组织条件,明显减少党委会与董事会、校长之间的工作摩擦,在学校治理中能够相互无缝对接，也使党委的重大问题决策参与作用更到位，从而提高学校的管理效益，同时也保证了党建工作在直接了解、参与行政工作的前提下有针对性的开展，在经费、活动安排上获得举办者和学校校长更多更直接的理解和支持。

其次，要建立校党委与校董事会、校长的沟通协商机制。民办高校党委要积极发挥协调沟通、决策参谋作用，和谐处理党、董（理）、校之间关系，督促各方责任和权益到位。党委要支持和帮助董事会、校长办好学校的努力，全力支持和配合校长抓好教学质量。要积极引导董事会正确处理投资与回报、经济效益与社会效益、市场规律与教育规律的关系，遵循高等教育育人规律；支持校长依法行使职权，自主办学，全面提高教育教学质量，同时，要兼顾举办者的利益，从民办高校的办学特点出发，引入市场机制，努力使教育资源利用最大化，在"治学"中体现效益，努力使董事长（理事长）的"回报"与校长的"治学"得到和谐统一，两者都朝着培养高素质人才、打造学校特色和品牌、提高社会形象和声誉的目标努力。

最后，要发挥党的政治优势，为学校改革和发展做出贡献。有效发挥党组织的政治核心作用，要把党组织发挥作用的重点放在"服务"上，贯穿于学校决策的全过程。这里特别需要强调的是，民办高校党员流动性较大，有的教师党员有比较严重的"雇佣思想"，组织观念不强、党性意识弱化，缺乏工作主动性，甚至对学校内部一些改革举措有强烈的逆反和抵触情绪，影响到决策的执行。而在日常工作中，党委的政治核心作用就是通过党员的先锋模范作用来体现的。因此，发挥党的政治优势，增强党性教育，激发党员的先锋模范作用，不断增强基层党组织的凝聚力和战斗力，是发挥民办高校党委政治核心作用的有效方法。在发挥作用的形式上，如前所述，要把党组织的整体作用与发挥党员个体及群团组织的作用有机结合起来，以党的组织纪律来规范和约束党员的个体行为，以党员个体的先锋模范作用来体现党组织的整体影响力和战斗力，从而提高学校决策的执行力。

第四节　完善和创新教代会工作机制，实施民主办学

民办高校教职工是民办高校中不可忽视的重要群体。教职工参与治

理，是民办高校治理的必需。教师是学校工作的主体，是教书育人的主要力量。学校人才培养、科学研究和社会服务，主要依靠教师去完成。建立健全以教代会为基本形式的民办高校民主管理制度，通畅广大教职工的利益诉求渠道，建立实施民主参与、民主管理、民主监督的平台，实现举办者、管理层、教职工的良性互动，对于充分调动民办高校教职工的积极性和主动性，提升广大教职工对所在学校的归属感、认同感，集中智慧、齐心协力，对于稳定教学秩序，提升办学质量和创建学校品牌，实现学校的健康、和谐、可持续发展，至关重要。因此，作为有远见、有内涵的民办高校领导，都应该十分注重教职工作用的发挥。根据现有研究思考，笔者提出两方面的建议。

一 实施好教代会制度

我国《工会法》《高等教育法》和《教师法》都对高校教职工代表大会制度作出规定。《教师法》第七条第五款规定：教师享有"对学校教育教学、管理工作和教育行政部门工作提出意见和建议，通过教职工代表大会或其他形式参与学校的民主管理"的权利。《民办教育促进法》等相关法律规定，"民办学校的教师与公办学校的教师具有同等的法律地位"。既然教职工代表大会是教职工参与学校民主管理和民主监督的权利，公办高校的教师有权通过教工代表大会的形式参与学校民主管理，那么民办高校的教师也应当有这个权利。国务院《关于鼓励社会力量兴办教育促进民办教育健康发展的若干意见》提出要"完善教职工代表大会和学生代表大会制度"。《工会法》《教师法》和《高等学校教职工代表大会条例》同样也应适用于民办高校。当下，许多省市在相关文件中都明确提出建立教职工代表大会制度的要求。如中共江西省委、江西省人民政府2007年2月15日下发的《关于进一步加强和改进民办普通高等学校工作的若干意见》（赣发〔2007〕3号）中就明确要求"民办高校必须建立健全教职工代表大会制度。教职工代表由教职工直接选举产生。教职工代表大会依法行使审议建议权、审议通过权、审议决定权、评议监督权。教职工代表大会每三年或者五年一届，一般每学年召开教职工代表大会一至二次。校长要支持和保证教职工代表大会在其职权范围内行使职权，定期向教职工代表大会报告工作，认真听取意见和建议，落实教职工代表大会在其职权范围内作出的决定、决议"①。陕西省教育厅于 2011 年 11 月出台了《陕西省民办高等学校教职工代表大会实施办法》,明确通过"建立健全教代会制度,规范教代会工作程序,确保教代会在推进依法治校、科学管理、民主监督、杜绝权力腐败和学术腐败、维护教职工合法权益工作中的积极作用"。该文件还明确了民办高校教代会的四项主要职权:"①听取和审议校长工作报告、学校建设发展规划、教育教学改革方案、教职工队伍建设方案、财务预决算以及事关学校发展的重大问题等。②审议通过学校提出的教职工聘任考核办法(劳动用工制度、集体合同草案)、工资标准、奖酬金分配办法、职称评定办法等与教职工切身利益有关的改革方案、重大规章制度等。③审议决定有关教职工生活福利的重大事项。④民主评议学校行政领导干部。"② 而《湖南省民办学校教职工代表大会暂行规定》(湘教发〔2010〕30号)中还专门设立了"法律责任"一章,规定民办高校中存在和出现"不依法建立教职工代表大会制度的;不按有关规定召开教职工代表大会的;应当提交教职工代表大会审议、通过的事项而不提交的;拒不执行教职工代表大会依法作出的决议、决定的"状况之一的,由县级以上人民政府或学校审批机关责令其限期改正,逾期不改的给予通报批评。学校举办者或者管理者违反本规定,阻挠学校工会委员会开展教职工代表大会日常工作,妨碍、阻挠教职工行使民主权利或者打击报复教职工代表的,由上级有关部门依照有关法律规定处罚;构成犯罪的,依法追究刑事责任。③ 可以看出规定还是比较刚性的。当然,总体来看,省级机构对民办高校教代会的相关文件还不多。

以教代会为基本形式的学校民主管理制度已经成为教育系统基层民主政治的具体实现形式,成为学校管理体制的重要组成部分。《国家教育规划纲要》提出,要建设"依法办学、自主管理、民主监督、社会参与"

---

① 中共江西省委、江西省人民政府:《关于进一步加强和改进民办普通高等学校工作的若干意见》(赣发〔2007〕3号),中国教育报官网(http://www.jyb.cn/cm/jycm/beijing/jybgb/gdjy/t20070620_92587.htm)。

② 陕西省教育厅:《关于印发〈陕西省民办高等学校教职工代表大会实施办法〉(试行)的通知》,陕西省教育厅官网(http://www.snedu.gov.cn/moreNewsJyxx.do?id=8a8a8090339d2-ea40133aa8b835c0055)。

③ 湖南省教育厅:《关于印发〈湖南省民办学校教职工代表大会暂行规定〉的通知》,湖南省教育厅官网(http://gov.hnedu.cn/web/0/201110/27175251624.html)。

的现代学校制度。建立民办高校的现代大学制度，完善中国特色社会主义民办高校法人治理结构，必须体现党的领导，依法规范学校政治权力、行政管理权力、民主管理权力和学术权力之间的关系，实现各种权力的相互支持、合理配置和相互协调。

目前，党委会指导下的民办高校教职工代表大会（教代会）制度正在受到关注和重视。民办高校的教代会制度已经开始得到重视和实施。从抽样调查收集的数据来看，在抽样调查的样本中，目前成立教代会的民办高校大致占到40%余，数量不少。但是总体来看，教代会的职能和职权有待于探讨，制度尚待建设和完善，作用也有待于进一步发挥。因此，民办高校党组织要切实加强对教代会工作的领导，将教代会工作纳入党委的工作日程，建立和健全领导教代会的工作制度，支持教代会依法在职权范围内独立负责地开展工作，协调处理好教代会制度在运行过程中出现的各种矛盾和问题，促进民办高校内部管理的和谐。

民办高校的教代会是在民办高校中教师作为主体行使民主管理权和监督权的一项基本制度和组织形式。教代会属于不带有行政性色彩的法定的组织形式，直接维护基层教师的民主权利，只有完善这项制度，才能切实维护教师权利。当下创新民办高校教代会参与治理的机制创新，需要抓住三个方面的工作：

（1）健全和完善教代会的相关制度。民办高校在其《章程》中的组织机构的规定中，除了明确董事会等机构的权责外，还应明确规定教代会权责。要从最大限度地发挥教代会作用的角度出发，制定科学的教代会条例、常设机构的管理条例、行使民主监督权保障条例和代表参与管理并提出提案的处理条例等，只有不断创新制度，权利才能得到保障。

（2）明确民办高校教代会的职权。目前来看，民办高校教代会至少应该行使以下四项职权：

一是审议校长报告权。校长应向教代会报告工作。教代会代表对校长工作进行讨论和审议，提出意见和建议。教代会秘书组要将这些意见、建议转告校长，校长根据代表意见、建议对报告作出修改决策，再转发给代表。

二是审议建议权。学校建设的发展规划，重大决策，教学、科研重大决策提交教代会审议，听取教代会代表意见和建议。这种权力的行使是教职工了解学校大事的一种重要渠道，也是学校举办者、领导层倾听群众意见、集聚群众智慧的一条途径。

三是评议监督权。建立教代会民主评议干部的制度。这种权力的行使是学校举办者、董事会了解教职工对学校管理人员意见的一种方式。也可以在年终考核时，以教代会代表为主听取中层干部的述职、民主测评打分。

四是审议协商权，有关教职工生活福利、奖励办法、方案等由教代会与学校决策机构协商确定。

（3）规范教代会运行机制。科学的程序能够保正教代会成为教职工权利保障的强有力后盾，才能够发挥教职工的积极性和主动性，在参与学校管理和监督学校管理中起到应有的作用。针对教代会中领导层次的人群仍占多数的情况，要出台规定对代表的身份进行限制，扩大基层教职工的代表比例，避免由于领导作为代表的比例过高出现教代会变成了领导干部会。通过专门的培训，来提高代表民主管理和民主监督的能力，让代表充分发挥作用。发挥教代会的常设机构和教代会代表在日常工作中的作用，不能让教代会成为短时的会议，而要让其成为教职工民主权利的保障平台，因此，在闭会期间，教代会的常设机构（工会）要积极协调各方面关系，保障民办高校教师权利，同时建立代表日常监督和参与学校治理的机制，使学校治理更加民主化和法治化。

（4）建立教代会代表参与校长办公会议制度。学校的发展和教职工的发展紧密联系，教代会代表参与校长办公会议，对及时的监督学校管理，了解学校发展方向和存在的问题具有重要的意义。而一旦讨论涉及教职工权益的问题时，教代会代表能够迅速地对学校的决策提出意见和建议，履行其民主监督权，这一制度既保障了教职工的权益，又使学校的决策科学化和民主化。

关于民办高校工会组织，从工作性质上看，工会是作为教代会的常设机构来参与治理的，换句话说，教代会的组织和职权的行使主要由工会负责，因此本研究没有专门展开对工会参与治理的研究。

二 建立和完善民办高校教师协会

建立民办高校教师协会等跨学校、跨区域的专业学术团体，这有利于提高民办高校教师的专业地位，增强民办高校教师群体的凝聚力和吸引力，同时也可以增强民办高校教师参与治理的能力和水平。

教师协会是国外私立大学治理的重要力量，对于我国民办高校具有较好的借鉴意义。许多民办高校举办者不熟悉高校办学规律，甚至不熟悉学校工作的专门业务。建立和健全教师协会，把一部分学术权力归还教授，既能达到完善学术治理的目的，又能解决教师维护自身权益、参与学校治理的路径。

民办高校教师协会的建立，除了在民办高校教师权利受到侵害时进行积极维权外，还可以在日常的工作中，有组织地协调民办高校教师内部关系，及时收集和反映广大教师的建议和呼声，使民办高校教师能够团结到一起，共同参与学校的改革和建设，对学校发展本身也有积极意义。

建立民办高校教师协会，可以让民办高校教师有合法组织，可以给予民办高校教师精神上、物质上、法律上、专业上的诸多帮助，维护教师的合法权益，同时，引导民办高校教师树立主人公观念，增强组织认同，运用专业知识，积极参与学校建设和改革。民办高校教师协会举办的宗旨和运作方式要符合民办高校教师们的需求，这样，教师们才会对该组织产生强烈的归属感和认同感，才会积极加入到该教师组织中来。教师协会的组织目标应该包括：承担民办高校有关学术问题的研讨，提出学校学术发展的建议和意见；担任民办高校教师们的代言人，维护民办高校教师成员的基本人权、公民权及合法的职业权利，致力于改善他们的福利待遇、退休及抚恤等制度，促进提升民办高校教师们的专业能力。[1]

民办高校教师协会的成员可以采取会员制[2]，通过向会员收取会费作为组织的经费来源。只要是从事和民办高等教育工作相关的人，都可以申请加入，因此，会员除了教师，还可包括学校的行政管理人员等。民办高校教师协会除了可以为会员争取权益，提供专业成长的机会和服务之外，还可以对教育政策的制定及实施方面发挥影响力，并逐步发展完善，成长为社会的一支不可忽视的团体力量。

民办高校教代会以及相关组织参与治理，是民办高校的办学性质所决定的。但是，也不能任意夸大其作用。笔者在调研中了解到，有的民办高

---

[1] 左延彬：《论民办高校教师的权益保障》，硕士学位论文，河北师范大学，2010年。
[2] 杨柳：《民办高校教师权利保障问题研究》，硕士学位论文，江西师范大学，2012年。

校甚至提出把教代会作为民办高校的监督机构,这恐怕是不妥的。第一,与公办高校相比,民办高校的教职工流动性较强,使得民办高校内部监督力量更加薄弱。第二,许多民办高校的教职员工本身缺乏主人翁意识,雇佣思想严重,一些教职员工甚至认为,民办高校办学好坏与自己无关,自己和学校是一种劳动合同关系,对民办学校的监督既不是自己的义务更不是自己的权利。第三,民办高校教师难以进入决策层,缺乏监督的资格和权力。目前有极少数民办高校设置了"监事",也有教师担任监事的,但是正如董事会的成员由举办者指定一样,监事也是由举办者"提名"聘请的,实际效果并不如意,监督职能也不落实。

一个完善的高校治理机制应该包括内部治理和外部治理两个层面,外部治理是内部治理实施的框架和约束,内部治理则以外部治理为基础,是外部治理的内生性制度安排[1]。董事会决策、校长执行、党委参与决策和监督,教职工参与民主管理,是现阶段民办高校内部治理的理想模式,也是和谐治理"善治"的重要组织构架。董事会主要负责决策,落实民办高校办学经费,构架民办高校组织领导体制,选拔德能兼备的校长,并为校长独立和谐工作创造条件和环境;校长是学校内部行政管理权力的核心,参与董事会决策,主要负责决策的执行和实施,根据董事会决策运行学校,细化发展任务,深化学校改革,保证学校内部稳定和教学质量的提高。学校党委是民办高校运行中办学方向的重要把舵者,通过发挥政治核心作用,参与决策,监督学校发展和运行的政治方向,并根据法律法规,维护民办高校相关者的利益,协调举办者、办学者和师生的关系,从而保证学校内部和谐,为学校稳定和发展发挥作用。建立和完善教代会制度,通过以教代会为基本形式的民主管理工作,搭建民主管理平台,推动基层民主政治建设,加强学校科学决策水平,积极维护教职工合法权益,增强教职员工的归属感,调动全体教职员工的工作主动性、积极性和创造性,对于学校内部的和谐和稳定,推进民办高校的改革和发展,提高办学质量和创建学校品牌,具有重要的意义。实践证明这一构架是适合我国民办高校治理实际的。

---

[1] 赵旭明:《民办高校治理研究》,博士学位论文,中共中央党校,2006年。

第五节 完善和创新规章制度，推进民办高校治理法制化

我国著名的经济学家吴敬琏先生曾出版《制度重于技术》一书，强调制度安排的作用重于技术演进自身。一个有效率的制度能够提供一组有关权利、责任和义务的规则，能减少环境中不确定性，减少交易成本，促进生产活动的进行和社会财富的增加。高校的规章制度是高校治理中各种规定、条例、章程、制度、标准、办法、守则等的总称。它是用文字形式规定治理活动的内容、程序和方法，是管理人员的行为规范和准则，因此是民办高校治理系统的重要组成部分。规章制度作为人们必须遵守的办事规范或行为准则，是学校正常教育教学秩序的基本建设，也是学校高效运行、和谐发展的基本保证。邓小平曾指出：我们过去发生的各种错误，固然与某些领导人的思想、作风有关，但是组织制度、工作制度方面的问题更重要。这些方面的制度好，可以使坏人无法任意横行，制度不好可以使好人无法充分做好事，甚至会走向反面。① 科学完备的规章制度是学校治理的重要组成部分，也是一个成功学校的品牌内容。

高等学校规章制度是我国高等教育法律体系的有益补充。在现行的立法体制下，高校的规章制度并不是我国法律体系的组成部分。但是高校制定规章制度是为了结合实际情况更好地贯彻执行法律、法规和行政规章，以保证它们在全校范围内的统一实施；在内容上，规章制度也基本上是在高校管理权限范围内，对法律、法规和行政规章做出具体的和执行性的规定。② 我国幅员辽阔，地域广大，各地条件不一，地区差别很大，加上民办高校类别繁多，办学性质和动机复杂，很难用一个法律规范所有学校的行为。因此，法律往往在坚持统一性、普遍性的同时，留有一定的灵活空间。同时，由于国家有关法律法规等所涉及高校管理的内容大多数是宏观性、原则性的条款，在工作实际中较难操作，这就需要高校在执行中根据学校工作实际细化相关内容，从而更好地贯彻落实。刘延东曾提出，"要善于按照法律法规来规范运行，大力推进依法行政、依法治教、依法治

---

① 《邓小平文选》第 2 卷，人民出版社 1993 年第 1 版，第 293 页。
② 杨德广、谢安邦：《高等教育管理学》，上海教育出版社 2006 年版，第 207 页。

校；要善于通过制度建设来推动运行，建立健全推进各级各类教育改革发展的基本制度，形成内容科学、程序严密、配套完备、有效管用的制度体系；要以提高制度执行力为抓手，坚持用制度管权、按制度办事、靠制度管人，防止重制定轻执行"[1]。我们也可以将民办高校的规章制度看作国家民办高等教育立法的深化和延伸，是国家民办高等教育法律、法规体系的有益补充，它是民办高校治理的基本依据，也是民办高校依法治校工作的重要内容之一。它不仅有利于国家法律、法规的贯彻实施，而且可以在法律出台前进行必要的探索和实验，为法律的制定和实施积累经验。可见，完善规章制度建设，对于推进民办高校治理法制化，具有重要意义。

一　民办高校内部治理制度建设的必要性

我国《辞海》中对制度的解释是："要求成员共同遵守的、按一定程序办事的规程或行动准则。"一个组织或团体推行一种规章制度的诱因在于这个组织或团体期望获得最大的潜在效益，而最直接的原因则在于提高组织的协调性和治理的有效性，协调组织内各部门之间协作效果和组织与外部衔接的有效性。假定每个行为人都是有理性的，他们总是在给定的约束条件下追求自身利益最大化，无约束的竞争行为必定加剧交易活动的不确定性，增加交易成本。这种约束条件从广义上说就是行为人共同遵循的契约关系或交易规则。制度恰恰提供了人类相互影响的框架，确立了竞争与合作的经济秩序。"制度是一系列被制定出来的规则、守法程序和行为的道德伦理规范，它旨在约束追求主体福利或效用最大化利益的个人行为。"[2] 从而制度成为继禀赋、技术和偏好之后的第四大理论支柱。制度教育学的研究认为，"好"的教育制度也是重要的教育资源，它可以增强人的权利意识、自主意识，提高人的主动性积极性，提高人自我发展的责任感，从而提高人发展的层次，塑造健康和谐的人格。[3] 同时制度又是非物质文化的重要内核，是组织文化的展现载体之一。民办高校的内部治理

---

[1] 刘延东：《努力提高教育工作科学化水平——在教育部2010年度工作会议上的讲话》，《中国青年报》2010年2月7日。

[2] ［美］道格拉斯·C.诺斯：《经济史的结构与变迁》，刘瑞华译，上海三联书店1980年版，第225—226页。

[3] 康永久：《"制度教育学"管窥》，《华东师范大学学报》（教育科学版）2001年第1期。

制度是民办高校发展过程中各种规范、章程、制度和规定的总和,是内部治理的基本依据,是民办高校发展的价值观的集中体现,也是民办高校办学理念的重要载体,是办学思想与理念转化为行为实践的必要中介。办学理念是民办高校发展的灵魂,是各项工作的纲领。"制度上的信念在指导改革和改革合理化方面已经起着重要作用。"① 民办高校内部治理制度要紧密围绕办学理念,体现办学理念,为办学理念的贯彻落实服务,把办学理念渗透到内部管理制度中去,将其本质、内涵分解、细化表现在各项制度中来,以此确保高度凝练的办学理念得以具体化的实现,推进学校的健康发展。因此,实施什么样的制度,一定程度上反映了该院校的发展价值和组织文化。制度是现代还是传统、是先进还是保守、是务实还是形式主义、是追求功利还是体现公益、是民主集中还是高度集权、是井井有条还是松散零乱,都直接反映出学校的品位、档次和水平。所以,制度建设更带有根本性、全局性、稳定性和长期性,是民办高校内部治理中极其重要的组成部分。

高等教育发展应该是制度性发展,这一点已经成为人们的共识。高等教育理论研究进而表明,制度的优化与创新也是高校发展的根本动力,是高校发展与管理效益提升的重要途径。高等学校是建立在一定的规章制度和行为准则上的机构,是被制度所规制的一个组织,它能否快速的高质量的发展,就取决于建立于其之上的制度是否能产生适当的持续有效的刺激,并切实保证高校能得到有效的效率和效益。

"制度是维系大学组织运行的关键所在。在崇尚学术自由的大学中,学者被赋予开展学术活动很高的自主性和独立性。在这种情况下,大学靠什么来保证其运行的秩序和效率呢?显然,大学组织需要建立一定的制度。"② 制度在治理中具有根本性的决定作用。第一,制度具有规范性。它告诉人们在学校工作生活中应当做什么,应当如何去做。哪些可以做,哪些不可以做。第二,制度具有强制性。制度一经颁布实施,对任何人、任何单位(部门)都具有强制性和约束力。第三,制度具有公平性。所谓制度面前人人平等,无高低贵贱之分。第四,制度具有导向性。以制度

---

① [美]伯顿·克拉克:《建立创业型大学:组织上转型的途径》,王承绪译,人民教育出版社2003年版,第97页。
② 阎凤桥:《制度建设是大学校长重要任务》,《中国教育报》2012年3月26日。

为标杆，人们可以辨别是非。第五，制度具有稳定性。管理规范一经批准，在一定的时期内就要保持稳定，不能朝令夕改，使人无所适从。有了制度，就有了明确、具体的标尺，有利于及时纠正各种形式的不规范行为。邓小平曾经说过，制度问题更带有根本性、全局性、稳定性和长期性，这一论述对高校内部管理制度建设工作具有同样的指导意义。只要制度健全并与改革接轨，管理者就有了实施管理的基本依据，学校就有了行动的准则，"大家都受制度的制约，都按制度办事……做到有制度、有管理、有执行、有监督"，高校才能够持续健康的发展①。

民办高校也不例外。在民办高校内部治理中，除了机构构架，还应该有制度构架。前面提到的董事会制度建设，主要指的是民办高校内部治理中上层制度的建设。实际上，除此以外，在民办高校日常运行中，更多地使用的是民办高校内部的各项管理制度，它是民办高校日常运行的依据。

第一，加强民办高校内部治理制度建设，是现代大学制度的内在要求。《国家教育规划纲要》提出，"推进政校分开、管办分离。适应中国国情和时代要求，建设依法办学、自主管理、民主监督、社会参与的现代学校制度，构建政府、学校、社会之间新型关系"。要"完善中国特色现代大学制度。完善治理结构"。由此可见，现代大学制度的特征之一就是治理的科学化，即管理的规范化和制度化。民办高校内部治理是现代大学制度的重要内容。离开了学校内部治理制度，也就很难实现现代大学制度。

第二，加强民办高校内部治理制度建设，是维护学校秩序，提高工作效率的保障。民办高校内部的运行是一项复杂的系统工程，特别是当前民办高校都是规模较大的大型高校，教学、科研、学生管理、校园建设、经费使用，等等，事务多且杂，需要严密而有效的组织、紧张而有序的工作，要做到忙而不乱、井井有条，就必须有系统全面的制度来协调和约束。建立健全民办高校内部的治理制度，可以规范和引导高校师生员工的行为，充分发挥个体的主动性和积极性，落实工作中的可操作性，克服经验主义、理解歧义、个人意志和相互推诿等问题，使分散的、无序的个体活动变得统一、秩序、高效，并能保证高校沿着正确的办学理念、办学目

---

① 周济：《大学发展与科学管理》，《中国高等教育》2007年第5期。

标和轨道发展前进。

第三,加强民办高校内部治理制度建设,是民办高校生存和发展的重要保证。内部治理制度是民办高校治理的依据。当前,我国民办高校总体治理水平还不高,还没有形成完善的治理体系,要克服家长制、家族化管理,消除隐患、避免风险,实现民主化、法制化治理,促进各项事业健康发展,就应当把建章立制摆上重要议事日程。"有了章程及合理的规章制度,高校的治理工作才能有章可循、有据可依,真正规范起来。"[①] 从而使民办高校内部主体能令行禁止、依章办事,保持稳定、持续的发展态势。制定内部治理制度的目的,是为了建立学校运行的正常秩序,维护学校各项工作的正常运行,不断提升教学质量;规范学校领导、职能部门和全体师生员工的行为,有所为有所不为,不因个人或团体利益损害学校整体利益;优化组合全校各种资源配置,向管理要质量,向管理要效率,向管理要效益,保证最终实现学校的办学目标。一句话,是为了增强民办高校的核心竞争力,没有严格而系统的治理制度,民办高校的长期运转就难以得到维持,生存和发展都是一句空话。

第四,加强民办高校内部治理制度建设是实现依法办学、依法治校的需要。社会的进步,法制的健全和完善,要求社会各个组织、机构和个人都要树立法制观念,严格依法办事,法律面前人人平等。民办高校也能不例外。《民办教育促进法》提出民办学校管理的16字方针,就是"积极鼓励,大力扶持,正确引导,依法管理"。内部治理制度是内部治理的法规,照章办事是依法办学、依法治理的基础。只有严格执行学校治理制度,才能逐步培育法制意识,使学校的教学、科研、思政、保障等各个环节的工作逐步走上法制化的轨道,实现治理的制度化、标准化和法制化。由此可见,学校内部治理制度建设是依法办学、依法治校的基础工作,是推动学校管理由"经验管理"向"依法治理""科学治理"转变的重要环节。

---

① 陈至立:《坚持用科学发展观统领高等教育全局,加强管理,提高质量,办出特色——在教育部直属高校工作咨询委员会第十七次全体会议上的讲话》,《中国教育报》2007年1月9日。

二 民办高校制定内部治理制度的主要原则

民办高校作为高校，很多治理与公办高校无异。因此，公办高校的很多制度建设经验可以参考和借鉴。但是民办高校的治理体制与公办高校治理体制毕竟具有较大的差距，这肯定也会反映在治理制度上。因此民办高校的治理制度与公办高校的治理制度会有很多的不同点，即使是同一个内容的治理制度，也会反映出民办高校治理体制的特点。

根据民办高校办学的特点和要求，民办高校构建内部治理制度应坚持以下原则：

第一，自主性原则。这一原则是民办高校特有的治理特征。自主性原则的内涵有：在思想观念方面，要有自身的办学理念、办学定位、办学方向、办学目标、管理理念和自主管理的意识，不能照搬照抄。在组织结构方面，要有能体现精干高效、自主管理、自我发展，对学校全面工作进行全方位治理的完整的组织机构。在治理方式方面，行事讲准则，以制度为上，而非权力至上。

第二，民主性原则。民主性原则是指全校教职员工能积极参与学校治理，对学校办学、治理有自由发表意见的权利。之所以提出要遵循这一原则，主要缘于对民办高校办学中相关者利益者诉求的考虑和当前民办高校中家长制、家族制管理愈演愈烈的实际情况。民办高校内部治理体系的建构一定要有民主意识，突出民主性原则，包括民主决策、学校的办学定位、学校发展目标和规划、学校有关福利政策的制定等都要经过调研，广泛征求意见，这样才能打好制度执行和实施的思想基础，提高广大教职员工理解制度、执行制度的积极性和自觉性，进而提高教职员工对学校的认可度，培养和激发全体教职员工的主人翁意识，增强责任感和使命感。当然，民主与集中辩证统一，倡导民主并不是否定、排斥集中，该集中的必须集中。倡导民主也不是不讲效率，议而不决，决而不果，而是该决则决，该断必断，且迅捷决断。民主、公开的制度建设机制本身既是高校制度建设的组成部分，又是制度建设工作持续良性运行的基本保证。民主、公开的制度建设机制不仅能够最大程度地保证制定制度的程序和制度的内容合理合法，而且能够让制度观念和内容深入人心，从而有利于制度的实施和遵守。制度不是为了制定而制定，它是要有人去执行的。如果制定过程中讨论不充分，任由个别人、少数人说了算，那么这样的制度的执行就存在天然的障碍。当然，制度本身的科学化也要求群策群力、集思广益，以符合工作的实际需要。

第三，实用性原则。制度本身有一定的规律和规范，但不同的组织机构有其自身的特点，因此制定的内部治理制度除了要符合自身的特点外，必须强调制度与本校的实际相结合。只有结合本校实际的制度才会是可行的。民办高校内部治理制度是协调行动、规范行为、维护秩序、提高效率的工具。因此，更应注重内部治理制度的实用性。

实用性的另一方面内涵就是制度的可操作性。民办高校的特点决定了民办高校内部治理制度的可操作性。民办高校制定内部治理制度，应该是详略有度，简单有效。文本过繁，体系过细，内容过杂，都无益于民办高校的治理运行。要针对学校实际，把那些急需的制度首先制定并执行，随着学校发展对制度重要性认识的不断加深，再对原有的制度进行不断的完善与更新，并逐步建成较为完善的制度体系。

第四，稳定性原则。民办高校内部治理制度的稳定性，是指制度一经制定，就必须在一段时间内生效，除非制度本身与国家新的相关政策相抵触。制度稳定是秩序稳定的基础，没有稳定的制度，朝令夕改，学校运行的秩序就难以稳定，制度的严肃性也会遇到挑战。当然，制度本身也会随着政策环境的变化和学校的发展而提出修订的要求，但一般来讲，应遵循延续性，不宜过于唐突，大起大落。

第五，统一性原则。制度的统一性要求同一制度的理念与内容要契合，处在一个制度中的各种条款的理念与内容也要契合。每所大学都有自己的办学理念，民办高校尤其重视自身的办学理念，制度建设必须在办学理念的指导下进行。内部治理制度是由一系列的相互关联、互相依据与支撑的单项制度组成的有机整体，各项制度既要彼此协调，又要有所侧重。只有建立了科学的治理制度，使各项治理制度相互衔接，密切配合，才能发挥制度的整体效应，保证治理制度的积极作用得到充分的发挥。

第六，先进性原则。一方面，民办高校是一个崭新的组织机构，民办高校的治理需要先进的治理制度。这个不难理解。许多先进的治理制度，是在民办高校试行实践中得到提高应用的。先进性的第二方面是与时俱进，确保制度建设的时效性。随着高等教育的发展，民办高校的内外环境发生了巨大的变化，这就造成原有的规章制度在形式上、内容上的滞后和不适应，学校的治理理念、办学定位、治理模式和治理方法等也势必要求发生变化。为此，民办高校在制度建设过程中一定要遵循实事求是、与时俱进的指导思想，不断引入先进的治理理念与方法，对内部治理制度进行必要的修订、调整、充实和完善。与时俱进的关键是内部治理制度建设要与学校的组织建设的结合，制度要随着学校组织结构的变化而不断完善。只有不断地去适应变化，才能够实现学校资源的优化配置，进而增强民办高校的核心竞争力。先进性的第三方面，是开拓创新，保证制度建设的先进性。创新是学校发展的源泉。民办高校要适应不断变化的市场，就要进行持续不断的学习和创新活动，内部治理制度的完善和创新是学校快速、良性发展的重要保障。目前我国民办高等教育正处在一个新的发展起点上，民办高校必须以开拓创新的时代精神，抓好内部治理制度的建设和落实，全面提升学校的整体素质，推进民办高校健康和可持续发展。

三 民办高校内部治理制度建设的主要环节

搞好民办高校内部治理制度建设，不仅要抓好制度内容建设，还应抓好民办高校治理制度制订的过程和环节。

第一是民办高校内部治理制度的制定。民办高校内部治理制度的建设实质上是为教学和科研工作服务，为广大教职员工和学生服务的。同时，学校办好了，投资者的利益也能得到保证，办学的价值也能得到实现。因此，民办高校内部治理制度制定要更新观念，依照制度制定的原则和程序，有步骤、有组织、有计划地进行。

民办高校治理制度的制定，一般都要经过规划、立项、起草、审议、决定和公布等环节。规划立项需要深入调研、充分论证；起草工作具有基础性，要本着严谨、负责的态度，认真学习相关法律和政策精神，全面掌握实际情况；要调动全员参与的积极性，通过座谈会、论证会等多种形式听取意见，集思广益，力求避免制度内容的偏颇错漏；审议修订是保障治理制度质量的重要举措，要按照严格的审查标准对治理制度的原则性、目的性、功用性等方面进行审核修订，涉及重大疑难问题的，应当咨询有关专家论证后决策；公布实施必须经过校长办公会或教代会，必要时还要与董事会沟通，如分配制度、中层机构设置等，取得广泛共识后，最后以规范的行文在全校范围内印发、公布和落实。

在民办高校治理制度制定过程中，领导层要发挥积极的引领作用。民办高校校长对全校的运行负有重大职责，因此对制度的制定一定要高度重视,要创造良好的管道和氛围,与师生员工进行平等、民主、深入的对话和沟通,创造内部和谐的人际关系。校长要清楚表达学校当前发展的理念和改革的意图,引导师生员工投入到制度建设当中来。广大师生员工也要积极的交流,发挥高校主体行为者的态度和意识,提供有关的信息、建议和改进工作的方法,主动达成制度实施的共识。

第二是民办高校内部治理制度的执行。有了好的制度,关键还要执行,否则,再好的制度也是付诸东流。许多民办高校治理混乱,往往不是没有制度,而是有了制度、甚至有了好的制度但没有认真执行,贯彻落实力度不够。治理制度一旦公布,就要严格执行,切实做到有章必循、违章必究,在制度面前人人平等。对于制度执行过程中出现的问题,也要本着积极、稳妥的态度认真研究解决和完善。民办高校管理人员来源复杂,要提高内部治理制度的执行力和实施效益,就要建立科学合理的学校制度培训机制和考核机制,提高管理队伍素质,增强治理能力和水平。制度制定出来后,学校要及时通过网络、文件等形式予以公布,供师生熟悉和查阅,组织师生学习贯彻,提高师生员工遵章守规的观念。领导干部尤其要以身作则,率先执行,积极学习制度,严格执行制度,维护制度的权威性,起到表率作用,做到令行禁止。

一个组织制度的功效是否显著,一方面取决于组织内部构造是否合理健全,另一方面则取决于该组织所处的制度环境。为了提高民办高校制度的实施效益,还要建立和执行相应的工作责任制和责任追究制,积极营造实施制度的良好环境,有效地对制度的实施情况进行监督、检查、考核和奖罚。通过监督部门定期或不定期地对制度实施情况的检查,及时纠正不规范、不作为的行为,落实好制度的效用。当然,制度也应根据实践的需要,适时做出修订和调整,增强其适应性。

四 大胆改革,创新民办高校内部治理制度

民办高校是高等教育改革的成果,没有改革就没有民办高校。创新民办高校的内部治理制度,是高等教育改革的重要内容,也是高等教育深化改革的必然需要。民办高校不仅仅在筹资办学、扩大高等教育资源和适应市场需求办学方面起到改革的作用,而且需要在治理体制上勇于创新,大胆改革,敢于试验,克服传统高校长期以来的管理积弊,努力提高学校治理的能力和水平,提升治理的效率和效益,为高等教育改革积累和提供经验。

创新民办高校的内部治理制度，首先在于学校举办者的改革意识。举办民办高校，不仅仅是培养几个人，而且也是教育改革的先行。因循守旧、按部就班、亦步亦趋，跟在公办高校的后面一味模仿，不可能办出优秀的民办高校。只有勇于改革、大胆实践，不断总结提升，才能独辟蹊径，走出自己的治理之路，办出特色，提高效益。

创新民办高校的内部治理制度，还在于有一支高素质、高水平的治理队伍。学校内部治理的改革和创新，关键在于校长等执行团队，在于有一位思想开放、勇于改革的引领者。因此，选好校长是民办高校内部治理制度创新的关键环节。以校长为首的领导层要成为治理制度创新的引领者，就必须积极了解社会对高等教育的需求，掌握最新的高等教育和治理的研究成果，并经常把这些信息向教职员工传递和交流，在反复交换思想形成共识的基础上做出科学的决策。与此同时，还要注意中层干部队伍制度意识的培育和训练，这是提高制度执行力的关键。创新民办高校的内部治理制度，其内部的治理者还要勇于革新传统习惯。创新民办高校内部治理制度在很大程度上依赖于治理体制的变革，传统的管理体制长期以来形成了稳定的思维定式和制度习惯，人们习惯并受制于传统，很难囿于制度来进行制度的创新，这些与民办高校的办学理念相悖。另外，民办高校的办学自主权，能够支撑民办高校内部治理制度的创新，对此也要充满信心。

创新民办高校的内部治理制度，必须与营造组织文化密切结合。学校文化是学校在长期的办学活动中所形成的学校共同的价值观、行为方式、行为规范，是学校治理的最高层次。学校的规章制度归根结底还是受到办学组织价值理念的驱动与制约。学校制度的形成与变化均源于学校对制定和修改制度的某种需求，这种需求正是学校价值理念的一种具体表现。这种相互影响的作用和反作用，是我们理解制度与文化之间关系的密钥。"只有抓好规章制度建设，才能促进良好组织文化的形成。制度安排是特定组织内在精神与理念的外在表现形式，同时，它反过来又培育和营造了组织内部所特有的文化氛围，进而内化为组织中个体的精神人格、价值诉求、信念和行动取向。"[①] 由于传统习惯、社会心理和现实问题的影响，民办高校教职员工对制度本身天然就有抵触性，需要有学校组织文化作为

---

① 杨德广、谢安邦：《高等教育管理学》，上海教育出版社2006年版，第209页。

糅合剂，使之增进共识，增强归属感，提高执行制度的自觉性。在学校文化建设中，我们也要善于把民办高校特有的治理体制和运行机制尽可能全面而及时地体现到学校制度中去，进而创建有特色的学校文化。

创新民办高校的内部治理制度，师生员工也要主动地学习高等教育发展的理论、理念与趋势以及先进的治理思想和动态，主动地思考和表达对现有制度的建议，提高对制度变革的适应能力。同时要及时总结自身已有的经验，学习国内外先进治理理念和制度建设的成果，对比分析，选择取舍并能吸收利用。学校各级干部和人员要勤奋好学，善于在学习中实践、在实践中学习，工作、学习和研究三结合，积极开展治理研究，勇于参与内部治理制度的创新，不断提高治理水平和制度创新的能力。只有这样，才能提高民办高校内部治理制度创新的效益。

第九章 民办高校其他利益相关者治理问题

如前所述，民办高校是一个利益相关者组成的一个组织，民办高校的运行和发展，需要各个利益相关人（组织）的共同努力，同时也就意味着各个相关利益（人）组织都有资格参与民办高校的治理。前面已详细阐述民办高校的政府治理，董事会治理，校长、校党组织、教职员工参与的治理，这是民办高校治理的主体。本章节再列举部分利益相关者参与民办高校治理的问题，供研究和实践中参考。

第一节 民办高等教育中介组织参与治理

一 民办高等教育中介的概念

所谓社会中介组织，就是介于政府与利益团体（或民众）之间，通过提供特殊服务进行沟通、协调等职能活动，促进社会矛盾的相互转化和融合的一种社会团体。教育中介组织是指根据一定的法律法规建立的，按一定规范参与高等教育活动的、独立于政府和高等院校之外的非营利性社会组织。它是教育领域内的社会中介组织，是市场经济的产物，在西方被称为"中介团体"（intermedi-arybody）、"缓冲器"（buffers）或"减压阀"。

在社会转型过程中面临"教育领域出现许多新问题、新现象，并且使现有的教育管理体制的有效性受到挑战，而如何在新的形势下理顺政府与各类教育机构、教育机构之间、教育机构与学生之间的关系，如何在新的形势下满足各方的合法要求和利益，保持学校的活力，确保教育的健康发展，即在新的形势下如何满足教育体制创新的客观要求，使教育中介组织的作用凸显出来"① 的问题。教育中介组织发展的必要性具体体现在以下几个方面②：

1. 随着政府教育管理职能向宏观管理的转变，在传统教育管理体制下原来由政府承担的许多专业性的咨询、评估、监督等管理职能需要分离出来，由专业化的社会组织承担，同时，由于教育中介组织本身具有较高的学术性、专业性、公正性等职能优势，它能够实现政府对学校的微观管理和资源配置的职能替代，可以弥补由"政府失灵"或"市场失灵"所造成的缺失。首先，信息集中。教育中介组织能提供信息服务，能够及时收集、整理以及形成有价值的评估意见反馈给政府和高校，使之积极地谋求政府和学校的密切结合点。其次，效率较高。教育中介组织可以在"降低政府施政成本，增强公共政策的科学性及有效性、调动并整合公众参与的热情"等方面提高政府效率。最后，教育中介组织能发挥监督作用，它处于一种相对独立的位置，能够对政府的评估、决策、执行过程等进行监督。

2. 国家鼓励社会捐资或集体办学并逐步下放教育管理权，使得社会力量办学迅速发展，教育提供呈现多样化的趋势。相对于政府对公办学校的管理而言，其对民办学校的管理则更应强调依法自主管理和社会参与管理的方式。政府依法扩大民办学校的办学自主权之后，由教育中介组织来承担政府分离出来的对民办学校的管理职责。《民办教育促进法》不仅保障了民办学校有较大的办学自主权，而且规定教育行政部门及有关部门可"组织或者委托社会中介组织评估（民办学校）办学水平和教育质量"，同时"国家支持和鼓励社会中介组织对民办学校提供服务"。民办学校的发展为教育中介组织提供了巨大的服务空间。

3. 以促进学生发展为目标，以新型政校关系和学校自主发展机制为主要内容的现代大学制度的提出和实施更需要各类教育中介组织的参与。具有高水平专业技术，能为广大学校、政府部门提供高质量的现代教育服务的教育中介组织是现代大学制度的有机组成部分。

民办高等教育中介组织是指按照一定的法律、法规或根据政府委托建

---

① 郭嫄：《教育中介组织：存在必要性、问题及发展策略分析》，《高校教育管理》2007 年第 3 期。

② 同上。

立起来的一系列社会组织的法人实体,它遵照独立、公开、公平、公正的运作原则,在政府、社会和民办高校之间的教育活动中分别发挥信息传递和沟通、咨询监督和评价、教育质量评估等服务功能。设置民办高等教育中介组织的目的,在于发挥社会各界广泛参与民办教育决策和治理,使政府对民办高等教育的决策和管理民主化、科学化,在西方各国,为了完善大学的外部治理机制,广泛存在着由政府主导或者各个大学自发组织的跨校的中介咨询、磋商机构,就大学治理的各类事务进行交流,向政府和高校管理当局提供政策建议。

国务院在《中国教育改革和发展纲要》的实施意见中提出,为保证政府职能的转变,使重大决策经过科学的研究和论证,要建立健全社会中介组织,发挥社会各界参与教育决策和管理的作用。为此,应建立由政府和社会共建共管并接受政府和社会共同监督的民办高等教育中介组织。如民办高等教育决策咨询研究中心,民办高等教育信息网络管理与服务中心,民办高等教育考试服务中心,民办高等教育协会等中介组织。而政府则应加强对各类中介组织的监管,明确它们各自的性质和职能,分类进行指导,并加强立法监督。《民办教育促进法》及相关文件中,也一再强调了民办教育中介组织的作用。《民办教育促进法》第四十四条规定:"国家支持和鼓励社会中介组织为民办学校提供服务。"

民办高等教育中介组织的工作特点有四个:一是服务对象的确定性,即民办高校、政府和社会有关民办高等教育的活动;二是服务形式的非强制性,即在经营服务工作中,服务对象可以接受服务,也可以拒绝服务,受政府委托的服务项目除外;三是服务行为的公开性,即在经营服务活动中民办高等教育中介组织的服务行为必须坚持公开、公平的原则,工作过程高度透明;四是服务过程的独立性,即在经营服务活动中,独立行使职能,不受任何组织、任何个人左右,依据法律和规章独立操作,保证经营服务活动的公正性。①

发展民办高等教育中介组织是发展民办高等教育的必然需要。由于民办高校的特殊性,在办学方面具有更多的自主性,政府对民办高校相对下放权力。民办高校在办学的过程中更加重视效率,同时自身又有许多不熟

---

① 徐绪卿:《对发展我国民办高等教育中介组织的若干思考》,《黑龙江高教研究》2004年第1期。

悉和不需要很熟悉的工作领域，如民办教育理论、政策研究，如民办学校建校的前期论证、评估，如民办学校发展规划、教育教学和学校管理，如民办学校招生、师资等，需要民办高等教育中介组织参与替补，承担起政府下放而民办高校又没有能力承担的工作，为民办高校传递信息，提供教学活动以外的辅助工作。在民办高等教育中介组织的经营服务活动中，一方面，民办高等教育中介组织将有关信息提供给民办高校，以使民办高校掌握更多的办学信息，充分利用社会资源，借鉴好的经验，提高教育质量，办出学校品牌；另一方面，又将有关信息收集后进行分析、整理和研究，提供给政府部门和社会有兴趣的人士，在政府决策和制定规章，指导民办高校办学和判断民办高校办学质量以及办学水平时作参考。

长期以来，政府对民办高校的管理职能和权限过于集中，教育中介组织的生长空间有限。现有的一些教育中介组织大都是官办、半官办性质，真正民办的、以市场为手段而建立的、按市场机制运行的独立的民办高等教育中介机构十分缺乏。这样，在教育管理问题上，由于缺乏中介机构，政府与民办高校的关系成了一种"单边管理"，政府"上有政策"，民办高校"下有对策"，民办高校在教师招聘、学校广告、争取生源等环节上出现了恶性竞争的违规行为，导致教育市场出现了混乱无序的现象。现有为数不多的教育中介组织，发展也不健全、不平衡，在研究咨询、行业自律、评估签证等方面不齐全、不完备。个别单位工作不规范，导致民办教育中介机构负面影响，一些地方政府对中介组织的作用产生怀疑，有的省市政府教育部门甚至下文件，不准委托中介机构参与招生、评估等工作。

当下民办高等教育中介机构，大致上分为三类：（1）民办高等教育的行业自律机构，如中国民办教育协会高等教育专业委员会，各省市区的民办高等教育协会等，主要功能为：协调民办高校与政府的关系，实现政府治理和民办高校自治的有机结合；开展调查研究，为政府部门的教育决策和改革提供咨询和建议等；组织广大民办高校宣传和贯彻《民办教育促进法》和《〈民办教育促进法〉实施条例》，规范民办高校的办学行为与定位，降低和消除民办高校的办学风险；维护民办高校教师的权益，促进教师专业化发展和教学质量的提高；面向社会开展民办教育科学理论与实践研究，开展行业交流、行业自律、行业维权与其他行业服务活动。与民办高校一起为培养有理想、有道德、有文化、有纪律的社会主义建设者和接班人，促进中国民办教育的健康发展而努力。（2）民办高等教育的研究咨询机构，主要从事民办高等教育理论和政策研究，包括比较研究。除了原有一些大学的教育研究机构从事民办高等教育研究以外，近几年来我国一些民办教育机构的研究工作也在快速发展，比较著名的有浙江树人大学的中国民办高等教育研究院，中国民办教育协会所属的中国民办教育研究院，西安外事学院下属的七方教育研究院等，它们在调研民办高校发展状况和问题，反映民办高校呼声诉求，思考民办高校发展法律和政策建议方面，发挥越来越重要的作用。(3) 民办高等教育的评估鉴定型机构，指全国性、地区性和专业性认证组织，通过开展活动，为社会提供各类民办高校发展的相关信息，满足社会选择和评价民办高校的依据，甚至为政府资助民办高校提供参考依据。遗憾的是目前这方面还没有比较著名的机构报道，但却是今后发展的重要方向之一。

二 民办高等教育的中介机构参与治理

市场经济条件下，政府对民办高校的管理将以政策、法规等间接方式为主，原来政府承担的一部分职能靠民办高校自身又无法完成，比如对民办高校的评估、认证、信息的收集和发布，对民办高校财务的审计等，这就需要发挥社会中介机构的作用。中介机构主要包括评估机构、认证机构、会计师事务所等。中介机构相互之间也进行竞争，以保证中介机构的客观公正性。由于高等学校提供教育服务的质量很难鉴别，学生购买高校的教育服务效果短期内难以判断，所以高等教育市场的信息不完全，消费者—学生与服务提供者—学校的信息不对称，会影响市场机制的作用，这样的市场竞争是不完全的。这时就需要政府和社会中介机构发挥作用。社会独立的中介机构通过对政府信息的研究、通过自己收集资料，形成对高校的教育和科研的评估，可以在很大程度上改变高等教育市场上信息的不完全。学生可以根据这些评估并结合其他渠道的信息来选择高校，用人单位也可以根据这些评估来聘请毕业生，等等。同时中介机构还可以沟通并协调民办高校与政府、社会之间的关系，避免大学与政府的直接冲突，在合理的限度内保护大学的自治权与学术自由。

让民办高校中介组织参与治理，政府尤其是教育行政管理部门应该转变观念，改变以往计划经济运行的习惯规范，着眼于建立起与多元社会经济、多元教育格局相适应的服务化的教育管理系统。这一系统应从教育的基础性、产业性、特殊性出发，以人本原则为教育管理系统建设的核心，以市场调节为主、政府调控为辅的资源配置机制为教育管理服务系统的机制。国家将只保留有关国家教育宏观政策、教育法规、教育质量的制定、监督的权力以及教育司法权,主要关注教育发展战略、教育布局、教育结构、市场准入资格确定、质量管理等具有战略意义的工作,国家教育权将分化转移到各地方政府以及中介组织中去,教育行政权将受到限制并部分社会化。

让民办高校中介组织参与治理,就必须让教育中介性、服务性组织的职能逐步从政府和学校职能中分离出来,回归社会,形成市场经济体制下的以需求为导向的教育中介服务体系。教育中介组织应该是具有依法独立行事、不为私利左右的自律性组织,使之真正具有上情下达和下情上达的传递性,联系政府社会和教育服务部门的中介性,服务对象的群众性和广泛性,服务行业的公平性,工作程序和结果的透明性和公开性。教育中介组织在生源竞争、教师工资标准、教育收费、学校纠纷等方面制定同业守则,接受政府委托开展调查和决策咨询研究,参与评议学校资质,开展办学水平评估,组织民办高校开展政策法规的学习、教育改革研讨、国内教育考察、教育国际交流等活动,让政府从繁杂的具体事务中解脱出来,集中精力做好规划、订好政策,管好方向,促进民办高等教育健康稳定和可持续发展。

第二节 民办高校其他利益相关者参与治理

一 民办高校是一个众多相关利益者的集合体

在民办高校法人治理结构中,除了前面阐述的治理结构中举办者代表(董事会)、校长、学校党组织和教代会以外,还有社会各界的利益相关者也是民办高校运行中重要的权力结构要素。在这里,利益相关者群体主要还包括学生、家长、校友、企业等。

首先是学生。在民办高校中,学生作为"消费者"的身份,通过购买服务取得学生身份。但是,在民办高校权力机制中,学生群体处于弱势,很难参与到学校的高层治理中,而高校的发展离不开学生主体的参与。在许多国家,私立高校都必须充分地允许学生参与涉及该主体利益的主要决策过程中,许多国家还通过立法明确其中所必需的正当程序,尤其重点规定了听证程序，否则所作的决定被视为越权，自动无效。此外，部分国家允许私立大学的学生组建具有自治性质的学生会，自主管理学生事务，在一些国家学生会还具有法人资格。

其次是家长。这里主要指的是在读学生的家长，也常常被列入利益相关者的重要主体。家长把培养子女的意愿和责任委托给民办大学。民办大学的主要责任是将他们培养成社会需要的能承担一定社会责任的人才。学生在民办高校接受高等教育，一定程度上可以说，是家长出资，学生消费。因此，家长对学校提供的服务也有一定的知情权和诉求权。从另一个角度说，民办高校、家长和政府对于大学生培养都有各自难以相互替代的诉求，是一个有着共同目标的利益的主体。

再次是校友。校友既是学校品牌的享用者，也是民办高校筹集资金、了解信息（招生、就业、专业、培养质量）的重要渠道。学校的发展与他们在社会中的地位密切关联，因此他们也会较多地关注母校的改革、稳定、建设和发展，关注学校在社会中的品牌和地位。有的校友还是学校的捐赠者。

最后，广大企业是社会力量办学的主体，是民办高校有力的支持者，体现在服务的往来和经费的资助方面。国家号召民办高校培养应用性人才，而应用型人才的培养和就业等都离不开企业的支持。现在我国民办高校经费主要靠自筹，而社会捐赠办学经费甚少，这既不能适应我国民办高校上水平、创品牌的需要，也不符合国际私立大学发展的主流。社会捐赠不仅增加了民办高校经费，而且是民办高校声誉和质量的标志。民办大学声誉越高，培养学生的质量越高，所取得的社会捐赠越多。民办大学经费来源的多元化必将促进各校形成自身的特色。从治理角度来看，社会捐赠也必然促进校友和企业参与民办大学的决策过程，从而密切民办大学和社会的联系。

二 民办高校其他利益相关者参与治理

民办高校的发展存在众多利益相关者，他们在民办高校的发展进程中地位、作用各不相同，治理机制各有差异，这里仅就学生及家庭的参与治理作一阐述。

学校的一切工作，不论学校是否营利，首先都是为了学生的发展和成长。对于民办高校的学生来说，某种程度上是自己出钱购买教育服务，基于学生自己付出时间精力和参加其他工作的机会成本，学生群体有足够的动力关心自己所就读的民办高校的发展，并且由于民办高校的最终目标是为了培养教育学生，增加其人力资本存量，因此民办高校学生对学校的工作、比如专业、课程和教师也应拥有一定的选择权，对于民办高校未来的发展拥有一定的知情权和建议权。实际上，民办高校的学生除了具有外部消费者的地位外，还应当扮演着大学治理结构一员的角色。

具体来说，公办高校的教育资源和课程设置均由政府教育行政部门提供，学生对高校没有直接的制约权，相对来说，公办高校学生处于比较被动的接受知识的从属地位。民办高校的出现改变了学生与高校之间的关系。根据教育服务、教育消费理论原理，民办高校的教育资源由教育市场来配置，民办高校学生作为教育市场的消费者，他们不但是民办高校教育资源的购买者，而且还是民办高校的教育服务价值的承载者。他们不但对教育服务的内容而且对服务方式都有着选择权。由于民办高校学生是民办高校教育资源的提供者，他们在入学之前往往通过民办高校提供的教育内容与教育方式来选择高校，他们进入民办高校不但有权要求民办高校按照进校时的"教育菜单"提供相应的教育，而且他们对民办高校的满意度还直接影响着民办高校今后的生源，因而民办高校的学生就是以教育资源提供者、消费者这样一种利益相关者身份进入民办高校内部治理结构。正因为如此，西方国家不少私立高校的议事机构甚至校董事会里都有学生以及家长的代表，他们参与讨论和研究任何关于高校的政策、管理和福利方面的非学术问题，并负责向高校有关行政部门提出建议。另外，在教师评估等学术领域也将学生的意见作为重要的参考指标。

大学学生会是在学校党组织领导和共青团组织指导下的学生自己的群众组织。发挥团结引导广大同学健康成长，为广大同学服务的积极作用，是学生会工作的基本内容。凡在校的学生不分民族、性别、宗教信仰均为学生会会员，因此也是民办高校大学学生参与治理的基本平台。民办高校学生会在学校中发挥的作用有：第一，为维护和发展稳定的社会环境发挥积极作用。学生会要正确引导大学生确立对国家发展和个人成长负责任的态度，以风险共担的意识和维护良好的社会环境的自觉性，做维护社会稳定的积极促进者。要带领广大同学维护校规校纪，倡导良好的校风、学风，协助学校有关部门建立良好的教学秩序和学习、生活环境。第二，遵循和贯彻党的教育方针，促进同学德智体美劳全面发展。帮助学生树立崇高的理想，保持爱国热情，刻苦学习，奋发成长，发挥同学自我管理、自我服务、自我教育的作用。第三，做党和行政部门联系同学的桥梁和纽带。学生会组织作为广大学生基层群众性的自治组织，可以在法律和学校规章制度范围内，积极实现参与协调和管理学生自身事务的作用，要代表学生，通过校务委员会和其他各种形式、渠道，参与涉及学生切身利益的校务协商和民主决议，反映学生的建议、意见和要求，维护同学的正当权益。同时，也把学校的意见反馈给学生，上情下达，促进同学之间、同学与教职工之间的团结，协助学校各部门搞好教学、科研、生活等各方面工作。第四，学生会代表学生就学习生活和锻炼等重大问题，对学校工作提出建议意见。尤其是对有碍学生发展成长的问题阐述观点，帮助学校改进工作，共同培养社会主义新人。大学学生会在大学生参与学校治理中责任重大，作用非同小可。

因此，国务院《关于鼓励社会力量兴办教育促进民办教育健康发展的若干意见》中提出要求"完善教职工代表大会和学生代表大会制度"，这是非常重要的。

而民办高校的学生家长是一类特殊的委托人，他们间接委托学校（通过老师）从事对自己家庭成员的人力资本培养，同时自身也需要付出努力，付出时间和参与其他适宜的工作所承担的机会成本。由于我国的民办高校面临的不是一个完全开放和可竞争的市场，大部分民办高校在生源市场上处于阶梯的末端，这种招生的最后梯次性决定了民办高校与公立高校竞争的弱势地位。民办高校学生的能力和自觉性总体来说都较公立高校的学生不足，而且民办高校的学生由于学习基础偏差，学习习惯偏劣，学习兴趣偏淡，听不懂老师讲课或者考试达不到合格要求相对较多，对接受教育具有自己独特的诉求和动机，因而希望在学校工作中具有更多的发言权和建议权，参与民办高校决策、规划包括制订与其相关的教学计划、改革等内容，以使自己获得更加"适合"的教育。从实践上看，让家长参与管理，学校也可以直接了解家长的需要，直接面对市场的选择。家长了解了学校的运营情况，对学校更有信心，走上社会，便是一种不花成本的宣传，因此是学校品牌的创造者和宣传者。学生家长作为另一意义的投资者，他们可能更关心学校的教学方面，意见也可能更有针对性，认真听取和汲取，对改善学校的各项工作会起到很大的作用。

对于学生及家庭参与民办高校治理，首先应该加强立法，从法律上赋予学生和家长对课程与教法的知情权。在区域、省、校和班级层面上,家长拥有法律认可的作用。主要对以下几方面进行控制:财政资源方面,包括建筑、设备、运营费、教职工的管理;在教与学方面,包括课程、方法、资源等。作为高校董事会或理事会的成员,家长可以表达对高校教学安排、伙食及其他方面的看法,并能在校董事会形成对高校经营层的压力。家长们对事关学生在校的情况拥有知情权,高校有义务向家长解释最近高校发生的事情,或向其提供如何帮助学生完成学习任务的信息,向家长发送解释课程及其可行性选择的信件。与家长进行非正式的接触,就学生的一些不良行为及其萌芽与其进行联系,并就这些对学生成长过于敏感的问题及时向其提供早期警报,以便找到解决的正式途径。另外,家长通过校董事会可直接介入高校评价,其活动包括对高校管理及其目标的讨论,参与家长理事会及对全校问题的讨论,作为与教师常规会见内容的一部分,讨论其子女的学业情况。

在参与治理的路径方面,家长的参与也可以通过组织家长委员会来进行。从理论上说,民办高校的学生家长本质上是投资者。一方面,许多学校是靠学生家长缴纳的费用起步的,大部分学校创办后的日常运转也基本上是靠学费收入来维持的;另一方面,家长的投资目的当然与创办者不同,创办者可能会较多地关注经济效益,而家长更关注教育的质量。但是只有教学质量有了保证,他们的儿女才可能更好地成长,民办高校也才能获得健康和可持续发展,举办者的利益才可能得到保障。

第十章 小结

通过对世界私立大学治理体制发展演变过程的回顾，通过对我国民办高校治理必要性、发展历史、治理现状和治理机制创新的研究讨论，我们不难理解几个结论：

第一，大学治理是一个过程，民办高校的治理已经到了水到渠成的阶段。大学从开始产生就有一个谁来治理、如何治理的问题。但是，中世纪大学的结构相对简单，治理本身也较简洁，"学生大学""先生大学"反映了大学产生初期治理的状态，大学得以最大限度的"民主"和"自治"。我们有理由将中世纪大学初期大学的管理（治理）称作大学治理的初级阶段。随着国家主义的崛起和大学民族化的影响，大学所处的环境日益复杂，大学组织的结构发生变化，导致大学的利益相关者逐渐多样，参与治理的主体日益多元，原有的大学治理结构已经不能满足大学面临大环境和大学自身发展的需要。现代治理观念为大学的管理直接指明了发展方向。实施大学治理也是大学在新的时代条件下的重要发展趋势。作为新时代大学的主要形式之一——民办高校，理应顺应世界高等教育发展主流，抓住时机，加快改革，把治理作为学校转型升级、提升质量和效率的重要抓手，全面实施学校治理，发挥各方面的积极性，为学校办学注入强劲动力。

第二，任何国家的大学都是民族的大学，在治理问题上既有普遍性，也有特殊性。大学本质上应该是国际化的产物。中世纪的大学大多是国际化的，在大学产生以后的相当长一段时间都是如此，人们不分种族，不分区域，为了学习知识、探求真理，跋山涉水，聚到一起，在学习知识的同时，结成了大学组织。18世纪末期，随着国家主义的崛起和民族观念的增强，大学的举办和运行出现了许多新动向，突出的表现是大学逐步成为国家人才培养的重要阵地。从此开始大学自觉不自觉地打上了国家的、民族的、区域的烙印。作为大学发展的重要支柱的大学治理，也不可能不受影响而置身度外，严格意义上的"象牙塔"大学已不再存在，而大学的治理也打着深深的国家的、民族的和区域的印记。

我国民办高校是在中国共产党领导下高等教育发展的一种新的形式，面向社会主义现代化建设培养接班人和建设者，在民办高校治理上也有自身的特点。通过前面的分析，我们可以从中概括出我国民办高校法人治理的一般特征。（1）政府治理仍然是主导，加强党组织在治理中的地位和作用。上级政府机关和党组织对民办高校治理仍然负有较大的责任；（2）董事会代表投资人和利益相关人（政府、家庭、教职工等），为高校的最高权力机构，它代表产权所有者对所属高校拥有最终的控制与决策权。（3）校长是学校内部事务执行核心，为董事会负责，执行董事会决议，具体承办学校内部运行，并直接为学校的培养质量和水平负责。（4）学校党组织是政治核心，全面介入学校内部治理，参与学校重大决策，对学校办学方向负有把握权和监督权，依法对董事会和校长在行使职责时的行为进行监督。（5）教职工是学校改革和发展的主要力量和奉献者，有能力有资格有必要参与学校治理，以最大限度地调动学校发展的积极力量，凝聚人心，共同为学校发展出计献策。（6）民办高校是一个利益相关者的集合体，除了以上主体以外，民办高校的中介组织、学生和社会家长、校友和社会企业都存在参与治理的缘由，要解决好学校发展的软环境，需要尽最大可能提供参与治理的机会和空间。多方参与、共同治理、职责明确、相互协调，是我国民办高校治理的特色所在。

第三，民办高校治理是一个多方利益博弈的复杂进程，既要依法治理，也要实务指导。任何治理都离不开治理对象的发展历史、发展阶段和发展趋势。我国民办高校发展历史短，发展层次不高、动力不足，环境建设还不能很好地体现民办高校发展的需求，政策和环境协调任务繁重。从我国民办高校的实际情况出发，在今后一个相当长的时间内，治理仍需由政府主导，党组织仍需要加大参与和监督力度，以提升整个民办高校治理的品质和水平。需要指出两点，一是政府主导既是法律所授，也是民办高校所需。在高等教育高度国家化、民族化、地域化的今天，大学发展的许多外围事务，没有政府的协调不可能做到，纵观世界各国私立大学的发展，哪个国家私立大学的发展不是依赖于政府政策的？即使一些民办高校内部事务，没有政府指导和规范，有的也很难做到。比如说民办高校治理主体的家族化问题，笔者曾做过较多的研究（限于篇幅和研究成果的成熟性，本书最后删除了相关部分内容），由于民办高校办学主体的差异性，使得这个问题的解决似乎很难。但是看看我们周边国家和地区的私立大学，实际上是一样的。日本、韩国、马来西亚、泰国、印度……哪个国家的私立大学没有治理主体家族化的问题呢。避开治理主体家族化的利弊不说，如果要限制这一问题的蔓延和发展，政府协调或者出台法规是最权威、最有效的办法。因此，国家立法和政府指导在民办高校治理中的地位和作用不容小觑，它是发展民办高等教育的国家意志和总体要求的体现，也是民办高校趋利避害、消除风险的重要路径。因此国家的立法和政府的具体指导对于民办高校治理十分重要。

第四，大学治理是一个内外结合、相互推进的进程。任何治理都包括外部治理和内部治理两个部分。民办高校也不例外。外部治理和内部治理是民办高校发展两类主体的治理。民办高校的外部治理是指出资者通过市场体系对经营层进行控制以确保自己的利益的治理行为，包括政府为主导的治理，社会中介组织、企业和校友参与治理也可以包含在内，它是通过民办高校外部主体如政府、中介组织等和市场（如人才市场、资本市场、并购市场）等的监督约束发生作用的。一般而言，如果外部治理机制健全，当董事会严重低效或经营决策失误造成民办高校巨大损失时，外部治理机构将控制民办高校，出现更换董事长、校长、接管高校等情形。民办高校的内部治理包括董事会主导的决策治理、校长为核心的执行核心治理、学校党组织为核心的政治方向把握、教职工代表大会为主要形式的教职员工参与治理。家长和学生可以说介于里外之间的治理主体。外部治理与内部治理二者形成了整体的互补关系，他们有着各自的分工和职责，有着各自参与治理的不同机制。当然，两者在治理的逻辑层次上是不一样的。外部治理是内部治理的首要条件和基本环境，是内部治理实施的框架和约束；内部治理则以外部治理为基础，它是外部治理的内生性制度安排，也是民办高校实施治理的关键。外部治理只有通过内部治理才能发挥作用，内部治理结构只有在适应其外部治理条件下才能更有效率。

第五，民办高校治理具有自身的动机、目标和要求。治理理论毕竟是因应经济领域管理的需要而产生的，治理在经济领域的应用已经相当成熟。随着联合国倡导的全球治理的推广，在政府治理方面亦已取得可喜的进展。相对来说，治理理论在大学治理尤其是在国内民办高校治理中的运用才刚刚兴起。治理中许多理论与实践的问题，都还有待于研究和探索。目前学界对民办高校治理的研究已经展开，但是从已经可见的研究成果来看，研究的深度和应用性都还非常欠缺，绝大部分的"民办高校治理"，包括"大学治理"，仅仅借助了治理的概念，但从内容上看，它们与传统的管理无法区分，如出一辙，改变的只是改动了一个字。从这一点上说，民办高校治理研究的空间很大，研究者任重道远。

对于民办高校治理模式，需要说明两点。首先，大学治理理论是从企业治理理论发展而来，但大学与企业又存在着本质的不同，因此，民办高校治理不应等同于企业治理。正如专家所言，"大学与企业在社会构成及组织目标上的差别，决定了大学校长与企业经理所负有的责任有很大的不同。概括来说，企业经理关注经济利益最大化，而大学校长关注社会利益最大化；企业是资本决定制度，而大学是理念决定制度"[①]。大学治理不同于经济领域的治理和政府治理，它是以培养受教育者作为第一要义的，无论哪个治理主体，教育教学权的把握始终必须置于首位，只不过围绕这个中心任务各个治理主体的分工有所侧重。本书认为，现有许多研究将学校法人治理结构与企业法人治理结构混为一谈，全盘搬用企业治理的模式和目标，混淆了教育机构与经济机构的区别，混淆了学校与企业的区别，其架构不能适应高等学校的管理规律和民办高校的实际情况。笔者在专著《我国民办高校内部管理体制改革和创新研究》中，就民办高校"法人治理结构"的借鉴和引用需要关注的问题作了较为详细的阐述，分析了民办高校与企业管理中各自的目标或价值取向、运行管理中的政府关系、产权所有的法律规定、内部管理的组织形式和方法的差异、人力资源的构成性质以及民办高校的特定条件等六个方面的差异和区别，以上观点仍然坚持。其次，各个民办高校之间的差异，不能强求治理只有一个治理模式。民办高校治理体系的构建，必须考虑到各校的历史、产权结构、发展阶段和举办者之间的差异。我国民办高校的投资性质比较复杂，全额投资的民办高校、自我积累滚动发展的民办高校、大企业大财团投资的民办高校和中外合资联合举办的民办高校，其治理结构不应该、不可能是完全一样的。因此，实施民办高校治理必须在保证基本统一性、普遍性的同时，针

---

① 程斯辉：《大学需要什么样的治理结构》，《中国教育报》2012年2月16日。

对各个民办高校的不同特点，在制度设计等方面承认各自区别，既要强调统一性和共性，以保证治理的基本制度界定，又要保持多样性和一定的个性特色，以适应复杂多样的具体实际。正是考虑到这些差异，《民办教育促进法》明确规定"民办学校应当设立学校理事会、董事会或者其他形式的决策机构"。在这里，民办高校可以根据法人的性质，成立适合自身发展与运行需要的理事会或董事会等决策机构，甚至采用其他的决策机构形式，也是允许的。

  当然，民办高校法人治理结构的建立和完善只是为民办高校运行的高效提供了制度保证，但它没有也不可能解决所有的问题。"而引进企业管理的理念来管理学校，虽有积极意义，但也容易导致单纯使用利益激励和薪酬激励方式，不符合教师工作特点和教师的激励要求，也不符合学校管理人员的特点和激励要求。"[①] 并且正如企业治理的运用有待于加强企业内部改革的配合一样，民办高校治理体系的构建和实施也必须与深化改革密切结合，才能收到应有的效果。

---

  ① 张应强：《高等教育改革与我国民办高校的可持续发展》，《大学教育科学》2006 年第 6 期。

附件：本书作者部分民办高等教育研究成果

一 已经出版的研究专著

1.《新时期中国民办高等教育发展研究》，浙江大学出版社 2005 年版。

2.《新时期中国民办高等教育理论研究》，浙江大学出版社 2010 年版，2012 年重印。

3.《我国民办高校内部管理体制改革和创新研究》，中国社会科学出版社 2012 年版。

4.《教学服务型大学理论研究和制度框架》，中国社会科学出版社 2014 年版，2016 年修订版。

5.《我国民办高校治理及机制创新研究》，中国社会科学出版社 2017 年版。

二 部分主持研究的项目和课题

课题名称	课题性质	状态
浙江树人大学民办高等教育研究规划	2001 年浙江树人大学重点课题	完成
浙江省民办高等教育发展对策研究	2002 年浙江省教育厅立课题	完成
浙江省民办高等学校党建工作研究	2003 年浙江省教育厅立课题	完成
浙江民办高职院校师资队伍建设现状和思路	2004 年浙江省教育厅立课题	完成
浙江省高等教育规模发展问题和对策研究	2006 年浙江省教育厅立课题	完成
浙江省大学毕业生就业问题研究	2009 年浙江省教育厅重点课题	完成
浙江省民办高等教育可持续发展研究	2002 年浙江省哲学、社会科学资助课题	完成
基于评估标准的浙江省民办高校收费标准研究	2004 年浙江省哲学、社会科学资助课题	完成
基于两创发展战略的浙江省高等教育适应性研究	2008 年浙江省哲学、社会科学资助课题	完成

续表

课题名称	课题性质	状态
"十二五"期间浙江省大学毕业生就业对策研究	2011年浙江省哲学、社会科学共建课题	完成
教学服务型大学——民办高校办学定位的新类型	2012年浙江省哲学、社会科学后期补助课题	完成
民办高等学校教育评估研究	2002年浙江省教科规划"十五"重点课题	完成
民办高校教育评估体系构建研究	2002年浙江高教规划"十五"重点课题	完成
民营机制下浙江省高教质量保证体系研究	2003年浙江省科技计划软科学一般课题	完成
浙江省教育服务业发展研究	2006年浙江省科技计划软科学重点课题	完成
浙江省中长期就业问题研究	2008年浙江省科技计划软科学重点课题	完成
民办本科院校教学质量提升的理论和实践研究	2006年全国高教规划"十一五"重点课题	完成
民办高校办学综合水平评估体系构建研究	2003年全国高教规划"十五"规划重点课题	完成
民办高等学校可持续发展研究	2007年全国教科规划课题教育部重点课题	完成
我国民办高校家族化管理问题研究	2009年全国教科规划课题教育部重点课题	完成
中国民办高校发展战略研究	2004年全国教科规划课题教育部重点子课题	完成
中国民办教育发展研究	2005年全国教科规划课题教育部重点子课题	完成
浙江省民办高校教师队伍建设对策研究	2005年全国教科规划课题教育部重点课题	完成
"十一五"期间中国民办高等教育发展研究	2004年全国教育事业规划办公室招标课题	完成
民办高校人才培养模式理论与实践研究	2005年浙江高校新世纪教改重大招标课题	完成
民办本科院校评估体系构建研究	2008年教育部、财政部特批专项	完成
国家中长期民办高等教育发展研究	2008年中国民办教育协会委托课题	完成
我国民办高校内部管理体制改革和创新研究	2010年教育部人文社科规划一般课题	完成
我国民办高校治理及机制创新研究	2015年教育部人文社科规划一般课题	完成
民办院校办学体制与发展政策研究	2015年国家社会科学基金重点项目	进行中

三 部分科研获奖

序号	成果名称	完成人	获奖名称、等级及时间
1	教学服务型大学背景下应用型人才培养的探索与实践	徐绪卿	2016年浙江省高校教学成果一等奖,浙江省人民政府 2016.08
2	研究报告:我国民办高校内部管理体制改革和创新研究	徐绪卿	浙江省第18届哲学社会科学优秀成果三等奖,浙江省人民政府 2015.12
3	专著:我国民办高校内部管理体制改革和创新研究	徐绪卿	浙江省第17届哲学社会科学优秀成果三等奖,浙江省人民政府 2014.02
4	中国民办高校可持续发展研究	徐绪卿	浙江省第16届哲学社会科学优秀成果二等奖,浙江省人民政府 2012.1
5	"十一五"期间中国民办高等教育发展研究	徐绪卿	浙江省第14届哲学社会科学优秀成果三等奖,浙社科规办〔2008〕3号
6	民办高校人才培养模式改革的研究与实践	徐绪卿	浙江省高校教学成果二等奖(2008)浙江省人民政府 2009.09
7	中国民办高等教育发展战略研究	徐绪卿	浙江省第13届哲学社会科学优秀成果三等奖,浙社科规办〔2006〕15号(参与)
8	中国民办高校可持续发展研究	徐绪卿	2009年浙江省教科规划优秀成果一等奖浙教科规办〔2009〕10号
9	中国民办高等教育发展战略研究	徐绪卿	2005年浙江省高校科研成果一等奖浙教科奖0003676(参与)
10	民办高等学校教育评估研究	徐绪卿	浙江省第五届教育科学优秀成果评比三等奖(浙教科规〔2007〕1号)
11	浙江省民办高等教育可持续发展研究	徐绪卿	2005年浙江省高校科研成果三等奖浙教科奖0004337

说明:以上均为第一获奖者。

四 部分公开发表的学术论文

2001年

1.《浙江民办高校发展态势及问题》,《教育发展研究》2001年第2期,《中国人民大学书报资料中心高等教育卷》2001年第6期全文转载。

2.《办出质量,办出特色,抓住机遇,加快发展》,全国民办高校人才培养工作会议交流论文,厦门大学,2001年1月8日。

3.《民办高校必须加快专职教师队伍建设》,《浙江树人大学学报》2001年第1期。

4.《抓住机会,加快民办高校专职教师队伍建设》,《中国高教研究》

2001 年第 6 期，第四届华文教学研讨会录用论文，2001 年 12 月 8 日。

5.《稳定提高教育质量，促进高教健康发展》，《杭州电子学院学报》2001 年第 10 期。

6.《新时期民办高校专职教师队伍建设的几点认识》，《民办教育动态》2001 年第 6 期。

7.《高教大众化与民办高校对策》，《浙江树人大学学报》2001 年第 3 期。

8.《高教大众化与民办高教发展》，《国际视野中的高等教育》国际高等教育研讨会论文集，浙江大学出版社 2001 年版。

9.《有质量的发展才是硬道理》，《浙江日报》2001 年 10 月 29 日第 7 版。

2002 年

1.《民办高校协作会在黑召开》，《中国教育报》2002 年 1 月 21 日第 4 版。

2.《崭新课题：可持续发展》，《中国教育报》2002 年 3 月 4 日第 3 版。

3.《加强协作，共同繁荣——首届民办普通高校协作会综述》，《浙江树人大学学报》2002 年第 2 期。

4.《首批民办高校发展经验的若干思考》，《浙江树人大学学报》2002 年第 2 期。

5.《浙江省高等教育规模发展现状、问题与建议》，《教育发展研究》2002 年第 6 期。

6.《要想站稳脚，科研很重要》，《中国教育报》2002 年 8 月 19 日第 4 版。

7.《浙江省高教学会民办高教专业委员会 2002 年年会会议纪要》，《浙江树人大学学报》2002 年第 4 期。

8.《民办高教新发展中面临的问题》，《浙江树人大学学报》2002 年第 5 期。

9.《教育创新是民办高校生存和发展的根本》，《教育信息报》2002 年 10 月 16 日第 3 版。

2003 年

1.《中国民办教育发展新的里程碑》，《教育信息报》2003 年 1 月 21

日第3版。

2.《中国民办高校新发展及存在问题》,《中国人民大学书报资料中心高等教育卷》2003第1期全文转载。

3.《民办高校科研工作问题研讨》,《中国民办教育》2003年第2期。

4.《我国民办高校图书馆建设浅见》,《图书馆论坛》2004年第1期。

5.《抢抓机遇做好规划促进民办高教持续健康发展》,《高职高专教育启示录——百名院校长的办学新理念》教育部高教司、中国高教学会编,高等教育出版社2003年出版。

6.《民办高校教育评估问题研究》,《浙江树人大学学报》2003年第5期。

7.《浙江树人学院加快基本建设实现持续发展》,《中国教育报》2003年3月24日第2版。

8.《首批民办高校的升格本科及其思考》,《教育发展研究》2003年11月专辑。

9.《民办高校升格本科和持续发展》,《民办教育动态》2003年第12期。

10.《可持续发展的内因与外因》,《中国教育报》2003年11月17日第4版。

11.《坚持教学工作的中心地位,创建民办高校的质量品牌》,《中国教育教学杂志》第15期。

12.《民办高校评估同样重要》,《社会科学报》(上海)2003年8月28日第2版。

13.《学习贯彻〈民办教育促进法〉,促进民办教育大发展》,《浙江树人大学学报》2003年第1期。

2004年

1.《对发展我国民办高教中介机构的思考》,《黑龙江高教研究》2004年第1期。

2.《我国民办高校图书馆建设浅见》,《图书馆理论与实践》2004年第1期。

3.《树人大学的办学模式和民办高校的持续发展》,《民办教育研究》2004年第1期。

4.《关于做好民办高校规划的若干思考》,《中国民办教育》2004年第 1 期。

5.《民办高校经费筹集的理想模式》,《高等教育与资本市场国际学术研讨会》,厦门大学,2004 年 1 月 5 日。

6.《办一所什么样的民办大学》,《中国教育报》2004 年 2 月 27 日第 7 版。

7.《民办学校,迎来春天》,《钱江晚报》2004 年 4 月 1 日第 6 版。

8.《树人大学的筹资模式及启示》,《经济全球化与教育产业国际研讨会》北京师范大学,2004 年 4 月;《黄河科技大学学报》2004 年第 4 期。

9.《积极开展科研工作,提升民办高校整体办学水平》,《浙江树人大学学报》2004 年第 6 期。

10.《定位：精于准确荒于盲目；中外民办高等教育发展论坛综述》,《中国教育报》2004 年 12 月 24 日第 7 版。

2005 年

1.《关于民办高校正确定位的思考》,《中国高等教育》2005 年第 2 期;《中国人民大学书报资料中心高等教育卷》2005 第 4 期全文转载。

2.《正确定位、扬长避短、发挥优势,促进发展》,《黄河科技大学学报》2005 年第 1 期。

3.《积极发展工科教育,拓宽民办高校发展空间》,《浙江树人大学学报》2005 年第 3 期。

4.《苦练内功,促进民办高校持续发展》,《教育信息报》2005 年 4 月 19 日第 3 版。

5.《关于民办高等学校课程体系改革的思考》,《民办教育研究》2005 年第 3 期。

6.《发展本科教育：拓宽民办高校发展空间的重要策略》,《教育发展研究》2005 年第 15 期。

7.《民办高校开展学位与研究生教育试点的若干问题研究》,《浙江树人大学学报》2005 年第 5 期,《中国人民大学书报资料中心高等教育卷》2005 第 12 期全文转载。

8.《积极发展工科教育拓宽民办高校发展空间》,《民办教育研究》2005 年第 5 期。

2006 年

1. 《师资队伍建设：民办高校可持续发展的根基》，《中国高等教育》2006 年第 8 期。

2. 《第二届中外民办高等教育发展论坛综述》，《高等教育研究》2006 年第 6 期。

3. 《再论中国民办高等教育的发展空间》，《黄河科技大学学报》2006 年第 2 期。

4. 《认清形势发挥优势促进可持续发展》，《浙江树人大学学报》2006 年第 4 期。

5. 《关于我国民办高等教育评估的若干思考》，《教育发展研究》2006 年第 22 期，《中国人民大学书报资料中心高等教育卷》2006 第 1 期全文转载。

6. 《"十五"期间民办高等教育的发展和几个突出的政策问题》，《民办教育研究》2006 年第 3 期。

7. 《我国民办高等教育发展空间深度探析》，《民办教育研究》2006 年第 4 期。

2007 年

1. 《质量和结构："十一五"期间高等教育发展的主题》，《教育发展研究》2007 年第 5 期。

2. 《加快民办教育地方立法促进民办教育健康快速发展》，《浙江树人大学学报》2007 年第 1 期。

3. 《民办高校亟待实施内涵发展战略》，《中国高等教育》2007 年第 6 期。

4. 《积极开展院校研究，促进民办高校健康发展》，《高等教育研究》2007 年第 6 期。

5. 《规范管理、促进民办高等教育健康可持续发展》，《浙江树人大学学报》2007 年第 5 期。

6. 《规范和支持并举促进民办高等教育健康可持续发展》，《现代教育科学》2007 年第 9 期。

7. 《加快内涵建设努力提升民办高校办学水平》，《民办教育研究》2007 年第 4 期。

8. 《以规范树形象以质量立地位以特色塑品牌》，《教育发展研究》

2007 年第 24 期。

9.《"十五"期间民办高等教育的发展与若干政策问题》,《浙江树人大学学报》2006 年第 5 期;《中国人民大学书报资料中心高等教育卷》2007 第 1 期全文转载。

10.《首次"全国民办高校学报工作研讨会"综述》,《浙江树人大学学报》2007 年第 6 期。

11.《中国大陆民办高等教育的历史、现状及未来发展趋势》,《高等教育研究》(台)2007 年第 2 期。

2008 年

1.《分类管理,分类指导,分类评估,促进发展》,《浙江树人大学学报》2008 年第 3 期。

2.《建立和完善民办高校法人治理结构的若干思考》,《广东培正学院学报》2008 年第 1 期。

3.《内涵发展——民办高校发展的战略选择》,《黄河科技大学学报》2008 年第 1 期。

4.《论科学发展观视野下的民办高校发展转型》,《浙江树人大学学报》2008 年第 1 期。

5.《民办高校专业设置:管制与自治》,《教育发展研究》2008 年第 8 期。

6.《科学发展观视角下的民办高校发展转型研究》,《中国高教研究》2008 年第 6 期。

7.《论建立和完善民办高校法人治理结构》,《黑龙江高教研究》2008 年第 8 期。

8.《全国民办本科高校教学评估研讨会综述》,《教育发展研究》2008 年第 12 期。

9.《浅论民办大学精神》,《现代教育科学》2008 年第 5 期。

10.《国家中长期民办高等教育发展政策建议》,《中国民办教育协会简报》2008 年第 11 期。

2009 年

1.《民办本科院校教学评估管见——分类管理、分类指导兼顾办学特色》,《广东培正学院学报》2009 年第 2 期。

2.《我国民办高校家族化的若干问题之探讨》,《高等教育研究》

2009 年第 7 期。

3.《关于我国民办高校家族化管理的若干思考》,《教育发展研究》2009 年第 12 期。

4.《上下联动 内外结合 打造民办高校品牌》,《教育发展研究》2009 年第 4 期。

5.《建设高等教育强国与国家示范性民办高校建设的若干思考》,《黄河科技大学学报》2009 年第 2 期。

6.《民办高校家族式管理现象的成因及对策》,《中国高等教育》2009 年第 8 期。

7.《我国民办高等教育发展回顾及中长期发展思路》,《浙江树人大学学报》2009 年第 1 期。

8.《民办高校产权:公益性对激励性的超越》,《教育发展研究》2009 年第 24 期。

9.《民办高校家族化问题若干思考》,《华中师范大学学报》2009 年第 12 期。

10.《浙江树人大学特色建设的理论与实践》,《浙江树人大学学报》2009 年第 12 期。

2010 年

1. 专著:《新时期中国民办高等教育理论研究》,浙江大学出版社 2010 年版。

2.《关于我国民办高校家族化问题的思考》,《中国人民大学书报资料中心高等教育卷》2010 年第 3 期。

3.《关于民办高校内部管理体制的若干思考》,《浙江树人大学学报》2010 年第 1 期。

4.《民办高校内部管理体制改革若干问题探析》,《中国高教研究》2010 年第 5 期。

5.《当前民办高校产权问题研究与实践的思考》,《黄河科技大学学报》2010 年第 3 期。

6.《〈纲要〉颁布背景下我国民办高校发展趋势分析》,《教育发展研究》2010 年第 9 期。

2011 年

1.《全面落实〈教育发展规划纲要〉促进公、民办高等教育和谐发展》，《浙江树人大学学报》2011 年第 1 期。

2.《课程改革是民办高校人才培养模式改革的核心》，《黄河科技大学学报》2011 年第 1 期。

3.《关于建立全国民办高校战略联盟的若干思考》，《黄河科技大学学报》2011 年第 2 期。

4.《认真学习 深化理解 科学发展》，《浙江省教育厅理论学习论文》参赛论文。

5.《优先开展公益性高水平民办高校建设工程》，《人民政协报·教育在线》2011 年 6 月 1 日。

6.《关于民办高校分类管理理论与实践的思考》，《教育发展研究》2011 年第 12 期。

7.《开展分类管理 推进高水平民办大学建设》，《浙江树人大学学报》2011 年第 4 期。

8.《教学服务型大学：民办高等学校的新定位》，《中国高教研究》2011/年第 10 期。

9.《跳出"象牙塔"高度 聚焦地方院校的新定位》，《光明日报》2011 年 10 月 27 日第 15 版。

2012 年

1.《以名栏建设为契机百尺竿头更进一步》，《浙江树人大学学报》2012 年第 4 期。

2.《建设国家级高水平民办高校的若干思考》，《教育发展研究》2012 年第 7 期。

3.《浅论教学服务型大学的若干问题——兼论地方院校和民办高校的发展定位》，《教育研究》2012 年第 2 期。

4.《加强名栏建设服务民办高等教育》，《浙江树人大学学报》2012 年第 1 期。

2013 年

1.《科研工作：高水平民办高校建设的着力点》，《教育发展研究》2013 年第 1 期。

2.《民办高校科研工作总体滞后——"四个偏少"》，《人民政协报·教育在线》2013 年 2 月 20 日。

3.《高水平民办大学的中国特色》，《浙江树人大学学报》2013 年第

1 期。

4.《科研工作：高水平民办高校建设的重要着力点》，《黄河科技大学学报》2013 年第 2 期。

5.《论我国民办高等教育政策从"规范"向"扶持"的转型》，《高等教育研究》2013 年第 8 期。

6.《加快政策转型支持民办高校健康和可持续发展》，《人民政协报教育在线》2013 年 7 月 17 日。

7.《关于民办高等教育政策顶层设计的思考》，《教育发展研究》2013 年第 21 期。

2014 年

1.《家政服务大有可为》，《教育信息报》2014 年 1 月 22 日。

2.《论教学服务型大学的合法性和发展逻辑》，《浙江树人大学学报》20014 年第 1 期。

3.《治理背景下我国民办高等教育管理的转型》，《中国高教研究》2014 年第 8 期。

2015 年

1.《大学治理与民办高校的着力点》，《浙江树人大学学报》2015 年第 5 期。

2.《民办高校治理必须紧紧抓住 5 个着力点》，《教育发展研究》2015 年第 9 期。

3.《积极引导，推进民办高校转型升级》，《浙江教育报》2015 年 11 月 9 日第 3 版。

2016 年

1.《新常态下民办高校发展的若干思考》，《浙江树人大学学报》2016 年第 1 期。

2.《民办教育如何应对供给侧改革》，《浙江教育报》2016 年 3 月 30 日第 3 版。

3.《期待独立学院"走出"新天地》，《浙江教育报》2016 年 1 月 18 日第 2 版。

4.《浅论新常态下民办高校的发展着力点》，《中国高教研究》2016 年第 2 期。

5.《教学服务型大学人才培养的探索与实践》，《院校研究专集》

2016年6月。

6.《深耕应用型人才培养》,《浙江教育报》2016年7月30日第3版。

7.《"供给侧改革"背景下民办高校的发展思路》,《浙江树人大学学报》2016年第1期。

2017年

《世界私立大学办学体制及其演变：经验与启示》,《浙江树人大学学报》2017年第1期。

主要参考文献

一 专著

1. 国内专著

［1］毕宪顺：《权力整合与体制创新》，教育科学出版社2006年版。

［2］蔡国春：《院校研究与现代大学管理》，教育科学出版社2006年版。

［3］蔡克勇：《21世纪的中国高等教育》，高等教育出版社2003年版。

［4］陈厚丰：《中国高等学校的分类与定位》，湖南大学出版社2004年版。

［5］陈磊：《民办高等教育研究》，武汉理工大学出版社2008年版。

［6］陈新民：《民办高校人才培养模式改革的理论与实践》，浙江大学出版社2007年版。

［7］邓小平：《邓小平文选》第1卷、第2卷、第3卷，人民出版社1993年版。

［8］董云川：《论中国大学与政府和社会的关系》，云南大学出版社2004年版。

［9］甘德安：《中国家族企业研究》，中国社会科学出版社2002年版。

［10］顾宝炎：《美国大学管理》，武汉大学出版社1989年版。

［11］顾建民等：《中国民办高等教育发展战略研究》，浙江大学出版社2004年版。

［12］郭石明：《社会变革中的大学管理》，浙江大学出版社2004年版。

［13］郭为藩：《转变中的大学——传统、议题与前景》，高等教育出

版社 2004 年版。

［14］胡卫：《民办学校的运营》，教育科学出版社 2006 年版。

［15］贺向东：《中国社会力量办学概论》，首都师范大学出版社 2000 年版。

［16］黄宇智：《潘懋元高等教育学文集》，汕头大学出版社 1999 年版。

［17］交通大学校史编写组：《盛宣怀，筹集商捐开办南洋公学折》，西安交通大学出版社 1986 年版。

［18］金锦萍：《非营利法人治理结构研究》，北京大学出版社 2005 年版。

［19］课题组：《我国民办高校本科教育人才培养模式的研究》，高等教育出版社 2006 年版。

［20］柯佑祥：《适度盈利与民办高等教育的发展》，南京师范大学出版社 2003 年版。

［21］李福华：《大学治理的基础与组织架构》，教育科学出版社 2008 年版。

［22］李福华：《大学治理与大学管理》，人民出版社 2012 年版。

［23］林樟杰：《高等学校管理新认知》，上海教育出版社 2007 年版。

［24］李晓明：《中国民办高等教育 30 年 1978—1998 年》，人民武警出版社 2008 年版。

［25］李文成：《国外私立高等教育发展研究》，郑州大学出版社 2007 年版。

［26］刘莉莉：《中国民办高等教育发展的研究》，吉林人民出版社 2002 年版。

［27］刘雅静等：《高等教育理论与实践》，山东大学出版社 2005 年版。

［28］刘献君：《院校研究》，高等教育出版社 2008 年版。

［29］刘智运：《大学教育哲学》，人民教育出版社 2008 年版。

［30］吕锡坪等：《高等学校管理学》，山东教育出版社 1993 年版。

［31］龙献忠：《治理理论视野下的政府与大学关系研究》，湖南大学出版社 2007 年版。

［32］马陆亭：《高等学校的分层与管理》，广东教育出版社 2004

年版。

［33］冒荣、刘义恒：《高等学校管理学》，南京大学出版社1997年版。

［34］明航：《民办高校办学模式》，教育科学出版社2008年版。

［35］宁本涛：《中国民办教育产权研究》，齐鲁书社2003年版。

［36］聂秋华：《借鉴和创新——湖南高校与世界一流私立大学办学模式比较研究》，湖南大学出版社2006年版。

［37］潘懋元：《多学科观点的高等教育研究》，上海教育出版社2001年版。

［38］潘懋元：《高等教育论文集》（2），厦门大学出版社1994年版。

［39］潘懋元：《高等教育研究方法》，高等教育出版社2008年版。

［40］潘懋元：《潘懋元论高等教育》，福建教育出版社2007年版。

［41］潘懋元：《新编高等教育学》，北京师范大学出版社1996年版。

［42］潘懋元：《现代高等教育思想的演变》，广东高等教育出版社2008年版。

［43］潘懋元：《中国当代教育家文存》（潘懋元卷），华东师范大学出版社2006年版。

［44］潘懋元：《中国高等教育大众化的理论与政策》，广东高等教育出版社2008年版。

［45］瞿延东：《我国民办教育的发展与管理》，中国财政经济出版社2002年版。

［46］全国人大教科文卫委员会教研室：《民办教育促进法学习宣传讲话》，中国青年出版社2003年版。

［47］单中惠：《外国大学教育问题史》，山东教育出版社2006年版。

［48］宋恩荣、章咸：《中华民国教育法规选编》（修订版），江苏教育出版社2005年版。

［49］宋秋蓉：《近代中国私立大学研究》，天津人民出版社2003年版。

［50］宋文红：《欧洲中世纪大学的演进》，商务印书馆2010年版。

［51］孙启林：《战后韩国教育研究》，江西教育出版社1995年版。

［52］汤尧等：《高等教育经营》，（台湾）高等教育出版社2004年版。

[53] 唐振平：《中国当代大学自治管理体制研究》，国防大学出版社2006年版。

[54] 王长楷：《现代高等教育管理研究》，海南出版社2004年版。

[55] 王焕斌、李和平：《民办学校管理引论》，重庆大学出版社2008年版。

[56] 王洪才：《大众高等教育论》，广东教育出版社2004年版。

[57] 王宁：《私立大学董事会制度研究》，东南大学出版社2015年版，第37页。

[58] 文东茅：《走向公共教育——教育民营化的超越》，北京大学出版社2008年版。

[59] 吴慧平：《西方大学的共同治理》，北京师范大学出版社2012年版。

[60] 熊庆年：《高等教育管理引论》，复旦大学出版社2007年版。

[61] 徐建培：《大学知识管理研究》，高等教育出版社2005年版。

[62] 徐绪卿：《教学服务型大学：理论研究和制度框架》，中国社会科学出版社2014年版。

[63] 徐绪卿：《我国民办高校内部管理体制改革和创新研究》，中国社会科学出版社2012年版。

[64] 徐绪卿：《新时期中国民办高等教育发展研究》，浙江大学出版社2005年版。

[65] 徐绪卿：《新时期中国民办高等教育理论研究》，浙江大学出版社2010年版。

[66] 姚启和：《高等教育管理学》，华中理工大学出版社2000年版。

[67] 杨德广：《高等教育管理学》，上海教育出版社2006年版。

[68] 杨树兵：《民办高校发展战略和政策需求研究》，江苏大学出版社2000年版。

[69] 杨炜长：《民办高校治理制度研究》，国防科技大学出版社2006年版。

[70] 俞可平：《治理与善治》，社会科学文献出版社2000年版。

[71] 俞可平：《权力政治和公益政治——当代西方政治哲学评析》，社会科学文献出版社2000年版。

[72] 袁振国、周彬：《中国民办教育政策分析》，中国社会科学出版

社 2003 年版。

［73］张斌贤等：《西方高等教育哲学》，北京师范大学出版社 2007 年版。

［74］张宝泉：《高等学校管理比较》，东北师范大学出版社 1998 年版。

［75］张博树、王桂兰：《重建中国私立大学：理念、现实与前景》，教育科学出版社 2003 年版。

［76］张宏博：《中国私立大学有效经营的制度研究》，人民出版社 2009 年版。

［77］张军：《产权经济学》，上海三联书店 1991 年版。

［78］张小劲、于晓红：《推进国家治理体系和治理能力现代化六讲》，人民出版社 2014 年版。

［79］张维迎：《大学的逻辑》，北京大学出版社 2004 年版。

［80］赵硕：《欧洲私立大学高等教育的发展嬗变》，中央编译出版社，2015 年版。

［81］赵中建主编：《全球教育发展的研究热点》，教育科学出版社 2003 年版。

［82］周远清：《周远清教育文集》（三），高等教育出版社 2007 年版。

［83］中国高等教育编辑部：《德育为先》，高等教育出版社 2006 年版。

［84］朱九思：《高等学校管理》，华中工学院出版社 1983 年版。

［85］李秋零、田薇：《神光沐浴下的文化再生——文明在中世纪的艰难脚步》，华夏出版社 2000 年版。

2. 国外专著：

［1］［比利时］希尔德·德·里德 - 西蒙斯（H. De Ridder-Symoens）：《欧洲大学史》（第一册），张斌贤等译，河北大学出版社 2008 年版。

［2］［德］彼得·扎格尔：《牛津——历史和文化》，中信出版社 2005 年版。

［3］［加］约翰·范德格拉夫等：《学术权力——七国高等教育管理体制比较研究》，王承绪等译，浙江教育出版社 2001 年版。

［4］［法］让－皮埃尔·戈丹：《何谓治理》，社会科学文献出版社 2010 年版。

［5］［美］E. P. 克伯雷：《外国教育史料》，华中师大教育系等译，华中师范大学出版社 1990 年版。

［6］［美］爱德华·希尔斯：《学术的秩序——当代大学论文集》，商务印书馆 2007 年版。

［7］［美］埃利诺．奥斯特罗姆：《公共事务的治理之道》，余逊达、陈旭东译，上海三联书店 2000 年版。

［8］［美］伯顿·克拉克：《建立创业型大学：组织上转型的途径》，王承绪译，人民教育出版社 2003 年第 1 版。

［9］［美］大卫·科伯：《高等教育市场化的底线》，晓征译，北京大学出版社 2008 年版。

［10］［美］丹尼尔·J. 布尔斯廷：《美国人建国的历程》，中国对外翻译出版公司译，上海译文出版社 1997 年版。

［11］［美］丹尼尔·J. 布尔斯廷：《美国人——开拓历程》，中国对外翻译出版公司译，上海译文出版社 1989 年版。

［12］［美］道格拉斯·C. 诺斯：《经济史的结构与变迁》，刘瑞华译，上海三联书店 1980 年版。

［13］［美］菲力普·G. 阿特巴赫：《高等教育变革的国际趋势》，蒋凯主译，北京大学出版社 2009 年版。

［14］［美］菲力普·G. 阿特巴赫：《私立高等教育　全球革命》，胡建伟主译，中国社会科学出版社 2004 年版。

［15］［美］弗雷德里克·E. 博德斯敦：《管理今日大学》，王春春赵炬明译，广西师范大学出版社 2006 年版。

［16］［美］罗伯特·伯恩鲍姆：《大学运行模式》，别敦荣主译，中国海洋大学出版社 2003 年版。

［17］［美］理查德·鲁克：《高等教育公司——营利性大学的崛起》，于培文译，北京大学出版社 2006 年版。

［18］［美］玛格丽特·M. 布莱尔：《所有权与控制面向 21 世纪的公司治理探索》，张荣刚译，中国社会科学出版社，1999 年（中文版）。

［19］［美］约翰·S. 布鲁贝克：《高等教育哲学》，王承绪等译，浙江教育出版社 2002 年版。

[20] [美] 詹姆斯·N. 罗西瑙.《没有政府的治理》，张胜军等译，江西人民出版社2001年版。

[21] [美] 詹姆斯·W. 汤普逊：《中世纪晚期欧洲经济社会史》，徐家玲等译，商务印书馆1996年版。

[22] [英] 格里·斯托克：《作为理论的治理：五个论点》，《国际社会科学》1999年第2期。

[23] [英] 迈克尔·夏托克：《高等教育的结构和管理》，王义端译，华东师范大学出版社1987年。

[24] [英] 迈克尔·夏托克：《成功大学的管理之道》，范怡红主译，北京大学出版社2006年版。

[25] [美] 威尔·杜兰：《世界文明史》，台湾幼师文化公司译，东方出版社1998年版。

二 博士学位论文

1	关于提升民办高校核心竞争力的战略和政策研究	杨树兵	苏州大学	2007年
2	韩国大学治理研究	索丰	东北大学	2011年
3	前苏东国家私立高等教育研究	何雪莲	厦门大学	2006年
4	江西民办高等教育发展研究	饶爱京	厦门大学	2006年
5	美国私立高等教育发展的制度环境分析	张旺	北京师范大学	2004年
6	美国营利性私立高等教育与资本市场	高晓杰	厦门大学	2005年
7	民办高校可持续发展研究	张剑波	华中科技大学	2006年
8	民办高等教育制度变迁中的政府行为研究	赵军	华中科技大学	2007年
9	民办普通高校组织文化研究	梁燕玲	华中科技大学	2007年
10	民办高校办学风险防范研究	李钊	华中科技大学	2008年
11	民办高等教育立法之前期研究	魏贻通	厦门大学	1994年
12	民办高等教育盈利问题研究	柯佑祥	厦门大学	2001年
13	民办高校治理制度研究	杨炜长	华中科技大学	2005年
14	民办学校产权配置与治理机制研究	明航	北京师范大学	2005年
15	民办教育投资环境与投资方向研究	张英婕	同济大学	2006年
16	民办高校政府管制模式重构研究——基于公平与效率的视域	李青	北京师范大学	2010年
17	民办高等学校的发展：一个亟待解决的问题	尹丽	华东师范大学	2000年
18	民办高校治理研究	赵旭明	中共中央党校	2006年

续表

19	民办高等学校产权配置法律问题研究	杨　挺	西南师范大学	2005 年
20	民办高职院校发展的制度优化研究	叶财富	华东师范大学	2010 年
21	社会资本与民办高校资源整合研究	周国平	厦门大学	2008 年
22	台湾民办高校实施责任会计研究	杨福清	天津财经大学	2004 年
23	我国民办高等学校法人地位研究	安　杨	北京师范大学	2010 年
24	我国民办高校法人治理问题研究	董圣足	华东师范大学	2010 年
25	我国民办高校融资问题研究	任　芳	西北大学	2007 年
26	我国民办高校内部管理体制改革和创新研究	徐绪卿	华中科技大学	2012 年
27	中国民办高等教育发展发展模式研究	刘莉莉	华中科技大学	2002 年
28	中国近代社会转型中的私立大学	宋秋蓉	华中科技大学	2002 年
29	中国民办高校倒闭问题研究	卢彩晨	厦门大学	2007 年
30	中国民办高校学费问题研究	章茂山	厦门大学	2007 年
31	中国公办、民办高校在教育市场中竞争的公平性问题研究	毛　勇	厦门大学	2007 年
32	中国近代私立大学教育经费问题研究	王彦才	北京师范大学	2006 年
33	中国民办高等教育组织的变迁及其特性	姜　华	北京大学	2007 年
34	中国民办高等教育投资机制研究	王　雄	西北农林科技大学	2009 年
35	中国高等教育制度创新与民办高等教投融资瓶颈突破	张　宁	同济大学	2004 年
36	转型时期我国民办高等院校发展研究	何彬生	武汉理工大学	2007 年

三　国内期刊论文

［1］别敦荣：《大众化与高等教育组织变革》，《清华大学教育研究》2006 年第 1 期。

［2］别敦荣、郭冬生：《我国民办高等学校产权问题初探》，《高等教育研究》2000 年第 1 期。

［3］别敦荣：《论高等教育管理权力》，《高等教育研究》2001 年第 2 期。

［4］别敦荣：《论我国高等学校领导权力分治与统整》，《清华大学教育研究》2003 年第 2 期。

［5］别敦荣：《我国现代大学制度探析》，《江苏高教》2004 年第 3 期。

[6] 别敦荣：《治理之于我国大学管理的意义》，《江苏高教》2007年第6期。

[7] 蔡宝田：《论民办高校的内部管理》，《黄河科技大学学报》2002年第1期。

[8] 陈宝瑜：《民办高等学校应尽快完善董—校分立的管理体制》，《教育与职业》2002年第6期。

[9] 陈宝瑜：《试论民办高等学校领导体制问题》，《国家高级教育行政学院学报》2000年第3期。

[10] 陈磊、王敏论：《我国民办高等教育的科学发展》，《职业技术教育》（教科版）2006年第1期。

[11] 陈兴明：《新一轮高校管理体制改革的实质、特点与方向》，《江苏高教》2002年第2期。

[12] 陈新民：《民办高等教育转型期的矛盾和对策探讨》，《中国高等教育》2006年第12期。

[13] 陈万年等：《完善民办高校法人治理结构的实践与探索——基于三江学院的个案分析》，《三江学院学报》2006年第1期。

[14] 陈武元：《论私立高等教育发展的制度环境——兼论中国民办高等教育发展的制度环境选择》，《教育发展研究》2008年第5—6期。

[15] 程祁慧：《关于深化高校管理体制改革的几个问题》，《职业技术学院学报》2001年第3期。

[16] 崔玉祥：《推进高校管理体制改革向纵深发展的思考》，《中国高教研究》2000年第3期。

[17] 代林利：《试析大学法人治理结构的构成要素》，《现代教育科学》2006年第1期。

[18] 董圣足、王邦永：《民办高校法人治理问题研究综述》，《浙江树人大学学报》2007年第11期。

[19] 董圣足、黄清云：《我国民办高校董事会制度的重构》，《黄河科技大学学报》2010年第4期。

[20] 丁宜丽：《民办大学董事会结构及有效性分析》，《浙江树人大学学报》2005年第6期。

[21] 杜作润：《论我国民办高等院校管理》，《河南大学学报》（教育科学版）2002年第2期。

［22］方铭琳：《民办高校产权明晰的法律保护》，《高等教育研究》2005 年第 8 期。

［23］费方域：《什么是公司治理》，《上海经济研究》，1996 年第 5 期。

［24］耿建：《中国高等教育公共治理的模式选择》，《江苏高教》2005 年第 3 期。

［25］郭建如：《民办高等教育的市场化与民办高校的组织管理特征》，《高等教育研究》2003 年第 4 期。

［26］郭丽、茹宁：《大学治理理论及我国大学的治理对策探析》《南昌航空大学学报》（社会科学版）2007 年第 10 期。

［27］郭嫄：《教育中介组织：存在必要性、问题及发展策略分析》，《高校教育管理》2007 年第 3 期。

［28］巩丽霞：《民办高校内部管理机制的法律思考》，《教育发展研究》2008 年第 5—6 期。

［29］谷贤林：《美国私立高等教育管理体制成因探析》，《外国教育研究》1999 年第 3 期。

［30］胡弼成：《论高校内部管理体制改革的症结》，《高等教育研究》2000 年第 5 期。

［31］胡仁东：《高等教育管理体制改革研究综述》，《山西财经大学学报》（高等教育版）2005 年第 3 期。

［32］胡四能：《民办高校建立共同治理结构模式研究》，《江苏高教》2007 年第 4 期。

［33］胡象明、唐波勇：《整体性治理：公共管理的新范式》，《湖南师范大学学报》2010 年第 1 期。

［34］韩民：《完善法人治理结构 促进民办高等教育可持续发展》，《中国高等教育》2006 年第 8 期。

［35］韩民：《日本私立学校法人制度改革趋向》，《中国教育报》2004 年 7 月 30 日第 7 版。

［36］韩艳：《民办高校董事会制度的运行与制衡机制构建》，《浙江树人大学学报》2006 年第 2 期。

［37］贺国庆：《中世纪大学若干特征分析》，《教育学报》2008 年第 6 期。

［38］花长友：《高校内部管理体制创新必须正确处理的若干关系》，《中国高教研究》2002年第3期。

［39］黄福涛：《国际私立高等院校管理模式研究——历史与比较的视角》，《清华大学教育研究》1999年第3期。

［40］黄京钗：《民办高校可持续发展的必要条件》，《福建论坛》2001年第12期。

［41］黄丽：《美国私立高等教育概况》，《北大教育经济研究》（电子季刊）2004年第2期。

［42］贾少华：《王庆喜民企发展对民办高校的启示》，《高等工程教育研究》2005年第6期。

［43］贾真真：《关于促进民办高等教育发展的若干思考》，《教育理论与实践》1999年第10期。

［44］江景波：《深化高校管理体制改革的若干思考》，《中国高等教育》2001年第7期。

［45］柯佑祥：《新时期我国民办高等教育的发展》，《高等教育研究》2002年第4期。

［46］柯佑祥：《民办高等学校的校本管理与经营》，《江苏高教》2002年第6期。

［47］李传军：《利益相关者共同治理的理论基础与实践》，管理科学2003年第4期。

［48］李凤华：《治理理论：渊源、精神及其适用性》，《湖南师范大学学报》2003年第5期。

［49］李蓉：《论政府在高等教育管理体制改革中的职能定位》，《黑龙江教育》2007年第12期。

［50］黎利云：《民办学校董事长与校长关系类型简析》，《湖南涉外经济学院学报》2005年第2期。

［51］刘宝存：《美国私立高等学校的董事会制度评析》，《比较教育研究》2000年第5期。

［52］刘佳楠，李化树：《巴黎大学发展历程中的几次重大事件及启示》，《牡丹江大学学报》2012年第2期。

［53］刘俊学、王小兵：《"高等教育服务理念"论》，《中国高教研究》2004年第3期。

［54］刘琴、赵秀红：《教育部七举措引导民办高校健康发展》，《中国教育报》2007年3月27日第1版。

［55］刘献君：《大学共同治理的意义及其实现方式》，《山东高等教育》2015年第3期。

［56］刘智运：《多样化：21世纪初叶中国高等教育的基本走向》，《高等教育研究》2003年第2期。

［57］龙献忠：《城市治理理论及其在中国的实践》，《学术研究》2007年第7期。

［58］马陆亭：《高等教育管理体制的国际比较》，《人大复印资料高等教育》1998年第6期。

［59］毛建青：《关于我国民办高等教育发展困境的思考》，《教育与职业》2006年第12期。

［60］孟昭昕：《深化高校管理体制改革要处理好六大关系》，《内蒙古教育》1999年第4期。

［61］苗庆红：《民办高校治理结构的演变研究》，《中国高教研究》2005年第9期。

［62］潘懋元、胡赤弟：《民办高校产权制度改革的若干问题》，《教育研究》2002年第1期。

［63］潘懋元：《关于民办高等教育体制的探讨》，《上海高教研究》1988年第3期。

［64］潘懋元：《我国高校产权制度改革的若干问题——兼论公、民办高校产权问题》，《教育发展研究》2005年第7B期。

［65］潘心纲：《我国高校管理体制的思考》，《江汉大学学报》（社会科学版）2007年第4期。

［66］曲铁华：《当前我国私立学校发展简述》，《东北师大学报》（哲学社会科学版）1993年第6期。

［67］饶爱京：《民办高等教育政策及其对民办高等教育发展的影响》，《黑龙江高教研究》2006年第10期。

［68］沈美媛、张琦英：《探析民办高校产权及其对学校管理体制的影响》，《教育与职业》2008年第26期。

［69］史飞翔：《论民办大学校长在构建办学特色中的核心作用》，《学理论》2011年第15期。

[70] 史林:《论民办高校的内部管理体制和办学机制创新》,《齐齐哈尔职业学院学报》2008年第4期。

[71] 宋秋蓉:《近代中国私立大学办学成功的因素分析》,《高等教育研究》2003年第5期。

[72] 孙鹏:《民办高校董事会领导下的院校长负责制刍议》,《扬州大学学报》(高教研究版)2004年第5期。

[73] 田虹:《关于民办高校内部管理体制的研究》,《湖北社会科学》2008年第9期。

[74] 田汉群:《教育服务理论提出及其实践价值》,《大学教育科学》2005年第5期。

[75] 王幡、刘振敏:《浅析私立大学在日本高等教育发展过程中的作用》,《北京城市学院学报》2010年第1期。。

[76] 王幡:《从经营状况看日本私立大学的生存与发展》,《北京城市学院学报》2009年第3期。

[77] 王建华:《论我国私立大学的独特性》,《江苏高教》2006年第3期。

[78] 王建华:《论我国私立大学的制度创新》,《大学教育科学》2006年第4期。

[79] 王虹:《发展民办高等教育的理论基础》,《职业技术教育》(教科版)2004年第7期。

[80] 王利明:《制定〈民办高等教育法〉规范民办高校办学行为》,《高等教育研究》2000年第6期。

[81] 王芸:《民办高等教育的困境与出路》,《职业技术教育》2007年第25期。

[82] 王彦风:《日本私立大学管理机构及决策方式》,《北京城市学院学报》2005年第3期。

[83] 王义遒:《多样化——我国高等教育大众化的关键》,《北京大学教育评论》2003年第4期。

[84] 汪明义:《民办高校的高层管理模式探索》,《科学中国人》2007年第12期。

[85] 文东茅:《论民办学校的产权与控制权》,《清华大学教育研究》2003年第2期。

[86] 文胜利、王彦坦：《论高校内部管理体制改革的制约因素》，《教育发展研究》2000 年第 1 期。

[87] 吴春玉：《韩国私立高等教育政策的若干特点》，《教育评论》2004 年第 5 期。

[88] 邬大光、卢彩晨：《艰难的复兴广阔的前景——我国民办高等教育 30 年回顾与前瞻》，《中国高教研究》2008 年第 10 期。

[89] 谢作栩：《美、英、日、韩四国高等教育大众化发展道路的比较》，《人大书包复印资料高等教育》2001 年第 8 期。

[90] 徐智德：《我国民办高校的校内管理体制》，《西安欧亚学院学报》2006 年第 4 期。

[91] 徐力：《我国民办高等教育管理体制问题及对策研究》，《黑龙江高教研究》2002 年第 3 期。

[92] 徐绪卿：《对发展我国民办高等教育中介组织的若干思考》，黑龙江高教研究 2004 年第 1 期。

[93] 徐绪卿：《建立和完善民办高校法人治理结构的若干思考》，《广东培正学院学报》2008 年第 1 期。

[94] 徐绪卿：《民办高等教育新发展中面临的问题》，《人大书包复印资料高等教育》2003 年第 1 期。

[95] 徐绪卿：《民办高校内部管理体制改革若干问题探析》，《中国高教研究》2010 年第 5 期。

[96] 徐文：《当前民办高等教育研究的若干热点问题》，《教育与职业》2000 年第 1 期。

[97] 徐文：《美国私立高等教育管理体制的特点及启示》，《教育与职业》2000 年第 8 期。

[98] 阎凤桥：《试析我国民办学校的产权形式和治理结构——基于对非营利组织特征的分析》，《教育研究》2002 年第 2 期。

[99] 阎亚林：《大学内部管理体制比较研究》，《教育探索》2003 年第 10 期。

[100] 杨平：《论高等教育的功能效应与服务特性》，《国家教育行政学院学报》2005 年第 3 期。

[101] 杨雪冬：《走向社会权利导向的社会管理体制》，《华中师范大学学报》2010 年第 1 期。

［102］杨雪梅、张锡侯：《简论民办高校内部管理体制的改革完善》，《黄河科技大学学报》2008年第3期。

［103］《英国就读私立大学新生人数增至16万》，《世界教育信息》2013年第19期。

［104］俞可平：《治理和善治———一种新的政治分析框架》，《南京社会科学》2001年第九期。

［105］俞可平：《推进国家治理体系和治理能力现代化》，《前线》2014年第1期。

［106］于玲霞、陈光旨：《广西民办高校内部管理初探》，《浙江树人大学学报》2008年第1期。

［107］喻恺：《模糊的英国大学性质：公立还是私立》，《教育发展研究》2008年Z3期。

［108］袁贵仁：《加快推进教育治理体系和治理能力现代化》，《人民论坛》2014年第13期。

［109］袁振国：《教育政策分析与当前教育政策热点问题》，《复旦教育论坛》2003年第1期。

［110］张斌贤、孙益：《西欧中世纪大学的特权》，《北京师范大学学报》（社会科学版）2004年第4期。

［111］张诚：《论高校管理体制创新》，《中国成人教育》2007年第7期。

［112］张慧云：《论高校管理体制和运行机制的现状》，《佳木斯大学社会科学学报》2008年第4期。

［113］张剑波：《处理发展民办高等教育的六个关系》，《高等教育研究》2005年第2期。

［114］张剑波、杨炜长：《完善法人治理结构：民办高校可持续发展的重要保障》，《湘潭大学学报》（哲学社会科学版）2007年第1期。

［115］张建新：《社会文化对大学文化的影响———源于美国社会宽容文化的美国高等教育多元化》，《国际高等教育研究》2006年第3期。

［116］张进、尹农：《大众化高等教育质量标准界说》，《南京经济学院学报》2001年第5期。

［117］张乐天：《对我国高校内部管理体制改革的政策回顾与反思》，《复旦教育论坛》2008年第5期。

[118] 张立娟:《重建中国私立大学:理念、现实与前瞻》,《职业技术教育》2007年第13期。

[119] 张连国:《治理理论:本质是复杂科学范式》,《学术论坛》2006年第2期。

[120] 张苗荧:《温州民办高校董事会领导下校长负责制的实施启示》,《职业技术教育》(教科版)2005年第25期。

[121] 张锡侯:《民办高校要改革完善内部管理体制和运行机制》,《民办高等教育研究》2007年第2期。

[122] 张学敏:《论教育供给中的政府失灵》,《高等教育研究》2004年第1期。

[123] 张应强、程瑛:《高校内部管理体制改革:30年的回顾与展望》,《高等工程教育研究》2008年第6期。

[124] 张应强:《高等教育改革与我国民办高校的可持续发展》,《大学教育科学》2006年第6期。

[125] 张应强:《体制创新与建设高水平民办大学》,《高等教育研究》2002年第4期。

[126] 占盛丽:《我国民办高等教育发展中政府的角色——基于美国私立高等教育政策类型分析》,《教育发展研究》2008年第24期。

[127] 曾志平、杨秀英:《民办高校法人治理结构的比较》,《教育学术月刊》2009年第12期。

[128] 湛中乐、马梦芸:《论英国私立高校的内部权力结构》,《国家教育行政学院学报》2015年第3期。

[129] 赵晓群:《民办高校内部领导体制探析》,《中国高等教育》2000年第8期。

[130] 赵炬明:《现代大学与院校研究》,《高等教育研究》2003年第3期。

[131] 赵应生、钟秉林、洪煜、姜朝晖、方芳:《国外及港澳台地区私立高等教育发展的经验与启示——我国民办高等教育改革与发展探析》(五),《中国高等教育》2011年第15期。

[132] 郑树山:《改革开放三十年来民办高等教育发展的回顾与展望》,《国家教育行政学院学报》2008年第12期。

[133] 周济:《大学发展与科学管理》,《西安思源职业技术学院学

报》2007年第4期。

［134］周远清：《把高等教育科学研究做强》，《中国高教研究》2008年第3期。

［135］周大平：《民办大学兴起之后》，《瞭望》1986年第4期。

［136］中国人民大学课题组：《我国高校内部管理体制改革的问题与对策》，《教学与研究》2000年第4期。

［137］朱宏清：《美国私立营利性高等学校的运营特点》，《世界教育信息》2003年第4期。

［138］［英］鲍勃·杰普索：《治理的兴起及其失败的风险：以经济发展为例的论述》，《国际社会科学》1999年第2期。

［139］［英］格里·斯托克：《作为理论的治理：五个论点》，《国际社会科学》1999年第2期。

［140］［美］菲利普·G.阿尔特巴赫：《民办高等教育：从比较的角度看主题和差异》，《教育参考资料》2001年第16期。

［141］［瑞士］弗朗索瓦－格扎维尔·梅里安：《治理问题与现代福利国家》，《国际社会科学杂志》1999年第1期。

［142］［美］约翰·奥布雷·道格拉斯、徐丹：《寻求高等教育的明智增长——美国高等教育结构的历史与趋势》，《大学教育科学》2010年第5期。

四　报纸论文和新闻稿

［1］教育部：《2010年全国教育事业发展统计公报》，《中国教育报》2011年5月27日第2版。

［2］顾海良：《未来十年某些高校破产》，《中国青年报》（教育科学版）2010年3月24日。

［3］臧旭平：《民办高校面临生存大考出现较大缺额且报到率低》，《青岛早报》2010年8月31日第6版。

［4］邬大光：《大学姓"公"还姓"私"》，《中国教育报》2010年7月12日第5版。

［5］教育部：《2010年全国教育事业发展统计公报》，《中国教育报》2004年5月27日第2版。

［6］潘懋元：《民力民智推进高教事业大发展》，《中国教育报》

2008年6月2日第6版。

　　[7] 刘延东：《坚持改革创新，狠抓工作落实，努力开创教育事业科学发展新局面》，《中国教育报》，2011年2月24日第1版。

　　[8] 蒋宝麟：《校董会在近代私立大学治理中所起的作用》，《东方早报》2016年2月2日B13版。

　　[9] 潘懋元、邬大光、别敦荣：《民办高教发展需要有更多的路径》，《中国教育报》2012年1月9日第5版。

　　[10] 程维：《国内第一例高校拍卖案在渝推迟》，《第一财经日报》2009年7月3日第A叠·深度版。

　　[11] 高焦：《启迪领导智慧憧憬大学未来》，《人民日报·海外版》2002年10月28日第6版。

　　[12] 胡娟、李立国：《大学校长成长为教育家需良好制度环境》，《中国教育报》2008年11月25日第4版。

　　[13] 刘延东：《努力提高教育工作科学化水平——在教育部2010年度工作会议上的讲话》。

　　[14] 阎凤桥：《制度建设是大学校长重要任务》，《中国教育报》2012年3月26日第2版。

《中国青年报》2010年2月7日第1版。

　　[15] 陈至立：《坚持用科学发展观统领高等教育全局，加强管理，提高质量，办出特色：在教育部直属高校工作咨询委员会第十七次全体会议上的讲话》，《中国教育报》2007年1月9日第1版。

　　[16] 邬大光：《民办高等教育的可持续发展》，《中国教育报》2002年4月16日第3版。

　　[17] 蒋宝麟：《校董会在近代私立大学治理中所起的作用》，《东方早报》2016年2月2日B13版。

　　[18] 高焦：《启迪领导智慧憧憬大学未来》，《人民日报·海外版》2002年10月28日第6版。

　　[19] 朱振国：《私立大学管理亟待法制化、规范化》，《光明日报》2000年1月26日第10版。

五　国内网站论文和新闻稿

　　[1] 教育部网站：《首份中国高等教育质量报告出炉》，http：//

www. moe. edu. cn/jyb_ xwfb/s5147/201604/t20160408_ 237162. html。

［2］教育部：《2011年全国教育事业发展统计公报》，见教育部网站http：//www. moe. edu. cn/publicfiles/business/htmlfiles/moe/moe_633/201208/141305. html。

［3］云真子的博客：《制度、机制、体制、体系的定义区别》，http：//blog. sina. com. cn/08yunzhenzi。

［4］百度网：公司治理机制，http：//baike. baidu. com/view/2114688. htm。

［5］网易：《美曝光"野鸡大学"新黑名单》。

［6］牛津大学，http：//baike. baidu. com/view/9720. htm#3。

［7］中世纪两种大学，http://blog. sina. com. cn/s/blog_56a84e810100ri22. html。

［8］周其仁：《"控制权回报"和"企业家控制的企业"——"公有制经济"中企业家人力资本产权案例研究》，中国战略与管理研究会官网http：//www. cssm. gov. cn/。

［9］MBA智库百科：《什么是两权分离理论》，http：//wiki. mbalib. com。http：//news. 163. com/12/0809/07/88ESNLP600014AED. html。

［10］耶鲁大学：Yale Reaccreditation. http：//www. yale. edu/accreditation/1999/accred/standards/s1. html。

［11］严峻嵘：《日本教育面临百年危机解读日本大学首次倒闭潮》，搜狐出国http：//goabroad. sohu. com/20090710/n265124576. shtml。

［12］中华人民共和国驻大韩民国大使馆教育处：《韩国教育概况》，中国留学网（http：//www. cscse. edu. cn/publish/portal24/tab1092/info7550. htm）。

［13］中华人民共和国驻大韩民国大使馆教育处：《韩国高等教育机构基本数据统计资料》，中国留学网（http：//www. cscse. edu. cn/publish/portal24/tab1092/info9795. htm）。

［14］《韩国私立学校法》，奋斗在韩国网（http：//bbs. icnkr. com/thread-196172-1-1. html/）。

［25］台湾大专院校概况，http：//www. edu. tw/statisties/index. aspx。

［26］国务院办公厅：《关于一次性拨款资助中华社会大学建校资金等问题的函》国办函〔1996〕19号，国务院办公厅官网http：//www.

gov. cn/xxgk/pub/govpublic/mrlm/201011/t20101114_ 62666. html。

［27］谢湘、刘万永：《大学学费是以何标准计算的》，http：//edu. people. com. cn/GB/1053/3677455. html。

［28］杨金土：《职业教育 30 年波澜壮阔的重大变革》，中国网，http：//www. china. com. cn/zyjy/2009 - 07/14/content_ 18133775. htm；http：//news. xinhuanet. com/edu/2007 - 03/02/content_ 5794269. htm。

［29］中央深改领导小组第二十三次会议强调：支持和规范民办教育发展，http：//learning. sohu. com/20160419/n444989714. shtml。

［30］中国国民经济和社会发展第十二个五年规划纲要（全文），http: // ghs. ndrc. gov. cn/ghwb/gjwngh/P020110919590835399263. pdf, 2013 - 08 - 10。

［31］刘延东：《切实抓好全国教育工作会议和教育规划纲要学习贯彻》，新华网，http://news. xinhuanet. com/2010 - 07/16/c_ 111963319. htm。

［32］王经国顾烨：《民办高校破产危机吹响教育改革号角》，新华网，［EB/OL］http：//news. xinhuanet. com/politics/2010 - 04/01/c _ 1212966. htm，2013 - 09 - 10。

［33］刘延东：《抓好全国教育工作会议和教育规划纲要学习贯彻》，中国共产党新闻网，http://cpc. people. com. cn/GB/64093/64094/12169288. html。

［34］习近平主持召开中央全面深化改革领导小组第二十三次会议，http：//news. xinhuanet. com/politics/2016 - 04/18/c_ 1118659626. htm。

［35］朱永新博客．［EB/OL］. http：//zhuyongxin. blog. zj. com/d - 105309. html。

［36］新华网：习近平主持召开中央全面深化改革领导小组第二十三次会议。http：//news. xinhuanet. com/politics/2016 - 04/18/c_ 1118659626. htm。

［37］陕西省教育工会：《建立健全民办高校教代会制度的调研与思考》，陕西思源学院教工之家网，http：//home. xasyu. cn/web/gh？path = newsshow&newsid = 53。

［38］中共江西省委、江西省人民政府：《关于进一步加强和改进民办普通高等学校工作的若干意见》（赣发〔2007〕3 号），中国教育报官网（http：//www. jyb. cn/cm/jycm/beijing/jybgb/gdjy/t20070620_ 92587. htm）。

〔39〕黑龙江省教育厅：《关于加强我省民办高校校长队伍建设的意见》，黑教法〔2010〕107号，云南民办教育网（http://www.mbjyw.com/html/201009/20100921119.shtml）。

〔40〕胡锦涛：《大力培育中国特色社会主义事业接班人》，人民网，http://www.people.com.cn/GB/shizheng/1024/2491483.html。

〔41〕陕西省教育厅：《关于印发〈陕西省民办高等学校教职工代表大会实施办法〉（试行）的通知》，陕西省教育厅官网，http://www.sn-edu.gov.cn/moreNewsJyxx.do?id=8a8a8090339d2ea40133aa8b835c0055。

〔42〕湖南省教育厅：《关于印发〈湖南省民办学校教职工代表大会暂行规定〉的通知》，湖南省教育厅官网（http://gov.hnedu.cn/web/0/201110/27175251624.html.）。

六 外语文献

〔1〕Akihiro Asonuma. Finance reform in Japanese higher education [J]. Higher Education, Volume 43, Number 1, 2002 (1).

〔2〕Aristides I. Ferreira and Manuela M. Hill. Organisational cultures in public and private Portuguese Universities: a case study [J]. Higher Education, Volume 55, Number 6, 2008 (6).

〔3〕Carlo Salerno. Public Money and Private Providers: Funding Channels and National Patterns in Four Countries [J]. Higher Education, Volume 48, Number 1, 2004 (7).

〔4〕Cummings, W. K. (1997). Private education in Eastern Asia. In W. K. Cummings & P. G. Altbach (Eds.). The challenge of Eastern Asian education (pp.135-152). New York: State University of New York Press.

〔5〕Daniel C. Levy. PRIVATE-PUBLIC INTERFACES IN HIGHER EDUCATION DEVELOPMENT: TWO SECTORS IN SYNC? [R] // [2009-08-29]. http://siteresources.worldbank.org/INTABCDE2007BEI/Resources/DanielLevy.PDF.

〔6〕Daniel C. Levy, Public Policy and Private Higher Education, International Higher Education, The Boston College Center for International Higher Education, Number 12, Summer 1998.

〔7〕Diana L. Stone. Private higher education in Australia [J]. Higher Education, Volume 20, Number 2, 1990 (9).

[8] Dr. Akito Arima. The Future of Higher Education in Japan. [R] // [2009 - 08 - 29] http: //www. unu. edu/hq/public-lectures/arima. pdf.

[9] Drs. Chong Yul Park and Dong Kwang Kim. Overview of Korean Higher Education[R]//[2009 - 08 - 23]. http://www. acenet. edu/Content/NavigationMenu/ProgramsServices/cii/current/dialogues/OverviewKoreanHEd_ ACEAM09. pdf.

[10] Gregory S. Poole. Higher Education Reform in Japan: Amano Ikuo on The University in Crisis [J], International Education Journal Vol 4, No 3, 2003.

[11] Harpool, D. (2003). Survivor College: Best Practices of Traditional and For-profit Colleges. Chula Vista, CA: Aventine Press.

[12] Helga TABUCHI. International Aspects of Higher Education in Japan. [R] // [2009 - 08 - 29].

[13] International Finance Corporatin, Investing in Private Education: IFC's Strategic Directions, Washington DC, The Word Bank, 2001. http: // japon. campusfrance. org/IMG/pdf/tabuchi_ site. pdf.

[14] John C. Smart. Organizational decline and effectiveness in private higher education [J]. Research in Higher Education, Volume 30, Number 4, 1989 (8).

[15] John N. Hawkins, W. James Jacob and Li Wenli. Higher Education in China: Access, Equity and Equality. fromInequality in Education, Springer Netherlands, 2009.

[16] JoshuaKa-ho Mok. From State Control to Governance: Decentralization and Higher Education in Guangdong, China [J]. International Review of Education/Internationale Zeitschrift für Erziehungswissenschaft/Revue internationale l'éducation, Volume 47, Numbers 1 - 2, 2001 (3).

[17] Jun Oba. Higher Education in Japan. [R] // [2009 - 08 - 29]. http: //www. tr. emb-japan. go. jp/T_ 04/Education. pdf.

[18] Ka-ho Mok. Education and the market place in Hong Kong and Mainland China [J]. Higher Education, Volume 37, Number 2, 1999 (3).

[19] Kerry J. Kennedy. Higher Education Governance as a Key Policy Is-

sue in the 21st Century [J]. Educational Research for Policy and Practice, Volume 2, Number 1, 2003 (1).

[20] Kiira Karkkainen. Emergence of Private Higher Education Funding Within The Oecd Area. [R] // [2009 - 08 - 29] http: //www. oecd. org/dataoecd/19/20/38621229. pdf.

[21] Mark Bray. Financing higher education: Patterns, trends and options [J]. Prospects, Volume 30, Number 3, 2000 (9).

[22] Moon Hee Lee. The "public" and the "private" in Korean higher education: one private dominating system [J]. Journal of Asian Public Policy, Volume 1, Issue 2 July 2008.

[23] Naigui Lu and Yongping Zhang. The changing role of the state vis-à-vis higher education in a global context [J]. Frontiers of Education in China, Volume 3, Number 1, 2008 (3).

[24] Philip G. Altbach. Private higher education: Themes and variations in comparative perspective [J]. Prospects, Volume 29, Number 3, 1999 (9).

[25] Philip G. Altbach. Private Prometheus: Private Higher Education and Development in the 21st Century. Greenwood Press, 1999.

[26] Philip G. Altbach&Daniel C. Levy. Private Higher Education: A Global Revolution [M] Sense Publishers, 2005.

[27] Philip G. Altbach. The Logic of Mass Higher Education [J]. Tertiary Education and Management, Volume 5, Number 2, 1999 (6).

[28] Richard Garrett. The Coming Challenge: Private Competition in English Higher Education [J]. Minerva, Volume 39, Number 1, 2001 (3).

[29] Richard SRuch (2001). Higher Ed, Inc.: The Rise of the For-profit University. Baltimore: The John Hopkins University Press.

[30] RogerL. Geiger. Patterns of public-private differentiation in higher education: An international comparison [J]. Higher Education, Volume 17, Number 6, 1988 (11).

[31] Roger L. Geiger. Public and private sectors in higher education: A comparison of international patterns [J]. Higher Education, Volume 17, Number 6, 1988 (1).

[32] Roger Patrick King. Governance and accountability in the higher education regulatory state [J]. Higher Education, Volume 53, Number 4, 2007 (4).

[33] Richard Hofstader and unison Smith. American Higher Education: A Documentary History. VoL. 1, The University of Chicago Press, 1968.

[34] Rosalind M. O. Pritchard. Principles and pragmatism in private higher education: examples from Britain and Germany [J]. Higher Education, Volume 24, Number 2, 1992 (9).

[35] S. G. Pretorius and Y. Q. Xue. The Transition from Elite to Mass Higher Education: A Chinese Perspective [J]. Prospects, Volume 33, Number 1, 2003 (3).

[36] Sheila Slaughter and GaryRhoades (2004). Academic Capitalism and the New Economy. Baltimore: The John Hopkins University Press.

[37] Sheila Slaughter and LarryL. Leslie (1997). Academic Capitalism: Politics, Policies, and the Entrepreneurial University. Baltimore: The John Hopkins University Press.

[38] Song Qiurong. A review of the policies on the private colleges of China [J]. Geo-Spatial Information Science, Volume 5, Number 3, 2002 (9).

[39] Sunwoong Kim. Changing Facets of Korean Higher Education: Market Competition and the Role of the State [J]. Higher education, 2006 (52).

[40] Taizo YAKUSHIJI. Changes in Japan's Higher Education System [R] // [2009 - 08 - 23] http: //unpan1. un. org/intradoc/groups/public/documents/apcity/unpan006384. pdf.

[41] You-Kyung HAN. Higher Education in Korea: Context, Issues, and Prospect [R] // [2009 - 08 - 23]. http://www. sri. or. jp/forumandsympo/asia/8th/pdf/Han(R). pdf.

[42] A. B. Cobban. The Medieval Universities: their development and organization. Methuen & Co Ltd, 1975.

[43] Alan B. Cobban. Universities in the Middle Ages, Liverpool University Press, 1990.

[44] Lynn Thorndike, University records and life in the middle Ages, New York: Columbia University Press, 1944.

[45] Hilde de Riddler-Symoners, A History of the Universityin Europe, Volume I -Universities in the Middle A ges, Cambridge: Cambridge University Press, 1992.

[46] Gabriel Compayre, *A belard and the Origin and EarlyHistory of Universities*, New York: Charles Scriber's Sons, 1910: 186.

[47] Gabriel Compayre, *A belard and the Origin and EarlyHistory of Universities*, New York: Charles Scriber's Sons, 1910.

[48] Jensen, Michael C. and William H. Meckling. Theory of the Firm: ManagerialBehavior, Agency Costs and Ownership Structure [J]. Journal of FinancialEconomics. 1976 (3).

[49] Williamson, O. Markets and Hierachies: Analysis and antitrust implications, New York: Free Press (1975).

[50] Fama, E. and Jensen, M. (1983), "Separation of Ownership and control", Journal of Law and Economics.

[51] Blair Margaet. Ownership and Control—Rethinking CorporateGovernance for the Twenty First Century, Washington D. C. : The Brookings Institution, 1995.

[52] Henry Levin. The Economics of Education of Choice, Economicsof Education Review, 1991 (2).

[53] Douglas J. Lamdin&Michael Mintrom. School Choice in Theoty and Practice: Taking Stockand Looking Ahead, Education Economics, 1997, 5 (1).

[54] Edwin D. Duryea. Academic Corporation: A History of College and University Governing Boards. New York: Flamer Press, 2000.

后　　记

这是本人主持的第 20 个省部级课题的研究成果。

2000 年加盟浙江树人大学并承担领导工作，当时我对民办高校的了解还是一片空白。由于原有工作单位对科研没有要求，所以也不曾承担过任何课题研究，没有撰写过任何研究论文。

到浙江树人大学工作是一个偶然的机会，但却成就了我人生后半段的事业。本着边工作、边研究的态度，在工作之余抓紧学习，也积极参与研究。在潘懋元、杨德广等前辈和钟秉林、邬大光、张应强等大家的关心指导下，慢慢起步做起了民办高等教育研究。我先后主持研究课题 30 余项，其中国家社科基金教育学重点项目一项，省部级课题 20 项，撰写专著 5 部，发表论文 140 余篇，获得 7 项省部级奖项，成为国内民办高等教育领域研究成果和获奖最多的学者。与此同时，我把大量的成果应用于办学实践，尽力建设一所特色彰显、质量保障的民办高校，并把部分研究成果提供给政府相关部门，推动民办高等教育发展的政策制定，共同营造民办高校发展的社会环境，得到社会认可和有关方面的肯定。

本书撰写得到许多同人和朋友的支持。学校中国民办高等教育研究院的同人在工作和交流中多有启发。钟秉林校长百忙中为本书撰写了序言，任明编辑为本书出版提供了方便，在此一并表示感谢。

衷心祝愿中国民办高校越办越好，创造新的佳绩和辉煌！

徐绪卿

2017 年 3 月 18 日